ÉTUDES CRITIQUES

SUR LE

FEUILLETON-ROMAN

PAR

M. ALFRED NETTEMB

Deuxième Série :

E. SUE, FIN DU JUIF ERRANT.
G. SAND ET BALZAC. — TYPES ET CARACTÈRES.
MICHELET, DU PRÊTRE, DE LA FEMME ET DE LA FAMILLE.
A. DUMAS, AMAURY, LE COMTE DE MONTE-CRISTO.
INFLUENCE DU FEUILLETON-ROMAN
SUR LA FAMILLE.

PARIS,
LAGNY FRÈRES, ÉDITEURS,
RUE BOURBON-LE-CHATEAU, N° 4.
—
1847

ÉTUDES CRITIQUES

SUR LE

FEUILLETON-ROMAN.

TYPOGRAPHIE LACRAMPE ET COMP., RUE DAMIETTE, 2.

ÉTUDES CRITIQUES

SUR LE

FEUILLETON-ROMAN

PAR

M. ALFRED NETTEMENT.

DEUXIÈME SÉRIE.

—◦❦◦—

E. SUE, FIN DU JUIF ERRANT. — G. SAND ET BALZAC, TYPES ET CARACTÈRES. — MICHELET, DU PRÊTRE, DE LA FEMME ET DE LA FAMILLE. — A. DUMAS, AMAURY, LE COMTE DE MONTE-CRISTO, INFLUENCE DU FEUILLETON-ROMAN SUR LA FAMILLE.

—◦❦◦—

PARIS,
LIBRAIRIE DE PERRODIL, ÉDITEUR,
241, PLACE DU PALAIS-ROYAL.

—

1846

INTRODUCTION.

DES REMÈDES A APPORTER AU DÉSORDRE LITTÉRAIRE:

I.

TABLEAU DE LA SITUATION DE LA PRESSE.

Depuis que le premier volume de ces Études a paru, le désordre littéraire a, comme on pouvait le prévoir, plutôt augmenté que diminué. Le succès des journaux qui avaient opéré une révolution dans la presse périodique, devait naturellement exercer une influence contagieuse. Il était démontré en fait que, pour fonder un journal, il ne fallait plus une idée politique, et une opinion adhérant à cette idée; il suffisait d'acheter à des prix exagérés les romans des auteurs les plus en vogue, ou, mieux encore, les romanciers eux-mêmes, qui, se soumettant à une espèce de glèbe littéraire, s'engageaient à n'avoir d'idées que pour le journal auquel ils s'étaient vendus, sauf à attribuer à cette promesse la valeur du billet signé par Ninon à Lachâtre. Une fois ce premier point obtenu, on avait la chance de prendre à la pipée la curiosité publique, et de réunir un grand nombre d'abonnés, qui, recrutés dans les provinces les plus diverses de l'opinion, venaient apporter leur argent à la caisse du journal, à peu près comme les Orientaux désœuvrés entrent dans le café, où ils espèrent trouver le conteur le plus habile à leur abréger la fuite des heures, pendant qu'ils fument le narguillé, ou les almées à la danse la plus légère et la plus expressive. Ces deux conditions une fois remplies, la troisième venait d'elle-même : il s'agissait de prouver aux marchands de publicité que le lieu où ils exposeraient leurs affiches était fréquenté par un grand nombre de personnes, sous les yeux desquelles leurs provocations mercantiles parviendraient. Dès lors, le journal était fondé. Disons-le en passant, ce nouveau plan, appliqué au journalisme, offre de curieuses analogies avec le plan que madame de Genlis et son mari proposèrent au duc d'Orléans,— il était alors duc de Chartres,— pour exploiter le Palais-Royal. Prendre le jeu et la débauche pour locataires des nouvelles constructions qu'il élevait dans ses jardins, attirer ainsi la foule des oisifs, et profiter de ce concours pour louer à des prix exorbitants les boutiques, voilà toute la combinaison de madame de Genlis, qu'on n'a guère fait qu'appliquer à la presse. Le feuilleton-roman, sauf de rares exceptions, ne représente, en effet, pas mal les deux genres d'excitations qui devaient, suivant les honnêtes conseillers du duc de Chartres, achalander son Palais-Royal ; et les annonces sont des boutiques écrites, qui se louent le plus cher dans le lieu où le public va le plus.

Dès que la presse était ainsi industriellement organisée, elle devait devenir le point de mire des industriels : c'est ce qui est arrivé. On a cherché des combinaisons pour élever démesurément le produit des annonces, en faveur des trois ou quatre feuilles qui réunissaient le plus d'abonnés, et qui, tirant ainsi de la page réservée comme affiche un prix très-supérieur aux produits des annonces dans tout le reste des journaux, devaient se trouver en position d'écraser leurs concurrents par l'étendue du format, jointe à la modicité du prix d'abonnement. Ainsi le monopole semblait au moment de sortir de la concurrence. Mais cette combinaison péchait par la base. Il était logiquement indiqué qu'en présence de ce calcul, fait par les industriels qui fondaient la societé générale des annonces, d'autres industriels feraient une réflexion bien simple : c'est que, la plus-value des annonces dépendant du nombre des abonnés, il ne s'agissait que d'acquérir un nombre supérieur ou égal d'abonnés pour déconcerter cette tentative d'accaparement ; or, comme les abonnés se conquéraient par le feuilleton-roman, il suffisait de disputer aux journaux établis les romanciers les plus en vogue, pour lutter contre eux avec des chances de succès ; et ces romanciers n'étant pas inaccessibles aux propositions des enchérisseurs, et n'ayant pas de raison pour écrire dans un journal plutôt que dans un autre, cette indifférence pour le journal et ce défaut d'indifférence pour l'argent, donnaient des espérances à tous les entrepreneurs qui pouvaient réunir de grands capitaux. Le développement considérable que prenait l'annonce, loin de les décourager, devait au contraire devenir pour eux un alléchement de plus; en effet, ils se disaient que c'était un champ qu'on défrichait pour eux, et qu'ils moissonneraient dès qu'ils auraient conquis un grand nombre de lecteurs.

Loin donc de diminuer, le nombre des journaux a augmenté et tend à augmenter encore, parce que l'esprit d'industrialisme, appliqué à la presse, trouve, chaque jour, quelque nouvelle solution à ce problème : Du journalisme considéré comme moyen de gagner de l'argent. N'avons-nous pas entendu dernièrement développer à ce sujet les plus hautes théories? Des casuistes ingénieux ne nous ont-ils pas insinué que la presse pouvait légitimement se servir de son influence pour forcer les grandes compagnies commerciales qui se forment à lui donner une part dans leur entreprise, par une promesse de sympathie en cas d'acquiescement à ses demandes, par une menace d'attaque en cas de refus? et ne nous a-t-on pas démontré que ce n'était qu'à condition de jouer ce rôle de *condottieri* que la presse allait être affranchie du despotisme aveugle des partis ou de la tutelle dégradante du pouvoir? C'est ainsi que tout se développe et se perfectionne dans le monde, quand les esprits élevés et les grands cœurs fécondent les idées nouvelles par leurs méditations. Autrefois on pensait que la presse, comme la députation, était appelée à faire les affaires du pays; si ces hautes théories s'accréditaient, la presse, comme la députation, ne serait plus désormais qu'un moyen de faire ses affaires privées à l'occasion des affaires publiques.

Le contraste qui existe entre la manière dont on fondait autrefois un journal, et la manière dont il se fonde aujourd'hui, en dit plus que toutes les paroles. Quand *le Conservateur* commença, quels noms frappèrent l'attention publique? Ceux de M. de Châteaubriand, de M. de Villèle, de M. de Bonald, de M. de Lamennais. Quand *le Constitutionnel* prit naissance, nous trouvons également trois noms politiques et littéraires : MM. Étienne, Jay et Evariste Dumoulin; au *Courrier*, M. Benjamin Constant; MM. Thiers, Mignet et Carrel au *National*. Maintenant, sauf de rares exceptions, les véritables fondateurs de journaux sont des hommes d'affaires, dont les noms, parfaitement inconnus dans le monde politique, sont plus ou moins avantageusement connus dans le monde industriel. Il n'est pas, que nous sachions, de preuve plus frappante de l'étendue de la révolution qui s'est opérée dans la presse. Du reste, rien de plus naturel que cet avénement des hommes de l'industrie, et cette déchéance des hommes de la politique dans le journalisme. Pour tirer à un grand nombre d'exemplaires des prospectus, pour acheter à prix d'or des romans immoraux, pour aller solliciter, son registre d'abonnements à la main, des annonces des marchands qui ont besoin de la publicité, afin d'écouler leurs marchandises, pour obliger ceux qui fondent de grandes entreprises à donner part de leurs profits, en faisant luire à leurs yeux les avantages d'une alliance qui, avec des annonces déguisées en articles, favorisera leur spéculation, et en leur faisant entrevoir les dangers d'une hostilité, qui donnera aux rancunes de l'intérêt privé, déçu dans son attente, la couleur d'une opposition faite au nom des intérêts publics, il n'y a pas besoin d'avoir une opinion sur les affaires générales de son pays, un cœur animé par la sainte flamme du patriotisme, un esprit éclairé par de longues études sur la situation intérieure et extérieure de la société dont on est membre; en un mot, il n'est pas besoin d'être un homme politique : il suffit d'être un spéculateur ingénieux, de savoir le secret de grouper des capitaux, et, ces capitaux groupés, de savoir les employer à fonder un nombreux abonnement par la publicité, et par des piéges tendus à la curiosité ; de mettre ensuite la publicité à contribution au nom de l'abonnement, et enfin de vaincre cette timidité qui empêche de se prévaloir de ses avantages, de ne pas craindre de mettre un tarif à une approbation qu'il ne s'agit plus de mériter, mais de payer à bons deniers comptants, et enfin de savoir rendre son hostilité assez dangereuse pour imposer l'acquisition de son amitié au prix vénal qu'on y a mis.

Tout ce qu'on a vu dans ces derniers temps est une suite logique de cette situation. L'agiotage appliqué au journalisme ne change point pour cela de nature ; et depuis que la presse est devenue un négoce, il ne faut pas s'étonner qu'elle subisse la loi imposée à tous les négoces qui veulent s'établir. Il ne serait jamais entré dans l'esprit d'un journal fondé sur une idée politique d'aller se mettre sous la protection d'un concierge, car les concierges ne donnent pas d'adhérents; mais un journal industriel acceptera très-bien cette idée, attendu que si un concierge ne donne pas d'adhérents, il peut donner des abonnés (1). On verra de même naître alors entre les journaux, au lieu de guerres politiques, des guerres industrielles, comme entre des marchands dont les boutiques sont voisines; et ces polémiques auront quelque chose de brutal et d'âpre comme toutes les guerres fiscales, car il n'y a rien de plus lourd et de plus dur dans leurs collisions que les écus.

L'état de choses que nous venons d'esquisser aurait trois résultats infaillibles, si l'on ne parvenait à y mettre un terme : une démoralisation publique croissante, la décadence de la littérature, et la déconsidération du journalisme, qui, dans un temps donné, amènerait la ruine de la liberté de la presse.

Nous savons que, parmi les reproches qui ont été adressés directement ou indirectement au premier volume de cet ouvrage, il en est un sur lequel quelques personnes ont surtout insisté : on a taxé d'exagération les idées que nous avons développées sur les dangers du feuilleton-roman, au point de vue de la morale; on les a présentées comme l'expression d'un puritanisme inapplicable, et on a voulu voir dans nos doctrines la con-

---

(1) Les journaux ont publié une lettre adressée par l'*Époque* aux concierges.

damnation d'un genre de littérature, lorsqu'elles ne condamnaient que la pente où ce genre était entraîné. Nous serions peut-être en droit de contester l'autorité de ces critiques présentées, pour la plupart, par des feuilles nouvelles qui, ayant besoin du feuilleton-roman pour s'établir, avaient un intérêt direct à l'amnistier. De là ces apologies dégénérant en panégyriques dans lesquels on a dénombré les merveilles du feuilleton-roman, qui fait, assure-t-on, pénétrer, avec le goût de la lecture, les jouissances intellectuelles et les lumières dans des profondeurs sociales où elles ne descendaient point jusqu'ici; de là aussi cette apothéose des romanciers dont la plume féconde suffit à la consommation prodigieuse de tant de journaux. Mais nous croyons qu'au lieu de récriminer contre ces observations, il vaut mieux y répondre. C'est une tactique dangereuse que celle qui tend à faire confondre la morale avec le pessimisme et la misanthropie, et il importe à ceux qui défendent les mœurs publiques de ne pas demeurer sous le coup de cette confusion.

Nous n'avons pas dit qu'on dût rejeter d'une manière absolue le roman; c'est une forme littéraire, elle vaut ce que vaut celui qui l'emploie. Les esprits les plus remarquables s'en sont servis, les uns pour populariser des systèmes de philosophie, les autres pour corriger les mœurs et les travers de leur temps en les peignant, ou pour présenter un tableau dramatique et instructif des siècles passés; il en est enfin qui y ont eu recours pour raconter à l'homme une histoire qu'il écoute toujours avec intérêt, l'histoire de son propre cœur, avec les luttes qui s'y livrent, les principes opposés qui s'y combattent, les passions qui s'y heurtent, et toute la mystérieuse odyssée de ce monde intérieur que nous portons en nous. Envisagé sous tous ces aspects, le roman peut rendre des services, pourvu que ceux qui l'emploient soient guidés par l'amour du vrai, du bien et du beau. C'est ainsi que lorsque le roman de chevalerie, dans un siècle où la faiblesse était à la merci de la force, présenta à tous les esprits le noble idéal de la force employée à protéger la faiblesse, et amena des caractères indomptables à consacrer leur énergie à l'imitation de ces modèles d'honneur, de courage et de prudhomie dont les exploits remplissaient les livres des Amadis, le roman de chevalerie exerça une influence utile et vraiment sociale. On trouve la preuve de la diversité des usages auxquels ce genre de littérature se plie, en parcourant la liste des noms de ceux qui l'ont employé et les titres de leurs ouvrages. Voltaire a écrit *Candide*, *Zadig*, *l'Homme aux Quarante Écus*; Rousseau, *la Nouvelle Héloïse*; Diderot, *la Religieuse*; puis, plus près de nous, le spiritualisme mystique de madame de Staël vient se refléter dans *Corinne*, la religion renaissante dans *René* et dans *Atala*, cette rose du désert, jetée à demi épanouie sur le grand ouvrage de M. de Châteaubriand, comme ces fleurs grimpantes qui croissent dans les fentes d'un monument aux sublimes proportions; en Espagne, *Don Quichotte*; en Angleterre, *Clarisse*, *Tom Jones*, *le Vicaire de Wakefield*; en Allemagne, *Werther*, deviennent, par des mérites divers, des monuments populaires de la littérature nationale ; et, plus près de nous encore, un de nos plus illustres contemporains, Walter Scott, le plus savant des antiquaires en même temps que le plus grand des romanciers historiques, fait revivre le passé de l'Angleterre dans de merveilleux tableaux où la science et l'imagination confondent leurs ressources pour l'instruction et le plaisir du lecteur.

Nous ne méconnaissons, on le voit, aucun des mérites que peut atteindre le roman ; nous rendons justice aux écrivains de nos jours comme aux écrivains des siècles passés, à ceux de notre pays comme à ceux des pays étrangers. Nous apprécions le *Cinq-Mars* de M. de Vigny, nous admirons les romans épiques de Fenimore Cooper, sur l'Amérique sauvage qui finit, et l'Amérique civilisée qui commence, dans le *Dernier des Mohicans*; nous n'avons pas été non plus insensible au mérite d'observation philosophique et à la finesse d'aperçus que M. Louis Reybaud a montrés en décrivant les mœurs parlementaires dans son *Jérôme Paturot ;* et quand M. de Balzac a écrit *Eugénie Grandet* et *César Birotteau,* lorsque M. Jules Sandeau a écrit *Marianna* et dernièrement *Catherine*, nous avons pris plaisir à ces peintures vraies et pittoresques, malgré les ombres qui obscurcissaient ces ouvrages. Mais ce que nous avons voulu dire et ce que nous avons dit, c'est que, du moment que le roman, au lieu de se borner à être un auxiliaire dans la presse périodique, et un auxiliaire qui attendait ses heures d'inspiration, devenait une nécessité quotidienne, il devait arriver et il arriverait qu'au lieu de ces peintures savantes et approfondies du cœur humain, de ces tableaux vrais et instructifs de la société, de ces développements éloquents des divers systèmes d'idées, de ces peintures remarquables qui font revivre le passé, il serait obligé, pour suffire à cette consommation prodigieuse qui exige une fabrication d'une rapidité télégraphique, de chercher ses moyens de succès dans l'immoralité et dans la nudité des tableaux, les excitations jetées aux passions, l'exagération des couleurs, l'affectation des contrastes, l'abus des situations violentes et étranges, l'emploi des caractères bizarres et sans vérité, la peinture des passions frénétiques ; enfin, dans tous les moyens qui dispensent de travail et d'étude et qui fournissent, à moins de frais, aux écrivains des ressorts pour exciter l'attention et les émotions de leurs lecteurs.

C'est là une vérité qui apporte sa preuve avec elle. Qui ne sait qu'il faut plus de talent, de temps et de travail pour émouvoir et intéresser, en respectant les lois de la morale, les règles du bon sens, les prescriptions du goût, qu'en ne tenant nul compte de ces lois, de ces règles et de ces prescriptions, en travaillant uniquement pour frapper l'imagination, en sacrifiant toutes les considérations du beau, du vrai et du bien à l'effet qu'on veut produire? Si l'on pouvait en douter, ne suffirait-il pas de jeter les yeux sur les romans qui paraissent, chaque matin, dans les journaux, pour voir combien l'expérience confirme ici la règle? La nécessité de produire vite et beaucoup est donc une nécessité corruptrice pour les écrivains, et par conséquent corruptrice pour les lecteurs. L'on frappe fort parce que le temps manque pour frapper juste; on remue et l'on émeut à tout prix, parce que l'on n'a pas le loisir d'étudier assez profondément pour faire naître ces nobles émotions qui prennent leur source dans les régions les plus élevées et les plus pures de l'intelligence et du cœur. La concurrence que l'on rencontre dans ce genre est un nouveau stimulant, et l'émulation du mal, qui existe comme l'émulation du bien, achève de jeter les auteurs dans les conceptions les plus capables de corrompre la raison publique et les bonnes mœurs. C'est comme une de ces courses au clocher où l'on s'excite l'un l'autre à franchir les clôtures et les haies; seulement les haies sont ici les règles de la morale, et les clôtures ces bornes qui séparent le vrai du faux, et la bienséance du cynisme littéraire. A chaque nouvelle entreprise, le feuilleton-roman s'enhardit, à mesure que le lecteur s'aguerrit, et le niveau de la moralité descend toujours.

Que la décadence littéraire fasse des progrès analogues, c'est la conséquence obligée de tout ce que nous venons de dire. Cette production à la vapeur, qu'on nous passe ce terme, empêche les écrivains, que leur goût portait naturellement à cultiver ce genre, à mettre dans leurs ouvrages ce qu'ils auraient pu y mettre; au lieu de composer des tableaux, ils estompent des ébauches. Il arrive ainsi dans le royaume des lettres ce qui arrive dans les forêts dont les propriétaires sont surtout préoccupés de la nécessité de tirer de leur propriété de grosses sommes d'argent, et qui aménagent à des époques trop rapprochées, ou même coupent à blanc; les grands arbres disparaissent, et il ne reste plus que des taillis et des broussailles, ou ce qu'on appelle, en termes de sylviculture, des bois déshonorés. En outre, la renommée des fortunes inespérées que l'on fait dans le feuilleton-roman détourne de travaux plus sérieux et plus utiles un grand nombre de jeunes hommes, dont le talent appliqué à des ouvrages de longue haleine et d'un genre plus élevé, eût peut-être servi et honoré leur siècle et leur pays. C'est ainsi que le niveau littéraire descend en même temps que le niveau moral, et que la langue française, défigurée dans ces compositions rapides, perd de plus en plus ces caractères de clarté, de précision, de netteté, d'élévation, de justesse et de convenance qui en faisaient la langue de la raison humaine.

Tôt ou tard, la presse périodique, si elle n'y prend garde, portera la peine de ces excès et de ces abus dont elle consent à devenir complice. Le journalisme y perdra sa puissance, comme la royauté a perdu la sienne avant 1789 par suite des fautes de l'ancien régime, dont on la rendait solidaire ; comme les assemblées se virent dépossédées de leur autorité par Bonaparte, par suite des fautes et des crimes qu'elles avaient commis ou laissé commettre, depuis la réunion des états généraux, en 1789, jusqu'à cette journée du 18 brumaire où Bonaparte fit sauter les Cinq Cents par les croisées de l'Orangerie de Saint-Cloud. Si le nombre de ses lecteurs est augmenté, oserait-on dire que son crédit moral est le même ? Qu'une situation pareille à celle du 26 juillet 1830 se présente, qui voudra garantir que la liberté de la presse trouverait, dans la population, les mêmes sympathies, et qu'il y aurait autant de citoyens disposés à mourir pour la défendre? C'est que l'on meurt pour un drapeau et que l'on ne meurt pas pour une enseigne ; c'est que, si l'on défend une tribune, l'on ne défend point un comptoir. Malgré d'honorables exceptions, le discrédit moral qu'ont encouru tant de journaux qui ont ravalé une mission aux proportions d'une industrie, a rejailli sur toute la presse périodique. L'institution entière en est affaiblie; et si les scandales dont nous sommes témoins se prolongeaient en s'aggravant, elle serait ruinée dans les idées, ce qui la livrerait sans défense aux coups de l'arbitraire politique quand il voudrait la détruire dans les faits.

Ce n'est pas sans raison, on le voit, que nous avons attaqué le désordre littéraire sous la forme du feuilleton-roman, et nous sommes convaincu que nous avons ainsi accompli un devoir envers la morale publique, envers la littérature française, qui est une des grandeurs et une des puissances de ce pays, et envers la liberté de la presse, qui est un de nos droits les plus essentiels parce qu'il peut nous aider à reconquérir les autres. Mais si nous nous arrêtions là, notre tâche ne serait pas terminée.

II.

UNE PROGRESSION LITTÉRAIRE.

Le duc d'Albe, de terrible mémoire, avait coutume de dire que la véritable politique voyait les solutions à côté des problèmes, tandis que la politique à courte vue ne voyait que les problèmes ; il en est de même pour la critique. Ce n'est donc pas assez d'avoir indiqué l'origine et l'étendue du désordre littéraire ; il importerait d'en trouver le remède. Pour remplir cette tâche, il est utile de suivre les phases différentes de ce désordre et de saisir leurs coïncidences avec les phases analogues du désordre social. Afin de ne pas nous écarter de notre sujet, nous chercherons des lumières sur cette question dans une étude générale du mouvement qu'a suivi le roman depuis quinze ans.

Depuis 1830, trois noms ont tenu successivement la première place dans ce genre de littérature, devenu si populaire de nos jours, par son introduction dans le feuilleton ; presque en même temps MM. George Sand et Balzac, après eux M. Sue. M. Dumas, quoique plus fécond à lui seul que ces trois auteurs ensemble, ne vient, comme influence morale, qu'en seconde ligne. Cet ordre est-il fortuit ou tient-il à des causes qu'il soit possible d'indiquer? Pourquoi le genre de George Sand a-t-il été d'abord populaire? Pourquoi la popularité a-t-elle passé ensuite au roman de M. de Balzac, pour être transférée plus tard au feuilleton-roman de M. Sue? Est-ce un hasard? est-ce une loi logique qui a présidé à cette succession?

Il n'y a pas de hasard dans le monde, pas plus dans les succès littéraires que dans les succès politiques. Certes, la verve des trois auteurs a été pour beaucoup dans leurs succès, c'est là la cause particulière ; mais il peut y avoir eu, et il y a eu, selon nous, une cause générale qui a fait réussir, dans chaque phase de la situation, telle nature de talent plutôt que telle autre. Cette cause générale, si on la découvre, donnera la raison de la progression littéraire représentée par les trois noms de George Sand, Honoré de Balzac et Eugène Sue.

La cause générale que nous cherchons, on ne saurait la trouver que dans la conformité de la situation des esprits, pendant chaque période, avec la nature du talent de chacun des trois écrivains et avec le genre qu'il a mis en crédit. Il importe donc d'apprécier d'une manière complète, quoique sommaire, la physionomie particulière du talent de chacun de ces écrivains, et d'étudier les circonstances au milieu desquelles ils obtinrent leurs plus grands succès.

III.

PHASE SOCIALE CARACTÉRISÉE PAR GEORGE SAND.

Peu de temps après la révolution de 1830, une jeune femme arrivait à Paris avec les rancunes qu'une union mal assortie donne contre le mariage, et une âme de poëte pour exprimer ses griefs. Ses connaissances acquises n'avaient rien de remarquable; elle avait peu étudié les livres; mais, en revanche, elle avait dans le cœur la verve d'inspiration d'une femme offensée, qui, agrandissant sa querelle, en fait celle de tout un sexe, et, dans le style, le coloris d'un grand peintre qui, en admirant la nature, lui a dérobé quelques-uns de ses secrets; n'ayant que des données *fort* restreintes sur le monde extérieur, ce fut dans le monde intérieur qu'elle prit tout ce qu'elle dit.

Or sa destinée s'était trouvée en contact avec les lois de la société, et elle avait été malheureuse; ses souffrances de cœur et d'esprit, c'est elle qui le raconte, avaient été si grandes, que, lorsque l'auteur peignait un de ses héros prêt à chercher la fin d'une vie pesante aux autres comme à lui-même dans les froides profondeurs des glaciers qui, plus discrets que les gouffres brûlants de l'Etna, gardent le secret des morts qu'on leur confie, George Sand racontait sa propre histoire. Il se sentait abandonné des hommes, et se croyait abandonné de Dieu, jusqu'à nourrir avec une amère volupté la pensée du suicide. Dans une telle situation de cœur et d'intelligence, ses ouvrages s'échappèrent comme des cris de malédiction et des hymnes de désespoir. Il répandait son âme dans ses livres, son âme pleine de sombres pensées et de mortelles agonies, et, comme la faim était à sa porte avec le cortége de toutes les souffrances morales, il mettait tous les sentiments qui tourmentaient son cœur, toutes ses pensées désolées, tous ses soucis amers, tous ses espoirs déçus, il les mettait dans ses ouvrages, et, pour vivre, il vendait son dernier et unique trésor, sa douleur.

Vous comprenez, par ces révélations, la poétique de George Sand; la cause et la source de ses qualités et de ses défauts littéraires vous sont connues. Ne vous étonnez plus de trouver la fièvre dans ses livres, c'est sous l'influence de la fièvre qu'ils ont été écrits. Ce sont autant de miroirs où sont venues se réfléchir les différentes périodes d'une maladie de l'âme qui a commencé par le désenchantement et le dégoût, et qui s'est arrêtée à deux pas du suicide. Ne soyez pas non plus surpris des analogies qui se rencontrent entre Rousseau et l'auteur de *Lélia*, de *Valentine* et de *Jacques*, ni surtout du talent descriptif qui les distingue tous les deux. Le culte de la nature physique, cet enthousiasme pour l'univers matériel sont le cachet des hautes intelligences qui, atteintes d'une misanthropie incurable, ont pris en haine la société. Dieu a mis tant d'amour au cœur de l'homme, que, lorsqu'il ne veut plus frayer avec ses semblables, lorsqu'il dit anathème à ses frères, il se prend à chérir l'oiseau qui chante sous le feuillage, l'herbe qui croît dans la prairie, les eaux murmurantes qui coulent dans la plaine, et la paquerette, ornement de la vallée. Il éprouve d'ineffables délices à peindre tous les objets inanimés qui l'entourent, à leur prêter son âme, à exprimer, par des paroles, cet hymne vague et confus de la création, qui s'élève de toute part avec le chant des oiseaux, le bourdonnement des insectes, les gémissements aériens des peupliers qui balancent harmonieusement leurs cimes, et tous ces mille murmures dont se compose la grande voix qui monte dans le silence des nuits vers le trône de Dieu. L'homme est si bien fait pour la société, que, lorsqu'elle lui manque, il se crée une société dans la nature ; il appelle les fleurs des champs ses sœurs, et les oiseaux du ciel ses frères ; et il a une si grande horreur pour la solitude qu'il prétend aimer, qu'il la remplit par son intelligence et qu'il la peuple par son cœur.

Telles furent les influences qui dominèrent George Sand, quand il écrivit ses premiers livres.

Qu'est-ce que le roman dans ses mains levées contre la société? C'est le 29 juillet transporté de l'état dans la famille, le sens individuel préféré au sens social, toutes les hiérarchies du foyer domestique renversées. George Sand est un barricadeur à sa manière; barricadeur éloquent, qui a, dans sa pensée ardente et dans son style passionné, quelque chose de vif et de primesautier, comme les vainqueurs de juillet que M. Barbier à chantés dans ses chaleureux ïambes. La logique est à peu près la même ; à cause du tort des hommes, supprimons les principes. Charles X, un roi qui cessera peut-être de vivre demain, pris dans le piége qui lui a été tendu, et dominé par une situation plus forte que lui, a fait des ordonnances contre les droits imprescriptibles des Français; supprimons la royauté inamovible, qui est un des principes constitutifs de la société française. Il y a des maris qui ne comprennent point leurs devoirs, et des mariages placés sous la fâcheuse fatalité de ces mésalliances de cœur et d'esprit, la pire des mésalliances, supprimons le mariage. A un certain âge, dans l'âge des passions, quand on ne les soumet pas à l'autorité de la raison et de la morale, l'ordre fatigue comme un ennui, et la hiérarchie pèse comme un fardeau. Les véritables vainqueurs de juillet, un peu plus, un peu moins, étaient tous à peu près de cet âge-là. Il y a tant de poésie dans ces journées d'émeute, où, les têtes fermentant à la chaleur d'un soleil de juillet, on renverse, en quelques heures, une dynastie de huit siècles! On rencontre des émotions si vives et si neuves, des effets si inattendus dans ces batailles, où tout le monde commande, et où personne n'obéit! L'imprévu, cet hôte si rare, frappe, à chaque instant, à la porte. L'ordre, la régularité, l'obéissance, le jeu monotone des lois, l'influence uniforme du gouvernement qui se compose du sacrifice de toutes les volontés particulières, se trouvent à la fois suspendus. Le réel et l'impossible se coudoient, et la devise de Montaigne devient celle de toute une nation. Que sais-je? Qui sait ce qui est possible et ce qui est impossible? Qui sait ce qui adviendra demain, dans une heure? Que fera-t-on et que sera-t-on? Que ne fera-t-on pas et que ne sera-t-on pas? Qui sait? Cette grande puissance du gouvernement, qui pèse si lourdement sur la fantaisie individuelle, elle est comme non avenue. Les gouvernements, on les destitue en un clin d'œil, comme on les institue, au coin d'une barricade. On ne saurait croire tout ce qu'il y a de séduisant dans une situation où tout le monde commande excepté l'autorité, et où personne, sauf le gouvernement, n'est obligé de consentir à se laisser gouverner.

Il y a beaucoup de cela dans les romans de George Sand; seulement, la scène, au lieu de se passer dans l'état, se passe dans la famille. Le foyer domestique voit à son tour arriver son jour de révolution. Pourquoi la femme soumise au mari? Pourquoi les enfants aux parents? Pourquoi la jeunesse à la vieillesse? Les maris ne sont-ils pas quelquefois inférieurs à leurs femmes? N'y a-t-il pas des pères injustes, comme ce marquis de Mirabeau, qui, irritant par ses tyrannies paternelles son formidable fils, entassa, dans cette âme ardente, les terribles rancunes qui contribuèrent au renversement de la société française? Les vieillards ne sont-ils pas quelquefois des impuissants sans sagesse? Et puis, quoi de plus fastidieux que cette vie du foyer domestique, si décolorée, si vide d'impressions et de péripéties, et dont les journées, mornes et froides, se suivent comme les anneaux égaux d'une même chaîne, avec une pacifique et fatigante uniformité? Le roman de George Sand y mettra bon ordre; il entre dans le foyer domestique, comme une émeute, et le bouleverse. Tout est à l'envers, l'homme devient femme, la femme devient homme.

Il est un type qui se reproduit sans cesse dans les compositions de cet auteur: c'est celui de la femme marchant dans sa force et dans sa liberté, faisant tout plier devant son énergie, laissant loin, bien loin derrière elle, ces frêles et délicates créatures qui nous étaient jusqu'ici apparues dans les romans, transparentes lumières qu'un souffle ferait évanouir. Telles ne sont point les héroïnes de George Sand. Trempées de vigueur et de puissance, sortes de Vénus taillées en Hercule, elles ont toutes les qualités de l'homme, par suite, des vices plus odieux encore. Ce n'est point à leurs pieds, c'est sous leurs pieds qu'on trouve ordinairement les héros du livre; bien heureux quand la main de ces dures amazones réalisant, d'une manière cruellement prosaïque, d'éternelles figures, ne leur perce point le cœur, non par des rigueurs métaphoriques, mais tout simplement avec la lame d'un poignard. Swift, dans le roman de *Gulliver*, avait, on s'en souvient, présenté quelque chose de pareil. Parmi ses îles merveilleuses, il s'en trouvait une où, les rôles étant intervertis, tout le bagage masculin, les mâles occupations du gouvernement et de la guerre appartenaient aux femmes, qui, en revanche, abandonnaient à l'autre sexe leurs rouets et leurs fuseaux. Cette île offrait un contraste complet avec nos idées : la dépendance était là où nous avions mis l'autorité, l'autorité là où nous avons mis la dépendance ; en un mot les femmes étaient hommes et les hommes étaient femmes dans ce pays : il est vrai qu'il était situé sur la carte, à côté de l'île où les chevaux étaient hommes et les hommes chevaux. Les héroïnes de George Sand auraient joué un très-beau rôle dans ce fameux royaume des femmes, dont cet étourdi de Swift a oublié d'indiquer la longitude et la latitude ; George Sand a pris au sérieux la folle idée de Swift, et n'ayant pas d'île à sa disposition, il y a pourvu dans ses romans.

Vous apercevez ici l'étrange illusion que s'est faite l'auteur sur les véritables éléments de la supériorité des femmes, supériorité toute morale, tout intellectuelle, qui n'a pour auxiliaire ni la vigueur des muscles, ni cette brusquerie de caractère, ni cette violence des passions, résultat de l'influence de la partie la plus basse de notre nature sur la partie la plus élevée. Une haute intelligence et un noble cœur sous une frêle enveloppe, la grandeur de la nature morale brillant au sein de la faiblesse physique, la puissance de l'esprit dominant le corps, voilà comment il faut comprendre la femme supérieure à son sexe sans sortir de son sexe, un peu plus qu'une femme, sans être, comme George Sand la représente, un peu moins qu'un homme. Celle-là ne sait ni manier le poignard, ni se plaire dans tous les exercices qui demandent une constitution plus vigoureuse que la sienne. Elle ne renonce point à ces trésors de douceur et de grâce que Dieu lui a mis au front et dans le cœur. Elle accepte le rôle qui lui a été donné dans la société ; elle sait que ce rôle sera le premier par cela seul qu'elle le remplit. Elle ne sera ni une Sylvia froidement raisonneuse, ni une Lélia orgueilleusement insensée. Sa grandeur n'est point de tous les jours comme sa vertu ; elle ne cherche point à se produire dans les circonstances les plus insignifiantes, mais elle se trouve grande à l'heure qu'il faut ; elle est au niveau de tous les obstacles et de tous les périls ; elle recèle en son cœur, comme dans un écrin soigneusement fermé, des trésors d'énergie et de fermeté qui ne se révèlent que lorsque le moment est venu. Aujourd'hui, c'est une mère attentive, sérieusement attachée à la simplicité des devoirs domestiques, une jeune fille naïve et timide, vivant sous le joug léger de la mère de famille ; que demain le jour des épreuves arrive, ce sera la femme de toutes les douleurs et de tous les courages, détachant la couronne de fleurs de la veille pour monter sur les échafauds de 93 sans donner un regret à la vie.

L'auteur de Sylvia et de Lélia ne s'est pas élevé à la

hauteur de ces pensées. Il a composé, dans ses livres, une fronde perpétuelle contre la famille ; et, comme toutes les frondes se ressemblent, il y avait quelque chose du fonds des idées de madame Sand dans le sentiment qui dictait, à mademoiselle de Montpensier, le plan de cette Arcadie, d'où les gens mariés ou qui songeraient à l'être devraient rigoureusement être exclus ; car, malgré les timides observations de madame de Motteville qui réclamait en faveur de « cette union si commune qu'on appelle mariage, » et qui faisait observer « qu'il serait assez à propos de laisser tomber quelquefois les hommes et les femmes dans ce détrompement salutaire, » l'auguste frondeuse tenait bon, et répondait : « Tirons-nous de l'esclavage ! Qu'il y ait un « coin du monde où l'on puisse dire que les femmes « sont maîtresses d'elles-mêmes. » Mais les romans de madame Sand ont, avec ceux de mademoiselle de Montpensier, cette différence que, pour établir la supériorité de la femme, ils se contentent d'exclure le mariage, et laissent subsister l'amour, dont la princesse ne voulait pas (1).

La contexture de tous ces romans intimes est presque la même ; ce sont partout les mêmes rôles avec les mêmes acteurs : la femme, le mari et l'amant. La femme est fatiguée de la vie réelle ; elle cherche un épisode qui trouble la limpidité de son existence, dont les an-

---

(1) « C'est un impie, » écrivait mademoiselle de Montpensier, dans le style prétentieux de l'époque, « il se moque du sacrement ; il n'en use que comme les Turcs qui sont aux galères ; lesquels, pour quitter leurs chaînes, se font baptiser, et puis s'en retournent dans leur pays plus turcs que jamais. »

nées, coulant comme un fleuve sans vagues, l'endormement de leur bruit monotone et de leurs félicités régulières. Le mari possède en vain les plus nobles et les plus belles qualités; respecté, estimé de sa femme, il ne peut être aimé d'elle, précisément parce qu'il est son mari, c'est-à-dire parce qu'il est le prévu, le réel; parce qu'il était le mari d'hier, qu'il est le mari d'aujourd'hui, et qu'il sera le mari de demain. Le maladroit! lorsqu'il entre chez sa femme, il y entre par la porte et non par la croisée. On ne le voit pas sur son balcon pendant des heures entières, sa voix en lui parlant est douce au lieu d'être heurtée; la femme ne frémit pas en le voyant; quoi de plus? il n'a rien de fatal et de sinistre dans la physionomie. En face du mari, se dessine l'amant, qui entre en maître dans un cœur fatigué de la vie réelle. Il lui offre ces plaisirs poignants qu'on éprouve à se pencher sur les abîmes; joies mêlées de terreurs, douleurs exquises, félicités fiévreuses qui tourmentent l'âme autant qu'elles l'enivrent, mais qui l'occupent en la tourmentant, et qui ne ressemblent pas mal aux émotions qu'on éprouvait sur la pente de ces montagnes factices du haut desquelles les Parisiennes se faisaient précipiter, il y a quelques années, dans nos jardins publics, en achetant à prix d'argent de délicieuses inquiétudes et des peurs charmantes, avec la chance éloignée de se briser un membre si le char venait à verser.

Voilà le premier genre de roman qui obtint la vogue, car la gloire de l'auteur de *Rose et Blanche* fit pâlir celle de l'auteur de la *Physiologie du mariage*, qui commençait; telle est l'explication de la popularité qui entoura George Sand, quand il arriva de ses belles plaines du Berry, avec une insurrection dans le cœur contre le mariage et des anathèmes contre la société.

IV.

PHASE SOCIALE CARACTÉRISÉE PAR M. DE BALZAC.

La grande vogue de M. de Balzac ne vient qu'ensuite; ses grands succès coïncident avec une nouvelle situation. Peu à peu, l'ordre matériel se rétablit dans la société. L'émeute, comme ces sources qu'une pluie d'orage a changées en torrents, a vu ses eaux descendre et a fini par rentrer dans son lit. La doctrine des faits accomplis a prévalu; la nécessité et la fatalité, comme deux rives d'airain, se sont élevées pour contenir les eaux encore tumultueuses qui grondent en se retirant. On dédie des autels à la force; on célèbre l'apothéose du succès; la dextérité politique et la corruption, son auxiliaire, dominent l'époque; l'indifférence sur les moyens d'arriver à un but marqué se répand de plus en plus, le goût des richesses et des plaisirs qu'elles donnent devient une contagion sociale. Mais pourquoi recommencer un tableau que nous avons déjà tâché d'esquisser, et dont l'original vit et respire d'ailleurs sous tous les yeux !

Comparez la poétique de M. de Balzac à cette situation sociale, et vous saurez pourquoi ses plus grands succès ont pris leur place dans les années qui suivirent les succès les plus éclatants de George Sand. C'est qu'ils répondaient aux tendances morales qui prévalaient dans les esprits et travaillaient à venir s'écrire de plus en plus dans les faits, car la Littérature est presque toujours en avant de la Société : c'est un *miroir où elle* se voit, telle qu'elle sera demain.

C'est une difficile entreprise que d'exposer la poétique d'un écrivain ; car, cette poétique, souvent il ne la connaît pas lui-même : elle agit chez lui à l'état d'instinct, comme il arriverait à un législateur qui, ayant les lois des douze tables dans la tête, gouvernerait d'après les principes qu'il ne pourrait formuler dans un code.

Lorsque le Tasse eut achevé la *Jérusalem*, sous l'inspiration de ce merveilleux instinct de poésie qui lui servait de guide, ne le vit-on pas imaginer une allégorie bizarre, dans laquelle il prétendait faire entrer bon gré mal gré son poëme? Les héros de la croisade ne furent plus que la personnification des vertus cardinales ; les principaux chefs sarrasins, celle des sept péchés capitaux. Armide devint la Concupiscence, Argan l'Orgueil ; tandis que Renaud fut la Foi, Godefroi l'Espérance et Tancrède la Charité. Il y a, dans de pareilles allégories, de quoi étouffer trois Iliades, à plus forte raison une *Jérusalem délivrée*. Heureusement le moule ne vint qu'après la statue ; cette triste poétique, enfant posthume d'une imagination malade, ne naquit qu'après le poëme ; l'aigle avait déployé ses ailes, et il n'était plus possible de le rappeler pour l'emprisonner dans l'étroit cachot que Torquato avait imaginé, sans doute afin que la merveilleuse fille de ses méditations ne fût pas plus libre que son père, et que la *Jérusalem* expirât enchaînée dans une cellule aussi étroite que celle où se mourait le génie de son auteur. Ceci nous est un avis de nous défier des poétiques des poëtes; presque toujours ce sont des poëmes. Il faut donc surprendre le secret qu'ils nous taisent, et démêler, dans ce qu'ils nous disent, ce qu'ils nous cachent, bien souvent faute de l'apercevoir. On comprend que, par la poétique d'un écrivain, nous n'entendons pas seulement un certain système qui le rattache à une des grandes écoles de la littérature, mais sa manière de concevoir l'art en général, et le point de vue auquel il envisage les questions qui font, depuis tant de siècles, l'occupation des hautes intelligences. La poétique d'un auteur se compose de ses sentiments, de ses idées, de ses opinions; car le monde qu'il peint, les faits qu'il décrit, se teignent des couleurs de cette merveilleuse palette qu'il porte en lui.

Nous avons, pour nous éclairer sur la poétique de M. de Balzac, ses propres aveux et ses livres. Comme la plupart des auteurs de ce siècle, il fait profession de mépriser la critique; mais, cependant, malgré leurs mépris superbes, les dieux de la littérature sont hommes; on a beau dédaigner les piqûres, elles se sentent, et l'on s'en aperçoit aux impatiences stoïques de certaines préfaces et de certains épilogues (1), qui du haut de leur

---

(1) L'épilogue du *Juif Errant* offre ce caractère.

piédestal semblent crier : « O douleur, tu n'es pas un mal ! » C'est dans une de ces *occasions que* M. de Balzac a laissé échapper l'aveu auquel nous avons fait allusion. On lui avait vivement reproché le caractère de Vautrin, ce logicien des bagnes, ce docteur du crime, sorte de satan sur lequel l'auteur a jeté un frac, et qui, peu satisfait d'appliquer la scélératesse, la met en axiome et la professe. Que répond M. de Balzac? — « Apprenez, dit-il, que l'auteur ne discute nulle part en son nom ; il voit une chose, il la décrit ; il trouve un sentiment, il le traduit ; il accepte les faits comme ils sont, et les met en place. »

Vous connaissez maintenant le secret de la poétique de M. de Balzac. Il n'est ni moraliste, ni philosophe (1), ni défenseur, ni admirateur des idées sociales ; il est peintre, par conséquent il peint tout avec la même indifférence. La société n'est, à ses yeux, qu'un immense paysage dont il reproduit les détails gracieux ou terribles. S'il voit un nuage au ciel, il peint un nuage ; si le soleil lui apparaît couronné de ses splendeurs, il demande à sa palette les splendides magnificences de ce beau soleil. Tantôt il prend, pour sujet de ses études, le torrent à la voix mugissante, alors il est tout entier livré à l'admiration qu'il éprouve pour le torrent ; tantôt le fleuve au cours régulier qui coule entre deux rives tapissées de gazon et de fleurs, alors il s'éprend de la même admiration pour le fleuve. Tout devient une étude

---

(1) Dans la très-grande partie de ses romans il y a des exceptions cependant.

et tout n'est qu'une étude pour ce paysagiste de la pensée. Tandis que les grands esprits du dix-septième siècle obéissent toujours à une pensée morale en écrivant, soit que cette pensée soit formellement exprimée, comme le voulaient la plupart, soit qu'elle résultât de l'ouvrage, comme le préférait Molière, pour lui donner quelque chose de plus naturel et de moins dogmatique, M. de Balzac n'a qu'une préoccupation, c'est de bien accuser ses lignes, et d'employer dans ses tableaux une bonne couleur. Quand Milton a montré, dans Satan, la sombre puissance du mal, il entr'ouvre les cieux et l'oblige à fuir devant l'archange tout rayonnant des splendeurs d'en haut. Quand Racine a développé, dans Athalie, toute l'énergie d'une mauvaise nature, et, si l'on peut s'exprimer ainsi, les majestés du crime, il abaisse cette reine orgueilleuse devant les vertueuses grandeurs du caractère de Joad. Rien de pareil dans M. de Balzac. Peu lui importe que, dans ses conceptions, les vices de haute taille dépassent de toute la tête les vertus naines et rabougries. Vous le verrez même s'arrêter de préférence devant ces natures sauvages et énergiques dans lesquelles reste un instinct de bête fauve. C'est ainsi qu'il s'inclinait devant la supériorité des vices de Vautrin à l'époque où la chambre des pairs, toute émerveillée de ce qu'un bandit avait transporté un exploit de grande route sur un de nos boulevards, admirait ce qu'on se plaisait à appeler les belles parties du caractère de l'assassin Fieschi.

C'est, vous le voyez, la théorie du fait accompli transportée dans la littérature, ce sont les passions humaines peintes avec cette indifférence sur les droits et les devoirs, qui règne dans la période politique à laquelle correspond le grand succès littéraire de M. de Balzac. L'amour de l'or, pour la puissance qu'il donne ou pour les jouissances qu'il procure, tel est l'idéal presque invariable qu'il présente sous les formes les *plus diverses*. Tantôt ce sont de jeunes hommes, pauvres et avides de plaisirs, qui dévorent des yeux le monde qui s'ouvre devant eux ; vous avez reconnu Rastignac, le héros de *la Peau de chagrin*, et vingt autres personnages qui représentent cette génération tourmentée d'immenses désirs dans son immense pauvreté, ne se contentant de rien, parce qu'on lui a dit qu'elle pouvait aspirer à tout, et, après bien des efforts, n'arrivant à rien ; génération famélique, qui a le néant dans sa bourse, les *Mille et une nuits* dans la tête, et un volcan dans le cœur. Tantôt c'est Vautrin qu'il fait apparaître en face de ces Tantales de la civilisation, pour leur indiquer, à l'aide d'une espèce d'algèbre du crime qui réduit tout en équations, les voies scélérates par lesquelles on peut arriver dans cet Eden social, point de mire de tous les efforts ; Vautrin, âme de boue guidée par une intelligence de feu et servie par un bras de fer, sorte de Napoléon, mais couché sous sa colonne, comme le définit le poëte lui-même. Plus loin, c'est l'apothéose de l'avare ; non pas l'apothéose d'Harpagon, cet avare d'une société où l'argent n'est qu'une puissance secondaire, où l'honneur est encore le nerf de la monarchie, où la noblesse passe avant la finance, et où il y a des parchemins qui pèsent plus que l'or ; mais l'apothéose de Grandet, cet avare d'une société où l'argent est la première des puissances, où la richesse devient la seule et unique aristocratie, où l'on voudrait que l'esprit militaire, ce fût la solde, — Dieu merci, notre armée d'Afrique proteste héroïquement contre cette tendance, — où le gouvernement c'est le budget.

C'est ainsi qu'en rapprochant la littérature de l'histoire, on saisit la loi qui marque le succès du roman tel que l'a compris M. de Balzac, après le succès du roman tel que George Sand l'avait compris. George Sand se plaît dans la peinture arbitraire des profondeurs de l'âme et des mystères du cœur; M. de Balzac essaie d'ouvrir, dans ses tableaux, un cadre à la société tout entière. Le premier plaide la cause de l'individu contre la société, de l'indépendance contre la règle, de l'idéal contre le réel; celui-là ne plaide pas, mais, comme un anatomiste sans pitié, il fouille dans les chairs mortes et déjà corrompues de la société, enfonce avec indifférence son sanglant scalpel pour mettre en lumière tous les désordres organiques du cadavre, et semble ne voir que des faits dans les vices comme dans les vertus. George Sand, plus dangereux pour les âmes à cette époque de la vie où les sentiments s'épanouissent à la chaleur de la jeunesse, comme les fleurs à la chaleur du soleil, où les idées commencées se terminent en rêveries et les rêveries en rêves, où une sorte de langueur, fièvre dangereuse autant que séduisante, formée sur les confins de l'âme et des sens, tient toutes les puissances de notre être captives, George Sand exerce sa grande influence le lendemain d'une révolution, qui ouvre les esprits à l'espoir d'innovations merveilleuses et de progrès indéfinis. M. de Balzac, présentant plus d'inconvénients pour la seconde jeunesse, par l'indifférence panthéiste avec laquelle il met en jeu toutes les influences bonnes ou mauvaises qui existent dans l'ordre social, et par l'absence du sens moral qu'il est difficile de ne pas apercevoir dans un grand nombre de ses ouvrages, prévaut dans la période où le triomphe des faits sur les idées se réalise, et où l'on voit s'établir peu à peu, sur les ruines des croyances politiques, le culte matérialiste du veau d'or [1].

V.

PHASE SOCIALE CARACTÉRISÉE PAR M. SUE.

Quand le règne de M. de Balzac décline, celui de M. Sue commence ; la royauté du roman est, qu'on nous pardonne cette comparaison, comme la royauté française : « Le roi est mort, vive le roi ! »

Nous étions hier sous le règne de M. de Balzac, nous sommes aujourd'hui sous le règne de M. Sue. Ce n'est pas d'hier cependant que M. Sue a écrit des romans remarquables ; dès les premières années de

---

(1) On comprend qu'en définissant le talent de chacun de ces écrivains, nous définissons des genres auxquels se rattachent un grand nombre de romanciers.

la révolution de 1830, il publiait des livres qui révélaient une vive imagination et une verve puissante. Cependant la grande popularité de son talent ne remonte pas très-haut; *Mathilde, les Mystères de Paris* et *le Juif Errant,* ce sont là les trois degrés qui l'ont conduit au trône du feuilleton-roman. A quoi tient donc la date de son règne? A un pas que M. Sue a fait faire au roman, et qui correspond à un mouvement qui commence à se dessiner dans les idées.

Qu'est-ce que *Mathilde*? La peinture d'une société d'où le sens moral s'est retiré, où les hautes classes ne songent qu'à jouir, où l'or, personnifié dans Lugarto, règne et gouverne, où l'amour du plaisir, personnifié dans Gontran, se satisfait à tout prix, et vend sa liberté, son honneur, pour avoir un peu de cette manne que M. de Rotschild, nouveau Moïse, fait tomber; où le vice, représenté par Ursule, est plein de convenances, de savoir-vivre, de scrupules; la vertu, représentée par Mathilde, pleine de complaisance et d'accommodements. Lugarto et Gontran viennent du roman de M. de Balzac; Ursule et Mathilde, du roman de George Sand. Les deux genres semblent se fondre dans une expression commune, avant de disparaître devant ce genre nouveau, le roman social, d'autres diraient anti-social, que vient de créer M. Sue.

Nous ne prenons pas précisément à la lettre le vernis de réformateur social que M. Sue essaie de se donner. Un assez grand nombre de ses premiers romans ne le justifient guère; il y fait le procès de l'humanité bien plus encore que celui de la société. Atar-Gull, Szaffie confondent les limites du bien et du mal; la morale qu'on trouve dans ces livres, c'est une espèce de sensualisme épileptique, qui consiste à multiplier et à varier, autant que possible, les sensations et les émotions, afin de mieux se sentir vivre ; M. Sue, ce futur moraliste, incline au paradis de Mahomet (1), le génie du scepti-

---

(1) En voici une preuve empruntée à *la Salamandre*, un des meilleurs romans de M. Sue.

« Oh! la vie d'Orient! la vie d'Orient! Seule existence qui ne soit pas une longue déception! car là ne sont point de ces bonheurs en théorie, de ces félicités spéculatrices; non! non! c'est un bonheur vrai, positif, prouvé.

« Et qu'on ne croie pas y trouver seulement une suite de plaisirs purement matériels. C'est au contraire la vie du monde la plus spiritualisée, comme toutes les vies paresseuses et contemplatives. Car enfin, connaissez-vous un Oriental qui ne soit pas poëte? Ne puise-t-il pas la poésie où l'ivresse? Car l'ivresse est de la poésie accidentelle. Ne puise-t-il pas la poésie à trois sources : dans son narguilé, dans sa tasse et dans son taïm?

« La poésie du narguilé, poésie aérienne, diaphane, et indécise comme la vapeur embaumée qui s'en exhale ; c'est une harmonie confuse, un rêve léger, une pensée que l'on quitte et qu'on reprend, une gracieuse figure qui apparaît, quelquefois nue, quelquefois demi-voilée par la fraîche fumée du tabac lévantin.

« Puis la poésie du café, déjà plus forte, plus arrêtée. Les idées se nouent, s'enlacent, et développent avec une merveilleuse lucidité leur éclatant tissu. L'imagination déploie ses ailes de feu, et vous emporte dans les plus hautes régions de la pensée. Alors les siècles se déroulent à vos yeux, colorés et rapides, comme ces rivages qui semblent fuir quand le flot vous emporte. Alors les hautes méditations sur les hommes, sur l'âme, sur Dieu. Alors tous les systèmes, toutes les croyances; on adopte, on éprouve tout, on croit à tout. Pendant ce sublime instant d'hallucination, on a revêtu tour à tour chaque conviction; on a été le Christ, Mahomet, César; que sais-je, moi?

« Enfin la poésie de l'opium, poésie toute fantastique, nerveuse, convulsive, âcre, dernier terme de cette vie poétique qu'elle complète. Ainsi, ce que Faust a tant cherché, ce qui a damné Manfred, l'opium vous le donne. Vous évoquez les ombres, les ombres vous apparaissent. Voulez-vous assister à d'affreux mystères? Alors c'est un drame infernal, bizarre, surhumain, des

cisme et de la fatalité plane sur la poétique de ce romancier, qui, dans la première partie de sa carrière littéraire, apparaît surtout comme un esprit amoureux des effets nouveaux et bizarres, à la recherche des situations dramatiques, et aspirant avant tout à trouver des sujets neufs et remplis de ces surprises qui ne permettent point à l'attention de se lasser. On s'est étonné, et nous nous sommes étonné nous-même du lieu où il était

êtres sans nom, des sons indéfinissables, une angoisse qui tuerait si elle était prolongée; et puis, toujours maître de votre faculté volitive qui sommeille, d'une pensée vous changez ce hideux tableau en quelque ravissante vision d'amour, de femmes ou de gloire.

« Et puis, après avoir plané dans ces hautes sphères et goûté ces sublimes jouissances intellectuelles, vous prenez terre dans votre harem. Là une foule de femmes belles, soumises, aimantes; car fussiez-vous laid et difforme, elles vous aiment; là des plaisirs sans nombre, variés, délicats et recherchés. C'est alors la vie matérielle qui succède à la vie intellectuelle. Alors, plongé dans l'engourdissement de la pensée qui se repose, vous devenez stupide, inerte; tous vos sens dorment, moins un; et cet un s'accroît encore de l'absence momentanée des autres; aussi êtes-vous heureux comme un sot, et vous savez le bonheur des sots, *bone Deus!*

« Et ceci n'est pas une vaine théorie, une utopie faite à plaisir.

« Le tabac ne trompe pas, le café ne trompe pas, l'opium ne trompe pas, leur réaction sur notre organisme nerveux est positive et physiologiquement prouvée et déduite. Il faut que notre organisation morale cède à leur influence; tristes ou gais, heureux ou malheureux, nos sensations intimes s'effacent devant une bouffée de tabac, dix grains de café ou un morceau d'opium.

« Les femmes de votre harem ne vous trompent pas non plus. C'est un fait que leur peau fraîche et satinée, que leur chevelure noire et soyeuse, que leurs dents blanches, que leurs lèvres rouges.

« Ainsi, si votre tabac, votre café et votre opium sont de qualité supérieure, si vous êtes assez riche pour mettre 6,000 piastres à une Géorgienne, trouvez-moi donc une seule déception dans cette existence toute matérielle, dont le bonheur entier, complet, ne repose pas sur des bases fragiles et mouvantes comme le cœur d'une femme et d'un ami, mais sur des faits matériels que l'on achète à l'once et qu'on trouve dans tous les bazars de Smyrne et de Constantinople. »

allé chercher l'héroïne des *Mystères de Paris*, et ses partisans ont vu là une intention de réforme sociale; cependant M. Sue, quelques années auparavant, avait cédé à une inspiration plus bizarre encore, quoique cette fois il fût impossible d'alléguer l'idée la plus éloignée de réformer la société ou même l'humanité. L'humanité était en effet parfaitement désintéressée dans le roman dont il s'agit, attendu que l'auteur n'était allé prendre son principal personnage, son héros, ni dans un palais, ni dans une chaumière, ni dans une place publique, ni dans une caserne, ni dans un théâtre, ni même aux lupanars et aux bagnes, auxquels il devait faire plus tard de notables emprunts. Où l'avait-il donc pris? Tout simplement dans une écurie; car ce principal personnage, ce héros, est un cheval.

C'est bien la plus étrange histoire qui puisse se lire, en cas qu'elle puisse se lire. Ce cheval a d'incroyables aventures. Envoyé par le dey de Tunis au roi Louis XV, il semble d'abord réservé à une destinée royale que lui présage une petite balsame blanche, augure favorable selon les Orientaux; puis, son caractère intraitable l'ayant fait exiler des écuries royales, il tombe, de chute en chute, jusque dans l'écurie d'un manant, qui le malmène et l'accable de mauvais traitements, au grand regret du muet africain Agba et d'un chat blanc, fidèles compagnons du cheval barbe, qui prévoient, en soupirant, le jour où leur ami ira terminer sa vie chez l'équarrisseur, sort fatal annoncé par un épi de mauvais augure, présage évident, selon les superstitions orientales, d'une sinistre destinée. La lutte entre la balsame blanche et l'épi se prolonge, à travers des vicissitudes continuelles et un flux et un reflux d'événements qui font ressembler la vie de ce quadrupède à celle de Napoléon. Non, jamais, depuis Caligula qui créa son cheval consul, on ne fit tant d'honneur au mors et à la bride ! Enfin les choses vont tant bien que mal, jusqu'au moment où, selon l'usage immémorial des romans, l'amour se glisse dans le cœur du héros. L'amour, qu'on ne croie pas cette expression impropre; M. Sue a trouvé piquant d'humaniser, qu'on nous passe ce terme, les amours équestres de Godolphin, et c'est là le secret de la facile originalité de son roman. Vous avez lu dans Fielding le délicieux portrait de Sophie, et vous avez devant les yeux cette image doucement caressée par le pinceau qui l'a tracée ; vous avez présente à la mémoire la délicieuse figure d'Armide, parée par le Tasse de toutes les splendeurs de la poésie; vous vous souvenez de la Julie de Saint-Preux, de l'Atala, cette blanche fleur qui fleurit dans les pages de Chateaubriand ; de la Virginie de Bernardin de Saint-Pierre, de la Juliette de Shakspeare et de la Parisina de lord Byron ! Eh bien, M. Sue, allant plus loin et plus bas qu'il ne devait aller dans *les Mystères de Paris*, semble avoir voulu réunir les traits épars de ces merveilleuses créations... pourquoi ? Pour composer le portrait d'une jument! C'est, du reste, un procédé qui entre dans les habitudes littéraires de l'auteur : quand il peint une frégate avec ses caronades luisantes, il ne manque guère de lui donner les épithètes de mignarde et de coquette; terrible coquette qui, au lieu d'œillades séduisantes, peut envoyer une bordée de quarante boulets de canon ! Ici il a suivi le même système ; la jument qui touche le cœur du barbe est une véritable femme ; c'est Atala, Sophie ou Julie, avec la selle et le harnais. Cela est si vrai que le lecteur finit par rougir de la nudité de Roxana. M. Eugène Sue peut se vanter d'avoir réussi à rendre la nudité des chevaux indécente, ce qui n'est pas un petit mérite dans le temps où nous sommes ; encore un roman comme celui-là, et il faudrait prendre le parti de vêtir les juments. L'ouvrage se termine par toutes les péripéties ordinaires des amours romanesques : le roman intime entre avec son personnel et son matériel dans l'écurie : il y a une rivalité, un duel, il ne manque qu'un suicide, et l'on ne voit pas pourquoi l'auteur a reculé devant cette dernière idée, qui n'aurait été guère plus étrange que le reste. Le dénoûment défie l'analyse, quoiqu'un journal (1) l'ait imprimé fort au long. Nous avons dit que les amours d'Arabian Godolphin, c'est le cheval, avec Roxana, c'est la jument, étaient essentiellement romantiques : il y a donc là, comme dans les romans de George Sand et de son école, un mari complétement sacrifié, c'est l'étalon Hobdoglin, qui nous a semblé avoir de grandes ressemblances avec le mari diplomate du premier roman de madame Sand. Hobdoglin et Arabian en viennent aux mains, si tant est qu'on puisse appliquer cette expression à des chevaux. Après le duel, il y a un rapt, et enfin on s'aperçoit d'une manière si positive que l'on est à l'écurie, qu'il en vient à l'odorat un par-

(1) *La Presse.*

fum de fumier à donner des nausées. En vérité, un tel roman a dû être écrit avec le manche d'une cravache et il n'aurait été bon qu'à être lu à huis-clos, dans une séance du Jockey's Club, le jour de la réception de M. de Rambuteau.

Ceci nous doit mettre en garde contre les prétentions de M. Sue au rôle de philosophe humanitaire; quand on veut réhabiliter l'humanité, il faut commencer par la respecter, et ne point la conduire au haras, pour satisfaire une de ses fantaisies de romancier. Mais quel que soit le motif qui ait guidé la plume de M. Sue, qu'il ait cédé à une fantaisie nouvelle, qu'il ait cherché, dans la mine du roman, un nouveau filon pour ranimer l'attention fatiguée des lecteurs, il n'en est pas moins vrai qu'entre les tendances littéraires de ses derniers ouvrages et les tendances que des symptômes assez nombreux manifestent dans les profondeurs de la société, il y a des analogies et des rapports, où l'on peut trouver l'explication de son succès. Sans doute on doit attribuer ce succès à plusieurs causes; les lecteurs et les lectrices des salons ont pu prendre, aux sombres et hideuses peintures des *Mystères de Paris*, et aux tableaux analogues qu'on trouve dans *le Juif Errant*, à peu près le même intérêt que de jeunes reines et de jeunes princesses prenaient dernièrement, à Pampelune, au spectacle sanglant des courses de taureaux. Mais le succès de M. Sue n'est pas seulement un succès de salon ; il est descendu plus bas. Les types du *Chourineur*, de *Martial*, du *Maître d'école*, de *la Goualeuse*, de *la Louve*, sont devenus populaires; ceux d'*Agricol*, de *la Mayeux*, de *Couche-tout-Nu*, de *la Reine Bacchanal*, ont obtenu la même popularité; et voilà qu'une édition à bon marché va faire pénétrer son succès plus avant encore dans les masses (1). D'où vient cela? Quelle pensée y a-t-il donc derrière cette poétique? Que représentent tous ces personnages, avec leurs différentes physionomies?

Tous représentent cet être multiple qu'on appelle le peuple; ils le représentent avec un visage à la fois douloureux et terrible. C'est une grande plainte qu'on entend transpirer à travers le sol que l'on foule; c'est en même temps un bruit lointain de menaces qui arrive aux oreilles. Il y a, dans ce mouvement, quelque chose de semblable au mouvement qu'on remarquait dans les romans de madame Sand; c'est aussi une protestation contre l'état social, mais une protestation collective, au lieu d'être individuelle, et présentée, non plus au nom des esprits amoureux de la fantaisie et dédaigneux de la règle, mais au nom des passions et des intérêts des classes les plus nombreuses de la société. Des régions de la poésie et de l'idéalisme, la pensée de réforme est descendue dans la sphère pratique des faits et de la politique. Ce n'est plus pour les individus qu'un nouvel idéal est offert et demandé, c'est pour les sociétés.

Faisons la part de l'exagération naturelle au génie du romancier aussi large qu'on voudra, et, certes, nous sommes disposé à reconnaître que M. Sue force

---

(1) On publie dans ce moment les œuvres de M. Sue à 1 fr. le volume.

toujours la couleur et appuie trop sur le trait; mais ce n'en est pas moins une chose digne de remarque que cette troisième transformation du roman. Sous le règne de madame Sand, c'est l'expression de la fantaisie individuelle qui tend à se substituer à l'autorité collective de la règle; ce sont des aspirations indéfinies vers une complète indépendance, vers une liberté sans limite. Sous M. de Balzac, c'est l'expression du triomphe du fait sur les idées, la personnification du matérialisme, de la jouissance et de la force. Sous M. Sue, l'aspiration à un nouvel idéal se représente; mais cette aspiration est moins vague, moins fantastique, moins éthérée; elle a quelque chose de solide et de substantiel : c'est le paradis d'Odin et de Mahomet, combinés ensemble et réalisés sur la terre; c'est un rêve tout positif, qui présente pour but aux espérances et aux efforts des classes populaires, la conquête d'un Éden social doté de toutes les jouissances physiques.

On a vu que le succès du genre inauguré par George Sand coïncidait avec une situation sociale analogue, c'est-à-dire, avec les vagues espérances et les utopies indéfinies des rêveurs et des poëtes, placés sous l'influence de la chaude atmosphère d'un lendemain de révolution. On a vu que le succès du genre inauguré par M. de Balzac coïncidait également avec une situation sociale amenée par la fuite de ces rêves, par le triomphe du fait sur les idées, et le règne de la force et de la corruption. Il doit en être de même pour le genre inauguré par M. Sue, et il en est de même, en effet, comme on ne tarde pas à s'en convaincre, quand, au lieu de s'arrêter à la surface de la situation, on creuse le sol sous cette surface parlementaire qui trompe les observateurs superficiels, et qu'on pénètre dans ces couches sociales plus profondes, où germent les faits que l'avenir verra naître.

Il faut oser quelquefois descendre jusqu'au trivial pour saisir la pensée d'une époque, car souvent on rencontre au bas de l'échelle cette pensée qu'on avait vainement cherchée au faîte. Du Marsais disait : « On fait moins de tropes en un an à l'Académie qu'en un jour à la halle. » Ne pourrait-on pas ajouter, sans vouloir en rien offenser l'Académie, que la rue s'entend mieux que les salons à montrer, dans un symbole, la pensée d'une situation ? D'où vient cette supériorité ? Il serait difficile de le dire. Peut-être que la rue, ne se laissant pas distraire par les préoccupations du beau langage, a plus de temps à elle pour s'occuper de sa pensée ; ou plutôt, la rendant comme elle la reçoit, elle la rend plus énergique, plus naïve et plus vraie. L'homme d'intelligence agit sur ses idées, l'homme d'instinct subit l'action des siennes. Le premier est un miroir qui a sa couleur qui lui est propre et qu'il communique à tous les objets ; l'autre est un miroir décoloré qui prend celle de tout ce qu'il réfléchit.

Ceux qui, dans les premiers temps de la révolution de 1830, aimaient à visiter le musée de la caricature, établi dans les magasins de Martinet et dans ceux d'Aubert, doivent se rappeler une image, une laide image qui frappait partout leurs regards, et revenait toujours, présentant sous la diversité de ses attitudes sa difforme uniformité. Dans ce temps-là, Mayeux régnait sans rival sous les vitres du magasin d'Aubert; c'était le beau temps de ce bossu malin et égrillard. Comme il triomphait! Comme il brillait! Comme il buvait! Comme il dominait! Comme il provoquait les passants de l'œil et du geste! Comme il était beau d'insolence, ce vilain bossu! Tantôt l'épée au côté, tantôt en bonne fortune, tantôt assis devant une table délicatement servie, ferraillant, buvant, mangeant, narguant, courtisant, il faisait la revue des sept péchés capitaux, quoique M. Sue ne songeât pas encore à en écrire l'histoire. Il avait dans ce temps-là six pieds d'orgueil; il portait haut la tête; il était grand, il était brave, il était riche, il était vainqueur, il était roi. Place à monseigneur Mayeux qui passe! Chapeau bas devant le bossu!

Mayeux, c'est l'image de la révolution, le lendemain de son triomphe, lorsqu'elle dit: « Nous, » en parlant du pouvoir; lorsqu'elle porte encore l'ivresse de la bataille dans sa tête, et l'insolence de la victoire dans ses yeux. Mayeux, c'est le peuple souverain, dans ce moment rapide où il trinque à son triomphe, où il est prince, où il est seigneur, où il est roi, où il est à lui-même son Dieu. Mayeux, c'est la révolution qui dîne, qui veut goûter des plaisirs de la vie : c'est l'émeute en partie de plaisir; car l'émeute, les lendemains de son succès, est une voluptueuse et une sensuelle, qui aime à s'accouder sur la table jusqu'à ce qu'elle vienne à tomber dessous. Que de bonnes vanteries! Que de quolibets!

Que de délicieuses aventures ! Un lendemain de révolution, la bêtise est éloquente, la misère a vingt-cinq mille livres de rente, la laideur est aimée des femmes, les haillons disent : « Nous sommes la pourpre, » et le jour dit : « Je suis l'éternité ! »

Voilà pourquoi Mayeux régnait sans rival en 1830 ; voilà pourquoi il narguait tout le monde ! Cette journée était la sienne, cette époque lui appartenait sans conteste, il avait devant lui le temps et l'espace, il croyait que sa victoire durerait toujours, et il en profitait. Aussi comme il était joyeux et goguenard, comme il s'attablait devant sa victoire, comme il raillait tout le monde, comme il se raillait lui-même, comme il frappait du pied la terre, comme il enfonçait son chapeau sur la tête, comme il mettait la main sur la garde de son épée, car Mayeux avait alors une épée !

Six années plus tard, la scène a changé. Monseigneur Mayeux, qu'êtes-vous devenu ? Partout je vous cherche, nulle part je ne vous aperçois. Quoi ! les vitres du musée Aubert sont veuves de votre gloire, et vous n'avez pas même trouvé un asile dans la galerie Martinet ? Quoi ! vos innombrables images ont à la fois disparu ? C'en est fait, plus de Mayeux sur les murs de la capitale, Mayeux homme à bonnes fortunes, Mayeux riche, Mayeux gastronome, Mayeux couronné de pampre et Mayeux couronné de lauriers, s'en sont allés ensemble. O vous, habitués du musée de la caricature, ne donnerez-vous pas une larme à cette mémoire ? Ne suivrez-vous pas ces grandes funérailles ? Ne pleurerez-vous pas défunt Mayeux ? Il avait cru, le pauvre bossu, que les lendemains de révolution duraient toujours, que la souveraineté populaire était à longue échéance, et qu'à tout jamais le chien du Louvre serait un grand citoyen et Mayeux un Napoléon, Napoléon portant derrière lui sa colonne. Il avait cru qu'il était à jamais beau, riche, puissant, majestueux, éloquent, superbe. Hélas! pauvre Mayeux!

Lorsqu'on arrive à l'année 1836, la déchéance de Mayeux a été prononcée, une autre figure a pris sa place; figure grimaçante, hideuse : figure qui, sous tous les costumes et dans toutes les attitudes, vous obsède et vous poursuit depuis plusieurs années. Robert-Macaire, avec sa face triviale et effrontée, a remplacé par son insolence la vanité de Mayeux; il règne à son tour sans rival.

A lui la victoire, à lui les honneurs, à lui le triomphe, car son temps est venu et celui du bossu est passé. Robert-Macaire est une idée à mille têtes, un type qui revêt tous les états, toutes les fonctions, tous les habits. Banquier, commerçant, avocat, militaire, médecin, avoué, maître de pension, homme d'état, député, mais toujours Robert-Macaire. Mayeux n'était que railleur, Macaire est impudent; Mayeux n'était que trivial, Macaire est cynique; Mayeux n'était que sensuel, Macaire est vicieux. Il porte sur son front l'empreinte de tous les vices, et il a commis des crimes : peut-être découvrirait-on du sang sur ses mains, s'il ne les avait pas lavées dans la boue. Macaire est le maître de la société, il l'exploite, il l'administre; il entreprend tout à juste prix : la morale, la politique, la littérature, les chemins de fer ; ne vous l'ai-je pas dit? il est journaliste, il est homme d'état, il est député. A lui les suffrages des hommes, à lui l'amour des femmes, car il est beau d'impudence, Robert-Macaire ; il est magnifique de vices, il est sublime d'infamie. Il a des chevaux, il dit : « Mes gens, » il demande son carrosse, il entre à la Chambre, l'Angleterre nous l'emprunte (1), il va partout, surtout à la Bourse. C'est monseigneur Robert-Macaire qui passe ; chapeau bas ! si vous tenez aux usages ; et la main sur vos poches, si vous tenez à vos bourses, messieurs !

Robert-Macaire, c'est un surlendemain de révolution ; le temps des illusions est passé, les fumées de la victoire se sont dissipées, la souveraineté populaire a cuvé son vin et son triomphe, l'expérience est venue. L'industrialisme politique et commercial s'est abattu sur le pays, comme ces nuées de corbeaux qui, après les grandes batailles, dînent aux dépens des vaincus et des vainqueurs. Ceux qui exploitent les révolutions se sont présentés après ceux qui les font. Robert-Macaire, c'est la puissance de la corruption venant après la souveraineté de la force, et assouplissant, avec ses fanges, les ressorts de la société. Robert-Macaire, c'est la bande de tous les esprits aventureux et de toutes les destinées aventurières, se précipitant dans l'édifice social dont Mayeux a naguère brisé les portes, dans un jour de colère et de folie. Robert-Macaire, c'est l'immoralité dans la société succédant à la licence dans l'état ; ce sont les saturnales sociales après les saturnales politiques.

(1) Il a paru dernièrement à Londres un roman intitulé : *les Aventures de Robert Macaire.*

Voilà pourquoi Robert-Macaire règne sans rival depuis 1836, et pourquoi son image a détrôné celle de Mayeux sur les vitraux de la galerie d'Aubert et du musée Martinet.

Le type a changé avec la situation, une situation nouvelle a produit un nouveau symbole. Robert-Macaire est sorti des boues de la société, et il a dit : « Me voici ! » Aussi voyez comme il est radieux ! Il a troqué sa sale souquenille des bagnes contre un habit à la mode; il est devenu homme de salon, homme d'esprit, homme de loisir. Ne cherchez plus en lui le Robert-Macaire de la célèbre auberge, traînant, dans des vols obscurs, une avidité de bas étage et des haillons souillés. Ce Robert-Macaire là n'existe plus. Pour lui le gibet est devenu une apothéose, il est sorti triomphant de cette épreuve; le public, qui sait que l'époque lui appartient, n'a pas voulu qu'il mourût. Il a ordonné au poëte de transformer son héros, comme le ver rampant se transforme en papillon brillant au sortir de la prison qu'il s'est lui-même filée.

Ainsi a fait Robert-Macaire. Jadis gibier de potence, vagabond des grandes routes, brouillé avec la justice, persécuté par la maréchaussée; et maintenant bien vêtu et bien reçu, recherché, fêté, caressé. Il ne vole plus dans les poches, fi donc ! Il opère à la Bourse. Il vous vendra, si vous voulez, de la dette passive, des promesses d'actions de chemin de fer et de l'emprunt des cortès. Qu'avez-vous à craindre? N'a-t-il pas, pour répondre de ses opérations, la dot de sa femme Eloa, la succession de son beau-père Mandrinski, sans parler de sa petite ferme des Adrets? Si vous vous confiez à lui, votre fortune est faite ; il vous fera prendre les actions du chemin de fer qui doit conduire dans la lune, ou bien celles du chemin sous-marin qui doit conduire de Calais à Douvres à pied sec. Il est toujours à la disposition de l'humanité souffrante, le grand homme !

Êtes-vous malade? Macaire est médecin, il vous attend dans son cabinet; il a des consultations gratuites pour les pauvres, qu'il regarde à peine, il est vrai ; mais, s'il ne sert pas les pauvres, les pauvres le servent; la médecine charitable est un assez bon prospectus. Il a inventé vingt nouveaux médicaments pour chaque maladie, et ce sera bien votre faute si vous ne guérissez pas après avoir bu deux douzaines de ses fioles, sans compter ses boîtes à pilules, ses pâtes et ses juleps. Avez-vous un procès? Macaire est avocat, et eussiez-vous assassiné votre père, pourvu que votre bourse soit bien garnie, il plaidera les circonstances atténuantes, gardez-vous d'en douter. Avez-vous des enfants? Robert-Macaire se charge de les élever, et de leur enseigner les belles-lettres et la morale. Aimez-vous la chicane? Robert-Macaire est procureur. Avez-vous besoin d'argent? il est usurier. Il fonde des restaurants, ouvre des tables d'hôte, tient des magasins de librairie; et quand vous tombez à la conscription, il vous fournit un remplaçant qui aurait besoin lui-même d'être remplacé!

Grand Robert-Macaire! Là ne s'arrêtent point ses services. Que ne ferait-il point pour son pays, lui qui fait déjà tant pour des intérêts particuliers? Si vous l'en priez bien, il défendra les intérêts de la France dans un journal, ou bien il ira les protéger à la tribune, pour peu que vous le nommiez député; car Robert-Macaire est confiant comme le triomphe, entreprenant comme la victoire, et, monté sur le faîte, il aspire encore à monter. Macaire ne doute ni de son talent ni de sa fortune; il est riche, il est beau, il parle de sa famille, il est éloquent; il sera député; il veut être ministre, quoi de plus? dans ses heures de distraction, il prétend être estimé.

A merveille, Macaire; voici qui couronne toutes vos ambitions et toutes vos gloires. Je le vois, vous sentez ce que vous valez. Vous comprenez que cette époque est à vous, et pour mieux lui marquer votre mépris vous exigez son estime. Et qui donc estimerait-on, Macaire, si on ne vous estimait? Ne vous enrichissez-vous pas là où les autres se ruinent, et les marrons que Raton-Mayeux a tirés du feu, n'est-ce pas vous qui les mangez? M. Scribe, qui prend son esprit partout où il le trouve, ne vous a-t-il pas créé comte et premier ministre? N'êtes-vous pas Bertrand de Rautzan, Macaire? Votre poitrine n'est-elle pas chamarrée d'ordres et de rubans, et ne portez-vous pas l'épée? Monseigneur Macaire, je vous salue, car vous êtes bien grand dans cette époque, ou plutôt vous êtes, à vous seul, la situation tout entière. Vous êtes un type, un symbole, qui représente le temps où nous vivons, un miroir où tout se réfléchit. En tout il y a une dupe et une autre personne : Mayeux était la dupe, vous, l'autre personne, Macaire. Admirons donc Macaire et plaignons le pauvre Mayeux.

Et où est-il, ce triste Mayeux, ce monarque déchu de la galerie Aubert, ce banni de l'Éden Martinet?

Sur ma parole, vous ne le reconnaîtriez plus, si vous le voyiez. Ce n'est plus cette bosse avenante et satisfaite d'elle-même, cette bosse tout épanouie de joie, toute gonflée d'orgueil; ce ne sont plus ce coup-d'œil prépondérant, cette face rubiconde, ce teint aviné, cette physionomie victorieuse, cette démarche triomphale. Ce n'est plus cette confiance qui, à travers son verre rempli jusqu'au bord, aperçoit l'avenir tout peuplé d'illusions et tout doré d'espérances; il ne va plus en bonne fortune, il ne croit plus en lui-même, il ne compte plus sur l'avenir, il a donné sa démission, il s'est retiré des affaires, et l'on a écrit sur sa bosse qui s'incline, triste et morne, vers la terre : « Ci-gît Mayeux. » Où est-il? Il est dans cette humble loge de portier (Denys fut bien pédagogue à Corinthe); il est dans cette loge de portier, tirant tristement le cordon quand monseigneur Macaire, arrivant dans son carrosse, heurte avec fracas, et demande qu'on ouvre les deux battants. Où est-il? Il est à la porte de ce bal, d'où monseigneur Macaire sort dans toutes les splendeurs d'une toilette brillante, et c'est lui qui étend la peau contre la roue, pour que monseigneur ne salisse pas son habit en montant; c'est lui qui présente son chapeau pour recevoir le sou de monaco que lui jette, en riant, monseigneur. Où est-il? Il est dans le bureau du Mont-de-Piété, livrant sa pauvre défroque au commis qui le raille à son tour, le brillant Mayeux qui jadis raillait tout le monde. Où est-il? Il est partout où l'on souffre, partout où l'on est humilié. Pauvre Mayeux! S'il a quelques économies, il les a confiées à monseigneur Robert-Macaire, qui daigne les faire valoir dans les emprunts d'Espagne ou dans une société par actions, dont il est le gérant et le directeur. Pauvre Mayeux! Il était, avec le Couche-tout-Nu de M. Sue, à la fameuse barricade où celui-ci a déchiré sa culotte et brûlé sa veste ; et il pourrait dire avec lui, dans ses moments lucides, entre les cauchemars de la misère et les hallucinations de l'orgie : « Voilà pourtant tout ce que m'a apporté la révolution de 1830. » Pauvre, pauvre Mayeux!

Mais ne le plaignez pas trop, car il a aussi changé de figure, il a eu son apothéose, triste apothéose, il est vrai. Ce personnage blême, livide, maigre, effilé, aux yeux hagards, à la démarche incertaine, compagnon et victime de Robert-Macaire, Bertrand, en un mot, c'est Mayeux. Oui, Mayeux, maigri par le malheur, pétri et repétri par la rude main de l'adversité; et, à cette influence, Mayeux s'est allongé, il a perdu son embonpoint, il a perdu jusqu'à cet ornement que la nature avait placé derrière lui. Mayeux, si dodu et si gras, si fier, si arrogant, si pétulant, si spirituel, si original, si bossu, il est devenu l'efflanqué, le plat, l'imbécile Bertrand. Mais vous savez ce qui advint à Robert-Macaire pour avoir trop compté sur la patience de son compagnon?

Bertrand, poussé à bout, ne connait plus ni dangers, ni obstacles. La vengeance l'emporte, il devient enragé, il frappe, il tue. Il ne sera pas dit que Robert-Macaire l'aura entraîné dans le péril et l'y aura laissé, qu'il aura pris toujours et partout la bonne part et lui aura donné la mauvaise. Patience, Mayeux lui garde un tour de sa façon qui vaudra tous ses tours; il lui payera d'un seul coup toutes ses dettes. Nous vous le disons donc, Robert-Macaire, vous êtes fin, vous êtes habile, vous êtes riche, vous êtes banquier, vous êtes puissant, vous êtes député, vous êtes millionnaire, vous êtes tout et Mayeux n'est plus rien : cependant prenez garde à Mayeux !

N'y a-t-il pas là une image de ce qui se passe, sauf le caractère du crime que nous ne retrouverons pas dans l'étude d'une situation sociale?

N'est-ce pas le sens de ces questions de l'organisation du travail, du prolétariat, du salaire, qui, pour ne point préoccuper les pouvoirs officiels, n'en agitent pas moins les masses, dans l'esprit desquelles elles ont détrôné les questions politiques ? Quelque chose de vague et d'obscur encore, mais de menaçant et de fort, se remue dans les profondeurs des populations laborieuses. Penché sur le cratère des volcans où bouillonne l'intelligence humaine, comme une lave ardente, on entend ces craquements sourds et ces tonnerres intérieurs qui, longtemps à l'avance, présagent l'éruption. Ce sont des symptômes encore confus, des demi-révélations qui arrivent par les tribunaux, par la presse, par la conversation de ceux qui ont accès dans cette sphère, les linéaments indécis d'une organisation mal connue; que sais-je ? Ces utopies hardies qui lèvent la tête, le communisme, le fourriérisme, l'icarisme, les commencements de lutte entre le travail et le capital qui semblent s'essayer l'un contre l'autre, faits graves dont l'ensemble oblige les hommes qui les étudient à se demander si, derrière la révolution de 89 et celle de 1830, une révolution plus complète, une révolution sociale, ne préparerait pas son avénement.

Qu'y a-t-il donc ?

Il y a quelque chose de très-simple et de très-naturel. Le mouvement de 1830 a donné une vive impulsion aux esprits et ouvert des horizons nouveaux à l'imagination de la France. Il y a eu une aspiration dans toutes les classes vers un meilleur état, espoir d'un progrès, d'une amélioration dans la condition humaine.

Qu'a-t-on vu alors ?

Le peuple, qui avait été le principal acteur dans les trois journées, a été laissé de côté ; une fraction de la moyenne et petite propriété est devenue maîtresse souveraine des affaires ; on a rendu la loi d'élections aussi contraire que possible à la grande propriété, et on a exclu complétement les simples contribuables. Les résultats ne se sont pas fait attendre ; d'un côté les classes mitoyennes se sont jetées sur le gouvernement et sur le budget comme sur une proie ; d'un autre côté, les classes élevées, n'obtenant pas dans la société une influence légitime, se sont tenues à l'écart, et leur rôle est demeuré sans acteur pour le remplir ; comme on les privait de leurs droits d'influence, elles ont en partie cru être quittes de leurs devoirs. La classe qui héritait de l'influence et du pouvoir n'a pas compris qu'il y avait des devoirs attachés à ce pouvoir, car la féodalité de l'argent a des entrailles aussi dures que le métal qui fait son titre. Les classes laborieuses se sont donc trouvées dans une société où le patronage des hautes classes n'existait plus, où les organes de l'aristocratie du cens qualifiaient les masses populaires de barbares, ce qui n'indiquait pas une grande propension à les protéger, à les éclairer et à les défendre, et où toutes les ambitions et toutes les passions étaient surexcitées par le spectacle de l'exploitation de la France, et de la contagion de la morale du bien-être et de la soif des jouissances, que l'aristocratie dominante pouvait seule satisfaire au moyen du budget et de l'exploitation de toutes les affaires attachées à la possession du pouvoir.

C'est alors qu'on a vu naître tous ces systèmes et toutes ces utopies qui se sont présentées comme ayant la mission de donner aux classes populaires l'équivalent de ce que l'aristocratie dominante a trouvé dans l'accaparement du gouvernement de la France.

Pour prendre la direction demeurée vacante par l'abdication des classes supérieures et par l'avénement égoïste de l'aristocratie d'argent, des faiseurs de systèmes ont présenté un idéal de jouissances physiques, plus ou moins fondé sur la destruction de la propriété. Le patronage, cette grande et sublime application de la morale évangélique, qui enseigne que les riches sont les administrateurs des bienfaits de la providence envers leurs frères, et les forts et les puissants, les serviteurs des faibles et des petits, ayant pour ainsi dire disparu, les masses s'habituent peu à peu à penser qu'il faut qu'elles pourvoient elles-mêmes à leur situation. Il est à craindre que si l'on ne rétablit pas le liens qui doivent unir toutes les classes nationales entre elles, et si l'on ne présente pas aux esprits un nouvel idéal, les dangereuses idées qui fermentent dans des profondeurs sociales où le regard n'arrive qu'avec peine, ne préparent à l'avenir de terribles tragédies.

Ce n'est pas la première fois qu'on aurait vu, dans l'histoire, les espérances surexcitées par les promesses d'une réforme, et trompées par son impuissance à les réaliser, se tourner en désespoir et en rage; et l'on n'a point oublié les scènes effroyables qui épouvantèrent l'Allemagne quand Muntzer, se levant derrière Luther, appela les paysans et les ouvriers à une grande jacquerie religieuse qui, avant de dévorer ceux qui en allumèrent les flammes, décima l'aristocratie allemande. Si les jacqueries religieuses ne sont pas de notre époque, les jacqueries industrielles peuvent les remplacer. Que l'on parvienne à rallier les masses à ces utopies du communisme qui se répandent de proche en proche, la société se trouvera ébranlée jusque dans ses fondements, parce qu'alors on aura trouvé ce qui manque depuis quinze ans, un lien commun, une pensée commune, une nouvelle passion révolutionnaire, pour remplacer celle qui commence à vieillir. Et combien ne serait-elle pas à redouter, cette passion révolutionnaire, non plus née dans la sphère des idées, mais dans les régions basses et violentes du sensualisme populaire, qui viendrait ainsi se heurter contre le sensualisme de l'aristocratie d'argent, dans des batailles impies, livrées au sein de ténèbres sanglantes qu'aucun astre n'éclairerait de ses rayons; car, dans les rangs des deux armées, les idées morales seraient éteintes, et ce seraient les appétits du corps qui, avec leur brutalité furieuse, se livreraient une lutte désespérée !

VI.

CONCLUSION.

Lorsqu'à l'occasion de la situation littéraire, nous esquissons ainsi la situation sociale, nous avons un espoir, et, cet espoir, nous l'exprimerons sans détour. Il y a un danger qui n'est pas imminent encore, mais un danger grave; il faut aviser avant que le mal soit sans remède. La critique, laissée à ses propres forces, ne peut rien, car il s'agit, on vient de le voir, d'une maladie sociale, dont la maladie littéraire que nous combattons n'est que le symptôme. La critique est la voix qui avertit, mais elle n'est pas la main qui opère. Même dans ses propres foyers, dans la république des lettres, son crédit est restreint et son empire mal assuré, car elle est en présence d'une génération d'auteurs plus affamés d'argent que de gloire, et qui songent plutôt à bien vivre qu'à faire vivre long-temps leurs livres. Les auteurs du dix-septième siècle pouvaient bien se contenter d'une existence médiocre et frugale : à la bonne heure; il ne s'agissait, dans ce temps-là, que de Corneille, La Fontaine, Boileau, Racine et Molière; mais, de nos jours, vous entendrez les maréchaux de la littérature, comme ils s'appellent, discuter eux-mêmes leur liste civile, et prouver, pardevant notaire, qu'ils ne peuvent vivre à moins d'avoir l'équivalent du traitement de cinq préfets ou de deux receveurs-généraux. Lucile vous entretiendra du douaire de vingt-cinq mille livres qu'il est obligé de faire à sa femme qui descend probablement de Jupiter ; Théobalde, des voyages princiers qu'il accomplit à travers l'Europe, à la poursuite de son génie ; Eustrate, du dîner à la Lucullus qu'il donna ces jours derniers, et où l'on mangea et but en une heure les revenus qui auraient fait vivre une famille pendant un an. Comment en outre persuader à un écrivain qu'un livre qui rapporte cent mille francs, en billets de caisse, est un mauvais livre, et qu'un roman qui lui fournit le moyen d'aller en carrosse par les rues ne le conduira pas à la postérité ? On attribue une manière de voir aussi incongrue à l'ignorance des belles choses ou bien à l'envie, car chaque auteur est naturellement enclin à croire que ses œuvres valent ce qu'elles rapportent, et même plus qu'elles ne rapportent.

Il y a là ce qu'on est convenu d'appeler un cercle vicieux. La littérature est à la fois corruptrice et corrompue ; mais la source première du mal est dans la société, et c'est à la source des fleuves qu'il faut remonter pour purifier leurs eaux.

Tant que la littérature immorale sera en face d'une société profondément démoralisée, tant qu'il n'y aura point, pour les auteurs, d'idéal, ou qu'ils seront pervertis par un idéal politique sans élévation et sans noblesse, tant qu'on ne verra pas naître un de ces grands mouvements qui, donnant l'impulsion aux eaux stagnantes, les purifient en les faisant circuler; tant qu'il y aura d'un côté une aristocratie fiscale, livrée tout entière aux jouissances matérielles, et des classes laborieuses dont le seul mobile sera la conquête de ces jouissances, les effets de la critique demeureront stériles.

Qui donc remplira dans la société une mission nécessaire? Qui donnera de l'autorité et de l'efficacité aux paroles de la critique? Qui rendra possible la réforme de la littérature qui doit aider à la réforme de la société, et en même temps trouver sa possibilité dans la simultanéité de cette réforme?

Nous voudrions pouvoir répondre que ce sera le gouvernement. Dans un pays d'unité comme le nôtre, en effet, l'influence et l'impulsion du gouvernement sont d'un poids immense; et si les gens qui gouvernent voulaient ou pouvaient entrer dans cette voie, s'ils donnaient une impulsion morale et élevée aux destinées générales de la France, s'ils offraient à cette société un idéal digne d'elle, nul doute qu'il ne devînt possible de faire rentrer dans son chemin la littérature fourvoyée, et d'enlever ainsi aux mauvaises passions une excitation et un aliment. Mais il n'y a pas à se faire d'illusion sur ce point; quinze années l'ont prouvé d'une manière péremptoire, on ne saurait compter, dans cette entreprise, sur ceux qui tiennent le timon des affaires. Ce sont eux qui, par les principes immoraux de la nécessité et de la fatalité politique qu'ils ont mis en vigueur, par la religion de la force, par les inspirations de l'égoïsme et la soif des jouissances matérielles, par le culte du fait et du bien joué, substitué au culte des droits, par les primes données aux apostasies, ont répandu, de proche en proche, cette corruption qui a débordé dans la littérature. La corruption est dans la fatalité de leur position; cela est si vrai que ce sont eux qui l'ont inaugurée en même temps, dans la société, au moyen du budget et de la fièvre de l'industrialisme, dans les journaux par l'avénement du feuilleton-roman. Elle leur sert à détendre les ressorts de toutes les âmes, à leur faire oublier les satisfactions morales et intellectuelles qu'elles auraient le droit de revendiquer, par l'appât des jouissances matérielles devenues le but de tous les efforts. C'est ainsi qu'ils ramènent la société française à la rue Quincampoix et à cette orgie de lucre qu'on appelle le système de Law, et qu'on a vu, dans ces derniers temps, un banquier, devenu le roi de l'époque, traiter de souverain à sujets les députés, les pairs, attachés par des chaînes d'or à son char; et, entouré de solliciteurs qui étendaient vers lui leurs mains suppliantes, rétablir dans le royaume très-chrétien le culte du veau d'or.

Puisqu'il n'y a rien à espérer des gens qui gouvernent, et que non-seulement ils sont les promoteurs de la corruption, mais qu'ils sont intéressés à ce qu'elle soit maintenue, parce qu'ils en vivent, il faut donc s'adresser à la société elle-même, et, dans cette société, il faut choisir ceux qui par leurs traditions de famille et leur position sociale, peuvent prendre l'initiative d'une opposition vraiment nationale et vraiment gouvernementale, c'est-à-dire d'une opposition qui ramasse le sceptre des intelligences et qui ouvre des voies à un avenir meilleur, en ressuscitant tous les principes du vrai, du bien et du beau, et en présentant ainsi à la société l'idéal qui peut seul réveiller les esprits endormis et forcer les âmes appesanties sous les entraves de la matière à rouvrir leurs ailes. En deux mots : ce qu'on ne peut espérer de ceux qui gouvernent, il faut le demander à l'opposition, et à une opposition conduite par les classes qui forment encore la tête de la société française, qui par leurs traditions domestiques, leur illustration historique, leur fortune, sont dans les conditions de l'indépendance morale et matérielle, et ont l'obligation la plus rigoureuse comme les moyens les plus efficaces de remédier à la situation dont nous avons tracé le tableau.

C'est avec un profond sentiment de tristesse que nous verrions cette élite de la société française se dérober à une mission sacrée, et céder elle-même aux mauvaises influences dont elle doit déraciner à tout prix l'empire. Au point de vue chrétien, tous les avantages sociaux, la richesse comme la noblesse, obligent, et ceux qui sont les premiers dans la société ont aussi les devoirs les plus étendus. Les hautes classes n'auront point de peine à trouver la route qu'elles ont à suivre ; elle leur est tracée par l'idéal chrétien et l'idéal chevaleresque tel que les temps anciens nous l'ont laissé, et il ne s'agit que d'appliquer les mêmes principes à une situation nouvelle, en dégageant ces deux grands flambeaux des ombres qui ont pu obscurcir leur lumière. La société française, depuis le commencement de son histoire, a suivi la loi d'un double mouvement et d'un double progrès. Elle s'est développée au dedans en élargissant graduellement le cercle de la civilisation, et en appelant un nombre de plus en plus grand d'individus à vivre de la vie nationale, par la diffusion des lumières et la jouissance des droits sociaux qui devaient conduire aux droits politiques ; elle s'est développée au dehors en soutenant en Europe tous les principes du droit, de la vérité, de l'humanité, et en se présentant comme le champion de toutes les grandes causes. C'est dans une nouvelle impulsion donnée à ce double travail qu'on trouvera l'idéal nécessaire à la société française ; et c'est à donner cette impulsion qu'il importe que les familles qui tiennent le premier rang dans ce pays par la grandeur de leurs traditions et l'élévation de leur position sociale, consacrent tous leurs efforts. Rendre à la France sa place et son importance dans le monde en lui faisant reprendre sa mission, s'emparer de la direction du grand mouvement d'amélioration morale et matérielle qui doit faire participer les classes laborieuses à la vie nationale et aux avantages comme aux lumières de la civilisation, c'est-à-dire se replacer dans le mouvement de notre histoire et sous l'influence du principe chrétien, c'est à ce prix que les hautes classes, attirant sur ce terrain tout le monde avec elles, acquerront, dans cette société, la place qu'elles ont en vain cherchée ; comme c'est à ce prix aussi qu'il sera possible d'éviter le cataclysme dont la société semble menacée, et d'ouvrir à la démocratie moderne un lit vaste où elle pourra se développer sans franchir les rives, et sans tout renverser sur son passage.

Il faudrait tâcher de bien comprendre ce grand mot de démocratie, si souvent employé de nos jours, et la question redoutable qu'il soulève. Les démocraties antiques n'ont rien de commun avec la nôtre. Toutes ces sociétés, que nous apercevons de l'autre côté de la croix, sont fondées sur l'institution de la servitude; la liberté de quelques-uns est perdue comme un îlot au milieu d'une mer d'esclaves, dont les flots sombres et tristes battent, de leur plainte éternelle, le roc inhospitalier sur lequel s'élève la Liberté antique. Sa belle mais pesante statue se dresse devant nous, à travers les siècles, sur un piédestal formé de chairs meurtries et saignantes qui gémissent sous le fardeau, et la voix de l'humanité qui crie nous empêche d'entendre les chants de triomphe de la liberté grecque et romaine, célébrant les merveilles qui ont illustré son passage dans le monde. Ce que nous appelons démocratie ou classe populaire dans les sociétés modernes, ne ressemble guère aux classes populaires de Rome et de la Grèce; dans ces époques lointaines, il y a un degré de moins dans la hiérarchie sociale. Notre démocratie, telle que nous la concevons, est ensevelie, inerte, et enchaînée dans les limbes du monde inorganisé de l'esclavage, chaos humain dont les régions vastes et ténébreuses couvrent la plus grande partie de la surface de l'univers antique, resserré de tout côté par les frontières menaçantes du muet et douloureux empire de la servitude. C'est le Titan étouffé sous le poids des montagnes; et tout ce que nous savons de ce monde sans histoire, c'est que, dans les convulsions de la douleur, le Titan se retournait quelquefois; on trouve une de ces oscillations écrite dans l'histoire de Rome, sous le nom de Spartacus. La démocratie antique commence ainsi au second degré de la nôtre, c'est la petite propriété. Jusqu'à l'avénement du christianisme, il n'y a pas de prolétaires libres; les arts mécaniques n'existent pas d'une existence qui leur soit propre; dans cette organisation, le travail, à l'exception du travail agricole, est esclave. L'esclavage antique, voilà donc le véritable aïeul de la démocratie moderne.

Elle ne pouvait paraître, avant le christianisme, à l'état où nous la voyons aujourd'hui, à cause de l'abîme qui sépare le principe de la société païenne du principe de la société chrétienne. La société païenne avait pour principe la force de la part de ceux qui étaient dans la sphère supérieure, la crainte de la part de ceux que leur destinée avait fait naître dans la sphère inférieure; le lien qui maintenait cette organisation n'avait rien de moral; c'était une chaîne de fer qui unissait violemment des membres antipathiques, et tout le secret de ce système était dans la crainte inspirée et ressentie. Ajoutez à cela que le fond de la morale en vigueur dans l'antiquité, c'était celle d'Épicure, c'est-à-dire l'appétit de toutes les jouissances. Dès lors, comment veut-on que les sociétés pussent subsister avec la liberté du grand nombre, puisque le bien-être du grand nombre était impossible à réaliser? La multitude libre, pouvant s'entendre, se réunir, se coaliser, aurait passé, comme une avalanche, sur la civilisation d'une minorité dès lors impuissante à la contenir. Que faisait cette minorité? Elle divisait la multitude en troupeaux, et parquait ces troupeaux dans des lieux séparés, de sorte que la société antique, moins forte que ces agrégations d'esclaves réunies en faisceau, était plus forte que chacune d'elles en particulier. Elle les tenait donc en respect en les divisant. Cet état de choses avait une grande analogie avec ce qui se passa en France en 1793, lorsque quarante-quatre mille comités, formés de minorités révolutionnaires, gouvernèrent sur toute la surface de la France des majorités désorganisées et ployées sous la terreur, et nous sommes convaincu que l'on comprend mieux l'histoire de Rome, depuis qu'on a vu le génie de l'antiquité, se réveillant avec le matérialisme païen, intercaler, dans nos annales, une page qui semble écrite avec le tronçon ensanglanté de l'épée de Marius. L'esclavage ressortait donc, comme une conséquence naturelle, de l'essence même de la société antique; il était le droit inévitable d'une société fondée sur la force, parce qu'il était sa seule garantie.

Quand, au contraire, le christianisme parut dans le monde, il rendit l'esclavage moralement et logiquement impossible par en haut (1), car un de ses dogmes primitifs était que tous les hommes sont frères, et il sanctifiait encore cette fraternité d'origine par la fraternité de la croix. Créée dans la personne d'un seul homme,

---

(1) L'esclavage des colonies est une exception et une contradiction, telle qu'on en trouve dans l'histoire des passions humaines. Mais l'esprit chrétien travaille à sa destruction.

rachetée par le même Dieu, l'humanité par deux fois n'avait formé qu'un seul être, au moment où elle était sortie des mains de son créateur, et au moment où le Christ l'avait attirée tout entière à lui du haut d'un bois mystérieux pour la réhabiliter dans son sang. Dès lors, le dogme de la dignité de l'homme était révélé, et l'ordre social devait avoir, dans un temps donné, un anneau de plus, c'était le travail libre. Il devenait impossible que les classes élevées ne fussent point amenées par la puissance de la logique à prendre en horreur l'esclavage, et à reculer devant la pensée d'insulter, dans la personne de leurs frères réduits à la servitude, la dignité de la nature humaine unie à la nature divine ; le Christ, en tendant ses mains aux liens, avait brisé ceux de l'humanité.

En même temps, le christianisme rendait la suppression de l'esclavage moralement et logiquement possible par en bas. En effet, au lieu de se borner à la civilisation superficielle des écoles philosophiques, éclairant des minorités imperceptibles, il descendait profondément dans les masses avec la puissance de ses enseignements. Comme un hardi mineur, il pénétrait, la lampe de l'Évangile à la main, à des profondeurs sociales que la philosophie n'aurait pas même osé sonder du regard. Peu à peu il adoucissait, par ses préceptes ineffables, et par sa morale où respirait un esprit de mansuétude et de pardon, la fureur jalouse et l'inexprimable rage dont les masses devaient être animées contre ces heureux du monde, dont la coupe de délices se remplissait incessamment dans une vaste cuve où fermentaient les sueurs, le sang et les larmes du monde de la servitude. Il versait dans ces cœurs desséchés la rosée de ses doctrines, et il inspirait de bas en haut une résignation mêlée d'espoir, comme il inspirait de haut en bas une disposition à tout faire pour améliorer la destinée des classes les moins favorisées, et cette pitié respectueuse qui secourt sans offenser, et que le christianisme appela la charité parce qu'elle vient de l'amour.

Ajoutez à cela que le christianisme prévenait les craintes que devait éprouver la société à lever cette herse de fer qui contenait les eaux mugissantes de l'esclavage, et à livrer aux hasards de la liberté cette multitude dont la subsistance était assurée par sa servitude même ; il établissait en effet pour le pauvre un tuteur et un trésorier, qui remplaçait la providence égoïste et brutale qui avait jusque-là veillé sur lui ; ce tuteur et ce trésorier, c'était l'Église. C'est à l'Église que l'humanité doit l'existence du travail à l'état libre, non-seulement parce que l'Église poussait à l'affranchissement par ses maximes, mais parce qu'elle seule avait la puissance de subvenir à toutes les éventualités du nouvel ordre social. Sans cette institution, qui remplaçait le lien matériel par le lien moral, qui réprimait les passions furieuses des basses classes, qui assurait leurs besoins par la création d'une bourse commune, où toute main pleine venait mettre, où toute main vide pouvait puiser, jamais la démocratie moderne ne serait sortie des langes de fer de la servitude, car jamais la société n'aurait osé commettre son existence aux hasards de la liberté.

Le christianisme et les vertus qui en découlent sont

donc la condition de l'existence de la démocratie à l'état libre et de son développement, comme ils en sont l'origine. Le christianisme a changé l'état de la société parce qu'il en a changé la morale; il a établi la liberté en la rendant possible par les sentiments qu'il inspira à ceux qui la donnèrent, comme à ceux qui la reçurent. De son avénement date la démocratie, si l'on entend par démocratie l'existence des prolétaires à l'état de personnes, jouissant de droits sociaux, se livrant librement au travail réhabilité par la dignité du salaire, et voyant s'ouvrir devant eux les avenues immenses du progrès. Le christianisme a seul pu créer ce miracle de la société moderne, et cette douceur de mœurs dont on parle, cette puissance de la civilisation qui prévient le choc des souffrances de la misère avec les jouissances de la prospérité, ce sont là autant de bienfaits de l'Évangile. Si l'on veut savoir ce que serait une démocratie d'où le Christ, ce grand conciliateur, se serait retiré, il n'est pas besoin d'inventer, il suffit de se souvenir; la France eut, il y a un demi-siècle, ce tableau sous les yeux, lorsqu'à l'occasion de la juste revendication des droits qui appartiennent essentiellement à la société française, une révolution, provoquée par les fautes des uns, ensanglantée par les crimes des autres, éclata. Ceux qui s'étonnent des horreurs qui effrayèrent alors notre histoire n'ont pas bien étudié les lois qui régissent l'humanité. Les grands vents du dix-huitième siècle avaient éteint dans tous les cœurs la lampe de l'Évangile; les classes supérieures avaient oublié leurs devoirs, elles avaient cru qu'elles ne possédaient que pour en jouir les avantages du rang et de la fortune; elles avaient cessé de travailler à *l'amélioration morale et matérielle des classes placées au-dessous d'elles, elles ne leur avaient donné ni l'exemple ni le secours*; le clergé même, dans une partie de ses membres, semblait avoir oublié la morale qu'il prêchait (1) : il se fit dans le monde une de ces nuits solennelles, complices des grandes immolations et des grandes catastrophes, et la démocratie, sortant de sa tanière comme une bête fauve, dévora l'ordre social. On vit alors ce que c'est qu'une liberté qui n'est pas chrétienne, et l'on comprit la nécessité de l'esclavage antique; la misère, se ruant contre la prospérité, lui mit la main dans les entrailles, et lui arracha le cœur (2). Cela était horrible, mais cela était naturel. Le monde de la souffrance sentait bouillonner dans ses veines les colères accumulées pendant des siècles ; et depuis que l'image d'un Dieu pardonnant, du haut de la croix, à ses bourreaux, avait été effacée de tous les cœurs, l'humanité souffrante ne pardonnait plus aux jouissances de la félicité. Il n'y avait qu'une croix de moins dans le monde, et la société française tombait dans le chaos ; mais il faut ajouter que c'était à l'ombre de cette croix que la société moderne avait pris naissance.

Il y a là un grand exemple, qu'il importe de ne pas mettre en oubli dans la situation grave où se trouve la société française, et c'est aux classes élevées qu'il appartient

---

(1) Voir les discours synodaux et les conférences de Massillon.
(2) On sait jusqu'à quel point ces expressions, quelque fortes qu'elles soient, sont littéralement vraies.

d'y songer d'une manière sérieuse. Elles sont en face d'un problème qui a deux solutions, selon le parti qu'elles suivront elles-mêmes. Si elles laissent aller les choses, si elles abandonnent la direction du mouvement qui travaille la démocratie aux novateurs, aux romanciers et aux utopistes, si elles n'agissent pas d'une manière chrétienne, si elles ne montrent pas ces vertus de dévouement et de sacrifice qui sont l'essence même du christianisme, si elles ne comprennent pas qu'une action religieuse et politique est pour elles un devoir, et qu'il leur appartient de donner l'impulsion du progrès social au dedans, du progrès national au dehors, c'en est fait, nous marchons dans une voie au bout de laquelle nous trouverons un immense cataclysme. Si elles comprennent la sainteté et la grandeur de leur mission, en même temps que l'étendue du mal et la nécessité d'y porter remède, elles préserveront la société française, et sa reconnaissance donnera aux services rendus une éclatante récompense, facilitée par les institutions représentatives qui attendent, pour être une vérité, des hommes indépendants par position et par caractère, qui peuvent servir le pays dans les grands conseils nationaux, au lieu d'y venir pour se servir du pays.

Au milieu de si grands intérêts, la part de la critique est petite; cependant, elle serait belle encore si nous réussissions à atteindre le but marqué à nos efforts. Une comparaison fera comprendre l'importance de ce but. On sait ce qui se passe à côté de nous, en Irlande : tandis que O'Connell appelle les Irlandais à l'agitation pacifique, et qu'il groupe, autour de lui, ces multitudes innombrables, comme des vagues humaines que la voix du libérateur agite et apaise à son gré, un simple missionnaire parcourt de son côté le pays, et prêchant partout sur le même sujet, il reçoit, après son discours, le serment de ceux qui jurent de renoncer aux boissons fermentées. Les Irlandais, avec un bon sens admirable, ont compris qu'il fallait commencer par être sobres pour être libres, et que leur seule ivresse devait être désormais celle du patriotisme qui leur laisse leur calme, leur sang-froid, et cette persistance intelligente et raisonnée que l'ivresse physique, produite par l'ale ou le wisky, leur ferait perdre à l'instant. Le père Mathews, entre les mains duquel ceux qui renoncent aux liqueurs fermentées viennent prendre le *pledge*, est donc le complément obligé d'O'Connell. Eh bien ! le rôle que la critique peut aspirer à remplir dans la société française, c'est celui que le père Mathews remplit en Irlande. En présence de la situation si grave où nous sommes, des efforts immenses qu'il faut faire, de la haute raison qui est nécessaire pour préserver le pays d'une décadence politique qui amènerait un cataclysme social, la critique vient mettre en garde les esprits contre cette ivresse intellectuelle, plus dangereuse cent fois que l'ivresse physique, et qui, au lieu d'être, comme cette dernière, le résultat des liqueurs fermentées, est le produit de la littérature immorale. Elle vient demander aux lecteurs, et surtout aux lecteurs des classes qui doivent l'exemple et l'enseignement à la France, de prendre le *pledge* contre ces lectures qui obscurcissent l'entendement, détendent l'énergie de la volonté, en corrompant les mœurs, et détournent ceux qui se laissent entraîner dans ce monde d'illusions et de fantômes, des devoirs qui leur sont imposés dans le monde réel. Déjà, nous le savons, on a compris, dans plus d'un salon, la portée de ces dangereuses influences (1) ; mais pour être efficace, il importe que cette exception devienne la règle. Les classes élevées de la société ont des devoirs assez graves à remplir pour avoir besoin de toute leur présence d'esprit et de toute l'énergie de leur volonté ; elles doivent, imitant la sagesse des Irlandais qui se tiennent en garde contre la fermentation de la bière et du wisky, se préserver de la fermentation des mauvais sentiments et des mauvaises pensées, et de l'ivresse morale qui en est la suite. C'est après la régence du duc d'Orléans et le règne de Louis XV, qui achevèrent la corruption des hautes classes, que la Révolution commença ; ce n'est que lorsque les hautes classes seront placées et placeront avec elles toute la société sur le terrain de la vérité intellectuelle et morale, qu'elle pourra finir.

---

(1) Ainsi, Mme la duchesse de S...te a fermé sa porte au feuilleton-roman.

ÉTUDES CRITIQUES

FEUILLETON-ROMAN.

LE JUIF ERRANT DE M. EUGÈNE SUE.

PREMIÈRE LETTRE.

BULLETIN DE LA GRANDE CAMPAGNE DE RODIN.

M. Sue, le *Juif Errant* et le *Constitutionnel* marchent dans leur gloire et leur majesté. On nous annonce, avec une admirable gravité, que des souscripteurs belges, je pense qu'ils n'appartiennent point aux provinces de la Belgique où l'on parle français, viennent d'offrir une médaille d'or à l'auteur, comme un témoignage de gratitude, en considération des services qu'il a rendus à la morale publique et à la littérature; on prépare une nouvelle édition de ses œuvres en flamand, ce qui promet à ceux qui possèdent cet idiome le plaisir de l'entendre parler par mademoiselle Rose-Pompon, et la jouissance non moins grande de lire des tirades d'argot traduites en langue wallonne ; enfin, à Paris, des dessinateurs et des graveurs se réunissent pour *illustrer* l'œuvre du grand romancier. A tant de gloire, il faut une ombre, et cette ombre c'est la critique. Quand les triomphateurs romains montaient au Capitole, il y avait derrière leur char un groupe de soldats indiscrets qui chantaient des couplets satiriques, et qui prenaient la liberté de dire que César, le grand chauve, n'avait pas de cheveux, et qu'Antoine l'ivrogne avait oublié, la veille encore, sa raison au fond des coupes pleines de falerne et de cœcube. Nous demandons, à l'exemple de ces soldats, une petite place derrière le char de M. Sue. Si nous n'avons rien à chanter, nous avons bien quelque chose à dire.

Depuis nos dernières observations, M. Sue a publié deux volumes (1), et nous sommes d'autant plus autorisé à rentrer en lice, que ces deux volumes forment un tableau complet dans lequel se déroule un drame tout entier avec son exposition, son intrigue et sa péripétie. Or, c'est précisément sur ce drame que porte l'espèce de gageure littéraire que nous avons acceptée contre M. Sue. Quand, par un revirement subit et imprévu, l'auteur du *Juif Errant*, voulant déconcerter la critique, crut lui donner tort en se rangeant de son avis, et abaissa l'abbé marquis d'Aigrigny autant qu'il l'avait élevé, pour élever Rodin autant qu'il l'avait

---

(1) Ces lettres critiques ont suivi, on le sait, le développement du roman de M. Sue.

abaissé, nous l'avertîmes qu'il se posait à lui-même un problème qu'il ne résoudrait pas facilement. En effet, d'après la nouvelle donnée qu'acceptait M. Sue, Rodin devait substituer l'emploi des moyens moraux à l'emploi des moyens matériels, et parvenir à mettre les jésuites en possession de la succession de 200 millions ouverte au profit de la postérité de Rennepont, en agissant uniquement sur les passions des adversaires de la société de Jésus.

Or, même en admettant la transfiguration de l'ignoble Rodin placé tout à coup sur le premier plan du tableau, tandis que le brillant abbé d'Aigrigny était relégué sur le dernier, comme un homme sans intelligence et sans portée, il restait à voir comment Rodin, ou plutôt comment M. Sue, caché derrière ses marionnettes romantiques, ferait mouvoir les touches du grand clavier des passions humaines. Il y a ici un récit nécessaire qui doit précéder et accompagner l'appréciation critique qui portera d'abord sur la question de l'art.

Rodin, en quittant la princesse de Saint-Dizier et l'abbé d'Aigrigny, se résout non-seulement à abandonner les trames si laborieusement ourdies contre les héritiers Rennepont, mais à les détruire sans exception, ce qui semble déjà peu raisonnable pour un homme représenté comme si habile. Cet amour-propre de tout refaire à neuf n'est pas d'un bon politique, et cette prétention d'exclure, d'une manière absolue, les moyens matériels, parce que l'abbé d'Aigrigny les a exclusivement employés, est d'un petit esprit. Les esprits habiles ne sont jamais exclusifs, ils acceptent tout ce qui sert. M. Sue pourrait-il dire, par exemple, quel avantage trouve Rodin à tirer Couche-tout-Nu de prison pour en faire le commensal de Morok, qui l'enivre chaque jour d'eau-de-vie? Couche-tout-Nu n'était-il pas aussi bien, pour les intérêts des jésuites, dans les prisons pour dettes que dans les cabarets des barrières? Ici Rodin fait autrement que l'abbé d'Aigrigny, mais il ne fait pas mieux; il fait même moins bien, car Couche-tout-Nu emprisonné doit se rendre plus difficilement dans la rue Saint-François, lors de la nouvelle époque fixée, que Couche-tout-Nu enivré. Mais laissons de côté les détails et arrivons au fait principal.

Quand nous avons eu à raconter les ressorts employés par l'abbé d'Aigrigny, afin d'empêcher les héritiers Rennepont de se trouver au rendez-vous fixé par leur aïeul, un siècle et demi auparavant, pour l'ouverture de sa succession, nous avons dû signaler la monotonie fastidieuse de l'expédient adopté. C'est toujours une arrestation. Rodin ne fait pas arrêter ses adversaires, il est vrai, mais son esprit n'est guère moins stérile, et la monotonie est fastidieuse, qu'il s'agisse d'un moyen moral ou d'un moyen matériel. Ce qu'il fait avec mademoiselle de Cardoville, il le fait à peu près avec tous les autres; or, voici le moyen dont il se sert avec mademoiselle de Cardoville.

Il veut conquérir sa confiance, et, sachant qu'elle est retenue comme aliénée, il va dénoncer lui-même à la justice le docteur Baleinier, la princesse de Saint-Dizier et l'abbé d'Aigrigny, et se présente dans la maison de santé accompagné d'un juge d'instruction. Sans doute pour rendre la scène plus dramatique, il n'a pas fait

avertir le docteur, de sorte que celui-ci demeure confondu de cette dénonciation. Dans une longue conversation avec mademoiselle de Cardoville, Rodin lui fait les confidences les plus compromettantes pour la société de Jésus, et les plus maladroites, car il livre complétement le secret des jésuites pour mieux surprendre la confiance de mademoiselle de Cardoville, dont on ne voit pas qu'il tire le moindre parti. Il lui signale la princesse de Saint-Dizier, l'abbé d'Aigrigny, tous les jésuites, comme les auteurs d'une vaste conspiration contre la famille de Rennepont ; il lui révèle le motif de cette conspiration, en lui disant qu'il s'agit de s'emparer d'une succession de 200 millions ; il va jusqu'à lui apprendre que c'est pour l'empêcher de se trouver dans le maison de la rue Saint-François le 13 février qu'on l'a enfermée dans une maison de fous ; il lui fait connaître les manœuvres ourdies contre le prince Djalma pour le même objet. Comme mademoiselle de Cardoville paraît douter de cette grande puissance de la société de Jésus, Rodin donne à son style les couleurs les plus effrayantes pour lui ôter une sécurité qui doit cependant être profitable à ses propres manœuvres. Il insiste sur l'art infernal avec lequel « les jésuites environnent leurs victimes d'agents habiles et dévoués. » Il les montre « circonvenant par tous les moyens possibles depuis la flatterie jusqu'à la terreur. » Il ajoute que, « par leurs ruses diaboliques, les apparences les plus pures et les plus dévouées cachent les piéges les plus horribles. » Enfin, il termine par cet avertissement :
« Défiez-vous de tout ce qui vous entoure. »

C'est-à-dire que Rodin donne, à proprement parler, son signalement à mademoiselle de Cardoville pour qu'elle puisse le découvrir, et qu'à force de dissimuler il se démasque. Je sais bien que M. Sue insinue qu'en agissant ainsi, le jésuite a l'espoir de compromettre la Mayeux dans l'esprit de mademoiselle de Cardoville, et de préparer la perte d'une personne dont il craint la perspicacité. Mais d'abord cette insinuation est inexacte, car Rodin se débarrasse de la Mayeux, non en la faisant passer pour jésuitesse, mais en faisant voler par Florine des vers manuscrits qu'elle a composés sur Agricol, et en la menaçant, dans une lettre anonyme, de les faire publier sous ce titre : *Les Amours d'une Bossue*. Ensuite, quand bien même cette insinuation ne tomberait pas à faux, elle ne suffirait pas pour excuser une aussi grave imprudence de la part d'un esprit qu'on représente comme si politique. Risquer quelque chose pour tout gagner, cela se conçoit, c'est la règle de tous les jeux ; mais risquer tout dans l'espoir d'un faible gain, c'est une maladresse. Or, qui ne voit combien les inconvénients des confidences de Rodin l'emportent sur l'avantage infime qu'il pourrait trouver à l'éloignement de la Mayeux?

Grâce à cette confidence parfaitement inutile, voilà la famille Rennepont avertie qu'une conspiration redoutable est tramée contre elle par une société puissante et sans scrupule. Mademoiselle de Cardoville sait qu'on emploiera tout, la flatterie, la terreur, les semblants du zèle et de l'amitié, pour empêcher qu'elle, Djalma, les deux filles du duc de Ligny et M. Hardy se retrouvent rue Saint-François au second rendez-vous fixé. Il est donc logiquement indiqué que tous les membres de cette famille vont s'entendre, se serrer les uns contre les autres; qu'on fera revenir Gabriel pour se concerter avec lui, que des hommes de loi seront consultés, que même des dénonciations seront faites à la justice. Avouez que les gros souliers huilés de Rodin ont pesé un peu trop lourdement sur la toile qu'il prétend, dans un autre passage, avoir tissée avec tant d'habileté!

Je sais bien que rien de cela ne se fait, mais tout cela devrait se faire, la vraisemblance le veut, la force de la situation l'exige, et c'est une faute contre l'art que de ne pas avoir fait agir dans ce sens les héritiers Rennepont, maintenant qu'ils sont avertis. Vous avez probablement lu cette anecdote du prince de Talleyrand, qui, voulant donner le plaisir de la chasse au premier consul, et sachant que le gibier manquait dans son parc, fit lâcher le matin même des lapins achetés à la ville voisine. Par malheur les lapins étaient privés, et ne sachant pas leur métier de lapins sauvages, ils venaient se jeter entre les jambes du chasseur consulaire au lieu de s'enfuir. Eh bien! M. Eugène Sue en a agi, avec son Rodin, à peu près comme M. de Talleyrand avec Bonaparte. Les héritiers Rennepont ne savent pas plus leur métier que les lapins privés, ils posent devant le fusil. Cela est plus commode sans doute pour Rodin, mais cela n'est pas vrai.

Autre observation. Rodin joue évidemment trop gros jeu en dénonçant l'abbé d'Aigrigny, le docteur Baleinier et la princesse de Saint-Dizier à la justice. Quel moyen a-t-il d'arrêter cette affaire, une fois la dénonciation lancée? Mademoiselle de Cardoville renonçât-elle à se porter partie civile, la partie publique ira jusqu'au bout, et, comme il y a eu des séquestrations illégales et les actes les plus graves commis, la société de Jésus va se trouver en butte à un procès criminel auquel il ne lui sera pas facile d'échapper. En outre, il est tout à fait invraisemblable que mademoiselle de Cardoville renonce à poursuivre des gens dont non-seulement elle a eu beaucoup à se plaindre, mais qui, elle le sait par Rodin, ourdissent contre elle et sa famille de nouvelles trames. Le motif à l'aide duquel M. Sue explique son silence est pitoyable. Le docteur Baleinier lui a persuadé que, si on donnait suite à cette affaire, on découvrirait la tentative d'escalade de Dagobert et d'Agricol pour la délivrer, elle, ainsi que les filles du maréchal de Ligny, séquestrées dans une espèce d'*in pace*, et qu'une fois convaincus de cette tentative, ses défenseurs seraient immanquablement condamnés aux galères. « Le bon sens, ajoute M. Sue, indiquait à mademoiselle de Cardoville que le docteur Baleinier avait raison. »

Le bon sens, monsieur, aurait dû lui indiquer précisément le contraire. Que l'on condamne aux galères des malfaiteurs qui pénètrent dans une maison avec effraction pour y voler, cela va sans dire; mais où est le jury en France qui condamnerait deux hommes de cœur qui, pour délivrer d'une séquestration arbitraire trois personnes criminellement incarcérées, seraient entrés de vive force, non dans une maison honnête, mais dans un repaire infâme de spoliateurs et de malfaiteurs? Il est évident que la culpabilité du docteur Baleinier et de l'abbesse sa complice, innocenteraient aux yeux du jury Dagobert et Agricol, qui ont exposé leur vie pour délivrer les victimes d'une machination criminelle, et il paraît qu'en 1832 l'ordre des avocats n'était pas encore établi à Paris, car, sans cela, mademoiselle de Cardoville n'eût pas conservé pendant deux minutes le moindre doute à cet égard.

Nous voilà arrêtés, vous le voyez, dès les premiers pas, par des invraisemblances énormes. Une fois encore toutes les règles de l'art sont foulées aux pieds ; non-seulement M. Sue est hors du réel, mais il est hors du possible. C'est qu'il est impossible, en effet, que Rodin parvienne à se concilier la confiance des héritiers Rennepont ; la part qu'il a prise aux persécutions dirigées contre eux tous est trop bien connue. Adrienne, Dagobert, Gabriel, ont vu cette nature perverse trop à découvert. Pour se réhabiliter dans leur esprit, il faut donc qu'il fasse des choses impossibles à un complice de l'abbé d'Aigrigny, c'est-à-dire des choses vraiment funestes à l'abbé d'Aigrigny et à la société de Jésus. Mais comme, d'un autre côté, Rodin est au fond le complice de ceux qu'il attaque, M. Sue est obligé de chercher des faux-fuyants pour échapper aux conséquences inévitables de ces attaques, et pour persuader aux lecteurs qu'elles ne sont qu'apparentes, tandis qu'elles n'ont pu être efficaces sur l'esprit de mademoiselle de Cardoville que parce qu'elles allaient à fond, parce qu'elles étaient réelles. C'est ainsi qu'on s'efforce en vain d'échapper à la logique d'une situation. Quoi qu'on fasse, elle vous saisit, elle vous maîtrise, elle vous emporte, comme ces grands courants dont il faut subir l'invincible empire.

Nous avons dit que les moyens d'action de Rodin ne variaient pas beaucoup plus que ceux de l'abbé d'Aigrigny. En voici la preuve. Il a cherché à s'emparer de l'esprit de mademoiselle de Cardoville, d'abord en lui rendant la liberté, ensuite en se donnant comme un admirateur de ses idées sur l'indépendance de la femme, enfin en lui révélant toutes les trames ourdies contre elle par l'abbé d'Aigrigny et la princesse de Saint-Dizier. Dagobert, mandé par une lettre anonyme de Rodin, se présente dans la maison du docteur Baleinier, où Rodin a établi, qu'on nous passe ce terme de police, une espèce de souricière.

Lorsque la première fougue de ce vétéran des armées impériales qui connaît toute la scélératesse de l'homme de la rue du Milieu-des-Ursins, pour l'avoir vu à l'œuvre dans la maison de la rue Saint-François, est passée, Rodin le soumet précisément au même traitement que mademoiselle de Cardoville. Il lui révèle toutes les machinations des jésuites contre lui dans l'auberge du Faucon-Blanc, lui rappelle l'histoire de sa croix d'honneur volée, lui explique pourquoi Morok lui a cherché dispute, lui parle avec estime de son courage, avec admiration de Napoléon, et enfin, termine en lui remettant un petit paquet qui contient cette croix qui lui est si chère parce que c'est l'empereur qui l'a attachée de sa main à la poitrine de Dagobert.

Le tour est fait, et Dagobert, si défiant pourtant, et

auquel M. Sue avait donné jusqu'ici toute la sagacité d'un vieux soldat, tombe, comme un véritable conscrit, dans cette grossière embuscade. Il est aux genoux de Rodin, et il baise, en pleurant, ses mains crasseuses, lui qui, cinq minutes auparavant, disait à mademoiselle de Cardoville, avec autant de sens que d'énergie militaire : « Quoi ! vous êtes la dupe de ce vieux gueux-là ! »

Le maréchal duc de Ligny n'est pas plus difficile à tromper. Le hasard, qui veut du bien aux protégés de M. Sue, fait que le maréchal arrive de l'Inde à Paris précisément au moment où Rodin tend ses piéges dans la maison du docteur Baleinier ; il fait quelque chose de plus encore, car il amène le maréchal dans cette maison précisément à l'instant où l'on cherche inutilement ses deux filles, que l'abbesse a refusé de remettre au juge d'instruction. Alors Rodin sort à la dérobée, revient, quelques minutes après, en conduisant triomphalement Rose et Blanche par la main, et il les rend à leur père, non sans raconter, comme à l'ordinaire, tous les plans ourdis contre elles par l'abbé d'Aigrigny et les jésuites. Est-il besoin d'ajouter que personne ne s'étonne de la facilité avec laquelle Rodin a trouvé les deux jeunes personnes demeurées introuvables pour tout le monde, et qu'on ne soupçonne aucune connivence entre lui et l'abbesse ? Les héritiers Rennepont sont frappés d'imbécillité par la grâce de M. Sue ; ils écoutent sans entendre, ils regardent sans voir.

Après cette scène, qui doit durer au moins douze heures, le Titus aux souliers huilés sort modestement triomphant, et annonce en sortant que sa journée n'est pas finie, car il a encore une bonne action à faire, il a encore à sauver le prince Djalma. Vous n'êtes pas au bout. Rodin emploiera de même, et avec le prince Djalma, et avec M. Hardy, le fabricant, le moyen qu'il a invariablement mis en usage avec mademoiselle de Cardoville, Dagobert, le maréchal Simon et ses deux filles. Il défait tout ce qu'a fait M. d'Aigrigny : il dénonce, à M. Hardy, Blessac, son ami intime, comme l'instrument des jésuites, et il lui révèle les machinations qui ont contraint une jeune femme qu'il aimait d'un amour illégitime à quitter la France.

Voilà, suivant M. Sue, Rodin bien avant dans la confiance de tous les personnages sur les passions desquels il doit exercer une action assez habile pour leur enlever leur part dans la succession des deux cents millions. Reste à dire ce qu'il fait pour atteindre ce but.

Quant à mademoiselle de Cardoville et au prince Djalma, il cherche à les enflammer d'une passion ardente l'un pour l'autre, et en même temps à les séparer en donnant à Adrienne l'idée que le prince aime ailleurs, et au prince la persuasion qu'Adrienne doit épouser un jeune homme dont elle est passionnément éprise. Djalma a pour serviteur et compagnon l'étrangleur Faringhea, qui, M. Sue nous promet de nous en dire en temps et lieu la raison, est devenu le complice des jésuites. Le maréchal Simon, qui aime le jeune prince d'une si tendre affection, et qui pourrait l'éclairer, ne le voit pas, quoique ce soit le seul homme que Djalma puisse désirer voir, puisque c'est *le seul qu'il connaisse* à Paris. Faringhea est chargé par Rodin de surexciter, par les peintures les plus brûlantes, les passions sensuelles du prince, et il s'acquitte de cette commission avec un zèle à faire baisser les yeux des lecteurs.

De la chaleur du sang du jeune chasseur de tigres, surexcitée par le vieil étrangleur, il résulte des scènes dont la place serait plus convenablement marquée au Jardin-des-Plantes que dans l'espèce de palais des *Mille et une Nuits* que mademoiselle de Cardoville a fait préparer afin que le prince Djalma retrouvât l'Inde à Paris. Quoique mademoiselle de Cardoville n'ait pas chassé le tigre et qu'elle dût avoir, à ne consulter que la vraisemblance, et un peu aussi les convenances, des amours un peu plus civilisés, je ne sais pas, en verité, si je ne préfère pas encore les bonds frénétiques du prince indien aux méditations érotiques de la jeune fille française devant la statue fort peu vêtue du Bacchus indien. Depuis que mademoiselle de Cardoville a aperçu le prince Djalma, en effet, elle est tombée dans une ivresse amoureuse qui n'a rien de français, rien de chrétien, et qui explique parfaitement sa dévotion pour le bas-relief de Bacchus, car elle n'est pas sans analogie avec ce qu'on nous raconte des transports des bacchantes. Mais comment mademoiselle de Cardoville, qui ne voulait se rencontrer avec le prince Djalma que plusieurs mois après tout le monde, a-t-elle été amenée à le voir? C'est toute une histoire, et vous allez reconnaître l'art infernal de Rodin et la faiblesse de M. Sue pour l'invraisemblable.

Rodin, qui est en même temps le plus adroit et le plus maladroit des hommes, est allé prendre un logement rue Clovis, précisément dans la maison où mademoiselle Rose-Pompon, la figurante de la *tulipe orageuse*, a planté sa tente chez son ami Philémon. C'est là que l'ignoble habitant de la rue du Milieu-des-Ursins, connu sous le nom de Charlemagne, va faire sa correspondance avec Rome, causer avec une vieille portière, remuer le sacré collége tout entier, conquérir l'estime de mademoiselle Rose-Pompon, et se préparer des chances à la papauté, à laquelle les cardinaux ne manqueront pas de l'élever, s'il parvient à dépouiller les héritiers Rennepont. Vous voyez que M. Sue traite sans façon l'Église romaine et le catholicisme, et qu'au fond c'est à l'Église tout entière qu'il voudrait faire chausser les souliers huilés de l'ignoble Rodin. Rodin mange donc, tous les matins, sa botte de radis noirs, rue Clovis, et cet homme si dissimulé, si profond, si habile, et qui de plus a l'esprit occupé de si grandes affaires, a cependant à la fois la puérilité et l'imprudence insigne de méditer tous les jours devant une gravure qui représente Sixte-Quint, et de jouer la comédie de ses désirs ambitieux, devant cette image, sans s'apercevoir que Nini-Moulin, le rédacteur du journal religieux qu'il soudoie, et mademoiselle Rose-Pompon, sa pupille, suivent tous ses mouvements du haut d'une croisée qui fait face à la sienne et domine toute la chambre parce qu'elle est placée à un étage supérieur ! Ce n'est pas tout : l'habile homme qui sait que mademoiselle Rose-Pompon est l'amie de Céphyse, à qui même elle donne l'hospitalité, laquelle Céphyse est la sœur de la Mayeux, laquelle Mayeux est l'amie et la commensale de mademoiselle de Cardoville, a l'étrange imprudence de donner rendez-vous à l'abbé d'Aigrigny rue Clovis.

Mademoiselle de Cardoville l'apprend ; de là de justes soupçons contre Rodin. Que fait alors Rodin ? Il fait insinuer à mademoiselle de Cardoville par une de ses suivantes, Florine, qui est à la solde des jésuites, qu'elle aurait un bon moyen de s'éclairer sur la probité de Rodin. Il doit aller chez le prince Djalma ; mademoiselle de Cardoville peut entendre tout ce que Rodin lui dira en se plaçant derrière un store qui sépare une serre remplie de tous les végétaux de l'Inde, de l'appartement habité par le *prince Généreux*. Pauvre Molière ! vous doutiez-vous qu'on ferait un personnage mélodramatique de votre mamamouchi ? Cette proposition est évidemment absurde et inacceptable. Pourquoi aller exercer cet espionnage chez un homme à qui on donne l'hospitalité ? Est-il donc si difficile de savoir par M. de Montbron, qui doit le guider dans le monde, par le maréchal Simon, qui est son ami, ce que lui dit Rodin, et quels conseils il lui donne ? Cela est beaucoup trop facile et beaucoup trop simple, et surtout cela est loin d'être assez mélodramatique. Aussi la Mayeux, qui est pleine d'honnêteté, accueille cette idée malhonnête et honteuse ; la grande et fière Adrienne de Cardoville se résout à aller faire de l'espionnage en personne, tout comme si elle était jésuitesse. Elle ne recule pas devant une démarche sans honneur, sans dignité, et bien plus encore sans raison ; elle mord à une ligne sans hameçon, elle va se jeter dans un piége sans appeau. Avions-nous tort de dire que l'habileté de Rodin consiste à tirer dans ses jambes le gibier que M. Sue vient y jeter ?

Voici donc Adrienne dans la serre du prince Djalma et séparée de lui seulement par un store. Le Rodin, prévenu par Florine, ne manque pas d'accourir et de faire le plus grand éloge d'Adrienne. Puis on apporte tout à coup une lettre du père d'Aigrigny, et le Rodin, qui a oublié à dessein ses lunettes, fait lire tout haut par le prince Djalma la lettre où le père d'Aigrigny traite, comme vous le pensez bien, son ancien secrétaire de la manière la plus acerbe, et lui reproche avec la plus grande amertume ses sympathies pour les Rennepont, non sans oublier de lui offrir une grosse somme d'argent s'il veut les trahir. Fourberies pour fourberies, j'aime mieux celles de Scapin ; quoique Boileau ne reconnût point l'auteur du *Misanthrope* dans le sac où il l'enveloppait, elles sont plus spirituelles et surtout plus originales. Voyez cependant tout ce qui peut résulter de l'oubli machiavélique d'une paire de vieilles lunettes ! Voilà mademoiselle de Cardoville convaincue de l'honnêteté de Rodin, si convaincue, qu'elle se montre pour lui demander pardon de ses injustes soupçons ; voilà le prince Djalma passionnément amoureux d'Adrienne, qu'il prend pour une apparition ; voilà Adrienne non moins passionnément amoureuse de la beauté sauvage du chasseur de tigres, et tout cela parce que Rodin avait laissé ses lunettes rue Clovis ! Les péripéties coûtent peu à M. Sue, et vraiment il devrait écrire un chapitre de politique transcendante sous ce titre : De l'oubli des lunettes appliqué aux grandes affaires.

C'est à dater de ce jour que commencent les amours de Djalma et d'Adrienne, amours contrariés dès leur naissance, car Rodin, comme on l'a vu, a persuadé aux deux jeunes gens qu'ils aimaient sans retour. Mais bientôt il arrive un incident qui, déjà depuis longtemps, aurait dû déranger tous les plans de l'homme aux souliers huilés. M. de Montbron, qui s'est chargé d'introduire le prince Djalma dans les salons de Paris, connaît son amour profond pour Adrienne. Or, ce roué émérite, dont certes on ne dira pas qu'il ne lui manque que deux ou trois vices pour en faire un honnête homme, car il en a au contraire deux ou trois de plus qu'il n'en faut, ce qui n'empêche pas M. Sue d'admirer sa vertu, est avec Adrienne sur le pied d'une respectueuse familiarité. Il lui parle naturellement de Djalma, ce qui prouve que nous avions raison en disant tout à l'heure qu'il n'était pas nécessaire d'aller se cacher derrière des stores, pour savoir ce que peut dire Rodin au jeune Indien ; il cherche à pénétrer le motif de l'aversion de la jeune fille pour lui ; comme il arrive immédiatement après la scène du Bacchus indien, il ne lui est pas difficile de découvrir qu'Adrienne n'est rien moins qu'indifférente pour le beau jeune sauvage, dont, à son tour, il lui révèle toute la passion pour elle.

Qui est au comble de la joie ? Adrienne. Qui est pris dans ses propres filets ? le Rodin. On l'annonce précisément au moment où sa trahison vient d'être découverte, et je vous laisse à penser s'il est traité de haut en bas par la fière et amoureuse Adrienne et par M. de Montbron, qui a contre Rodin la haine d'un homme du monde contre un cuistre, et qui a trop d'expérience et d'esprit pour ne pas avoir pénétré le Tartuffe. Le Rodin est battu à plates coutures ; il ne trouve pas un mot spécieux, pas une excuse honnête. Qu'est donc devenue son habileté ? Quoi ! si tôt pris au dépourvu, et quand il s'agit d'un fait qui devait inévitablement arriver ? Comment n'a-t-il pas prévu, en effet, que M. de Montbron, voyant habituellement le prince Djalma, recevrait la confidence de son amour pour Adrienne, et qu'il chercherait à savoir le motif de l'indifférence qu'on prêtait à mademoiselle de Cardoville pour son royal cousin ? Pour un politique si fin, c'est avoir étrangement manqué de perspicacité, et c'est ici, il faut que vous en conveniez, monsieur Sue, un grand maladroit que votre habile homme.

Le voilà percé à jour. M. de Montbron d'un côté, et mademoiselle de Cardoville de l'autre, le font passer par les armes. A la lumière que produit le feu croisé de leurs épigrammes, ils lisent dans la ténébreuse affaire dont il tient les fils. Il n'a délivré mademoiselle de Cardoville des mains du docteur Baleinier que parce que M. de Montbron allait la délivrer ; il n'a fait sortir Rose et Blanche du couvent que parce qu'on allait être obligé de les remettre entre les mains du maréchal ; la restitution de la croix de Dagobert n'est qu'une comédie larmoyante dans le genre du théâtre de Lachaussée, pour capter la bienveillance du vieux brave. Enfin, mademoiselle de Cardoville le congédie en lui jetant ces dernières paroles : « Je vous regarde dès aujourd'hui comme « un ennemi mortel. Ma famille sera instruite de tout, « car je suis sûre qu'il s'agit de cette succession. » Où est le marquis d'Aigrigny pour dire à son tour à l'ignoble Rodin : « Vous me faites pitié! »

Le bon sens voudrait que mademoiselle de Cardoville et M. de Montbron, qui connaissent maintenant leur Rodin, fissent sur-le-champ parvenir un message au prince Djalma par cette petite serre qui conduit à son appartement, car ils ne doivent pas douter un moment que le Tartuffe ne trame quelque nouvelle trahison. Mais voilà qui est trop logique et trop vraisemblable pour M. Sue. M. de Montbron, qui était tout à l'heure encore si fin et si clairvoyant, devient un sot et un maladroit. Il va, comme un étourneau, frapper à la grande porte de l'hôtel du prince; on lui assure qu'il est parti pour la campagne; le vieux roué laisse innocemment un billet à la porte, afin que Rodin ait tout le temps nécessaire pour machiner quelque nouveau complot.

Rodin, en effet, est averti par Florine que mademoiselle de Cardoville doit aller, le soir même, à une exhibition de bêtes féroces à la Porte-Saint-Martin; c'est Morok qui, costumé en chasseur indien, domptera la panthère noire avec laquelle vous avez fait connaissance à l'auberge du *Faucon Blanc*. Mademoiselle de Cardoville aime tout ce qui vient de l'Inde, et le chasseur indien a droit à ses sympathies comme le Bacchus indien. Que fait mon Rodin? Il fait offrir des bijoux, des cachemires, des dentelles, un carrosse à Rose-Pompon, — auriez-vous pensé que la noirceur des jésuites allât jusque-là? — pour que la gentille grisette vienne le soir, en loge, avec le prince Djalma, et qu'elle lui promène son bouquet sous le nez. Mademoiselle de Cardoville, qui est en face, s'évanouit presque d'indignation et de jalousie, et laisse tomber un bouquet qui roule jusque dans l'antre de la panthère noire; ce que voyant Djalma, il saute à pieds joints sur la scène, entre résolument chez la panthère, qui, de mauvaise humeur ce soir-là, avait déjà mangé quelques bouchées de Morok, et il reparaît avec le bouquet. Le mélodrame n'est plus dans le mélodrame, il est dans la loge du prince Djalma. Sauve qui peut!

Que dites-vous de ces belles imaginations? Comme tout cela est vraisemblable, naturel, possible! Quelles grossières machines! Et voilà ce que de nos jours on appelle la littérature, de l'art!

Encore quelques lignes, et nous aurons terminé cette analyse, qu'il était nécessaire de présenter avant d'apprécier le degré d'habileté de la conduite de Rodin et la possibilité de son succès, et, par suite, le degré de talent qu'a déployé M. Sue dans le tableau où il avait promis de nous montrer Rodin conquérant la succession de Marius Rennepont en n'agissant que sur les passions de ses héritiers.

Le rival du père d'Aigrigny, par des excitations parties du haut de la chaire, n'oubliez pas cette circonstance que nous apprécierons en temps et lieu, et à l'aide de sourdes menées exercées sur les ouvriers par les agents du baron Tripeaud, fait brûler la fabrique de M. Hardy, où le système fouriériste régnait dans toute sa gloire. Il a donc détruit sa fortune, et vous avez vu qu'en même temps il l'avait séparé de sa maîtresse et lui avait fait découvrir un lâche et un traître dans son meilleur ami.

Pour le maréchal, le bulletin des victoires de Rodin se borne à ceci : il a réussi à faire naître dans son cœur un doute sur la question de savoir s'il doit rester avec ses filles ou aller se mettre à la disposition du duc de Reichstadt. Quant à Couche-tout-Nu, il l'a séparé de la reine Bacchanal, et il a réussi, victoire peu difficile, à substituer à l'usage du vin dont il se servait pour s'enivrer, l'usage de l'eau-de-vie. Rodin en est là, lorsqu'au milieu d'une réunion de prélats romains et d'évêques, qui a lieu chez la princesse de Saint-Dizier, et que M. Sue appelle *le concile*, pendant que l'homme de la rue Clovis raconte avec orgueil ses infamies aux évêques et aux cardinaux qui l'applaudissent, tout à coup il est saisi d'une attaque de choléra, car le choléra est arrivé la veille, voyageant tête à tête avec le Juif Errant, qu'on n'avait pas vu depuis deux volumes, et qui apparaît sur les buttes Montmartre, sans doute pour qu'on n'ait pas tout à fait le droit de dire qu'il ne paraît que sur la couverture du roman. Rodin tombe donc mourant, je ne dis pas mort, car pour faire pièce à la critique, peut-être M. Sue s'est-il réservé la faculté de le ressusciter.

Dans cette rapide analyse, je vous ai épargné les détails, et quels détails! Mais il est impossible de tout dire, et si vous n'avez pas devant les yeux les broderies, vous avez la trame. Vous pourrez donc juger les réflexions que nous aurons à présenter sur cette question : En admettant les invraisemblances inadmissibles que nous avons constatées, Rodin a-t-il tenu la promesse qu'il avait faite de conquérir la succession de Marius Rennepont en renonçant à tous les moyens violents, et en n'employant qu'une influence habilement exercée sur les passions de ses héritiers? En d'autres termes, Rodin est-il un habile homme, et M. Sue est-il un habile romancier?

DEUXIÈME LETTRE.

―◦❦◦―

DE L'HABILETÉ DE RODIN ET DE CELLE DE M. SUE.

N'êtes-vous pas un peu embarrassé, monsieur, du démenti en action que l'histoire vient de donner au roman, et le Juif Errant ne serait-il pas en droit de demander des dommages et intérêts à la Cour d'assises (1)?

C'est jouer de malheur, vraiment ! On prend des peines incroyables pour effrayer les imaginations sur l'espionnage des jésuites ; on les peint invisibles et présents dans tous les foyers, assistant à tous les actes, devinant les pensées, suivant, d'un œil de lynx, les détails de la vie intime, non-seulement de leurs amis, mais de leurs adversaires ; ils sont ici, ils sont là, ils sont partout, ils voient tout ce qui se fait, entendent tout ce qui se dit, surveillent tout ce qui se passe. Prenez garde ! les murs les plus épais n'arrêtent point leurs regards, les distances les plus immenses ne font pas obstacle à leur surveillance. Mademoiselle de Cardoville, dans les salons ou dans son boudoir ; Couche-tout-Nu, dans les

(1) Le procès d'Affenaër, qui avait pendant longtemps trompé et volé les jésuites de la rue des Postes, sans éveiller le moindre soupçon, occupait l'attention publique au moment où cette lettre fut écrite.

cabarets; M. Hardy, au fond de nos provinces méridionales; Rose et Blanche, dans la Sibérie; puis, dans une petite auberge de Leipsik; puis, dans la rue Brise-Miche, qui est quelque part aux antipodes aussi; Gabriel, dans les montagnes Rocheuses; le maréchal Simon et le prince Djalma, dans l'Inde; Rose-Pompon, dans sa mansarde de la rue Clovis, ne peuvent faire un mouvement, un geste, sans qu'il soit noté et transmis au révérend père Rodin.

Quand on en est là du roman et que la terreur commence à gagner de proche en proche, qu'arrive-t-il? Il arrive qu'un malencontreux procès éclate et démontre que les jésuites de la rue des Postes ne savaient pas ce qui se passait rue d'Ulm, c'est-à-dire à leur porte, non chez un de leurs ennemis, mais chez l'un de leurs employés, quelque chose de plus encore, chez eux. Affenaër les trompe pendant dix-huit mois; il a dix logis, six maîtresses, il tient table ouverte, il mène grand train, donne à boire et à manger à tout le personnel féminin des petits théâtres; Florine, Clorinte, Adolphine, Aline, que sais-je? toutes les Rose-Pompon de Paris et de la banlieue affluent chez cet amphitryon banal, qui aime dans tous les quartiers et fait tourner toutes les têtes et toutes les broches aux dépens de la caisse des jésuites. Petits dîners fins, banquets splendides et publics chez Deffieux, promenades, parties de campagne, bals et raouts, rien n'y manque. Et les yeux de la société qui sont partout? — Ils n'aperçoivent rien. — Et les oreilles de la société qui sont ouvertes en tout lieu? — Elles n'entendent rien. — Et les bras de la société qui s'étendent dans les quatre parties du monde? — Ils se trouvent trop courts pour arrêter un employé infidèle dans leur propre maison.

Affenaër vole tranquillement les jésuites chez eux, et les jésuites, auxquels rien n'échappe, ne s'en doutent pas. Il soustrait deux cent quarante mille francs de valeurs, et les remplace, dans les enveloppes où elles étaient renfermées, par des papiers insignifiants; et ces habiles gens qui vous diraient, à l'heure où nous parlons, ce que vous avez ou ce que vous n'avez pas dans votre caisse, ignorent complétement ce qu'on vole dans la leur. Pendant qu'Affenaër fait souper et danser à leurs dépens tout un monde de plaisirs à leur porte, et qu'il étudie la *Tulipe orageuse* avec un nombre infini de *reines Bacchanal*, les pères de la rue des Postes se laissent prendre aux grands signes de croix et aux phrases ascétiques de ce Tartufe de bas étage, qui, en digérant les dîners de Deffieux, aspire aux jeûnes de la Trappe, et déclare, en meublant les boudoirs de tout ce que Paris compte de belles et complaisantes filles, que « pour lui le bonheur est dans une « cellule de la Meilleraye, où l'on est à l'abri d'un monde « où l'on fait de si tristes naufrages. » Parbleu! monsieur l'honnête homme, vous vous y prenez assez bien pour les égayer cependant! Quoi qu'il en soit, la comédie de Tartufe recommence, et quel est le rôle qu'y jouent les jésuites? celui d'Orgon. Quant à l'Elmire de la pièce, c'est leur cassette, et vous savez qu'Affenaër ne s'est pas borné à admirer de loin l'éclat de ses beaux yeux. Dupés, volés, mystifiés, diffamés à l'audience, admonestés par le tribunal pour avoir eu dans leur bibliothèque un livre désagréable au château, vilipendés par la presse, et, pour tout couronner, maltraités aussi par les casuistes du jury, qui ont déclaré qu'il y avait des circonstances atténuantes à voler des jésuites; voilà, ma foi, d'habiles gens!

Qu'en dites-vous? ne trouvez-vous pas cela piquant? N'y a-t-il pas, dans cette rencontre du procès Affenaër avec les ruses triomphantes de votre Rodin, une charmante ironie? Quelle critique pourrait valoir cette critique vivante? quelle satire, cette satire en action? Tirez-vous de là si vous pouvez.

Gardez-vous d'en douter; M. Sue s'en tirera, dût-il adopter cette subtile et adorable niaiserie d'un spirituel écrivain, — ces gens d'esprit vont plus loin que les autres dans tout ce qu'ils font, — qui insinuait, il y a quelques jours, qu'on n'était pas dupe de cette duperie des jésuites; qu'ils s'étaient laissé voler les deux cent quarante mille francs en question de propos délibéré, et pour donner un démenti malhonnête à ceux qui les accusent d'être habiles, à M. Sue, par exemple, et à son *Juif errant*; qu'en un mot, c'était par un raffinement d'adresse qu'ils s'étaient montrés si maladroits. Bravo! voilà qui s'appelle parler! Les jésuites se faisant voler deux cent quarante mille francs un an avant la publication du *Juif errant*, pour répondre à des calomnies qui n'existent pas encore, sont en effet des gens d'une prévoyance infinie, quoique un peu onéreuse. Mais que n'ajoutez-vous, afin de faire les choses d'une manière complète, que c'était une nouvelle ruse de cet infernal Rodin pour tromper le prince Djalma et mademoiselle de Cardoville, et que la société avait sacrifié, comme une misère, quelques centaines de mille francs, afin de s'assurer la fameuse succession des deux cent huit millions, légués par Marius de Rennepont à la postérité de la sœur du Juif errant?

Ceci nous ramène à Rodin et à notre sujet, car il s'agissait, peut-être vous en souvenez-vous, de rechercher si, dans la partie du *Juif errant* dont nous avons esquissé, autant que possible, l'analyse, Rodin s'était montré habile homme, et par suite M. Sue habile romancier. Pour que M. Sue, en effet, se soit montré habile romancier en substituant Rodin au père d'Aigrigny, il faut que le premier se soit montré plus habile que le second; qu'en agissant sur les passions des héritiers Rennepont, l'homme aux radis noirs ait obtenu des résultats que l'abbé aux exquises collations des salons de la princesse de Saint-Dizier n'avait pas obtenus; qu'il ait fait faire des pas immenses à l'affaire de la succession; qu'il soit maître, ou presque maître, des deux cent huit millions de la rue Saint-François. Ce n'est pas tout, en effet, de manger des radis noirs à son déjeuner, d'être vierge et laid, de porter une chemise noire de saleté, un chapeau graisseux et des souliers huilés. L'important, quand on marche, c'est d'arriver, et l'on est en droit de faire à l'ignoble Rodin la question brutale qu'il adressait à l'abbé marquis d'Aigrigny : « Avec tout cela, avez-vous réussi? »

Eh bien non! Rodin n'a pas réussi. Il a fait beaucoup de pas sans doute, mais pas un sur la route qui mène au but; il a sué sang et eau, il a écrit, agi, espionné, parlé, mis ses lunettes et les a même oubliées au besoin. Il a vu Rose-Pompon, mademoiselle de Cardoville, Djalma, le maréchal Simon et ses filles. Mais à quoi bon? Qu'en est-il résulté pour le succès de la grande affaire? Les jésuites en sont-ils plus avancés? Ont-ils les deux cent huit millions de la rue Saint-François ou vont-ils les avoir? Pas le moins du monde.

C'est précisément dans la scène où Rodin explique au père d'Aigrigny et aux prélats et aux évêques réunis en concile chez la princesse de Saint-Dizier, la supériorité de ses moyens, qu'on aperçoit d'une manière plus claire que le jour leur inanité et leur impuissance. Il est évident que, dans cette scène, M. Sue a mis dans la bouche de l'abbé d'Aigrigny les objections qu'il prévoyait de la part de la critique ; mais il a eu soin, comme de raison, de les énerver et de les affaiblir, et de leur ôter leur force en même temps que leur primeur.

L'abbé d'Aigrigny est un compère complaisant qui se tait toutes les fois que ses paroles vont devenir embarrassantes, et qui dit tout juste ce qu'il faut pour provoquer de triomphantes répliques. Malgré cela l'évidence des faits est telle, que Rodin fait pitié, bien plus encore à cause de ce qu'il y a de vide et de faux dans ses explications, qu'à cause des souffrances auxquelles l'auteur le montre en proie. Cela est si vrai, que lorsqu'on le voit boire à grands traits le vin de Madère et de Xérès, lui qui n'arrose jamais que d'un grand verre d'eau son frugal déjeuner de la rue Clovis, et lorsqu'il se laboure sa poitrine sale avec ses ongles noirs, on est d'abord tenté de croire qu'il cherche à se donner une assurance qui lui manque, et qu'il n'est mû que par la fureur convulsive où le jettent les objections de l'abbé d'Aigrigny, et la conscience qu'il a de l'insuffisance de ses explications et de la pauvreté de ses réponses.

D'après ces explications mêmes, en effet, il est évident que toutes les intrigues qu'il a si savamment ourdies et si laborieusement conduites ne menaient à rien. A quoi bon s'emparer de la confiance de mademoiselle de Cardoville à force d'infamies, et par des infamies si invraisemblables et si maladroites, comme nous l'avons montré, car elles compromettent, de la manière la plus grave, la princesse de Saint-Dizier, l'abbé d'Aigrigny, le docteur Baleinier et toute la société de Jésus ? Que fait-il de cette confiance si laborieusement achetée ? Loin de s'en servir, il ne la conserve même pas ; elle lui échappe. Quand il a fait tant de démarches, tant d'efforts, tant de sacrifices pour s'insinuer dans l'esprit de mademoiselle de Cardoville, elle éclaire d'un seul regard toutes ses trames, et, après l'avoir fait passer par les armes, de concert avec M. de Montbron, elle le renvoie tout meurtri d'épigrammes, tout flétri de mépris et de dédains, elle le chasse comme le dernier des hommes. Admirable résultat de tant d'intrigues, magnifique dénoûment d'une campagne si savamment combinée ! Victoire bien capable d'enorgueillir, et succès qui doit en effet ravir d'admiration et remplir d'espérance la compagnie de Jésus ! A quoi bon exciter les sens du prince Djalma, tromper son inexpérience et faire naître à la fois la jalousie dans son cœur et dans celui d'Adrienne ? Rodin les empêche-t-il de s'aimer et de se le dire, de se le prouver même, puisque Djalma va chercher, au péril de sa vie, le bouquet d'Adrienne sous les griffes de la panthère noire ? Et d'ailleurs, qu'ils s'aiment ou ne s'aiment pas, qu'est-ce que cela fait à la question du testament ?

« Mais, dit Rodin, pendant qu'ils sont agités par des passions, ils ne travaillent pas contre les jésuites. »

Il ne s'agit point, pour les héritiers Rennepont, de travailler contre les jésuites, il s'agit de ne pas oublier d'aller rue Saint-François au mois de juin. Ce sont, au contraire, les jésuites qui doivent travailler à empêcher les héritiers Rennepont de se trouver à ce lucratif rendez-vous ; et l'on peut répondre qu'ils n'y travaillent en aucune façon, pendant qu'ils s'occupent à de petites intrigues qui ne vont pas au but. Dégrader Couche-tout-Nu par des orgies, ou plutôt substituer, dans les orgies qui lui sont habituelles, l'eau-de-vie au vin, le séparer de la reine Bacchanal ; enlever à M. Hardy son ami et sa maîtresse, et faire brûler sa manufacture ; suggérer au maréchal Simon la pensée que son devoir est de préparer l'avénement du duc de Reichstadt, couvrir Rose Pompon de dentelles et de fleurs pour la mettre en loge avec le prince Djalma, à quoi cela mènera-t-il ? Au bout de tout cela, y a-t-il un seul des héritiers qui abandonne la succession ? Pas un seul. Ce sont donc des agitations stériles et des infamies en pure perte, c'est de l'intrigue à côté du but.

Ces moyens si multipliés et si compliqués, ces mille rouages qui tournent sur tant de plans divers, dans les salons, dans les cabinets, dans le boudoir délicieux de mademoiselle de Cardoville, au milieu des *Loups* et des *Dévorants*, ces lettres anonymes, ces espionnages, ces comédies, ces mensonges, ces dénonciations, ces noirceurs, ces émeutes, ces incendies, ces tours de Scapin, ces rouëries qui relèvent de la police correctionnelle, ces crimes qui relèvent de la cour d'assises, tout cet ensemble d'expédients laborieusement stériles et de combinaisons savamment impuissantes, donnent l'idée d'une machine de Marly avec ses milliers de roues, si avantageusement remplacée de nos jours par un mécanisme d'une simplicité merveilleuse qu'un peu de vapeur fait mouvoir, avec cette différence cependant que la machine de Marly du dix-septième siècle faisait monter l'eau de la Seine à Versailles, et que la machine de Marly de Rodin ne porte pas un seul écu des 208 millions de la rue Saint-François dans la caisse de la société de Jésus.

Du moins le père d'Aigrigny avec ses moyens, tout grossiers qu'ils étaient, allait au fait; et, sans l'intervention surnaturelle de Salomé Hérodiade, qui ne pouvait entrer dans ses prévisions, attendu qu'il avait la simplicité de la croire morte depuis plus de dix-huit cents ans, il s'emparait du trésor Rennepont. Que faisait-il pour cela? il empêchait les héritiers d'arriver rue Saint-François en les mettant en prison. Sans doute, les moyens étaient d'une simplicité un peu trop brutale dans un temps et dans un pays civilisés, et surtout ils étaient trop uniformes; mais du moins ils étaient en rapport avec le but. Les gens qu'on tient en chartre privée n'ont point la faculté de se rendre, au jour marqué et à l'heure dite, au rendez-vous qu'on leur donne. Les moyens de Rodin, au contraire, ne servent en réalité qu'à le compromettre, et dans cette fameuse toile qu'il se vante d'avoir tissée avec tant de patience et d'habileté, je ne vois de pris que l'araignée et le poëte, Rodin et M. Sue.

Quel misérable rôle, en effet, Rodin ne joue-t-il pas sous les railleries poignantes de mademoiselle de Cardoville et sous les sarcasmes froids et méprisants de M. de Monbron, qui vont frapper par ricochet contre l'auteur de la fable! Quelle déroute complète! comme toutes ses manœuvres sont percées à jour! et si elles sont percées à jour, ce n'est point par l'intervention imprévue d'un personnage surnaturel, c'est parce qu'elles sont absurdes; si elles échouent, c'est parce qu'elles sont inefficaces. Le père d'Aigrigny, dont Rodin se moquait d'une manière si impitoyable, est, à côté de lui, un géant. En faisant mourir Rodin du choléra, si Rodin est réellement mort, M. Sue aura tacitement avoué qu'il ne pouvait plus le dépêtrer de la trame inexplicable dans laquelle il était engagé. Il écrase son araignée sur la toile, faute de pouvoir l'en faire sortir à son honneur et au sien. Quoi de plus? il fait comme un homme qui, ayant embrouillé un écheveau de fil, finit par le jeter au feu, après avoir cherché en vain à le dévider; ou comme l'auteur de Robert Macaire, qui, lorsque son sale héros ne peut plus échapper aux suites de ses mauvaises affaires, amène au dénoûment un ballon qui l'emporte, et le met hors de la portée des gendarmes, des geôliers et des juges.

Si, au contraire, Rodin n'est pas mort, comme on est autorisé à le croire d'après le mouvement général du roman, l'auteur ne pourra le faire sortir de la situation où il est placé et le faire triompher des héritiers Rennepont, désormais mis en garde contre la fourberie par le fourbe lui-même, qu'à l'aide des invraisemblances les plus inadmissibles. Il faudra qu'il tire des causes des effets qu'elles ne contiennent pas, qu'il brise à chaque instant l'enchaînement logique des causes et des conséquences, qu'il admette l'absurde comme évident, et l'impossible comme réel.

Voilà donc, pour la seconde fois, M. Sue obligé de défaire ce qu'il a fait, de rompre la trame de son roman parce qu'il ne peut plus le continuer. L'intervention de Rodin, dans la première circonstance; celle du choléra, dans la seconde, offrent le double aveu de la même impuissance à poursuivre le développement d'un drame mal conçu et mal dirigé, qui vient se heurter contre des écueils inévitables, de même qu'un vaisseau, conduit par des mains inhabiles, prend sa route à travers des récifs qui finissent par ouvrir sa quille et le faire sombrer.

Ce n'est pas là ce qu'on pouvait attendre d'un homme de talent, d'un habile romancier. Suffit-il donc de se proposer un but anti-social? Est-on dispensé de suivre les règles de l'art, parce qu'on a secoué celles de la morale, de la vérité et de la justice historique? Non, tout immorale que soit une œuvre, il faut qu'elle soit littérairement raisonnable. Celle de M. Sue n'offre en aucune façon ce caractère. Quand nous lui avons annoncé qu'il ne se tirerait pas de sa nouvelle donnée, nous avions donc vu juste, et cette partie du *Juif errant* justifie complétement notre incrédulité à l'égard du triomphe de Rodin et du succès de M. Sue. Il devait être triomphant, supérieur au père d'Aigrigny, vainqueur de tous les obstacles, sublime; au moment où il est atteint du choléra, il est dérouté, il a échoué sur toute la ligne; disons mieux, il n'a pas même attaqué la difficulté qu'il faut vaincre; tranchons le mot, il est pitoyable.

M. Sue fait quelquefois des mélodrames avec ses romans, c'est-à-dire qu'il sert une seconde fois, sur les théâtres des boulevards, aux appétits voraces d'un public peu difficile, les sujets de ses feuilletons réchauffés et fortement épicés à l'aide des ingrédients mélodramatiques que fournissent la pantomime furibonde et les clameurs redoutables des acteurs de ces lieux; eh bien! qu'il fasse une expérience : qu'il mette au théâtre la scène où Rodin explique au père d'Aigrigny les fruits qu'il a tirés des intrigues auxquelles il se livre depuis un mois, et il verra qu'il n'y aura pas assez de sifflets dans la salle pour le héros auquel le concile gourmand de l'hôtel Saint-Dizier décerne une apothéose.

Que Rodin vienne sur le théâtre en face du père d'Aigrigny; que, lorsque celui-ci demande si Adrienne cesse d'être héritière de Marius de Rennepont, parce qu'elle est amoureuse du prince Djalma, il réponde en parodiant cette phrase mélodramatique adressée par M. Thiers au chargé d'affaires d'Angleterre, à l'époque du traité du 15 juillet : « L'alliance anglaise est rom-
« pue, il est impossible de prévoir quelles en seront
« les conséquences; mais nous appareillons par un
« temps bien couvert, et personne ne peut dire où et

« quand l'orage éclatera (1); » que Rodin, disons-nous, empruntant le style de M. Thiers, ce qui est le moins qu'il puisse faire, en raison des services qu'il lui rend, réponde à l'observation si directe et si juste du père d'Aigrigny par cette phrase : « Est-ce d'un ciel serein ou d'un ciel d'orage que part la foudre qui éclate et qui frappe? » il verra si toute la salle ne salue pas d'un rire universel ce galimatias d'un homme qui, n'ayant pas un mot raisonnable à dire, se jette à corps perdu dans la métaphore. Que lorsque le père d'Aigrigny, continuant son interrogatoire, fait observer à Rodin, avec un sens parfait, qu'en ruinant le négociant Hardy, il lui a rendu d'autant plus nécessaire cet héritage auquel il veut le faire renoncer, Rodin réponde en buvant un grand verre de vin de Madère, à peu près comme faisait M. Sébastiani lorsque, interpellé par M. Laffitte, M. Arago ou Lafayette sur la manière dont il comptait maintenir le principe de non-intervention en Italie, il montait à la tribune, buvait un grand verre d'eau sucrée, et descendait sans rien dire; et nous verrons si le mélodrame de M. Sue ne croule pas sous une avalanche de quolibets.

Que l'acteur ajoute, quand le bruit le lui permettra, que M. Hardy est plongé dans une stupeur dont il ne sort que pour fondre en larmes, et que, d'ailleurs, *ce sera à l'habileté du père d'Aigrigny de faire le reste*, nous verrons si les quolibets et les sifflets ne redoublent pas dans la salle. Que Rodin, interrogé sur le maréchal Si-

---

(1) Correspondances publiées par le gouvernement anglais.

mon, dise qu'il ne sait plus, grâce à ses intrigues, s'il doit ou non conspirer pour le duc de Reichstadt et qu'il est faible et irrésolu comme un enfant, et, relativement à Couche-tout-Nu, qu'il s'enivre toute la journée, ce qu'il faisait déjà, on l'a vu, à la place du Châtelet, avant que Rodin s'occupât de sa destinée ; alors, du parterre au cintre, on sifflera de plus belle, parce que l'on comprendra très-bien que mademoiselle de Cardoville amoureuse, Djalma sensuel et jaloux, Rose et Blanche intimidées par les préoccupations de leur père, Couche-tout-Nu ivrogne, ne cessent pas pour cela d'être héritiers, et que, par conséquent, Rodin s'est agité sans conduire, et a fait tout au monde, excepté la seule chose qu'il fallait faire.

On aura beau injecter de sang les yeux de Rodin, dire qu'il est effrayant de férocité, que ses lèvres sont sèches, que sa voix est saccadée, son geste convulsif, cela ne fera rien à l'affaire ; et quand le père d'Aigrigny dira sur la scène : « Je vois maintenant que le suc-« cès est assuré, grâce à vous », on le sifflera à tout rompre, comme son ancien *socius*, parce que le bon sens du parterre comprendra très-bien que le père d'Aigrigny dit le contraire de ce qu'il doit dire, qu'il se ment à lui-même, qu'il ment au public, et qu'il n'est que le compère de Rodin et de M. Sue.

Que Rodin soit bien mort ou qu'il ressuscite, nous avons le droit de l'affirmer maintenant; quant au fond, l'ouvrage est complétement manqué. C'est une chute entée sur une chute, un naufrage suivi d'un naufrage. Que n'y aurait-il pas à ajouter à propos des détails !

Qu'est-ce que cette idolâtrie de mademoiselle de Cardoville pour le Bacchus indien, et cette scène inouïe, au point de vue de l'art comme au point de vue moral, dans laquelle on voit cette jeune fille, naguère représentée comme si pure, s'enflammer au contact glacé du bronze, et tomber dans je ne sais quelles attaques qui n'ont de nom que dans la langue médicale, en présence d'une statue? Qu'est-ce que ce conte des *Mille et une Nuits* transporté dans la rue d'Anjou Saint-Honoré, où s'élève pour le prince Djalma un palais fantastique, dans lequel l'Inde est en visite à Paris et se trouve abritée derrière une porte cochère dont un suisse tire le cordon? Qu'est-ce que ce caractère du prince indien que l'amour physique fait bondir comme un tigre, et qui, à l'idée seule qu'il a des ennemis, laboure fauteuils et chaises à coups de poignard?

Qu'est-ce que ce ridicule mélodrame que Djalma donne, sur le théâtre de la Porte-Saint-Martin, aux acteurs et aux spectateurs, en combattant la panthère noire? Qu'est-ce que cette grotesque apparition du Juif errant sur les buttes Montmartre, et cette méditation mystico-socialiste qu'il débite en apportant à Paris le choléra? Que dire des excentricités de la toilette du matin de mademoiselle Rose-Pompon, et de la leçon de catholicisme que ce père de l'Église d'une nouvelle espèce tire de M. de Béranger, « le grand poëte chrétien, » comme parle M. Sue, pour la donner à Rodin? Qu'est-ce que cette comédie jouée par Rodin devant le portrait de Sixte-Quint dans la chambre de la rue Clovis? et cette autre comédie pour laquelle il enrôle, en lui donnant cachemire, diamants et carrosse, mademoiselle Rose-Pompon ? Qu'est-ce que la correspondance de ce grand coupable avec le sacré-collége, correspondance où il ne s'agit que de sang à verser, de crimes à commettre, de meurtres et d'incendies, de sorte que, le sacré-collége se composât-il de repris de justice et de malfaiteurs, on ne lui écrirait pas d'un autre style? Que d'invraisemblances! que de folies! que de scènes impossibles! que de choses contraires au bon sens! Et ne l'oubliez pas, car c'est là le principal, ces invraisemblances sont stériles; ces folies n'aboutissent à rien ; ces impossibilités ne rendent pas possible le dénoûment de l'intrigue ; ces choses, contraires au bon sens, ne sont pas même favorables à la donnée de M. Sue.

C'est en vain qu'il a tout fait, tout tenté, tout osé, tout bravé, tout mêlé, tout confondu; que, pour faire arriver son navire à bon port, il a à la fois employé la vapeur, les voiles et les rames ; rien n'y a fait : le navire fait eau; la *Salamandre*, que M. Sue nous pardonne d'emprunter ce nom à l'un des premiers navires sur lesquels il ait navigué, la *Salamandre* cesse de se gouverner, et le *Juif errant* est sur le point de sombrer, bien qu'il ait jeté à la mer, pour alléger son lest, Rodin après le père d'Agrigny.

Maintenant, chargez-vous de prononcer vous-même sur le problème dont nous avions entrepris de chercher la solution : Rodin s'est-il montré dans cette partie de l'ouvrage ce qu'il avait promis d'être, un habile homme, et devons-nous reconnaître l'art d'un habile romancier dans les combinaisons imaginées par M. Sue?

TROISIÈME LETTRE.

TABLEAU DU CHOLÉRA.

Lorsque nous blâmions les énormités morales et littéraires du *Juif errant*, quelques initiés nous disaient : « Patience, suspendez votre jugement, vous n'y êtes pas, vous ne savez pas où cela vous conduit. Tout ce que vous avez lu jusqu'ici n'est que la préface de l'ouvrage de M. Sue, et c'est à la peinture du choléra que l'on vous attend.

— Ainsi cette ridicule fantasmagorie du Juif errant et de la Juive errante se promenant en sens inverse et se rencontrant, une fois l'an, debout chacun sur l'un des côtés opposés du détroit de Behring...

— Oui, cela est quelque peu mélodramatique et peut prêter au ridicule; mais si vous connaissiez le parti qu'il a tiré du choléra !...

— Ainsi cette étrange association du naturel le plus vulgaire et du merveilleux le plus inacceptable, ces apparitions par-devant notaire, ces revenants sur le boulevard des Italiens...

— Oui, ceci est inexcusable; mais son choléra, monsieur ! vous ne connaissez pas le choléra de M. Sue !

— Ainsi, ce cauchemar diffamateur sur les jésuites; cette contradiction perpétuelle d'un auteur qui, en les réprésentant comme les plus habiles gens du monde, ne leur fait faire que des sottises; ce père d'Aigrigny, tour à tour le premier et le dernier des hommes; ce Rodin, qui d'abord n'est qu'un cuistre en sous-ordre, et qui devient un homme de génie; tant de violences de l'abbé-marquis, qui n'aboutissent à rien; tant de menées et d'intrigues du cuistre, qui ne produisent rien et ne doivent rien produire...

— Patience, nous arrivons au choléra. M. Sue va nous donner le choléra, et le choléra nous dédommagera de tout.

— Ainsi, les danses hasardées de mademoiselle Rose-Pompon et de la reine Bacchanal, les saletés de Nini-Moulin, les orgies de Couche-tout-Nu et les évanouissements fort suspects de mademoiselle de Cardoville devant la statue du Bacchus indien, et toute la partie érotique du livre...

— Tout cela mène au choléra, cruel homme que vous êtes, et le choléra réhabilitera M. Sue à vos yeux.

— Ainsi les sauts frénétiques du prince Djalma qui tue les tigres et aime en tigre, la scène absurde de la panthère noire et du bouquet au théâtre de la Porte-Saint-Martin...

— Le choléra, vous dis-je!

— Ainsi, les folies phalanstériennes......

— Le choléra! le choléra!...

— Ainsi, le cynisme dégoûtant des scènes où figurent Morok le dompteur de bêtes et Goliath, qui traite

« de gueule à gueule, » ce sont ses termes, avec la panthère la *Mort*; sans parler de cette abominable femme que M. Sue a nommée *Ciboule*, et qui dans la bataille des *Loups* contre les *Dévorants*...

— Encore une fois le choléra ! la peinture du choléra, voilà l'ouvrage de M. Sue. Le choléra arrive, taisez-vous et admirez...

— Ainsi le Juif errant, dont le nom, comme une étiquette menteuse, décore le frontispice de l'ouvrage, où il ne paraît que trois ou quatre fois, et encore pour être ridicule...

— Il amène le choléra à Paris, qu'avez-vous à lui demander de plus ? Préparez votre enthousiasme. Notre illustre romancier s'est surpassé. Oubliez la préface, l'ouvrage commence. Place au choléra, monsieur ! »

Nous trouvions intérieurement qu'une préface de sept volumes était un peu longue pour un ouvrage qui ne devait en compter que dix, surtout lorsque cette préface était remplie de fautes contre l'art et de torts contre la morale, d'invraisemblances inouïes, d'impossibilités ridicules, de peintures érotiques ou cyniques, de calomnies contre le clergé catholique et la religion, d'appels aux passions, de maximes subversives de l'ordre social, de dangereux et de funestes conseils adressés aux classes laborieuses. Mais, enfin, puisqu'on nous priait d'attendre, nous attendions, tout prêt à admirer M. Sue, pour peu qu'il lui convînt d'être admirable, car il n'y a pas de parti pris dans notre critique, et si le talent paresseux de l'écrivain se réveillait à la fin de son ouvrage, nous nous empresserions de lui rendre justice. Or, puisqu'il arriva bien à Homère de sommeiller quelquefois, pourquoi n'arriverait-il pas à M. Sue de se réveiller ?

Faut-il le dire ? sans prendre à la lettre les exagérations de la camaraderie et les indiscrétions officieuses de l'amitié, nous étions disposé à croire que le choléra pouvait avoir offert le sujet de grands et dramatiques tableaux au pinceau de l'auteur de la *Vigie de Koat-Ven* et d'*Atar-Gull*. Cette ville de plaisirs et de richesses surprise tout à coup par le fléau qui, dans un de ces bonds capricieux qui signalaient sa marche vagabonde, avait sauté de Londres à Paris sans se poser nulle part; l'étonnement, l'incrédulité se prolongeant aussi longtemps que possible, et puis l'abattement, la terreur ; le courage et le dévouement des uns, la peur et l'égoïsme des autres, les fuites nombreuses et précipitées ; les émotions populaires, les paniques terribles qui accompagnent les grands fléaux et qui les aggravent ; ce deuil et ce silence qui s'étaient répandus dans la cité du mouvement et du bruit ; ces nuits entrecoupées de bruits sinistres ; les inquiétudes de la famille, les angoisses de l'amitié, cette incertitude cruelle de revoir ceux que l'on quittait, ces mains serrées qui ne pouvaient se désunir, retenues par la pensée qu'elles seraient dans quelques heures peut-être glacées ; ces maisons dépeuplées tout entières dans une nuit, et sur la porte desquelles l'ange exterminateur semblait avoir posé son sceau ; ces listes funéraires signées par un proscripteur invisible et qui revenaient chaque soir, assez semblables à ces autres listes sur lesquelles, à l'époque des triumvirs de Rome et des dictateurs jacobins de Paris, on jetait avec tremblement les yeux, de crainte d'y trouver le nom d'un parent, d'un ami ; il y avait, dans cet ensemble de faits et de sentiments, une source d'inspirations tour à tour terribles et touchantes qui pouvaient animer les dernières pages du livre de M. Sue.

Les historiens mêmes qui ne peuvent s'aider de leur imagination dans ces peintures et qui sont obligés de demeurer dans les termes rigoureux de la vérité histoque, ont laissé de ces redoutables fléaux des descriptions qu'on lit encore aujourd'hui avec une admiration mêlée d'effroi, et l'on sait que le récit de la peste d'Athènes par Thucydide figure au nombre des plus belles pages de ce sévère historien. Mais indiquons d'abord deux conditions dans lesquelles il fallait se placer pour aborder la peinture du choléra ; l'une se rapporte à l'art et à la morale à la fois, l'autre à la morale seulement.

Le choléra fut par lui-même quelque chose de trop effroyable pour qu'il soit permis à l'artiste d'aller par l'imagination au delà de la réalité. Nous n'entendons pas dire que le peintre soit obligé de chercher dans les bulletins du temps les scènes qui se sont véritablement passées à cette époque, mais qu'il doit se guider par l'analogie, et deviner quelques-uns des innombrables drames que fit naître le fléau, plutôt que de puiser ses inspirations dans les fantaisies d'une imagination malade et naturellement tournée au cauchemar. Il importe surtout qu'il évite d'ajouter à l'horreur des tableaux, par eux-mêmes si horribles qu'on a de la peine à y arrêter les yeux. C'est bien moins le côté horrible que le côté dramatique du choléra qu'il faut peindre dans une œuvre d'art. Quand Bossuet, voulant pousser à bout la vanité humaine, lui montre les tristes restes du corps humain que Dieu créa si beau, réduits à ne plus être « qu'un je ne sais quoi qui n'a plus de nom dans aucune langue, » il ne fait que traverser cette idée, et encore évite-t-il avec un soin particulier tous les mots qui pourraient mêler l'horreur d'images repoussantes à la terreur dont il a rempli ce tableau si expressif du néant de l'homme.

Le dégoût est une impression qui répugne tellement à notre nature, que les grands maîtres dans l'art d'écrire ont toujours eu soin de la modifier par un autre sentiment. Qu'a fait Racine, à qui rien n'était impossible, quand il a écrit ces terribles vers dans le songe d'Athalie :

> Et je n'ai plus trouvé qu'un horrible mélange
> D'os et de chairs meurtris et traînés dans la fange,
> De lambeaux pleins de sang, et des membres affreux
> Que des chiens dévorants se disputaient entre eux.

Il a jeté l'horreur sacrée et surnaturelle d'un songe prophétique sur l'horreur matérielle qui accompagne cette peinture. Ce n'est plus une œuvre d'art que de donner des nausées ; et si l'écrivain se propose un pareil but, n'est-il pas plus simple d'aller droit au charnier voisin, afin d'y voir les corps en décomposition et d'assister au spectacle « de cette vie qui est morte, et de cette mort qui vit, » pour emprunter les expressions fortes, quoique un peu tourmentées, d'un homme qui avait voulu contempler une de ces scènes repoussantes qui, en même temps qu'elles déchirent notre cœur, blessent tous nos sens à la fois ?

Ainsi, la première condition où il faut se placer pour peindre le choléra, c'est une disposition marquée à préférer le côté dramatique au côté horrible. Pour être complète, cette disposition devra se fortifier par un sentiment de grave et douloureuse sympathie. Il faut entrer dans la peinture du choléra comme on entre dans un cimetière, la tête nue et l'esprit rempli de pensées sérieuses. La morale le demande aussi bien que l'art. Il y a quelque chose qui répugne à la première comme au second, dans les contrastes du grotesque et du bouffon avec des scènes aussi lamentables. Ce n'est point là seulement une question générale d'humanité qui devrait suffire, car, selon le beau mot de Térence, l'homme doit avoir l'âme ouverte à tout ce qui intéresse l'humanité ; mais que de pertes, encore saignantes dans le cœur de ceux qui les ont faites, se rattachent à l'époque de ce fléau qui moissonna des victimes dans tous les rangs et dans toutes les familles ! Il importe donc de ne toucher à ce sujet qu'avec une réserve pleine de prudence, et de se souvenir qu'on marche au milieu de tombeaux auprès desquels on peut trouver des douleurs encore vivantes.

Reste une dernière condition, et celle-là est purement morale. Il faut être vrai en parlant du choléra, il faut représenter la France à cette époque telle qu'elle était, et ne point apporter dans le tableau d'une contagion qui éteignit tant de vies, les tristes passions de l'esprit de parti, dont les bouillonnements doivent s'apaiser sous le souffle glacé de la mort. L'artiste peut se placer à côté du moraliste pour nuancer les couleurs de ces sombres peintures, mais l'homme de parti ne le peut pas. Si au milieu de la confusion qui accompagne les grandes calamités, des préventions aveugles se sont élevées, des rumeurs sinistres se sont accréditées, le peintre de ces calamités devra éviter de se faire l'écho des préventions et des calomnies et de leur donner un corps dans ses tableaux. Ce n'est pas là seulement un devoir d'historien fidèle, c'est un devoir d'honnête homme. S'il faut toujours rendre à chacun ce qui lui appartient, cette règle devient encore plus stricte lorsqu'il s'agit de scènes contemporaines dont les acteurs sont vivants. La partie historique du choléra ne supporte ni décorations ni broderies; les choses sont ce qu'elles sont, personne n'a le droit de les changer. Si, pendant cette époque sinistre, il y a eu des fautes commises, la responsabilité en doit peser sur ceux qui l'ont encourue. Les licences du roman disparaissent ici devant les devoirs de l'histoire.

Lorsque l'on confronte l'œuvre de M. Sue avec ces règles que le sens de l'art et le sentiment moral indiquent également comme devant être respectées, que trouve-t-on? Si vous voulez le savoir, suivez le romancier au parvis Notre-Dame et aux abords de l'Hôtel-Dieu, où le peuple, égaré par des rumeurs sinistres, s'agite furieux et terrible; vous trouverez M. Sue cherchant à augmenter l'horreur de ces scènes déjà si affreuses, et à salir ce tableau en y mêlant à pleines mains d'épouvantables bouffonneries.

A l'entendre, la populace ameutée aux alentours de l'Hôtel-Dieu salue de ses lazzi le fléau, et poursuit d'horribles ricanements les voitures chargées de cadavres. Il montre toute cette populace criant : « Le fourgon des morts ! le fourgon des morts ! » Puis c'est un interlocuteur qui ajoute : « C'est des voyageurs commodes qui sont là-dedans. » Aussitôt la Ciboule reprend : « Ils ne descendent qu'au grand trou. » Son voisin continue cette heureuse plaisanterie en ajoutant : « Oui, ils piquent une tête dans un lit de chaux. » Et comme si ce n'était pas assez encore, une voix fait observer « que l'on suivrait la voiture les yeux fermés et que c'est pire qu'à Montfaucon; » remarque confirmée par un autre loustic, qui, développant avec une gaieté funèbre cette nauséabonde facétie, ajoute : « C'est vrai, ça sent le mort qui n'est plus frais. »

Le cœur ne vous lève-t-il pas en lisant cette collection de plaisanteries d'amphithéâtre et de jeux de mots cadavériques qui très-probablement n'ont jamais été faits ? A la différence de la terreur révolutionnaire, en effet, la terreur du choléra courbait tous les fronts, parce qu'au lieu des proscrits et des proscripteurs de 93, il n'y avait devant le fléau de 1830 que des proscrits. Nous savons que dans les plus mauvais jours de la terreur on vit des égorgeurs égayer leurs crimes par d'effroyables facéties, et placer entre deux quolibets un coup de couperet ou un arrêt de mort; mais à cette époque il y avait deux catégories de personnes en France, les bourreaux et les victimes, et la sécurité homicide des premiers n'était point troublée par la peur de la guillotine, dont ils tenaient le triangle dans leurs mains. Même, en laissant de côté l'invraisemblance énorme de ces scènes dégoûtantes, est-ce qu'il entre dans la mission de l'art de descendre aussi bas et de peindre de semblables horreurs? Quel effet peut-on produire en parfumant ses pages de ces émanations fétides? On accusait autrefois les poëtes de faire toujours souffler dans leurs vers la tiède haleine des zéphyrs chargée des senteurs embaumées qui s'échappent au sein de la nature, au retour de la belle saison; ne préférez-vous pas encore le zéphyr, tout usé et tout classique qu'il puisse être, au vent qui souffle de Montfaucon? Avec de pareilles peintures, ce n'est plus sur l'âme, ce n'est plus sur l'esprit qu'on agit, c'est sur les sens. Les yeux se détournent, l'odorat se révolte, le cœur se lève, et l'on éprouve des impressions analogues à celles dont on est atteint quelquefois à la campagne, lorsqu'au détour d'une route on trouve des matières animales en putréfaction.

Si telle a été l'ambition de M. Sue, il a lieu d'être satisfait. La scène des fossoyeurs de Shakspeare est pleine de convenance et de raison à côté des hideuses imaginations de l'auteur du *Juif Errant*; en outre, elle est à sa place; il est possible que des fossoyeurs, familiarisés avec le spectacle de la rapide décomposition de notre corps et le contact des débris humains, plaisantent avec la mort; mais les acteurs des scènes de M. Sue ne sont pas dans les mêmes conditions, et ils doivent éprouver le même genre de répulsion que le reste des hommes pour ces affreuses images. Encore n'avons-nous pas tout dit : il y a une loi du progrès dans l'horrible comme dans le beau, et lorsqu'on est entré dans cette route, on veut avancer. C'est ainsi que M. Sue, après les scènes dont nous avons donné une imparfaite idée, voulant relever son tableau par un coup de pinceau encore plus vigoureux et plus hardi, imagine la péripétie suivante. La voiture de madame de Morinval, jeune femme riche, brillante, que l'on a rencontrée dans le cours du roman, se promenant aux Champs-Élysées avec mademoiselle de Cardoville, dont elle est l'amie, vient à passer rapidement, entraînée par des chevaux de poste ; comme beaucoup de familles, la famille Morinval va chercher un pays moins cruellement frappé par le fléau. Le fourgon chargé de cadavres accroche la calèche élégante et armoriée de madame de Morinval ; par un mouvement involontaire, elle met la tête à la portière pour savoir quelle est la cause du choc qu'elle vient d'éprouver, et elle jette un cri en voyant une bière qui, tombant du fourgon sur le pavé, s'est disjointe et a laissé rouler un cadavre bleuâtre.

C'est à ce point qu'en est arrivé M. Sue ! Voilà où il va chercher le drame. Si le traité de quatorze ans qu'il a signé avec le *Constitutionnel* n'est pas rompu, cela promet. Peut-être vous rappelez-vous une scène des *Mystères de Paris*, qui a quelque analogie avec celle-ci : c'est la scène du départ du prince Rodolphe avec sa noble fille, l'ex-Goualeuse, pour l'Allemagne, et la rencontre du carrosse du prince avec ce monde de galères, de mauvais lieux et de guillotine, qui prend ses ébats sur les boulevards de la barrière d'Enfer. Mais ici il y a progrès. Ce n'est plus seulement la mère Ponisse, la hideuse tavernière du *Lapin Blanc*, avec son fangeux harem; ce ne sont plus seulement Tortillard, Martial, le fils du guillotiné, et ce malfaiteur redoutable auquel ses complices ont donné, par un agréable badinage, le nom de Squelette, qui arrêtent le carrosse au fringant attelage; c'est quelque chose tout à la fois de plus simple et de plus complet : un chariot rempli de cadavres en putréfaction, qui laisse derrière lui une odeur digne de Montfaucon, une bière qui se disjoint, un cadavre bleuâtre qui vient rouler sous les pieds des chevaux! Que voulez-vous, belles et nobles lectrices! Après vous avoir menées dans le monde excentrique auquel vous ont initiées les *Mystères de Paris*, vous avoir fait asseoir sur les marches de la guillotine, vous avoir fait respirer les odeurs âcres et nauséabondes du monde du crime et de la débauche, il ne restait plus guère à exploiter que les images que fournissent les charniers, et l'auteur a pensé que pour réveiller votre odorat blasé, ce ne serait pas trop que les parfums d'un cadavre en putréfaction, et les senteurs embaumées de Montfaucon. Les grands génies vont ainsi de merveille en merveille. Après Esther, Racine ne fit-il pas Athalie? Eh bien, après la scène des *Mystères de Paris*, M. Sue a fait la scène du *Juif Errant*.

Nous avons maintenant le droit de le dire : on trouve dans le tableau du choléra par M. Sue le défaut précisément contraire à la qualité littéraire qu'on aurait dû y trouver. L'auteur recherche avec une curieuse sollicitude, il exagère le côté repoussant du sujet; il y a plus d'horreur que de terreur dans son tableau.

A-t-il plus respecté ce sentiment qui, tenant à la fois à la morale et à l'art, demandait qu'on entrât avec respect et gravité dans la peinture de ces douloureuses scènes? Vous allez en juger. Suivant M. Sue, *dont nous rapportons textuellement les paroles* : « Où il y avait fête pendant la nuit, c'était aux cimetières : *ils se débauchaient.* » Il ajoute encore, quelques lignes plus bas : « Les cimetières étaient devenus *tapageurs* et brillants de lumières. » Puis vient toute une description des cimetières pendant le choléra, qui tendrait à faire croire que ces tristes demeures, où nous attendons l'éternité dans la poussière de notre néant, ont été, pendant la durée du fléau, un séjour de plaisir et de folie, qui pouvait rivaliser avec les bals de la Chaumière et tous les endroits consacrés aux divertissements et aux folles joies.

Des cimetières qui se débauchent! des cimetières tapageurs! M. Sue a-t-il bien pesé ces expressions? Outre ce qu'elles ont de contraire au bon sens et à la vérité, n'a-t-il donc pas senti jusqu'à quel point elles offensaient ce qu'il y a de plus sacré dans les sentiments de l'homme, la religion des tombeaux et le respect pour les morts? Ces cimetières tapageurs, comme il les nomme avec ce funèbre enjouement qu'il semble avoir emprunté à quelques-uns des personnages qu'il met en scène au parvis Notre-Dame, qui d'entre nous n'y a pas quelque dépouille bien chère? qui n'y a laissé la meilleure partie de son cœur avec les restes d'un père, d'une mère, d'un enfant, d'une femme, d'un frère, d'un ami? Lorsque quelqu'un trouble la paix de ces mornes demeures où l'on ne marche qu'à pas lents, où l'on ne parle qu'à voix basse, comme si un instinct secret nous avertissait qu'on est dans le royaume du silence et de l'immobilité, quand un homme oublie le respect dû à la poussière de ces corps, temples construits par la main de Dieu pour contenir une âme immortelle, et profane un tombeau, la société s'émeut, les populations s'indignent et la loi sévit. Et il sera permis à un romancier à bout de voies, qui cherche partout des couleurs pour sa palette épuisée, de venir jeter ces épithètes impies à la réunion sacrée de tous les tombeaux? Pour produire un effet de style, M. Sue *débauchera* les cimetières où dorment nos proches? Il y a plus là qu'une faute contre l'art et qu'une incongruité littéraire : il y a une profanation.

Nous en dirons autant de cette odieuse et étrange mascarade que M. Sue fait figurer au milieu du choléra, en déplaçant le carnaval de 1832, qui eut lieu cette année dans les premiers jours de mars. Sans doute l'auteur demande lui-même pardon au lecteur de cet anachronisme, mais nous sommes très-peu disposé pour notre part, nous l'avouerons, à lui accorder le pardon qu'il demande. Il a beau alléguer un passage du *Constitutionnel* de cette année, qui annonce que le choléra a été le sujet d'une caricature ambulante dans la journée de la mi-carême; cette excuse nous touche peu. D'abord la mi-carême de l'année 1832, si nous ne nous trompons, dut tomber le jeudi 29 mars, puisque le mercredi des Cendres tombait le 7 du même mois. Ainsi le choléra n'avait éclaté à Paris que la veille de la mi-carême[1], de sorte que le nombre des victimes était encore très-restreint : on ne savait pas quel serait le développement de la maladie, on n'avait pas vu la ville pleine de deuil; il put donc entrer, à la rigueur, dans la tête d'un plaisant de mauvais goût de ridiculiser un péril auquel il ne croyait pas encore. Peut-être aussi serait-on plus près de la vérité en supposant que la police qui, tout le monde le sait, a la plus grande part à ces travestissements, avait imaginé ce moyen de détourner la terreur publique. Mais, quoi qu'il en soit, il n'y a rien dans un pareil fait qui ait pu autoriser M. Sue à imaginer la monstrueuse bouffonnerie qu'il fait figurer au milieu des plus grands ravages du choléra. C'est un fait faux, c'est de plus un fait impossible.

Non, lorsque les corbillards ne suffisaient plus aux morts et qu'on les entassait dans des fourgons, lorsque l'on était obligé de travailler de nuit aux cimetières, lorsqu'il y avait de la terreur ou de la douleur dans toutes les âmes, il ne s'est pas trouvé, il n'a pu se trouver, non pas un seul individu, mais une nombreuse réunion d'artistes et de jeunes ouvrières, qui aient conçu et exécuté la pensée impie d'insulter à la douleur des familles en faisant du fléau qui décimait la population un sujet de travestissement et de mascarade, et en venant célébrer une monstrueuse bacchanale en face même de l'Hôtel-Dieu, où se mouraient les victimes du choléra.

---

[1] Les journaux parlèrent pour la première fois du choléra le 18 mars 1832.

Couche-tout-Nu, représentant le fléau lui-même, et accompagné de Nini-Moulin, portant le costume du dieu du vin, de Morok, figurant le jeu ; de la suppléante de la reine Bacchanal, habillée en Folie ; de Modeste Bournichon, costumée en Amour ; la mascarade arborant en face des morts qu'on emporte entassés dans d'immenses tapissières, et des malades qu'on apporte de tous côtés à l'hôpital, de joyeuses devises telles que celles-ci : *Enfoncé le choléra ! Courte et bonne ! Il faut rire et toujours rire ! Les flambards flamberont le choléra ! Viens-y donc, mauvais fléau !* le duel au cognac de Morok et de Couche-tout-Nu, qui se défient mutuellement de boire une bouteille d'eau-de-vie, jusqu'à ce que mort s'ensuive ; enfin, la pensée d'ensemble et les détails d'exécution de ce hideux tableau ne sont que des inventions en dehors de la réalité, des hallucinations d'un esprit malade, une parodie déplorable entée sur un des plus lamentables drames qui, de notre temps, aient affligé l'humanité.

Quand M. Sue nous montre cette troupe rieuse attablée autour d'un punch babylonien, les artistes déclarant que le choléra « est peu coloriste mais dessinateur crâne, » Nini-Moulin demandant la parole pour s'écrier : « Ce fléau ne serait-il pas une polissonne de leçon pro-
« videntielle, comme dit le grand Bossuet, » et se répondant à lui-même : « Il me semble entendre une voix
« d'en haut qui vous crie : *Buvez du meilleur, ouvrez
« votre bourse et embrassez la femme de votre prochain, car
« vos jours sont comptés ;* » M. Sue blesse le sentiment moral autant que le sens littéraire. Ce sont là des paro-

dies sacriléges qui offensent la raison, des folies blasphématoires en dehors de l'art comme de la morale et de la vérité.

Lorsque, pour produire plus d'effet, il ajoute que « la taverne où allait avoir lieu cette surprenante bac- « chanale étant située précisément non loin de l'an- « tique cathédrale et du sinistre hospice, les chœurs « religieux de la basilique, les cris des mourants et les « chants bachiques des banqueteurs devaient se cou- « vrir tour à tour, » on ne saurait plus le regarder que comme un dramaturge aux abois qui cherche des effets tragiques dans des réminiscences de la scène aux cercueils de Lucrèce Borgia, où les chansons à boire luttent contre le *De profundis*, qui finit par les dévorer. D'abord tout cela est faux, faux de toute fausseté, et il y a trois ou quatre objections sans réplique à faire contre l'effet mélodramatique que M. Sue essaye de tirer du voisinage de la taverne où s'est attablée sa mascarade, avec Notre-Dame et l'Hôtel-Dieu, lorsqu'il mêle les chants bachiques aux chants d'église et aux cris des mourants. D'abord le cholérique, ordinairement, perdait la voix ; ensuite on n'entend pas en dehors de l'Hôtel-Dieu les cris des malades ; en troisième lieu, les chants religieux, quand on célèbre les offices de Notre-Dame, ne retentissent pas au dehors ; enfin, on ne chante pas dans les églises le jour de la mi-carême, et on se borne à y exposer le saint sacrement, devant lequel les fidèles récitent silencieusement le *Miserere*.

Que dites-vous de cet amas incohérent d'invraisemblances et de contradictions ? Comment M. Sue espère-t-il faire admettre ces énormités par une génération qui a été témoin de la terreur qu'excitait partout le fléau ? Que de fautes contre l'art ! Que de torts contre la morale ! Quel défaut de gravité ! Quelle absence complète de respect pour ce qu'il y a de plus respectable au monde, la mort et le deuil ! Quel horrible alliage que cet alliage du grotesque avec ces images de désolation ! L'histoire du choléra écrite en quolibets, la peste en goguette, la caricature au cimetière, la parodie choisissant pour piédestal un sépulcre, le tableau d'une calamité publique esquissé avec le crayon folâtre de Callot, et la plume bouffonne dont Scarron se servit pour travestir l'Énéide, passant aux mains de M. Sue, écrivant l'histoire de la dernière peste qui ait visité le monde, voilà l'expression adoucie du caractère dont est marquée cette dernière partie de son ouvrage.

QUATRIÈME LETTRE.

—◦❧◦—

TABLEAU DU CHOLÉRA. — SUITE.

Nous n'avons jusqu'ici signalé, dans la peinture du choléra par M. Sue, que les torts de l'auteur contre l'art et contre la morale ; il nous reste à parler de ses manquements contre l'histoire. Il y a, nous l'avons dit, une partie du choléra qu'il n'est permis à personne de changer : c'est sa partie historique, surtout en tant qu'elle entraîne une responsabilité morale pour tel ou tel parti, pour tels ou tels individus. Ici, on entre dans le domaine des faits, où les licences de l'imagination ne doivent pas avoir accès. Il faut dire les choses comme elles sont, car l'invention deviendrait un mensonge.

Parmi les scènes les plus déplorables du choléra, on peut compter les violences et les meurtres qu'amenèrent les rumeurs sinistres répandues dans la ville sur de prétendus empoisonneurs qui auraient causé la mortalité par les pratiques de leur art abominable. Le vulgaire est ainsi fait, et combien d'hommes sur ce point font partie du vulgaire ! il ne veut rien admettre de ce qui est nouveau pour lui, et tout ce qui est en dehors de son expérience si courte et si bornée, lui paraît impossible. Qu'un agent invisible et insaisissable produise instantanément la mort, qu'un visage où, peu d'instants auparavant, la vie et la santé s'épanouissaient dans leur fleur, se flétrisse sous les atteintes d'un mal subit et se couvre de stigmates bleuâtres, la foule ne veut point attribuer ces changements si brusques et si imprévus à des causes naturelles, quand les exemples de ces morts soudaines et terribles se multiplient.

Sur-le-champ on voit un crime, on cherche un coupable, par le besoin qu'on éprouve de trouver une cause matériellement appréciable à des effets si terribles et si inattendus. C'est sur l'observation de cette maladie de l'esprit humain que Voltaire a fondé son système d'incrédulité historique relativement aux morts tragiques; ce qui l'a fait tomber dans un autre excès, car de ce que le peuple croit à des crimes toutes les fois qu'il voit des morts dont la soudaineté lui semble inexplicable, il ne s'ensuit pas que, par cela seul que le peuple croit à l'existence d'un crime, ce crime ne puisse jamais exister. Cette maladie des esprits, qui devient contagieuse dans les grandes calamités, sévit avec beaucoup de violence au temps du choléra et produisit des événements déplorables; les soupçons d'empoisonnement enfantèrent de véritables meurtres.

Que fait M. Sue en présence de ces souvenirs ? Il achève d'exciter les passions qu'il a déjà enflammées en peignant le clergé catholique comme profitant des approches du fléau pour déterminer, aux portes de Paris, des ouvriers à incendier une fabrique phalanstérienne, et après avoir négligemment affirmé que « les placards qui dénonçaient les hôpitaux comme empoisonnant les malades; furent attribués au parti prêtre, » il met sur-le-champ les agents du père d'Aigrigny en action, et montre le clergé accréditant par ses émissaires ces rumeurs homicides. « Le feu est aux poudres, dit l'un; une fois « la populace en délire, on la lancera sur qui l'on vou-« dra; » et l'autre reprend : « Courage! la sainte reli-« gion triomphera; allons rejoindre le père d'Aigrigny. » Quelques lignes plus bas vient encore un passage équivoque dans lequel on ne sait trop si l'auteur accuse le parti prêtre d'avoir fait empoisonner les fontaines, ou seulement d'avoir fait répandre le bruit que les fontaines étaient empoisonnées.

Prenons de ces deux versions la plus modérée, il restera toujours avéré que M. Sue fait peser, avec ce nom élastique de parti prêtre, sur le clergé catholique, la responsabilité des meurtres déplorables qui ensanglantèrent Paris par suite des rumeurs sinistres accréditées au sujet de l'empoisonnement des fontaines, des étaux de bouchers, des brocs de marchands de vins et des tonneaux de porteurs d'eau. Il ne s'agit plus seulement ici, on le voit, de crimes imaginaires prêtés aux jésuites dans une action inventée à plaisir, de séquestration de jeunes filles dans une maison de santé fantastique, d'étrangleurs employés dans l'Inde à tatouer le bras d'un héritier du Juif errant, de vols de papiers pratiqués mélodramatiquement dans une auberge allemande pour empêcher deux autres héritières du héros de la vieille complainte d'avoir leur part dans une succession romantique de deux cent douze millions. Nous sommes en pleine histoire. Des meurtres ont eu lieu pendant le choléra parce que la multitude avait accueilli l'idée qu'on l'empoisonnait, c'est un fait trop réel. M. Sue fait peser la responsabilité de ce fait sur le parti prêtre ; or, il nous a montré ce parti représenté chez la princesse de Saint-Dizier par plusieurs évêques et par un membre du sacré collége réunis en concile, c'est l'auteur lui-même qui s'est servi de ce mot. Il doit pouvoir démontrer historiquement une allégation aussi grave ; sans cela il n'y aurait pas à hésiter sur le nom à lui donner. Voyons donc à ce sujet ce que dit l'histoire, et sachons qui a accrédité ces bruits sinistres et qui a encouru, par conséquent, la responsabilité morale de ces violences déplorables et de ces meurtres.

Le choléra éclata à Paris le 28 mars 1832. Le 1er avril l'émeute populaire grondait, et la ville avait pris la physionomie des journées de juillet. Une classe nombreuse, appartenant aux industries les plus malsaines, s'élevait avec fureur contre le nouveau système de balayage et de transport adopté pour l'enlèvement des boues, et les anciens boueurs et les chiffonniers s'étaient jetés presque tous dans ce mouvement contre une mesure qui leur semblait devoir détruire leur industrie ; un grand nombre des nouvelles voitures avaient été ou brûlées ou jetées à la Seine, dans le quartier du Panthéon, sur la place du Châtelet, rue Saint-Antoine, dans les faubourgs Saint-Denis et Saint-Martin, sur le pont Saint-Michel et sur le quai de la Grève. Les boulevards, le Louvre, la place Saint-Sulpice, la place de la Bastille, la place du Panthéon, étaient militairement occupés par la garde nationale et la troupe de ligne ; plusieurs charges de cavalerie avaient eu lieu contre les *groupes inoffensifs.* Ce fut au milieu de ces violentes émotions que les bruits d'empoisonnement commencèrent à courir dans la multitude ; on peut s'en convaincre en lisant la proclamation de M. Gisquet, alors préfet de police, et par conséquent l'intermédiaire officiel entre le gouvernement et la population. Après avoir attribué « aux ennemis de l'ordre, » phraséologie du temps, les violences de la multitude, M. Gisquet ajoutait dans cette proclamation, qui porte la date du 2 avril 1832 : « D'autres bruits *absurdes*, au sujet du choléra, ont été répandus dans les faubourgs par la malveillance et accueillis par la peur. »

Dans une circulaire également datée du 2 avril et adressée aux commissaires de police à une heure plus avancée de la journée, le langage du préfet de police devenait beaucoup plus positif. « L'apparition du choléra
« morbus dans la capitale, disait-il, a fourni aux éter-
« nels ennemis de l'ordre une nouvelle occasion de ré-
« pandre parmi la population d'infâmes calomnies con-
« tre le gouvernement ; ils ont osé dire que le choléra
« n'était autre que l'empoisonnement effectué par les
« agents de l'autorité pour diminuer la population et
« détourner l'attention générale des questions politi-
« ques. *Je suis informé que pour accréditer ces atroces*
« *suppositions, des misérables ont conçu le projet de par-*
« *courir les cabarets et les étaux de boucheries avec des fioles*
« *et des paquets de poison, soit pour en jeter dans les fon-*
« *taines ou brocs et sur la viande, soit simplement pour en*

« *faire le simulacre et se faire arrêter en flagrant délit par
« des complices qui, après les avoir signalés comme attachés
« à la police, favoriseraient leur évasion et mettraient en-
« suite tout en œuvre pour démontrer la réalité de l'odieuse
« accusation portée contre l'autorité.* »

Vous le voyez, les bruits qui étaient *absurdes* la veille, commencent à ne plus l'être. Le préfet de police est informé qu'il y a des gens qui comptent parcourir Paris avec *des fioles et des paquets de poison.* Doivent-ils les jeter dans les brocs des marchands de vin et sur les étaux des bouchers? La proclamation laisse la chose dans le doute, terrible doute! Peut-être n'en feront-ils que le simulacre, mais peut-être aussi les jetteront-ils réellement. Ainsi le peuple est-il autorisé par le premier magistrat de la police à croire que ses soupçons sont fondés; il y a vraiment des fioles et des paquets de poison, il y a des empoisonneurs; le peuple est même autorisé à se faire justice lui-même, car, suivant l'amphigouri mélodramatique qui termine le cauchemar officiel du fonctionnaire du système actuel, les empoisonneurs doivent se faire arrêter tout exprès par des complices qui, bien entendu, les laisseront échapper afin de pouvoir dire ensuite que c'est l'autorité qui empoisonne la population de Paris.

Quelle est la conclusion naturelle de tout ce discours? C'est qu'il faut faire une justice sommaire des empoisonneurs, et qu'il est bon de procéder comme procède la multitude en Amérique. Tout homme qui aura une fiole, un paquet de poudre sur lui, devient par là même suspect; tout suspect sera mis à mort; si quelqu'un parle de l'arrêter et de le conduire en prison, il devient suspect avec lui et court risque d'être mis à mort de même, car c'est un complice déguisé qui veut faire évader le coupable.

Nous voilà un peu loin « des bruits absurdes répandus par la malveillance et accrédités par la peur. » Il ne manque plus à cet imprudent et dangereux manifeste qu'une désignation politique; M. Gisquet n'a encore parlé que des ennemis de l'ordre; et quoique cette désignation soit transparente et qu'on voie l'intention du pouvoir de livrer aux haines populaires ce qu'on appelait à cette époque l'alliance carlo-républicaine, il reste encore quelque vague sur l'accusation; mais ce vague va bientôt se dissiper.

Le 5 avril, le maire du quatrième arrondissement, M. Cadet-Gassicourt, venait préciser la dénonciation de M. Gisquet en ces termes : « Les agents de ceux que
« vous avez chassés se glissent au milieu du peuple
« pour venger la défaite de Charles X et le ramener de
« son exil, avec son petit-fils, sous la protection des
« baïonnettes étrangères et à la faveur de la guerre ci-
« vile. S'il est des empoisonneurs, *ce sont les alliés des*
« *chouans, des assassins de l'Ouest et du Midi*. Quelle
« joie, quel triomphe pour eux s'ils parvenaient à dé-
« chirer le sein de la France par la main des Français!
« Vous les verriez bientôt rentrer sur nos cadavres, à
« *la tête des verdets*, et à la suite des hordes barbares,
« arracher le drapeau tricolore, le remplacer *par le dra-*
« *peau blanc et la croix des missionnaires.* »

Ainsi le premier magistrat de police de la ville de

Paris, parlant au nom de la révolution de juillet, déclarait que des empoisonneurs, portant des fioles et des paquets de poison, parcouraient la ville, et que ces empoisonneurs étaient les agents des éternels ennemis de l'ordre. Un des premiers magistrats municipaux de la capitale, dévoué, comme sa proclamation suffit pour le démontrer, au gouvernement de juillet, ajoutait que ces empoisonneurs ne pouvaient être que les alliés des chouans, des verdets, des assassins de l'Ouest et du Midi; il appelait en responsabilité le drapeau blanc et la croix, il ajoutait qu'ils étaient « les agents d'un parti qui, lorsqu'il était puissant, n'avait ni pitié pour le peuple, ni indignation contre ceux qui le dépouillaient par le milliard de l'indemnité, et l'opprimaient par le fer des Suisses. »

Nous citons textuellement le *Moniteur*, et en présence de ces citations il n'y a pas de dénégations possibles. Le synonyme politique de tous ces noms odieux et passionnés qui désignaient une nombreuse classe de Français aux égorgeurs, c'était le nom de royaliste; et la croix des missions, mise à côté du drapeau blanc, associait le clergé aux royalistes dans la proscription populaire. C'était donc le gouvernement lui-même qui accréditait par la voix de ses agents ces sinistres rumeurs, grosses de crimes et de meurtres; le gouvernement lui-même désignait tout un parti politique comme coupable d'empoisonnement; car, ainsi que l'écrivait M. le duc de Fitz-James, avec une légitime indignation : « Ne pas désavouer M. Gisquet et M. Cadet-Gassicourt, c'était les avouer; » or, non-seulement le gouvernement ne les désavoua pas, mais il récompensa M. *Gisquet*, qui fut nommé, le 5 avril 1832, conseiller d'État en service extraordinaire.

Mais le parti qu'on accusait avait peut-être provoqué ces effroyables calomnies, en calomniant le premier le pouvoir ? — Non ; les journaux de ce parti avaient dit, à la lecture de la proclamation dans laquelle M. Gisquet parlait des rumeurs diffamatoires accréditées contre le gouvernement : « C'est un crime impossible, nous n'avons pas besoin de le dire ; cela ne soutient pas deux minutes de réflexion. La France contient des partis rivaux ; elle est sous un gouvernement avec lequel les opinions franches ont fait scission ; mais, grâce au ciel, il n'y a parmi nous ni gouvernement empoisonneur ni parti assassin (1). » Les hommes de gauche, le *National* et la *Tribune* parlent le même langage (2). Un seul journal s'exprimait de manière à fortifier les soupçons qui conduisaient une multitude égarée à des actes de férocité déplorable ; ce journal disait le 4 avril 1832 :
« Jusqu'à présent beaucoup d'indices accusateurs, nous
« devons le dire, viennent signaler à l'indignation pu-
« blique une faction qui fut toujours vaincue les armes
« à la main, et cherche toujours à exercer des repré-
« sailles par les moyens les plus odieux et les plus in-
« fâmes. Dans son désespoir, il n'est pas de crime,

(1) Voir la *Gazette de France* et la *Quotidienne* du 1er au 10 avril.
(2) Voir le *National*, la *Tribune* et la lettre de M. Rabbe, adressée à la *Quotidienne* à la date du 5 avril : « Je crois de ma conscience de déclarer, disait-il, que dans mon estime particulière, il n'est pas un seul individu dans le parti que nous défendons, pas plus que dans les autres partis qui existent en France, qui soit capable de commettre de pareilles atrocités. »

« d'infernale machination dont elle ne soit capable. »
Qui venait en aide ainsi à M. Gisquet, agent du gouvernement actuel, et récompensé par ce gouvernement ; à M. Cadet-Gassicourt, serviteur dévoué du gouvernement actuel et avoué par lui ; qui leur venait en aide pour accréditer les bruits d'empoisonnement et pour désigner aux fureurs de la foule, éperdue de terreur et de colère, toute une classe de Français ? C'était précisément le journal où M. Sue écrit les derniers chapitres du *Juif errant* pour rendre le clergé catholique responsable des assassinats commis pendant le choléra ; c'était le *Constitutionnel !*

Voilà l'histoire. Il n'y a ici ni à équivoquer, ni à chercher des subterfuges. M. Gisquet, préfet de police, M. Cadet-Gassicourt, maire du quatrième arrondissement, et par-dessus tout, le pouvoir responsable de ses agents, et dans la presse le *Constitutionnel,* tels sont ceux qui ont encouru la responsabilité morale que M. Sue, le romancier du *Constitutionnel*, veut faire peser sur le clergé. Ces placards dont il parle, comme ayant égaré la foule et l'ayant poussée au meurtre, et qu'il attribue au parti prêtre, qu'il nous a montré guidé par plusieurs évêques et par un cardinal, ce sont tout simplement les proclamations officielles des agents du gouvernement et les articles du *Constitutionnel*.

Reste la possibilité d'une dernière excuse : les empoisonnements, sans être politiques, étaient du moins réels, et le pouvoir s'était trompé en qualifiant d'absurdes, dans la première proclamation qu'il avait publiée, les bruits qui couraient à ce sujet.

Eh bien ! non, cette excuse ne saurait être alléguée. Nous ne nous contenterons pas de rappeler la lettre qu'écrivait dans le *Moniteur* M. Julia de Fontenelle, secrétaire perpétuel de la Société des sciences physiques et chimiques, à M. le préfet de police : « En ma « qualité de membre de la commission sanitaire du « quartier de l'École de Médecine, j'ai cru devoir me « livrer à des investigations chimiques sur les boissons. « En conséquence, j'ai analysé environ cent cinquante « espèces de vins et eaux-de-vie pris dans les tonneaux, « afin de me convaincre s'il existait quelque apparence « de vérité dans les accusations d'empoisonnement de « boisson. Les vins et eaux-de-vie sur lesquels j'ai « opéré ont été pris dans les divers quartiers de Paris, « *et et je déclare que je n'ai trouvé dans nul d'eux aucune* « *substance nuisible.* » Nous ne demanderons pas même qu'on admette comme décisifs les termes cependant formels des médecins et chirurgiens de l'Hôtel-Dieu affirmant que « l'examen le plus scrupuleux des matières « vomies et évacuées ne leur a offert aucune trace de « poison quelconque ; que dans les ouvertures de corps « qu'ils ont faites, ils n'ont trouvé aucun atome de sub- « stance vénéneuse ; et qu'enfin ni dans l'estomac, ni « dans les intestins, ils n'ont trouvé aucune des lésions « que produisent les différents poisons. »

Laissons de côté cette déclaration, signée des noms des maîtres de la science, de MM. Petit, Dupuytren, Récamier, Bailly, Caillard, Gendrin, Magendie, Husson, Gueneaud de Mussy, Breschet, Samson. Nous n'en croirons, si l'on veut, que le gouvernement

lui-même parlant dans le *Moniteur* : « Des chimistes
« expérimentés, lit-on dans le *Moniteur* du 6 avril, ont
« été chargés d'analyser des vins de toutes qualités, re-
« cueillis chez un grand nombre de débitants ; pas une
« trace de poison n'a été reconnue. Des fioles, du pain,
« des dragées, de la viande, saisis et signalés comme
« empoisonnés, ont été également soumis à l'analyse
« ils ont été reconnus purs de toute substance véné-
« neuse. Des personnes arrêtées sur la clameur publi-
« que ont été attentivement visitées et interrogées. Il
« n'est résulté de toutes les recherches que la preuve
« de leur parfaite innocence. Ainsi toutes les vérifica-
« tions les plus scrupuleuses n'ont abouti qu'à démon-
« trer de la manière la plus évidente la *fausseté*, l'*absur-
« dité* des bruits répandus. »

Ainsi l'épithète d'*absurde* revient dans la bouche du
pouvoir, et il l'applique aux bruits répandus sur les
empoisonnements. Et cependant M. Gisquet, préfet de
police du gouvernement de juillet, avait fait afficher sur
les murailles de Paris une proclamation dans laquelle
il répandait et accréditait ces bruits faux et absurdes
en disant être informé que « des misérables allaien
parcourir les cabarets et les étaux de boucheries avec
des fioles et des paquets de poison. » M. Cadet-Gassicourt avait répandu et accrédité ces bruits en nomman
les verdets, les chouans, comme coupables de ces empoisonnements qui, comme devaient le déclarer les chimistes, les médecins et le pouvoir lui-même, n'avaien
existé que dans les cerveaux malades ; le *Constitutionne*
avait également répandu et accrédité ces bruits faux e

absurdes, en déclarant qu'il avait reconnu la faction qui fut toujours vaincue les armes à la main, et *qui cherche* à exercer des représailles par les moyens les plus odieux et les plus infâmes, voire par des empoisonnements, qui, de l'aveu des médecins, des chimistes et du gouvernement, n'ont rien de réel, et sont au contraire démentis par toutes les observations et toutes les expériences.

Comment M. Sue vient-il donc nous parler du parti prêtre au sujet des bruits d'empoisonnement qui ont couru à l'époque du choléra et qui ont enfanté des meurtres? De deux choses l'une, ou il a falsifié sciemment l'histoire, ce que nous ne serons jamais disposé facilement à admettre; ou, comme nous aimons mieux le croire, il n'a pas pris la peine de l'étudier, ce qui est presque aussi coupable quand il s'agit d'aussi graves allégations. Comment vient-il nous parler « des impérieuses raisons qui doivent engager à faire pénétrer l'instruction, les lumières dans les profondeurs des masses? » Mais d'abord il aurait fallu que le journal où écrit M. Sue, que le préfet de police et M. Cadet-Gassicourt, les serviteurs du système actuel, ne se fissent pas les auxiliaires des ténèbres, de l'ignorance et des calomnies. Il y a eu des gens mis en pièces ; qu'y a-t-il là qui puisse surprendre? L'imagination des peuples, nous l'avons dit, est toujours disposée, dans les grandes calamités, à admettre comme des faits réels les crimes les plus impossibles. Dans les épidémies, les juifs étaient autrefois les premières victimes des fureurs populaires; croit-on que l'éducation des masses puisse faire de grands progrès, quand ceux qui devraient les éclairer épaississent les ombres?

Il faut être juste, les masses ne furent pas les plus coupables. Comment veut-on que lorsque le premier magistrat de la police du royaume, qui par position doit tout savoir, et qui parle au nom du gouvernement, entretient la multitude d'empoisonnements et d'empoisonneurs, et fait apparaître à ses yeux des hommes armés de fioles et de paquets de poison, la raison du peuple ne soit pas troublée par ces images effrayantes? Ce peuple, déjà épouvanté et furieux de douleur, s'arrête le lendemain devant une nouvelle proclamation émanée d'un magistrat municipal qui parle aussi avec l'autorité que donnent les fonctions publiques; qu'y trouve-t-il? une dénonciation en forme contre un parti qu'on lui montre comme empoisonnant en attendant qu'il revienne avec les baïonnettes étrangères, en passant sur des monceaux de cadavres. Ainsi les passions politiques s'ajoutent dans les âmes aux passions de la peur et surexcitent un foyer déjà incandescent. Ce peuple ouvre un journal accrédité, qu'y verra-t-il? il y verra que c'est le parti royaliste et le parti prêtre qui empoisonnent.

Alors une véritable terreur s'empare de lui, et comme le disait avec beaucoup de sens un journal de l'extrême gauche à cette époque (1), de la terreur à la barbarie il n'y a qu'un pas. Le peuple devient barbare parce qu'on l'a effrayé; il prend le premier passant

---

(1) Le *National*.

dont la figure semble suspecte, pour un des empoisonneurs signalés par le préfet de *police*, pour un des verdets et des chouans dénoncés par le maire, pour un des membres de ce parti que le *Constitutionnel* déclare capable des crimes les plus abominables et des machinations les plus infernales. Il frappe, il déchire, il assomme, il tue. Il déchire à coups de couteau ceux qu'il soupçonne, et les fait dévorer par les chiens ; et Paris est épouvanté par des scènes abominables qui font retourner la civilisation en arrière et qui ramènent la société du dix-neuvième siècle jusqu'à l'état sauvage.

Telle est l'explication historique des violences et des meurtres dont la capitale fut le théâtre pendant le choléra. Au lieu d'être calomniateurs, le parti royaliste, le parti prêtre, comme parle M. Sue, furent calomniés. Le mal vint de ce que le gouvernement, ses agents, et dans la presse le *Constitutionnel*, furent au-*dessous* de leur mission quand il aurait fallu être au-dessus.

Chose étrange ! après s'être fait l'écho de ces diffamations, qui étaient retombées dans le silence et dans l'oubli, l'auteur, qui semble toujours tenir à proclamer dogmatiquement le précepte de morale qu'il vient d'enfreindre, s'écrie avec une gravité qui a un côté vraiment comique : « Maintenant, ne frémit-on pas en son-
« geant que dans un temps d'émotion populaire, il suf-
« fit d'un mot, d'un mot dit imprudemment par un
« homme honnête et même sans haine, pour provoquer
« un effroyable meurtre ? C'est peut-être un empoi-
« sonneur ! »

Quoi ! c'est vous, monsieur, qui vous chargez de

faire cette réflexion-là! Un mot dit imprudemment, vous le reconnaissez, enfante un meurtre, en présence d'une émotion populaire; ce mot prononcé suffit, il se traduit en assassinat. « C'est un empoisonneur! » tout est dit, le malheureux passant est mis en pièces. Et vous ne craignez pas qu'on dise, à la première émotion populaire. C'est un jésuite! Vous chargez d'une électricité passionnée toutes les têtes, la roue tourne sans cesse dans vos mains en dégageant le fluide; après avoir fait tremper, sous le nom de parti prêtre, le clergé dans une foule de crimes imaginaires, vous voulez courber sa tête sous la responsabilité d'un crime réel et d'un crime effroyable; vous mêlez les robes noires, ces termes sont de vous, au souvenir des bruits d'empoisonnement et des massacres du temps du choléra! Et vous venez nous demander naïvement ensuite si nous ne frémissons pas en songeant qu'un seul mot peut faire couler le sang, et qu'une parole imprudente est souvent homicide!

Est-ce que la présence d'esprit de l'auteur du *Juif errant* commencerait à l'abandonner? Nous serions vraiment tenté quelquefois de le croire, tant la retraite de son livre se change en déroute. C'est une confusion, un chaos, un naufrage où tout périt, corps et biens, et l'auteur ne semble même plus se donner la peine de motiver les événements. Comme un de ces négriers qu'il a peints dans ses premiers romans, et qui, dans les mauvais temps, jetaient à la mer une partie de leur cargaison humaine, il jette ses personnages par-dessus son bord pour alléger le lest du navire, et pour arriver plus vite au port. Déjà il s'est défait de Couche-tout-Nu, qu'il a fait mourir sur la table ou sous la table ; la Mayeux est à demi asphyxiée ; il vient de jeter aussi la reine Bacchanal par les croisées ; Rodin est ressuscité, il est vrai ; mais mort ou convalescent, c'est tout un ; l'auteur le tient depuis longtemps sur l'arrière-plan du tableau ; il l'a serré dans la boîte aux marionnettes, faute de savoir comment il le ferait mouvoir ; le Juif errant paraît moins que jamais, et Hérodiade, qui devait l'aider à sauver ses héritiers, ne sauve personne.

Les contradictions et les invraisemblances deviennent intolérables. C'est ainsi que l'auteur, pour allonger un chapitre, nous montre l'abbé marquis d'Aigrigny si égoïste, si dur, si impitoyable, on le sait; il nous le montre, lui qui a fait afficher des placards « pour mettre le feu aux poudres et lancer la populace « en délire contre qui l'on voudra, » venant se jeter lui-même dans la gueule du lion, en voulant arracher Goliath aux mains de cette populace en délire, qui le prend pour un empoisonneur. L'unité des caractères, la vérité des situations, rien n'est respecté; mademoiselle de Cardoville, avec son caractère si vif et si entreprenant, n'a rien fait pour revoir le prince Djalma depuis que celui-ci s'est jeté sous les griffes de la panthère, afin de ramasser le bouquet de sa belle cousine ; et Djalma, de son côté, avec son caractère impétueux, est demeuré chez lui. Il faut que mademoiselle Rose-Pompon, qui a essayé en vain de tous ses charmes pour toucher le *prince charmant,* vienne prier elle-même la grande et noble demoiselle de ne pas le désespérer, admirable dénoûment des profondes et machiavéliques combinaisons de Rodin, qui n'en demeure pas moins le plus grand homme du monde.

Voilà tout ce que M. Sue a su tirer de ce grand drame du choléra, qui, si l'on en avait cru les indiscrétions officieuses de ses amis, devait fournir à son génie d'admirables tableaux. C'est que M. Sue, comme nous le montrerons, n'a pas voulu voir ce qu'il y eut de véritablement grand et de véritablement beau à cette époque; c'est qu'il s'est laissé préoccuper par les petites passions de l'esprit de parti, au lieu d'aborder, avec un esprit désintéressé et un cœur ouvert à l'admiration de toutes les vertus, ces temps où il y eut tant de nobles et héroïques actions. Il fallait se placer au point de vue élevé du poëte qui cherche à honorer la nature humaine; et il s'est placé au point de vue de l'homme de parti qui cherche à déshonorer une opinion contraire. Aussi a-t-il été puni. Son succès a avorté, l'air a manqué à ses ailes, l'inspiration à ses tableaux, et l'on a éprouvé une fois encore que l'amour seul sait créer, et que, comme les Furies, la haine est stérile.

CINQUIÈME LETTRE.

LE CHOLÉRA SELON L'HISTOIRE.

Lorsque l'on cherche à récapituler les scènes qui ont surtout frappé M. Sue pendant le terrible drame du choléra, ou celles qu'il a inventées à plaisir, voici ce que l'on trouve : Une mascarade d'une bouffonnerie impossible autant qu'impie au milieu des ravages du fléau, une orgie à la fois stupide et cruellement dérisoire, une parodie nauséabonde de la scène des fossoyeurs de Shakespeare avec des détails à révolter tous les sens à la fois en même temps que l'esprit et le cœur, une tuerie populaire digne des anthropophages, et la résurrection des calomnies que les bruits sinistres répandus sur les empoisonnements avaient fait naître. Hors de là, il n'a rien vu, il n'a rien voulu voir. Le côté hideux du choléra, voilà ce qui l'a séduit. Quant aux grandes vertus qui se développent à côté des fléaux, comme ces fruits rares et précieux que les terrains volcaniques produisent, il n'en a pas tenu compte, ou du moins elles occupent si peu de place dans son livre, qu'on voit bien que c'est uniquement pour répondre aux observations pressantes de la critique qu'il en a fait une mention sommaire.

D'où vient cela? Nous ne croyons pas faire tort à M. Sue en disant qu'il a refusé ses pinceaux aux magnifiques scènes qui se seraient offertes d'elles-mêmes, pour ne pas avoir à rendre justice au catholicisme et au clergé. Il semble, à lire cette partie du *Juif Errant*, que, pendant le choléra, la religion n'ait rien fait, et que les prêtres catholiques aient manqué à leur devoir. Quand l'auteur en parle, c'est pour les montrer faisant un succulent carême et mangeant des crucifix d'angélique, ce qui scandalise singulièrement l'orthodoxie de M. Sue, puis s'évanouissant de peur chez la princesse de Saint-Dizier, à la vue de Rodin atteint de la terrible maladie, ou affichant des placards incendiaires qui poussent le peuple à commettre des égorgements, ou bien encore continuant à s'occuper de la poursuite de la succession du Juif errant, et donnant, par la bouche d'un cardinal italien, un rendez-vous mélodramatique à l'étrangleur indien, dans une rue déserte, pour parler du grand génie de Rodin, sans doute afin que le lecteur n'oublie pas tout à fait qu'il existe. Il semble que, hors de là, le clergé n'ait rien fait à cette époque, et que l'influence de la religion ait été nulle. Faire des collations à la Lucullus, trembler de peur, rédiger des proclamations homicides, nouer des intrigues pour accaparer la fortune des héritiers du Juif errant, voilà à quoi se réduit l'action du catholicisme et des prêtres catholiques dans les scènes peu nombreuses où M. Sue les fait paraître. Il y a dans le tableau qu'il trace une lacune qui tarit une source de beauté où son pinceau aurait pu puiser, et ôte à son récit tout caractère de vérité historique; mais cette lacune était inévitable, du moment que l'esprit qui présidait à son ouvrage était un esprit contraire au christianisme.

Jamais, on peut le dire, l'intervention du christianisme n'eut plus d'à-propos et de puissance que dans les grandes calamités. Quand toutes les têtes s'abaissent, quand tous les esprits sont vaincus par la force du mal, quand l'espérance, cette dernière consolation des affligés, a cessé de mêler quelques-uns de ses rayons aux nuages qui assombrissent l'horizon, alors l'œuvre du christianisme commence là où l'œuvre de l'humanité s'est arrêtée, et sa main secourable vient soutenir les nations tremblantes, pendant qu'elles traversent les mauvais jours de leur pèlerinage. M. de Châteaubriand l'a dit dans le *Génie du christianisme* : « Inventez telle douleur que vous voudrez, et soyez sûr que la religion chrétienne y a songé avant vous pour placer le remède à côté. »

C'est que la religion se souvient de son origine. Venue au milieu des plus épouvantables désastres qui aient peut-être affligé le globe que nous habitons, ses premiers regards virent l'empire romain s'écrouler sur des mœurs corrompues et des croyances détruites, comme un édifice encore imposant sous lequel des supports vermoulus viennent à manquer. Ce fut elle qui soutint le genre humain pendant cette époque de confusion, de bouleversement et d'agonie, qui s'écoula entre la mort de l'ancien monde et la naissance du nouveau;

ce fut elle qui, au temps des invasions du Nord, se plaça entre la civilisation et la barbarie qui se ruaient instinctivement à de grandes fiançailles, et sa bienveillante intervention put seule adoucir le choc. Pour ceux qui savent remonter à l'origine, afin de juger les choses de haut, le christianisme est le triomphe de la nature intellectuelle sur la nature matérielle, la prépondérance de l'homme moral sur l'homme physique, et c'est cela même qui le rend un si bon consolateur de toutes les afflictions, le médecin de toutes les maladies et le soutien né de toutes les misères. Parcourez l'histoire, partout vous le rencontrerez remplissant cette belle mission, qui consiste à relever la nature humaine du sein de ses ruines.

Alaric est maître de la ville éternelle avec ses hordes belliqueuses. — « Je sens quelque chose en moi qui me pousse à brûler Rome, » s'écrie le barbare. Qui fera tomber la torche de sa main incendiaire et sauvera Rome vaincue? Ce sera le triomphe de la religion. Les mains pacifiques d'un évêque s'élèveront entre la civilisation renversée et la barbarie menaçante qui lève déjà le pied pour écraser sa victime, et le christianisme, élevant la force morale à sa plus haute expression, lui fera remporter sur la force matérielle sa plus belle victoire.

Voyez encore Attila qui, entraînant un monde armé à sa suite, change les royaumes en solitudes, et, marquant sa route comme un incendie par un long sillon de ruines fumantes, vient, pour consacrer son œuvre de vengeance et de destruction, frapper à la porte de

Rome. Où trouver un Scipion pour répondre au défi de ce gigantesque Annibal? Qui viendra, comme Marius, étendre sa main puissante entre Rome et le déluge venu de l'Asie? Ce sera l'œuvre du christianisme. Il va payer à sa manière l'hospitalité homicide que les empereurs lui ont donnée dans le Colysée. Apercevez-vous ce vieillard qui marche, le front levé et l'œil serein, au milieu des craintes de tout un peuple? Il va au-devant du péril que les hommes armés n'ont pas osé attendre. De quel pas il s'avance vers le camp terrible des Huns! Ne craignez rien, c'est le député du christianisme auprès de la barbarie. Ce chétif vieillard devient le protecteur du Capitole et le seul rempart de la ville éternelle. La force matérielle qui réside dans Attila s'humiliera devant la force morale que le christianisme a placée dans son ambassadeur, et voici que le fléau de Dieu s'arrête devant l'homme de Dieu.

Feuilletez les archives des siècles; les lieux, les événements, les personnages changent; la mission du christianisme ne change pas; et comment changerait-elle, puisqu'il est toujours foi, espérance et amour? C'est dans les jours de deuil que sa puissance se relève, et les misères humaines sont comme un piédestal qui rehausse sa grandeur. Jetez les yeux sur Marseille, l'antique reine de la France méridionale, dans ses jours néfastes où elle fut visitée par une affreuse calamité. Là le fléau n'était point personnifié dans un homme, il ne se nommait ni Attila, ni Alaric; mais, plus terrible encore, il frappait des coups plus multipliés et plus sûrs. Quand tout le monde fuyait ou tremblait devant la peste, qui donc se présenta pour lui disputer l'empire de la ville? Qui demanda à vivre en tiers avec la désolation et la mort? C'était le droit du christianisme, et on sait s'il le réclama. Ne rappelons point ces miracles d'héroïsme qui vivent dans toutes les mémoires, et ne déroulons point cette belle épopée chrétienne qui se résume tout entière dans le nom de Belzunce; mais répétons seulement, avec la postérité reconnaissante, que l'immensité de la charité surpassa la grandeur du mal, et que dans ce duel entre le plus horrible des fléaux et un évêque, le champ de bataille demeura à la religion.

En présence du choléra, il allait se passer quelque chose de pareil. Certes le gouvernement d'alors ne fit rien pour mettre le christianisme en possession de son rôle. Nul recours aux prières, nul appel à la religion qui lève ses mains pleines de supplications vers le ciel et les rabaisse pleines de miséricordes vers la terre; rien qui pût faire perdre aux hommes qui tenaient alors le pouvoir leurs droits au titre de gouvernement athée, cet idéal politique qu'on réalisait après l'avoir préconisé pendant si longtemps. Mais la religion n'attendit pas qu'on l'invitât à remplir sa mission.

Nous ne savons si l'on se souvient de la situation du catholicisme et du clergé catholique, à cette époque, dans notre pays et surtout dans le premier diocèse du royaume, où le fléau sévissait avec plus d'intensité que partout ailleurs. Les longues préventions accumulées contre le clergé pendant la Restauration par suite de la fausse position où on l'avait placé en lui donnant, au lieu de liberté dont il avait besoin, une protection souvent maladroite, quoique bienveillante et animée de bonnes intentions, avaient porté leurs fruits. Le sac de l'archevêché coïncidait le 29 juillet 1830 avec le sac des Tuileries, et des émeutiers aux mains sanglantes allèrent chercher M. de Quélen jusqu'à Conflans pour le mettre à mort.

Depuis ce moment, les manifestations et les actes les plus hostiles s'étaient succédé. L'église de Sainte-Geneviève avait été enlevée au culte. On avait vu le sac de Saint-Germain-l'Auxerrois à l'occasion du service anniversaire pour le repos de l'âme de M. le duc de Berry, et le second pillage et la destruction de l'archevêché. Conflans avait été pillé et dévasté, la croix du Christ avait été renversée du faîte des églises. Comme le disait douloureusement M. de Quélen, dans un de ses mandements : « Le signe du Christ était effacé du front de la reine des cités. » Le premier pasteur de la ville de Paris était réduit à se cacher comme un malfaiteur, et à changer souvent d'asile pour échapper aux attentats dirigés contre sa personne.

Pour se faire une idée exacte de cette situation du catholicisme et du clergé, il faut avoir assisté à la discussion du budget ecclésiastique dans l'année qui précéda celle du choléra. Il nous souvient encore de ce jour de tumulte et d'orage. Les stoïques députés de 1830 faisaient comparaître à leur barre toute la hiérarchie de la milice ecclésiastique ; et chaque fois qu'il s'agissait de mesurer le pain de notre religion nationale, c'étaient des scrupules d'économie à édifier, surtout de la part d'une chambre qui donnait à la police sans compter, et qui comptait par milliards ce qu'elle donnait au juste-milieu. Les archevêques avaient comparu en tête, après eux les évêques, puis les simples prêtres; les injures, les sarcasmes pleuvaient à chaque vote; c'était un martyre moral que ce budget, et la tribune d'une chambre française et chrétienne ne ressemblait pas mal au tribunal du haut duquel Julien, de païenne mémoire, persécutait et persiflait les chrétiens. Il n'y avait pas si mince orateur de bourgade qui n'eût en portefeuille son injure, son épigramme voltairienne, ou, si l'on aime mieux, son coup de pied législatif.

Quand chaque ministre du christianisme eut passé par le scrutin et par les verges, arriva le tour des chanoines. Alors un député s'élança à la tribune, le front radieux de la gloire qu'il allait acquérir, et de cet air qui semble dire à l'auditoire : « Çà, qu'on m'écoute, « je vais être cruellement railleur ! » On écouta le député, et il dit : « A quoi bon les chanoines? » comme s'il eût demandé : « A quoi bon les mauvaises herbes? à quoi bon les ronces et les épines? à quoi bon les feuilletons-romans? » La chambre, qui avait l'esprit fort, s'épanouit en entendant cette saillie philosophique, et l'on décida d'enthousiasme que si l'on ne pouvait pas malheureusement tuer les chanoines, on s'en consolerait en leur ôtant la faculté de recruter leurs rangs. *A quoi bon les chanoines?* répétaient les grands esprits de la chambre en riant de leur plus gros rire; ils eussent dit : « *A quoi bon le christianisme?* » s'ils eussent osé, car sa suppression eût laissé une place vacante à la grande table du budget, et l'on eût grossi la part de la police au grand avantage de la morale et du pays et un peu du juste-milieu. Témoin muet de cette scène, je me disais : « Patience, le christianisme répondra. » Le choléra vint lui offrir l'occasion de cette réponse; vous savez si le christianisme la saisit.

Oh! que j'ai souvent désiré, depuis, me retrouver avec le fier député pour savoir ce qu'il pensait de la réplique! Jadis aussi, les sceptiques demandaient du temps de la Régence : A quoi bon les capucins? Survint la peste du Midi, et les capucins répondirent à leur manière : ils moururent tous à la peine; pas un n'en réchappa, et la charité eut ses Thermopyles. Nos beaux esprits ont quelque raison de le dire, les chanoines et les prêtres catholiques sont quelque peu capucins. Bons à servir l'humanité, bons à la consoler, bons à mourir pour elle, voilà tout le mérite des simples champions du christianisme. Les esprits forts de la chambre qui parlaient d'or et faisaient de si belles épigrammes, avaient de tout autres devoirs sans doute, car lorsque le danger arriva, on trouva le clergé dans les hôpitaux, et le parlement sur le grand chemin.

Dès que le fléau fut dans Paris, M. de Quélen rompit son ban et reparut. Il pensait, comme Fénelon, que les évêques aussi ont leurs jours de bataille, et il n'était pas homme à manquer au rendez-vous du péril. Il avait prédit dans ses mandements « l'inondation de ce fleuve de mort, dont les gardes les plus vigilantes et les plus sévères précautions ne sauraient arrêter le cours, » et il ajoutait, dans une lettre pastorale du 29 septembre 1831, adressée au clergé de son diocèse : « Le moment n'est pas éloigné où la vertu commune ne suffira plus, et où il faudra l'héroïsme du dévouement. » Sa parole était ainsi engagée d'avance, il vint la tenir au milieu du danger.

Les passions l'avaient condamné à la retraite, mais l'heure était venue pour lui d'exercer, contre les passions humaines, les sublimes représailles de la croix. Tandis que tant d'âmes faibles et pusillanimes se faisaient d'inaccessibles refuges gardés par l'égoïsme et verrouillés par la peur, M. de Quélen sortit de sa retraite. C'est à l'Hôtel-Dieu que le fléau sévit le plus cruellement, c'est là qu'est sa place, celle-là il ne la cédera à personne, n'essayez pas de la lui disputer. Pour la première fois, depuis plus d'un an, il paraissait en public, c'était le 2 avril 1832 ; son diocèse, qui l'avait perdu, le retrouvait sur le champ des douleurs. Le peuple venait de jeter à l'eau deux sergents de ville qu'il croyait complices des prétendus empoisonneurs lorsque M. de Quélen arriva à l'Hôtel-Dieu. Ce danger de plus ne put arrêter son zèle ; nouveau Charles de Borromée, il franchit le seuil de l'hospice, visite toutes les salles, s'arrête auprès des lits, apprend avec bonheur que la plupart des malades ont pu recevoir les secours de la religion. Il avait, dès le premier jour où le choléra se déclara, mis dix mille francs à la disposition de la caisse de secours, il y ajouta mille francs en sortant de l'Hôtel-Dieu, pour remplacer les vêtements des cholériques, qu'on brûlait à leur entrée dans l'hôpital. Dépouillé, pillé, ruiné, il ne calculait point ses ressources, il ne calculait que les besoins, qui étaient immenses.

Tout le clergé de Paris suit la noble initiative de son archevêque. A sa voix, l'abbé Garnier, supérieur général de la congrégation de Saint-Sulpice, offre son séminaire pour recevoir les cholériques, et ses élèves pour servir d'infirmiers. M. de Quélen met en même temps à la disposition de l'autorité sa maison de Conflans pour en faire un hôpital ou une infirmerie de convalescence; de sorte que ceux-là mêmes peut-être qui avaient dévasté cette maison y trouvèrent un asile. De tout côté la milice sainte répond à l'appel de son chef. Messieurs de Saint-Lazare, les professeurs et les suppléants de la faculté de théologie de Paris, des prêtres appartenant au diocèse de Paris et aux diocèses voisins, se mettent à la disposition de l'autorité (1); les religieuses de Bons-Secours, les religieuses Augustines, les Hospitalières, sont à leur poste. Les laïques ne font pas défaut, et un grand nombre de jeunes gens du faubourg Saint-Germain, parmi lesquels on compte MM. de Kergorlay, de Vogüé et de Champagny, s'offrent comme infirmiers ou comme visiteurs. M. de Quélen excite ou guide ce zèle de la grande armée de la charité, il parcourt tous les hôpitaux de Paris, et ses lettres pastorales communiquent à toutes les âmes la sainte contagion de la vertu. « Allez, écrivait-il aux professeurs de théologie, en les envoyant à l'hospice de la Charité, allez, la moisson est bonne, et le nombre des ouvriers est petit. » Puis, dans la lettre adressée aux curés de Paris,

---

(1) Dans une lettre insérée au *Moniteur* du 30 avril 1832.

le 6 avril : « Nous ambitionnerons, leur disait-il, qu'à la suite de ces temps malheureux, on puisse dire de chacun de nous ce que l'histoire rapporte de ce vénérable prêtre saint Vincent de Paul, que nous avons pris pour modèle : au milieu des factions qui se disputaient, se déchiraient et mettaient la société en péril, voué tout entier aux bonnes œuvres et au soulagement de l'humanité souffrante, il répondait à ceux qui l'interrogeaient sur son opinion : *Je suis pour Dieu et pour les pauvres.* »

Enfin, dans le mandement qui ordonnait des prières pour la cessation du fléau, mandement écrit au pied de la croix, le 18 avril, un des jours de la semaine sainte, l'archevêque disait avec une inexprimable tendresse : « L'âme toute remplie des émotions que font naître ces jours lugubres et solennels, nous éprouvons le besoin, en vous exhortant à la pénitence, aux prières et aux bonnes œuvres, de vous parler aussi de la sollicitude pastorale qui nous attache de plus en plus à vous, qui nous fait regarder les malheurs de chacun de nos diocésains comme s'ils nous étaient personnels, et qui vous consacre de nouveau tout ce qui nous reste de bien et de vie pour les adoucir. S'il en était quelqu'un parmi vous qui pût trouver, dans l'examen de sa propre conduite à notre égard, quelque motif de douter de ces dispositions, nous oserions lui dire comme le Joseph de l'ancienne loi : Je suis votre frère, ne craignez point, ne vous troublez pas de ce qui est arrivé, c'est par la volonté de Dieu. Il a changé en bien le mal qu'on a voulu me faire, il a conduit les choses à ce point, et il a voulu se servir encore de moi pour en sauver plusieurs. »

Il disait vrai, le pieux et noble archevêque, car toutes ses actions étaient en harmonie avec ses paroles. On le vit transporter dans ses bras des malades (1) atteints du fléau, dans un temps où l'on discutait encore sur la question de savoir si le choléra était ou n'était pas contagieux. Tant que le mal sévit, le pontife de Jésus-Christ se trouve sur ses pas pour soutenir les victimes qu'il abat, pour sauver les âmes du désespoir, et faire luire aux regards des mourants un rayon d'immortalité. Dans le cours de ces visites vraiment pastorales, et au chevet d'un de ces moribonds, il se passa une terrible scène. L'agonie était commencée, et le pieux archevêque levait sur l'agonisant ses mains pour le bénir, lorsque celui-ci, tournant vers le pasteur un visage où respiraient encore, au milieu des teintes bleuâtres de la mort, les passions de la vie, cria d'une voix formidable : « Retirez-vous de moi, je suis un des pillards de l'archevêché. » A ces mots, le front du prélat rayonna d'une tendre pitié et d'un ineffable pardon. Continuant sur la tête du moribond sa bénédiction commencée : « Mon frère, dit-il, c'est une raison de « plus pour moi de me réconcilier avec vous, et de « vous réconcilier avec Dieu. »

Maintenant, comparez à ces scènes les scènes peintes par M. Sue, les égorgements du parvis Notre-Dame, le carrier gigantesque dépeçant en lambeaux sanglants

---

(1) Mandement des vicaires généraux après la mort de M. de Quélen.

Goliath, que la hideuse Ciboule a abattu en lui crevant l'œil d'un coup de sabot ; la dernière orgie de Couche-tout-Nu, son duel à l'eau-de-vie avec le montreur de bêtes, les bouffonneries impies de Nini-Moulin, la mascarade du choléra, les plaisanteries nauséabondes de la multitude sur la voiture des morts, le spectacle de ce cadavre en putréfaction qui, sortant de sa bière brisée, roule sous les pieds des chevaux qui emportent la voiture de madame de Morinval, et dites de quel côté est la supériorité, même au point de vue littéraire, et ce qu'il y a de plus dramatique, de plus beau au point de vue de l'art, de plus capable de frapper l'esprit et de remuer le cœur, le choléra tel qu'il apparaît dans le roman de M. Sue, ou le choléra tel que le peint l'histoire?

Encore n'avons-nous pas tout dit. Tandis que l'archevêque parlait de Dieu aux mourants, un grand nombre d'entre eux, avant d'entrer dans l'éternité, jetaient un regard en arrière. Les pères expirants, les mères agonisantes, conservant la chaleur de l'amour au milieu du froid de la mort, lui parlaient de leurs enfants orphelins demeurés sans protecteurs dans leurs berceaux abandonnés. A ces paroles, les entrailles du pieux archevêque s'émeuvent, une grande et chrétienne pensée germe dans son cœur, il étend les bras en face du lit de mort des parents consolés, et au nom du christianisme, ce père universel de tous les orphelins, il adopte leurs enfants. C'est dans le sein de l'Hôtel-Dieu même, au milieu des ravages du fléau, sur le champ de bataille de la charité, que l'œuvre réparatrice des

Orphelins du choléra est fondée, cette œuvre qui, au moment où nous écrivons ces lignes (1), vient de finir après avoir tenu toutes ses promesses. Le nouveau Vincent de Paul a rassuré ces mères expirantes, en donnant à leurs pauvres orphelins la charité chrétienne pour mère. « Mes forces s'épuiseront, leur disait-il, avant que mon zèle et mon courage se refroidissent. »

Voilà ce que fut le christianisme au temps du choléra, voilà ce que fit le clergé. Aussi ce fut de cette époque que data l'heureuse réaction des esprits en faveur du catholicisme, plus tard interrompue et suspendue seulement, du moins nous l'espérons, par les imprudences de quelques-uns et par les mauvaises passions des autres, auxquelles M. Sue sert d'interprète et d'auxiliaire. Il lui a convenu de jeter un voile sur toute cette partie du choléra, si honorable pour l'humanité, et de dévoiler au contraire, en l'exagérant par des détails puisés dans une imagination naturellement tournée au mélodrame, le côté hideux du fléau. Il a pensé que ce serait une belle et noble chose que de diffamer ces prêtres que l'histoire vient de nous montrer offrant leurs maisons pour hospices, et s'offrant eux-mêmes pour infirmiers, pardonnant, priant, secourant, consolant les malades, adoptant les orphelins ; et il s'est donné la joie de les représenter comme des factieux qui, par leurs placards incendiaires, excitaient le peuple au désespoir et au meurtre, comme des captateurs de testaments et des cupides empoisonnant l'agonie

(1) Juin 1845.

de M. Hardy d'ascétisme et d'opium pour s'emparer de sa part de succession, comme des lâches qui fuyaient à l'aspect des cholériques, comme des intrigants qui parcouraient les mansardes, non pour y soigner des malades et y secourir des pauvres, mais pour y découvrir des Rose-Pompon fringantes et hardiment décolletées, et les jeter en travers des amours des héritiers et des héritières qu'ils voulaient déposséder. Voilà ce que M. Sue a fait de l'action du christianisme, du clergé et de tous les hommes de cœur au temps du choléra ; il n'a voulu montrer que les passions honteuses et hideuses de l'humanité ; la peur, la lâcheté, la cupidité, la haine, l'intrigue, la fureur aux mains sanglantes, l'indifférence et l'abrutissement stupides, la débauche brutale et folle ; il a fermé les yeux pour ne pas voir le courage, la charité aux mains secourables, le dévouement héroïque et toutes les vertus de la pitié et du pardon. Eh bien ! il a été puni, même au point de vue de l'art, de ce tort moral qui a fermé à son talent une source de beautés littéraires admirables. On aura beau faire, un de ces actes de dévouement et de générosité sublimes qui révèlent dans notre nature le souffle du divin ouvrier, fera toujours vibrer plus sûrement le cœur de l'homme, que la peinture la plus matériellement exacte d'un cadavre en putréfaction ou d'une scène d'égorgement. L'homme sera toujours plus touché de ce qui l'élève jusqu'à Dieu que de ce qui le ravale jusqu'à la brute et jusqu'à la nature inanimée.

Que n'eût pas été la peinture du choléra dans le livre de M. Sue, si, avec son beau talent d'exposition dramatique, il avait pu peindre un tableau d'histoire, au lieu de crayonner une caricature toute noire de la méchanceté de l'esprit de parti? Quel n'eût pas été l'intérêt de ces scènes où l'on aurait retrouvé les vertus qui honorent la France dans les grandes épreuves, où l'on aurait vu le courage de ses médecins, la charité prodigue et le dévouement personnel de tant d'hommes de cœur qui comprirent, à cette époque, que noblesse et richesse obligent dans les jours de calamité, et que les premiers rangs doivent demeurer les premiers quand il s'agit de donner l'exemple du courage en face du péril? Il aurait dit alors comment on vit la grande armée du christianisme s'ébranler pour marcher au-devant du fléau; comment, depuis le premier jusqu'au dernier degré de la hiérarchie chrétienne, le dévouement trouva sa place, depuis l'évêque qui donnait son palais jusqu'au curé qui offrait son modeste presbytère, empressés qu'ils étaient de devenir les hôtes de la maladie et de la douleur. Il aurait dit comment les séminaires fournirent les infirmiers, comment tous se disputèrent la souffrance comme un patrimoine et le danger comme un butin.

Puis, s'il avait voulu remplir dans toute son étendue le devoir de l'historien, qui est de blâmer le mal après avoir loué le bien, d'autres couleurs seraient venues s'offrir d'elles-mêmes à son pinceau, et il aurait eu à exercer une justice sévère. Il y eut quelqu'un en effet, à cette époque, qui déserta son poste; mais ce ne fut pas le clergé, ce fut la chambre. « Ces héros de l'ordre « légal, s'écriait le *National*, que dirigeait alors Carrel,

« ils ont fui devant le choléra ! Ils ont fui alors qu'un
« devoir impérieux leur ordonnait de rester à leur
« poste ! Ils ont fui alors qu'il leur était prescrit
« de songer aux douleurs des masses, aux soulage-
« ments que leur détresse réclame ! L'équipage du
« *Vengeur* fait sombrer son vaisseau plutôt que de se
« rendre ; alors que, de sa tête seule, il dominait
« le flot qui allait l'engloutir, il brandissait en l'air sa
« glorieuse cocarde, aux cris de : *Vive la république !*
« *vive la liberté !* Il étonnait ses vainqueurs..... C'était
« là du courage militaire. Kléber disait à un officier :
« *Tu iras là, et tu t'y feras tuer ;* l'officier s'y rendait et
« succombait, c'était encore là du courage militaire...
« Le soldat qui serre ses rangs lorsque le boulet a balayé
« son camarade ; le conscrit qui réclame l'honneur de
« monter le premier à l'assaut ; le tambour qui bat la
« charge d'une seule main lorsque le canon vient de lui
« enlever l'autre, c'est encore là du courage militaire !
« Boissy-d'Anglas saluant la tête sanglante de Féraud ;
« madame Rolland cédant le pas, au pied de l'échafaud,
« à un vieillard dont elle consent à voir tomber la tête
« avant la sienne, voilà du courage civil. Oh ! oui, lors-
« qu'il s'agit de courage, la France est assez riche de
« ses souvenirs, et, à cet égard, le passé est une garan-
« tie suffisante de l'avenir pour que nous puissions
« inventorier sans honte les misères de l'époque ac-
« tuelle. »

Carrel disait vrai ; M. Sue aurait donc pu mettre l'ombre dans son tableau du choléra, à côté de la lumière, en inventoriant les misères de ces législateurs que le coin du feu réclamait, quand il aurait fallu donner à tous l'exemple du courage, du dévouement et de l'abnégation. Il aurait pu, pour rendre ce tableau fidèle et ressemblant sur tous les points, peindre ces réunions blafardes de certaines maisons financières, la morne stupeur des visages des Turcarets de notre époque, étonnés qu'on ne pût séduire la peste et corrompre la mort, la tristesse officielle des paroles et les éternelles conversations de faire part, la peur tenant son lit de justice au milieu de ses féaux dans un de ces cercles où l'on parlait bas comme en pays ennemi, où la conversation était tout empreinte d'un parfum de camphre, toute pétillante d'éther, toute détrempée de laudanum, où l'on soupirait plutôt qu'on ne respirait, où l'on se tâtait le pouls chaque fois que la pendule sonnait ; ces dîners qui semblaient un appendice du festin de la Statue de Pierre, un vrai *raout* de momies, enfin toutes ces scènes qui prouvent que le ridicule a son coin dans les plus sinistres tableaux.

Vous avez sans doute vu, il y a quelques années, un dessin de Grandville, représentant des gens de finance à table en face d'un repas somptueux : les verres sont pleins, les plats fument, le vin d'Aï pétille, les truffes constitutionnelles épanchent leurs parfums. Mais là-bas, à la porte apparaît, sous un habit de livrée, un squelette importun, la Mort, costumée en maître d'hôtel, qui, riant d'un air sinistre, dit aux convives : « Je vous apporte un plat de mon métier. » Le bras qui levait la fourchette retombe ; les dents se serrent sans broyer les aliments ; les verres restent demi-pleins, la saillie s'arrête sur les lèvres, le sourire commencé se change en grimace, un frisson sympathique court de convive en convive au lieu du joyeux toast ; les corbeilles de fleurs semblent fanées, la clarté des bougies paraît plus pâle, les cheveux se hérissent sur ces fronts que l'ivresse commençait à rougir de ses teintes empourprées ; les oreilles sont dressées, les yeux fixes, ils ont peur.

Ce tableau de fantaisie de Grandville fut, pendant plusieurs mois, le portrait historique de plus d'un cercle pendant le choléra : tel salon avait adopté le camphre, tel autre l'ail, un troisième le soufre, plusieurs le vinaigre, et l'on ne pouvait pénétrer dans certains hôtels sans passer un fleuve de chlorure à gué.

Si M. Sue voulait peindre les ridicules de l'humanité à propos du choléra, après avoir peint ce que la vertu a de plus héroïque et ce que le dévouement a de plus sublime, les sujets, on le voit, n'auraient point manqué à son imagination, ni les couleurs à sa palette. Alors nous n'aurions point à lui reprocher d'avoir immolé, dans la peinture du fléau qui décima la France en 1832, la vérité, la vraisemblance, les droits de l'histoire et les intérêts de l'art, aux calculs de l'esprit de parti, et d'avoir calomnié à la fois son temps, son pays et l'humanité.

SIXIÈME LETTRE.

LA GENÈSE ET L'ÉVANGILE DE M. SUE.

Que le christianisme soit irrévocablement condamné par l'auteur du *Juif errant*, c'est une question sur laquelle il n'est pas permis de conserver un doute. Pendant une partie de son ouvrage, M. Sue avait gardé quelques ménagements, il établissait çà et là quelques distinctions prudentes entre le jésuitisme et le catholicisme ; c'était au premier, disait-il, que s'adressaient ses attaques et pas le moins du monde au second. Tout au contraire, le mot de chrétien se trouvait souvent sur ses lèvres avec une épithète louangeuse, étrangement louangeuse, il est vrai ; mais, enfin, il faut tenir compte aux gens de leurs intentions. Tantôt c'était M. de Béranger, le chantre tant soit peu érotique de Lisette et de Frétillon, qu'il appelait le *grand poëte chrétien*, et dont les chansons devenaient une leçon évangélique pour Rodin, leçon grivoisement psalmodiée, à travers la croisée de sa mansarde, par mademoiselle Rose Pompon portant à peu de chose près le costume peu orthodoxe que la fable donne à la Vérité. Tantôt c'était Gabriel qui jouait, dans le roman, le même rôle que le *Con-*

stitutionnel prêtait, du temps de la restauration, au bon curé anciennement assermenté qui faisait danser paternellement ses paroissiens au son du violon, et qui même lisait parfois son Voltaire ; précaution oratoire destinée à faire passer toutes les histoires apocryphes sur le vicaire de la paroisse de***, située dans la commune de***, dépendant du canton de***, lequel vicaire faisait, avec quelques variantes, le tour de toutes les communes de France, dans le *Constitutionnel*, moyennant quelques astérisques de plus ou de moins, qui changeaient le crime de lieux et dépaysaient le criminel.

Gabriel, qui semble être, dans le roman de M. Sue, la précaution oratoire du romancier contre ceux qui seraient disposés à le soupçonner de manquer de justice envers le christianisme, a bien, malgré sa jeunesse, un air de famille avec le curé de l'ancien *Constitutionnel* ; il a ce léger parfum de schisme et d'hérésie sans lequel, selon les théologiens, nous ne disons pas de la philosophie, mais du philosophisme, il est impossible d'être tout à fait bon chrétien. Mais enfin l'auteur du *Juif errant* ne nous a pas donné le droit d'être difficiles sur son orthodoxie, et nous ne sommes pas de ceux qui trouvent je ne sais quel méchant plaisir à briser les derniers liens, quelque légers qu'ils soient, qui rattachent encore les intelligences fourvoyées à certaines portions de vérités, et peuvent ainsi les aider à reconquérir la vérité tout entière. Tant qu'il a été possible de conserver un doute sur les doctrines de M. Sue, nous n'avons pas voulu le détruire entièrement. Mais dans ses derniers chapitres, il devient si ouvertement agressif, il attaque le christianisme tellement de front, il laisse de côté, avec si peu de souci, les précautions et les réserves dont il s'était enveloppé, que toute *incertitude cesse*, et qu'il faut bien s'avouer que c'est la religion elle-même qu'il attaque dans son principe et dans son ensemble.

Nous ne parlons plus ici de la partie de l'ouvrage consacrée à la peinture du choléra, mais de celle où M. Sue peint les efforts de l'abbé d'Aigrigny et des jésuites pour abrutir et spolier M. Hardy, le négociant ruiné par l'incendie que des mains jésuitiques ont allumé, séparé de sa maîtresse, toujours grâce aux manœuvres des jésuites qui emploient tour à tour la torche incendiaire et la lettre anonyme avec ses lâches délations. Nous ne prétendons pas dire que jamais, dans aucune occasion, on n'a abusé de l'influence religieuse pour arriver à des résultats coupables ; nous ne répondons que des principes et non des hommes, qui font quelquefois des meilleurs principes le plus déplorable usage. La cupidité prend tous les masques, elle emploie tous les moyens pour atteindre son but ; si donc M. Sue s'était borné à peindre des religieux entourant un homme de piéges sacrés, agissant sur son intelligence et sur son âme pour s'emparer de sa succession, nous n'aurions pu contester que, depuis l'établissement du christianisme, on a eu plus d'une fois à déplorer des faits pareils ; et nous n'aurions pas cru faire tort à la vérité catholique par cet aveu, pas plus que nous ne croirions méconnaître le bienfait de Dieu qui nous a accordé le feu qui nous échauffe et qui nous éclaire, en blâmant ceux qui s'en servent pour allumer l'incendie.

Notre critique aurait donc uniquement porté sur un point, et nous aurions seulement reproché à l'auteur de ne pas s'être contenté de peindre quelques individus appartenant à un ordre religieux, mais cet ordre religieux tout entier, comme trempant dans une captation où l'intrigue et le laudanum jouent un rôle, et surtout d'avoir placé cette captation dans l'époque actuelle, ce qui donne à cet épisode un caractère intolérable de diffamation aristophanique qui peut entraîner les plus graves et les plus fâcheuses conséquences. Mais M. Sue ne s'est point arrêté là. Ce n'est pas le mauvais usage du christianisme qu'il attaque, c'est le christianisme même, dans ses principes, dans ses dogmes comme dans sa morale, c'est-à-dire dans son essence.

D'abord, il admire beaucoup cette « généreuse religion naturelle qui professe la même vénération (nous nous servons de ses expressions) pour Platon et Jésus-Christ, » ce qui est nier la divinité de l'auteur du christianisme, qui devient alors de beaucoup inférieur à Platon ; car il aurait trompé les hommes en se donnant pour Dieu, usurpation coupable que Platon n'a pas commise. Puis il attaque par sa base le catholicisme, qui est fondé tout entier sur le dogme de la déchéance de l'humanité, tombée dans la personne de son premier père, et sur le dogme du mal physique entrant dans le monde en même temps que le mal moral, de sorte que la faute explique la redoutable énigme de la douleur. M. Sue ne veut rien admettre de tout ceci : le Christ n'est pas Dieu, c'est un juste, — un juste qui a trompé l'humanité ! — mais la logique d'un romancier n'est guère embarrassée d'une aussi légère contradiction. L'humanité n'est point tombée, par conséquent elle n'a pas eu besoin d'un réparateur; Dieu ne nous a pas mis sur la terre pour nous épurer, en traversant la souffrance; c'est une impiété que de croire que « des larmes versées puissent être agréables au Créateur magnifiquement bon et paternel; » et « il y a un machiavélisme désespérant, atroce, » à vouloir persuader aux hommes qu'ils puissent toucher ce Dieu puissant par leurs larmes, et adoucir ainsi la position de ceux qu'ils aiment ou qu'ils ont aimés. A ce sujet, M. Sue se jette dans les récriminations les plus violentes contre ce livre à qui a été donnée cette louange, que « c'était le plus beau livre « qui soit de la main de l'homme, puisque l'Évangile « n'en est pas : » on voit que nous voulons parler de l'*Imitation.* Il l'accuse de calomnier Dieu en le représentant comme le Dieu des affligés, de calomnier l'humanité par des maximes désespérantes sur la fragilité des amitiés de la terre, d'avoir fait une religion de la douleur, et d'avoir ainsi assombri toutes les perspectives de la vie, destinée à la jouissance et au bonheur par celui qui nous l'a donnée.

Nous nous trouvons ici dans un grand embarras dont nous prions M. Sue de nous tirer; car, lorsqu'on discute, il faut partir de quelques principes communs, sans quoi les discussions sont interminables et insolubles. Que croit-il, nous ne dirons pas en philosophie et en religion, mais sur des matières infiniment plus simples? Croit-il que l'homme n'est pas immortel, et par conséquent qu'il meurt? Croit-il qu'il y a sur la terre des maladies et des souffrances? Croit-il qu'il y a des veuves et des orphelins? Croit-il qu'il y a des vies interrompues dans leur cours, de beaux et riants printemps fanés dans leur fleur? Croit-il qu'il y a des mères qui pleurent comme Rachel et ne veulent pas être consolées parce que leurs enfants ne sont plus? Croit-il, avec tous les philosophes, et même avec tous les poëtes, que l'on compte beaucoup d'amis tant que l'on est heureux, mais que, lorsque les nuages de l'adversité montent à l'horizon, on demeure solitaire (1)? Croit-il, avec Confucius, « qu'on ne voit en ce monde qu'une vaste mer et un vaste fleuve : la mer de nos douleurs dont on n'aperçoit pas le rivage, et le fleuve de nos désirs dont on ne saurait trouver le fond? » Croit-il qu'il y a des frères qui suivent en pleurant le cercueil couronné de fleurs où repose leur sœur bien-aimée, morte avant l'âge, et des sœurs qui pleurent le compagnon des jeux de leur enfance enlevé à leur amour fraternel? M. Sue, qui a été médecin avant d'être romancier, n'a-t-il jamais traversé un de ces palais de la douleur où l'on peut faire le dénombrement de l'immense variété des souffrances humaines et étudier, sous toutes ses formes, ce triste dénoûment de toutes choses, qu'on appelle la mort? Encore une fois, croit-il qu'on meurt et qu'on souffre pour mourir? Lui qui s'est donné la mission de peindre le développement des passions, le conflit des caractères et le choc des volontés, croit-il qu'il y ait sur la terre des déceptions profondes et des cœurs brisés?

(1)   Donec eris felix, multos numerabis amicos ;
    Tempora si fuerint nubila, solus eris.

Si M. Sue croit tout cela, nous ne comprenons plus un mot à ses attaques contre le christianisme en général et contre l'*Imitation* en particulier. Le christianisme n'a pas fait la douleur, mais il a été fait pour la douleur; ce n'est pas lui qui fait couler les larmes, c'est *lui qui les essuie*. Son plus beau titre aux yeux des grands philosophes qui, dans les premiers siècles de l'ère chrétienne, descendirent de leurs chaires pour confesser le Christ, c'est qu'il était la solution de tous les problèmes, et surtout de ce grand problème de la souffrance, qui pèse de tout son poids sur l'homme et sur l'humanité. Certainement, il y a dans l'ordonnance générale des choses de ce monde des preuves suffisantes de l'existence d'une intelligence souveraine et bienfaisante; mais cependant on ne saurait nier qu'à côté de ces vives lumières il n'y ait des ombres, et que l'existence du mal moral et du mal physique surtout ne jette une ombre redoutable sur l'ordre général de la création. Eh bien! le christianisme est un flambeau allumé à côté de ces ténèbres; il éclaire les parties de la création restées obscures, et il soutient l'humanité dans sa lutte avec la douleur, en faisant luire sur elle cette lumière qui échauffe en même temps qu'elle éclaire. Loin de la désespérer, il la préserve du désespoir, et c'est en cela aussi que le véritable esprit du christianisme respire dans l'*Imitation*.

Il faut distinguer deux choses dans l'*Imitation*, cette épopée intérieure de la vie monastique, comme l'appelle M. Ampère : ce qu'elle a de particulier pour les couvents, au sein desquels elle prit sans doute naissance, et ce qu'elle a de vraiment général et de propre à toutes les conditions de la vie humaine. C'est faute d'avoir fait cette distinction que M. Sue, qui ne semble pas avoir étudié très-attentivement ce sujet, se jette dans des récriminations si vives contre ce beau livre. L'*Imitation* est un livre universel, dans lequel il y a des choses spéciales pour les moines; et il est clair que, si l'on applique aux autres conditions de la vie les passages qui se rapportent uniquement à la condition monastique, il est facile de trouver de l'exagération dans certains passages; mais cette exagération vient de la méprise du critique, et ne peut être reprochée comme un tort à l'*Imitation*, qu'il n'a pas su comprendre. Trois parties, qui correspondent à trois états de l'âme, à trois degrés de la vie spirituelle, comme l'indiquent les titres que portait primitivement chacune de ces parties, composent ce poëme, éclos dans des âmes pures et contemplatives à la chaleur et à la lumière de l'Évangile. *Reformatio*, *Consolatio*, voilà les deux degrés qui conduisent au troisième, *Imitatio* : la réforme des actions, et plus encore celle du cœur et de l'esprit; la consolation divine, qui tombe, comme une douce rosée, sur les cœurs de bonne volonté et sur les esprits qui ont su se réformer, conduisent l'âme au plus beau et au plus noble de tous les buts, l'imitation de la perfection même, l'imitation du Dieu fait homme, l'imitation de Jésus-Christ.

C'est l'esprit du christianisme, on le voit, qui respire dans les différents degrés de cette Imitation sublime. Dieu s'est fait homme, il faut que l'homme se fasse Dieu par la conformité de sa vie avec la volonté divine, par l'union de son cœur et de son esprit avec la divinité, par l'imitation, cette assimilation admirable qui laisse subsister les deux termes du rapport, Dieu et l'homme, et qui évite ainsi l'écueil des mystiques exagérés, qui, à force d'abîmer l'homme en Dieu, finissent par l'y perdre, et tombent ainsi, sans y prendre garde, dans un panthéisme latent qui, en détruisant la personnalité humaine, détruit l'hommage et l'adoration en détruisant l'adorateur.

Voilà le christianisme, voilà l'*Imitation*, qui, comme ces plantes précieuses qui croissent sur des terrains échauffés par des feux souterrains et fécondés par des pluies d'orage, naquit dans l'époque la plus tourmentée du moyen âge, et probablement prit sa dernière forme au sein de notre France, alors au comble de tous les malheurs. Peut-être M. Sue objectera-t-il à cela que ce fut un malheur de plus, en ce que l'esprit de l'*Imitation* est un esprit de mortification et, par conséquent, de mort. C'est là du moins ce qu'il reproche à ce livre, comme au christianisme. Il paraît croire que l'effet de l'un et de l'autre est d'éteindre l'âme, d'arrêter les mouvements du cœur dans la poitrine et d'endormir l'activité humaine dans une espèce de léthargie intellectuelle et morale, en un mot de creuser dans le cœur et dans la tête de l'homme un double tombeau.

Il y a quelque chose de plus que des raisonnements à alléguer contre cette appréciation, il y a des faits, et le mouvement de notre histoire au quinzième siècle proteste de la manière la plus formelle contre cette opinion. L'époque où l'*Imitation* devient un livre populaire dans notre pays, sous le titre d'*Internelle Consolation*, est une époque de résurrection pour la France; c'est celle qui succède au désespoir et à la désolation sous le poids desquels elle succombait pendant l'invasion anglaise, les grands schismes qui travaillèrent l'église, les grands scandales qui achevaient de ruiner la religion dans l'esprit des peuples et les jetaient dans un découragement voisin du matérialisme, comme on peut le voir par ces danses des morts qui devenaient le divertissement du temps, sous le titre de Danses Macabres, et qui ne paraissent pas avoir eu une moralité plus élevée que celle des anciens qui faisaient intervenir l'idée de la mort dans presque toutes les circonstances de la vie, pour s'exciter à jouir d'un bien si passager et si précaire.

Mais comment expliquer ce fait? comment peut-il se faire que l'*Imitation*, ce livre dont l'esprit est très-certainement la résignation, ait pu coïncider avec une époque d'initiative, de résurrection et de vie? Ou, ce qui est la même question, présentée seulement d'une manière plus générale, comment peut-il se faire que le christianisme, cette religion qui nous enseigne le néant des choses qui passent et nous inspire le goût des choses qui demeurent, réveille l'activité humaine au lieu de l'endormir?

Nous ne ferons pas la réponse, nous la prendrons toute faite chez un écrivain dont le jugement historique sera moins suspect que le nôtre à M. Sue. Dans son *Histoire de France*, M. Michelet a été frappé de cette opposition apparente. Quoi! s'est-il dit, voilà qu'un livre, dont l'esprit dominant est la résignation, se répand dans le peuple; il devait, ce semble, le calmer, l'endormir, loin de lui inspirer l'héroïsme de la résistance nationale. Eh bien! le contraire arrive, les âmes se réveillent, les caractères se retrempent; Jeanne d'Arc se lève, et la France est sauvée. D'où vient cela? Écoutez la réponse: elle n'est pas seulement ingénieuse; elle est d'une sagacité profonde et d'une admirable justesse. « C'est que, « dit M. Michelet, la résurrection de l'âme n'est point « celle de telle ou telle vertu, c'est que toutes les ver- « tus se tiennent. C'est que la résignation ne vint pas « seule, mais l'espoir qui est aussi de Dieu, et, avec « l'espoir, la foi dans la justice. L'esprit de l'*Imitation* « fut pour les clercs patience et *passion*; pour le peuple « ce fut l'*action*, l'héroïque élan d'un cœur simple. »

C'est là le véritable secret, non-seulement de l'influence salutaire de l'*Imitation*, mais de l'influence salutaire du christianisme. Il n'éteint pas l'âme en lui enseignant le néant de la vie, parce qu'il donne à cette vie périssable un but éternel, et qu'il donne par conséquent un prix infini à l'accomplissement de ces devoirs que l'âme négligeait ou qu'elle oubliait. Toutes les vertus naturelles, songez-y bien, sont des vertus chrétiennes; l'amour de la patrie, la défense des opprimés, la protestation courageuse en faveur du droit contre le fait, le mépris de la force joint au mépris de la mort, le dévouement à la cause de la justice, tous ces sentiments se lient profondément à la foi catholique. Citoyen, soldat, sujet, il faut remplir tous les devoirs que ces titres imposent, pour remplir ses devoirs de chrétien; et quand on est fermement convaincu qu'on a un témoin là-haut qui nous suit du regard, qui fait ses délices d'habiter avec nous, et qui nous recevra un jour dans son sein paternel, si nous avons rempli la mission qu'il nous a imposée ici-bas, alors on s'émeut comme Jeanne d'Arc « de la pitié qu'il y avait au royaume de France, » on prend l'épée, « on use ses jambes jusqu'aux genoux, » plutôt que de ne pas se rendre aux lieux où l'on peut servir la cause de la justice et celle de son pays ; on ne peut supporter que l'Anglais possède le royaume des fleurs de lys, que l'héritage soit enlevé au légitime héritier ; on délivre Orléans, on mène sacrer à Reims le gentil dauphin de France ; on verse son sang sans regret, on ne peut « voir couler le sang français sans sentir ses cheveux se lever sur sa tête, » on s'élance sur les champs de bataille, on monte au bûcher ; et quand, en face du bourreau, on entend insulter son roi, on répond : « C'est le chrétien le plus noble des chrétiens, celui qui aime le mieux la foi et l'Église. »

Ce qui éteint l'âme, ce qui arrête les battements du cœur dans la poitrine, ce qui glace l'inspiration, ce qui endort la volonté dans le sommeil de l'indifférence et dans la léthargie du découragement, voulez-vous le savoir? C'est l'obcurcissement de la croyance, ce soleil moral de l'âme, qui l'échauffe et l'éclaire ; la perte de l'idéal religieux, c'est le scepticisme qui ôte tout but à la vie en la bornant ici-bas et en lui enlevant ces sublimes perspectives sur lesquelles l'homme attache les yeux pour marcher d'un pas ferme à travers les périls, les souffrances et les obstacles ; c'est l'athéisme qui ôte à ceux qui combattent pour la patrie, pour la liberté et pour la justice, ce grand et sublime témoin qui applaudit d'en haut à leurs luttes ; c'est le matérialisme qui ne nous propose que des motifs indignes de nos efforts, des jouissances d'un moment, et qui apportent bientôt la satiété avec elles, des plaisirs sans élévation, des récompenses sans grandeur ; ce sont, en un mot, tous ces systèmes d'idées qui ne peuvent expliquer à l'homme sa propre vie et tous les mystères qu'elle contient, qui laissent subsister l'énigme redoutable du mal moral et du mal physique, qui n'ont rien à nous dire sur l'homme et sur Dieu.

Pourquoi agir ? pourquoi prendre au sérieux cette fugitive existence, semblable à une figure qui passe ? pourquoi ajouter des souffrances volontaires aux souffrances déjà si grandes de la vie, souffrances sans but comme sans motif ? Pourquoi aimer les hommes ? pourquoi servir sa patrie ? pourquoi lutter pour la cause de la justice et de la vérité ? Qu'importe ? à quoi bon ? qu'est-ce que la vérité ? qu'est-ce que la justice sur la terre, si elles ne sont pas le reflet d'une vérité immuable, d'une justice sans bornes qui remplissent l'infini ? Ah ! le soleil autour duquel notre globe accomplit son mouvement de gravitation n'est pas plus utile à la terre que l'idée de Dieu à l'âme de l'homme. La lumière et la chaleur lui manquent avec cette idée ; l'âme devient déserte et nue comme si tout à coup les rayons du soleil manquaient à cette terre que nous habitons.

Qui n'a lu ce terrible poëme dans lequel lord Byron peint les ténèbres descendant, profondes et tristes, sur la terre, et l'enveloppant, comme un cadavre, d'un immense linceul? Les peuples se troublent et s'inquiètent, puis ils emploient tous les moyens qui leur restent pour remplacer le flambeau magnifique qui s'est éteint dans les solitudes de l'infini. La surface de la terre donne ses forêts; ses profondeurs béantes livrent la houille cachée dans ses entrailles; on se dispute les dernières moissons qu'a enfantées son sein épuisé et refroidi; des guerres effroyables, des égorgements atroces, des famines, des pestes, des voluptés furieuses, éclairées à demi par la lueur rougeâtre des incendies allumés çà et là, signalent et désolent ces dernières crises de l'agonie de l'humanité. Puis, peu à peu tout meurt, tout fuit, tout s'efface; le silence, ce compagnon des ténèbres, prend possession de la terre, et à la clarté vacillante de deux tisons qui entretiennent la dernière parcelle de lumière qui va s'éteindre, deux hommes se traînent l'un vers l'autre et meurent tous deux avec un cri de rage, en reconnaissant le visage d'un mortel ennemi à la lueur de la flamme qui s'éteint, au souffle de haine qui s'échappe de leurs lèvres avec leur dernier soupir. Voilà la fidèle image du cœur de l'homme quand l'idée de Dieu s'en retire.

D'abord, il se jette sur tout ce qui l'entoure pour la remplacer. Les plaisirs, les jouissances, toutes les ressources de la vie matérielle, tous les raffinements de la richesse, toutes les excitations des voluptés, lui servent à allumer dans son esprit et dans son cœur des foyers qui y conservent la flamme. Mais les ténèbres éternelles descendent toujours; tous ces foyers factices languissent bientôt faute d'aliment, et la dernière pensée s'éteint dans son intelligence, le dernier sentiment se glace dans son cœur; son âme meurt en lui, c'en est fait. Il porte au dedans de lui cette solitude obscure, silencieuse et glacée que le sombre pinceau de lord Byron faisait apparaître tout à l'heure à votre pensée.

De là la nécessité d'une idée religieuse qui présente Dieu à l'homme et explique l'homme à lui-même, en lui enseignant qu'il y a une raison profonde et cachée au fond des mystères qui l'entourent ; de là la supériorité du christianisme, qui donne l'idée la plus juste, la plus élevée, la plus vraie de la vérité même, et qui jette la lumière la plus complète sur les grands problèmes qui préoccupent l'humanité. La création, la chute, la réparation, l'expiation, la vie, la mort, tout se trouve motivé par la Genèse et l'Évangile ; l'homme a un but, la vie un objet, la souffrance et la mort une cause, un motif.

Si donc M. Sue veut détruire la Genèse et l'Évangile des chrétiens, il faut qu'il les remplace : c'est aussi ce que l'école à laquelle il appartient a tenté, et nous aurons à examiner d'une manière complète la Genèse et l'Évangile de M. Sue.

SEPTIÈME LETTRE.

L'ÉVANGILE DE M. SUE.

Si vous voulez connaître l'Évangile de M. Sue, il faut entrer en plein phalanstère. Il est de la même religion que mademoiselle de Cardoville, qui, peut-être ne l'avez-vous pas oublié, fait brûler des parfums devant un groupe de marbre de Daphnis et Chloé. La beauté physique, la jouissance matérielle, en un mot la satisfaction, voilà son Évangile. M. Sue, c'est lui qui parle, trouve « qu'il n'y a pas de croyance, pas de symbole religieux, « pas de dogme qui donne une plus admirable idée de « l'harmonieuse et ineffable puissance du Dieu créa- « teur et paternel, que le réveil et le lever d'une jeune « fille qui, dans toute l'efflorescence de la beauté dont « la Divinité l'a douée, cherche, dans sa rêveuse inno- « cence, le secret de ce céleste instinct d'amour. » Or, il s'agit de l'amour fort terrestre, vous le savez, qu'Adrienne éprouve pour le prince Djalma, si terrestre qu'elle tombe en pamoison au contact de la statue du Bacchus indien, par cela seul qu'il a quelques traits de ressemblance avec celui que mademoiselle Rose Pompon a surnommé le *Prince Charmant*.

On avouera que voilà les études théologiques singulièrement simplifiées, et que M. Sue envoie ceux qui veulent étudier la puissance et les autres attributs de Dieu à un étrange séminaire. Encore si l'auteur en restait là! Mais il n'a garde. Il n'entend pas qu'on s'en tienne à chercher le secret instinct d'amour dans son innocence rêveuse, et, parmi les moyens qu'il donne d'honorer Dieu, il en est un qu'il prescrit comme le plus noble, le plus religieux et le plus saint de tous, et qu'il est allé puiser dans ces théologiens mythologiques qui n'ont pas droit de cité à Saint-Sulpice, et qu'on appelle Ovide, Horace, Catulle, Tibulle, Parny et Gentil Bernard.

Je supplie qu'on ne m'en demande pas davantage sur ce point, car les citations deviennent impossibles. Tout ce que je puis ajouter, c'est qu'avec le système de M. Sue, Don Juan, le duc de Fronsac, Lovelace et Faublas deviennent de saints personnages, les patriarches de la religion nouvelle, les pères de la moderne église, dignes en tous points d'être cités en exemple aux jeunes gens et d'être recommandés au prône des néo-romantiques.

La jouissance matérielle, voilà donc la religion de M. Sue et le but de la vie humaine suivant lui. Quant au moyen d'arriver à ce but, il l'emprunte tout simplement à Fourier; ce qui, soit dit en passant, a rempli les partisans de ce réformateur d'un naïf orgueil. « Voyez-vous tout l'honneur que nous fait le grand romancier, en venant établir ses tentes sur le terrain de nos idées? Quelle gloire pour nous ! disent-ils. Quelle bonne fortune ! quel avenir ! » Eh ! messieurs, il n'y avait rien là qui pût vous surprendre. Quand le roman entre dans le royaume des utopies, il chasse sur ses terres. En outre il y a une raison à la sympathie que M. Sue éprouve pour vos rêves, et, cette raison, on vous la dira un peu plus tard.

Pour que les hommes puissent atteindre le but de la vie humaine, qui est la jouissance, il faut donc que le communisme vienne changer l'organisation sociale et se répandre de proche en proche sur la terre. M. Sue, le précurseur de la nouvelle doctrine, organise un phalanstère idéal dans son *Juif Errant*, pour séduire les esprits retardataires qui hésitent à se jeter dans ces nouveautés. Entrez avec lui dans la maison commune du fabricant Hardy, vous y trouverez un bonheur sans mélange. Les noces de Gamache sont en permanence dans cette bienheureuse maison, et, pour peu que vous n'ayez pas dîné, je vous engage à parcourir les cuisines, avec leurs broches chargées de rôtis à l'odeur appésantissante. Là M. Sue réalise toutes les utopies du grand réformateur Fourier. Ce sont des bambins de sept ou huit ans (Fourier les appelle des sacripants) qui font la plus grande partie de l'ouvrage ; ils trient les fruits, épluchent les légumes et remplissent toutes les fonctions culinaires du premier ordre, en croyant jouer à la dînette ; M. Sue a trouvé, à ce qu'il paraît, le moyen de faire faire aux enfants la même chose pendant plus de cinq minutes, et de la leur faire bien faire ; personne ne mange les fruits au lieu de les trier, ne jette les légumes pour garder les épluchures, et ne fait tourner la sauce au lieu de la tourner. Le romancier législateur part de cet axiome, qu'il croit invincible : « Puisque les enfants font la dînette, ils peuvent faire la cuisine. »

Voilà ce qui s'appelle puissamment raisonner, et je ne connais rien d'aussi fort que cet autre argument du même logicien, que « certainement, puisque les enfants de sept à huit ans aiment à bouleverser les plates-bandes avec des outils de jardinage, ils peuvent faire venir, comme jardiniers, les légumes qu'ils seront appelés à apprêter comme cuisiniers. » Que conclure de ceci? Que si M. Sue a un jardin, très-certainement il n'a pas d'enfant et qu'il ne connaît pas les enfants. Cet âge est sans pitié, monsieur, non-seulement pour les oiseaux, mais pour les plus belles fleurs. Un enfant arrache autant qu'un homme peut planter, défait autant d'ouvrage qu'un jardinier en peut faire, ne sait que butiner comme les abeilles et comme les moineaux francs, avec cette différence qu'il prend la fleur avec ses sucs, la plante avec la fleur, et qu'avec la cerise il cueille la branche du cerisier. Le sauvage de Montesquieu, qui abat l'arbre pour avoir le fruit, qu'est-ce donc? Un enfant. La mobilité des idées et des sentiments de l'enfance est telle, qu'elle prend et quitte, effleure et passe, parle sans écouter, et que toute continuité devient pour elle une fatigue et un ennui.

Cela est vrai, sans doute, dans notre monde ordinaire, mais quels pauvres esprits nous sommes d'oser appliquer ces raisonnements, empruntés au sens commun, à ce beau royaume d'utopie où M. Sue déploie les merveilles du travail attrayant! Les données du sens commun ne sont plus de mise, et il ne s'agit plus de raisonner quand on entre dans un nouveau monde, où l'impossible devient le réel, à tel point que la mer elle-même se changera en limonade.

— « Passe encore pour la Garonne, qui est un peu fanfaronne de sa nature, et que je crois capable de tout, mais la mer ! »

Oui, la mer. Vous ne vous faites pas une idée des miracles du fouriérisme, voyez-vous, et des merveilles du travail attrayant. Là, tout se fera d'une manière prodigieuse et imprévue. Tandis que les chérubins, ce sont les enfants sages et tranquilles, feront les confitures sans y goûter, les chenapans et les sacripants, ce sont les enfants turbulents, vifs et impétueux, tels qu'on se représente les gamins de Paris, tels qu'on les a vus au Gymnase, sous les traits de Bouffé, les chenapans et les sacripants tueront les serpents au son de la trompette, et accompliront, toujours avec le même accompagnement belliqueux, cette opération nocturne que M. le préfet de police a reculée d'une heure, à la grande satisfaction des nez reconnaissants.

Vous voyez que M. Sue, loin de charger les couleurs du tableau, les a adoucies, et qu'il a proportionné les doses à votre faiblesse, comme, dans les anciens mystères d'Éleusis, on avait coutume de faire pour les initiés. Il ne changera la mer en limonade que plus tard et lorsque vous en serez dignes, et n'organisera les diverses séries du travail passionnel et attrayant qui doivent rendre à la terre sa couronne zodiacale, que dans son prochain ouvrage sur les Sept Péchés capitaux. Il se borne, pour le moment, à vous jeter les mots cabalistiques, comme il les appelle lui-même, d'association, de fraternité, de communauté, auxquels il joint ceux d'organisation du travail, en déclarant que la concurrence est anarchique. Ce sont là tous les termes de la nouvelle école ; il faut d'abord y accoutumer les esprits ; plus tard, on ira plus loin.

Si le cadre dans lequel nous écrivons n'était pas trop restreint pour traiter d'une manière complète les hautes questions de philosophie sociale et d'économie politique, combien ne serait-il point facile d'avoir raison de ces mots cabalistiques de communauté et d'organisation du travail, qui cachent un système d'une simplicité brutale qu'on pourrait résumer dans cette formule : Les individus renonçant à la propriété et au travail libre en faveur de l'État devenu le seul propriétaire, le seul fabricant et le seul négociant, chargé de pourvoir aux besoins des individus, comme de leur fournir les matières premières et d'écouler les produits de leur travail ; ce qui transformerait la France en un vaste dépôt de mendicité. Du reste, l'impossibilité de ces transformations sociales a été proclamée récemment avec une autorité de pensées et de paroles à laquelle nous ne pourrions rien ajouter.

« Les systèmes et les théories n'ont pas manqué, » dit l'auteur de ces réflexions consacrées à un ouvrage sur la liberté du travail, « et, il faut le dire, presque
« toujours l'imagination a eu, dans ces combinaisons
« nouvelles, le pas sur les faits. La plupart du temps
« le roman a pris la place de la réalité, et souvent on a

« confondu la bizarrerie et l'extravagance avec le génie.
« On a considéré la société et les individus comme une
« masse propre à recevoir toutes les empreintes et à subir
« toutes les transformations. On a procédé, dans ces
« rêves, avec les meilleurs sentiments, avec les inten-
« tions les plus droites ; mais on a voulu imposer ty-
« ranniquement un bien-être problématique aux géné-
« rations actuelles. On a négligé toutes les études, hors
« celles des utopistes ; on a oublié l'histoire de tous les
« peuples, à l'exception de celle d'un petit nombre
« d'agglomérations régies par des lois exceptionnelles,
« et qui n'offraient aucune analogie avec l'ensemble
« des faits historiques. On a confondu l'association
« avec la communauté, les prétentions et les appétits
« de chacun avec l'égalité, les désirs avec les besoins,
« et l'on a fait sortir de cette confusion d'idées les
« principes d'une transformation sociale, d'une régéné-
« ration subite de tous les membres de la grande fa-
« mille humaine, et un bien-être universel où les formes
« du travail suppléaient à toutes les infirmités et para-
« lysaient toutes les perturbations du monde physique.
« Malheureusement aucune expérience n'a confirmé la
« valeur pratique de ces systèmes ; ces efforts, d'ail-
« leurs, n'ont pu détourner l'humanité de la voie lente
« mais progressive dans laquelle elle est engagée depuis
« l'origine du christianisme. La civilisation a ses lois ;
« elle ne gagne rien aux transitions subites, aux trans-
« formations brusques et aux mouvements violents, qui,
« au lieu d'engendrer le progrès, n'amènent que la
« confusion et le déplacement. La lenteur, les tâtonne-

« ments, la circonspection, la réaction même, sont les
« caractères et les conditions du progrès. Et encore,
« quand nous parlons de progrès, nous n'entendons
« point ce mouvement dont les dernières limites se-
« raient la perfection, mais uniquement une certaine
« élasticité de nos facultés qui rencontre, à un moment
« donné, d'infranchissables obstacles, un emploi sou-
« tenu de ces facultés dans le domaine des sciences ap-
« pliquées. »

Devinez où se trouvent ces lignes qui condamnent si formellement les utopies de M. Sue et toute la théorie sociale qu'il développe dans son *Juif errant*? Précisément dans le journal qui publie au bas de ses colonnes le roman de M. Sue (1)! Ainsi, dans le jugement de certaines gens, un journal ressemble à ces musées industriels où tous les genres de productions se trouvent réunis, à ces bazars encyclopédiques où l'on rencontre les marchandises les moins semblables, portant les marques des fabriques rivales; un journal, en un mot, est une boutique d'idées. Que cela est propre à relever la presse dans l'estime des honnêtes gens, et à lui assurer cette influence morale dont elle a besoin pour remplir sa mission! Comme cette indifférence entre la vérité et l'erreur, cette hospitalité universelle et banale accordée à toutes les contradictions dans cet immense caravansérail d'idées, annonce chez ceux qui combattent l'utopie anti-sociale au premier et la propagent au rez-

---

(1) Voir dans le *Constitutionnel* du 3 juillet 1845 l'article sur la liberté du travail.

de-chaussée, un sentiment élevé des devoirs imposés aux hommes qui tiennent dans leurs mains ce quatrième pouvoir de l'État qu'on appelle les journaux ! Mais il ne s'agit pas ici du *Constitutionnel*, il s'agit de M. Sue et de son évangile, qui a un but, la jouissance auquel on arrive par ces quatre mots cabalistiques d'association, de communauté, de fraternité, d'organisation du travail avec l'exclusion de la concurrence anarchique.

Ne dites pas à M. Sue que si les mots ne sont pas nouveaux, les choses sont encore moins nouvelles, et que les phalanstères, quant aux merveilles économiques de la vie commune, ne sont que des couvents chrétiens sécularisés, et dont on a ôté précisément ce qui rend la vie commune possible, l'amour de Dieu, l'autorité et la règle (1). Ne lui dites pas que cette vie commune, si elle apporte avec elle des avantages, impose aussi de

(1) L'*Atelier*, journal dirigé et rédigé par des ouvriers, a developpé cet argument avec autant de sens que de logique, dans son numéro du mois de novembre 1845.

« Ces chrétiens primitifs si rigoureusement trempés, dit-il, ces modèles de dévouement ont aussi essayé de la communauté, et la communauté n'a pu tenir ; elle n'a pu être réalisée plus tard que dans les couvents, c'est-à-dire là où l'homme renonçait aux joies et aux soins de la famille et du monde pour se livrer à l'œuvre particulièrement religieuse. Eh bien ! là encore l'œuvre a dégénéré, sauf de rares exceptions. Que conclure de ceci ? C'est que si la communauté n'a pu tenir avec les chrétiens, avec des personnes libres de tous liens de famille, soumises au frein religieux, croyant au devoir de s'oublier comme à un commandement divin ; c'est que si elle n'a pu tenir avec de telles conditions, à plus forte raison elle ne tiendra pas dans la grande société, où tant de passions et d'intérêts divers se choquent continuellement. Et si les communistes ne cherchent pas à en donner l'exemple, c'est tout simplement qu'ils craignent de fournir le meilleur des arguments contre leur propre doctrine. »

rudes servitudes, et que cette nécessité de vivre toujours en public a toujours été regardée comme un esclavage à peine compensé par les avantages de la richesse et de la puissance que possèdent en revanche les rois et les grands. Ne lui demandez pas comment, dans la manufacture du fabricant Hardy, on réussit, sans l'ascendant de l'influence religieuse et d'une autorité respectée à l'égal de Dieu même, à faire vivre ensemble dans une harmonie inaltérable les ouvriers et surtout les femmes des ouvriers ! Ne lui objectez pas que l'on a fait dans quelques localités, entre autres dans les environs de Moulins, l'essai de ces utopies, et qu'au bout de quelques mois la guerre civile était dans le phalanstère, et qu'il a été obligé de se dissoudre.

Le phalanstère est nécessaire à l'évangile de M. Sue, car c'est par le phalanstère seul qu'il espère réaliser le bonheur universel des hommes, et faire arriver l'humanité à l'apogée des jouissances, qui sont le but auquel le Créateur veut qu'elle marche à grands pas. La nouvelle morale se compose en effet d'un seul mot, jouir; se livrer à tous ses penchants, qui sont divins; satisfaire toutes ses passions, qui sont bonnes et saintes; honorer Dieu par la gourmandise, la coquetterie, la sensualité, la volupté.

Ne vous semble-t-il pas entendre la chanson épicurienne de Catulle : « Vivons et aimons, ma Lesbie, et ne faisons pas plus de cas de toutes les gronderies des vieillards trop sévères que d'un seul denier (1). » Sui-

---

(1)   Vivamus, mea Lesbia, atque amemus

vant le nouvel évangile, ce qui, dans notre civilisation actuelle, est regardé comme un vice, devient vertu. Ainsi, M. Hardy sera loué, admiré et signalé comme réunissant la plus grande somme de félicité à laquelle il puisse prétendre, parce qu'il a un ami sincère, l'attachement passionné de ses ouvriers, « et une maîtresse digne de son amour; » or, cette maîtresse, madame de Brémont, est la femme d'un autre. C'est ici le cas, si vous êtes un peu scandalisé, de vous rappeler la théorie du géniteur et de l'époux, développée dans le livre de Fourier.

On le voit, M. Sue fait des premières illusions de la jeunesse la réalité de la vie. Il compose sa morale avec les chansons d'Anacréon, de Tibulle, d'Horace, de Catulle, de Parny, d'Ovide et de Béranger. Il y a un âge en effet où, lorsqu'on entre dans la vie, plein de jeunesse, de santé et de force, il semble, dans ces belles journées où le soleil se lève brillant et chaud dans un ciel bleu, que la nature vous convie à d'éternelles joies qu'elle entourera d'un éternel printemps. L'atmosphère est chargée de molles influences et de tièdes vapeurs, et l'on sent, comme dans cette île de Chypre que Fénelon a peinte dans son *Télémaque*, un air doux qui rend les corps lâches et paresseux, et qui inspire une humeur enjouée et folâtre. La nature matérielle semble prendre sur la nature morale et intellectuelle un irrésistible ascendant et exercer sur nous ses puissantes fascinations. Pour-

Rumoresque senum severiorum
Omnes unius estimemus assis,
Da mihi basia mille, deindè centum, etc.

quoi ne pas aller s'asseoir sous ces bosquets embaumés en couronnant son front des roses qui passent trop vite (1)? Pourquoi ne pas suivre Catulle et sa Lesbie, Horace et sa Glycère, Parny et son Éléonore, Tibulle et sa Cynthie, sous ces frais bocages où l'on oublie la fuite des heures, en répétant le chant d'amour des jeunes Romains à Octavie (2) ?

Pourquoi ? parce que dans l'ombre épaisse de ce bois nous apercevons la morale sous les traits de Mentor, qui nous crie : « Fuyez ! hâtez-vous de fuir. Ici la terre ne porte pour fruit que du poison ; l'air qu'on respire ici est empesté ; les hommes contagieux ne se parlent que pour se communiquer un venin mortel. La volupté, lâche et infâme, qui est le plus horrible des maux sortis de la boîte de Pandore, amollit les cœurs et ne souffre ici aucune vertu. Fuyez ! que tardez-vous ? Ne regardez pas même derrière vous ; effacez jusqu'au souvenir de cette île exécrable. » — Pourquoi ? parce que, si la morale n'est pas assez puissante pour vous convaincre, la douleur va tout à l'heure élever la voix et dissiper vos illusions, en renversant vos coupes à demi pleines, en flétrissant sur vos fronts pâlissants vos couronnes de fleurs : la douleur attachée à l'homme, comme le vautour mythologique à Prométhée, et qui étreint à la fois notre âme et notre corps dans ses serres sanglantes !

(1) Nimium breves.
(2)   Viens parmi nous qui brillons de jeunesse.
    Prendre un amant, mais couronné de fleurs.
                        (BÉRANGER.)

Par une contradiction étrange, il semble que M. Sue, tout en proclamant la divinité des passions, ait senti l'ascendant de cette loi logique qui fait que l'homme qui cède à ses passions est puni par les conséquences mêmes de sa faiblesse. Si la théorie philosophique de l'auteur était vraie, ceux de ses personnages qui obéissent aux instincts qui les emportent devraient être heureux. Eh bien! le contraire arrive. M. Hardy est conduit par ses amours illégitimes à une catastrophe qui le jette dans l'idiotisme ; Florine est réduite à exercer l'espionnage ; la reine Bacchanal se précipite par les croisées ; Couche-tout-Nu meurt par les excès des liqueurs fortes; Adrienne de Cardoville, en laissant la passion qui l'entraîne vers le prince Djalma, devenir maîtresse de ses sens et de son âme, est conduite à un désespoir voisin du suicide ; et le prince Djalma en cédant à sa fureur jalouse, se voit entraîné au crime. L'idiotisme, le désespoir, une mort prématurée, le suicide, le crime, voilà donc les effets les plus certains des entraînements des passions sur la destinée de ceux qui s'y livrent! La morale chrétienne n'a donc pas si grand tort, même au point de vue humain et pour notre félicité ici-bas, de nous prémunir contre ces entraînements! L'Evangile du christianisme a donc une plus haute intelligence des choses de la vie que le fouriérisme ; et ainsi M. Sue lui-même, entraîné par la force de la logique, a donné dans la pratique des faits un éclatant démenti aux utopies qu'il essaie de propager.

Il est impossible de ne pas voir que le problème de la douleur et de la mort pèse sur son intelligence d'un poids bien lourd, et ce sentiment secret perce dans les paroles des personnages qu'il met en scène. Lorsque Agricol sert de guide à sa fiancée dans la maison commune, celle-ci s'écrie à l'aspect du bien-être et de l'aisance qui règnent partout : « On croit être dans le paradis. » Puis elle demande à son conducteur et à son fiancé à quel usage est destiné un grand bâtiment qu'elle aperçoit au milieu d'une cour. Agricol détourne alors tristement la tête, en lui répondant : « Hélas! il y a aussi des douleurs! » puis il ajoute que c'est l'infirmerie de l'établissement.

Cette exclamation naïve s'échappe des lèvres de M. Sue, aussi bien que de celles d'Agricol. La douleur, la souffrance, la mort, voilà en effet trois mots qui dérangent un peu ces riantes utopies de jouissance et de bonheur. Si le Créateur, magnifiquement bon et paternel, a fait l'homme pour le bonheur et la jouissance ici-bas, pourquoi le bonheur est-il si rare? pourquoi les jouissances sont-elles si courtes et si incertaines? pourquoi tant de souffrances viennent-elles s'y mêler, et pourquoi, au bout de quelques années plus ou moins malheureuses, allons-nous tous nous briser contre cette borne fatale qu'on appelle la mort?

M. Sue donne bien, à ceux qui souffrent, la ressource de se mettre « au-dessus des préjugés du monde à propos du droit qu'a la créature de rendre à Dieu la vie qu'elle trouve trop pesante. » Mais on avouera que le présent que nous a fait le Créateur, en nous donnant la vie, serait d'une assez mince valeur, si le seul bonheur réservé à un grand nombre de créatures sur la terre résidait dans le droit qu'elles auraient d'avancer l'heure de leur mort. Le problème reste donc entier : Pourquoi avec un Dieu si bon la mort et la douleur ?

Vous connaissez la réponse du christianisme : elle est tout entière dans la Genèse, car la Genèse est le premier anneau de la chaîne des vérités; l'Évangile n'est que le second. Dieu avait fait l'homme pour le bonheur, car il l'avait fait pour la vertu; mais par cela même il l'avait fait libre de choisir entre le mal et le bien. Le premier homme a choisi le mal; l'humanité tout entière est tombée dans la personne de son premier père; le mal physique est entré dans le monde avec le mal moral. Alors la Justice et la Vérité sont descendues en personne sur la terre pour ajouter le prix d'une expiation immense, infinie, à l'insuffisance de l'expiation humaine; la terre est devenue la vallée des larmes, mais l'ange de l'espérance y est resté un doigt levé vers le ciel.

Puisque M. Sue rejette cette Genèse qui explique tout, et qui prépare et motive l'Évangile du christianisme, il faut qu'il en indique une autre qui explique le problème de la mort et de la douleur. Puisqu'il refuse d'admettre la Genèse chrétienne, comme contraire à la raison, à la vérité, au sentiment de la justice et de la bonté de Dieu, il importe qu'il rattache les conséquences que nous avons sous les yeux à une cause première développée dans une Genèse en harmonie avec son évangile de la jouissance et de la satisfaction, et ce ne saurait être que celle du fouriérisme. Cherchons donc les lumières que donne la genèse fouriériste à ce sujet, et ce qu'elle nous apprend de raisonnable et de conforme à la vérité et à la justice de Dieu, comme du bon sens de l'homme. Alors nous aurons le dernier mot de M. Sue, nous connaîtrons sa genèse comme son évangile.

HUITIÈME LETTRE.

LA GENÈSE DE M. SUE.

On a vu l'évangile de M. Sue se dérouler dans toutes ses parties : c'est le culte de la jouissance et du bien-être. D'après son système, emprunté tout entier à l'école phalanstérienne, l'homme est ici-bas pour y rechercher toutes les sensations agréables qui peuvent résulter des satisfactions données à ses sens et de l'emploi de ses facultés. Mais on a vu, en même temps, que cet évangile n'expliquait point l'énigme du mal moral et du mal physique en face de laquelle l'homme se trouve placé. Tout évangile suppose une genèse qui donne la clef des causes comme des origines; d'où il résulte qu'en acceptant l'évangile des fouriéristes, l'auteur du *Juif Errant* est obligé d'accepter leur genèse. Il est donc tout à fait nécessaire que vous connaissiez la genèse des fouriéristes et de M. Sue. Je vous avertis d'avance que nous allons faire un assez long voyage. Êtes-vous prêts?

— Oui.

— Eh bien! partons.

La terre qui, vous me permettrez de vous l'apprendre (1), est une planète cardinale d'amitié, est un réservoir immense, aussi important, plus important peut-être que Jupiter, quoique ce dernier soit 1,300 fois plus gros qu'elle. N'allez pas vous féliciter de cette importance de la terre ; c'est ce qui aggrave si douloureusement l'affliction des autres astres du tourbillon solaire, car, depuis bien des années déjà, l'harmonie est rompue entre la terre et les autres touches du clavier solaire, et ce clavier, privé d'une de ses notes principales, ne rend plus que des sons discordants et confus, et ne peut plus fonctionner qu'imparfaitement pour le bonheur du monde. Que M. Arago qui, malgré sa science profonde, ne voit pas dans le ciel plus loin que Newton et Galilée n'y auraient vu de ce temps, nous permette ici de transporter dans la langue astronomique les idées et les expressions de notre monde sublunaire : il se passe dans le ciel quelque chose de pareil à ce qui s'est passé en France en 1830 ; il y a refus de concours, et la terre joue précisément le rôle des 221 ; si vous voulez m'accorder deux minutes d'attention, je vais vous expliquer les révélations de la genèse fouriériste à ce sujet.

Toutes les planètes versent au soleil un contingent d'aromes supérieurs dont la fusion constitue l'arome tétra-cardinal avec lequel il agit sur les planètes. Cet arome tétra-cardinal joue, dans le gouvernement sidéral, un rôle à peu près pareil à celui que joue le budget

(1) Nous empruntons ces données au principal organe du fouriérisme. Voir la *Démocratie pacifique*, qui les a développées dans un feuilleton *scientifique*, au mois de mars dernier.

dans le gouvernement parlementaire. Or, la terre ayant suspendu ses versements d'aromes depuis des milliers d'années, il en résulte que le soleil se trouve précisément dans la même situation où se trouverait le roi Louis-Philippe si deux ou trois des plus riches provinces de France, la Guyenne et la Normandie, par exemple, avaient suspendu le payement de leurs subsides depuis plusieurs années, sous prétexte que 200 mille électeurs représentent très-imparfaitement plusieurs millions de Français. Le soleil éprouve donc une grande gêne, et il en gémit, c'est la genèse fouriériste qui nous l'apprend, et pour lui et pour nous.

N'allez pas dire que vous n'apercevez pas encore la corrélation qui peut exister entre les chagrins du soleil et les malheurs des hommes. Vous montreriez par là que vous ignorez une des lois fondamentales du fouriérisme : c'est que le phalanstère est la loi universelle des mondes, et que les astres, qui sont, il faut que vous le sachiez, des êtres raisonnables, sont organisés en phalanges, comme nous le serons nous-mêmes quand les doctrines de M. Sue auront germé dans les intelligences.

Or, le clavier sidéral, comme parle la genèse fouriériste, correspond au clavier passionnel de l'homme : d'où il suit que l'influence des astres sur les actions humaines est très-réelle, et qu'il faut chasser les astronomes de l'observatoire pour y installer les astrologues.

Vous serez peut-être curieux de savoir comment ces grands événements sont intervenus dans les espaces qui nous entourent? Voici la réponse de la genèse du fouriérisme, qui a prévu cette question. La terre a été appelée à faire partie du tourbillon solaire pendant 80,000 ans et quelque chose; car la genèse fouriériste est extrêmement scrupuleuse et ne veut en aucune façon négliger les fractions. Or, la terre n'est, au moment où je vous parle, que dans sa sept ou huit millième année. « Elle est, dit textuellement la genèse fouriériste, *dans la phase la plus douloureuse de l'enfance et de la dentition.* »

— Quoi! la terre fait ses dents?

— Oui, la terre fait ses dents; mais rassurez-vous! elle n'en a que deux à faire, ou plutôt elles sont faites, car ces deux dents sont la vapeur et l'imprimerie. Maintenant suivez, s'il vous plaît, le fil des idées. C'est pour forcer l'homme à trouver ces deux dents, que la dernière création a été si féconde en requins, tigres, punaises et puces; car jamais l'homme, c'est la genèse fouriériste qui l'affirme, n'aurait eu l'activité nécessaire pour trouver la vapeur et l'imprimerie, sans la punaise et la puce. Ici viennent des considérations extrêmement profondes sur la puce, étudiée comme critérium du degré d'enfance et de barbarie des peuples. « C'est pour
« cela, » ajoute la genèse fouriériste, « que, chez les
« peuples civilisés, la puce s'attache aux armées im-
« productives et aux casernes, véritables institutions de
« barbarie; » principe profond, d'après lequel la puce doit être inconnue dans les manufactures et les fabriques.

Je regrette de ne pouvoir suivre la genèse fouriériste

dans lés aperçus qu'elle développe sur la puce, mais j'ai hâte de vous faire connaître la suite de ses déductions sur les grands problèmes qui intéressent l'humanité. Après avoir raillé, avec un immense dédain, le paradis terrestre de Moïse et déclaré que la position de notre premier père et de notre première mère n'était tolérable, je cite textuellement, « qu'avec un goût décidé pour la botanique et une provision énorme de cigares, » la genèse fouriériste, qui pense que l'homme devait mourir d'ennui en face des merveilles si nouvelles de la jeune création, et alors qu'il était en communication directe avec Dieu et avec les esprits célestes, substitue l'explication suivante à celle de la Bible, afin de satisfaire la raison et le sentiment de justice que nous portons en nous :

« L'ère paradisiaque était destinée à laisser croître
« l'homme jusqu'à ce qu'il fût capable de travail ; il
« arriva qu'un jour la population de l'Éden se trouva
« trop nombreuse ; alors vinrent les luttes, les guerres,
« les violences, l'asservissement du plus faible, la do-
« mination du plus fort. La terre souffrait horriblement
« de ces discordes intestines, et la douleur minait in-
« sensiblement sa santé. Elle continuait son œuvre de
« création, mais la vigueur lui manquait, ce qui se re-
« connaît sans peine au caractère de la face des der-
« nières races créées (les habitants de l'Australie, qui
« ont trop de rapport avec les quadrumanes). Le déclin
« s'annonçait déjà vers le troisième siècle de l'ère para-
« disiaque. Au bout de trois autres siècles, le *virus des*
« *doctrines moralistes* s'était déjà infiltré dans les veines

« de l'humanité; alors le courage de la planète fut
« moins fort que la douleur, et une maladie contagieuse
« s'empara d'elle. »

Que votre attention n'ait garde de se ralentir, car
c'est ici que la genèse fouriériste va expliquer le déluge
et le mystère du mal et de la mort. Voilà donc la terre
dans les crises d'une maladie contagieuse. Que vont
faire les autres astres? Ils interrompent immédiatement
leurs rapports avec la planète empestée, et la mettent,
suivant l'expression en usage, en quarantaine. Mais ici
le courage et la fervente amitié de la lune vont briller
du plus grand éclat. « La lune seule, s'écrie la bible
fouriériste, l'infortunée Phœbé voulut rester fidèle à la
terre. » Infortunée, c'est le mot, car la lune gagne la
peste, et meurt au troisième accès. Le déluge qui couvrit, il y a six mille ans, la terre sous les eaux, est la
conséquence de cet accident déplorable. Phœbé, dont
l'agonie fut, à ce qu'il paraît, très-douloureuse, *désorbita*, — comme on dit d'un wagon qu'il *déraille*, —
Phœbé désorbita dans les convulsions de cette agonie,
« fit extravaser les mers de la terre et noya quelques
« continents. Ce coup ébranla la terre sur son axe et
« força l'équateur de décliner sur l'écliptique. Soudain
« le méridien magnétique déclina, la couronne boréale
« tomba du front de la terre, le flambeau du pôle s'éteignit. Et voilà ce que c'est que la chute, cet accident que la crédulité humaine a si étrangement dénaturé. »

Vous comprenez la suite. Le bonheur de l'humanité
est attaché à la résurrection de la lune, et c'est en éta-

blissant le système phalanstérien sur la terre que l'humanité parviendra à atteindre ce noble but marqué à ses efforts. La lune ressuscitée et la terre purgée du « virus de la morale » par la doctrine fouriériste, qui lui substituera le principe de la jouissance et le mobile du plaisir, la phalange des astres se reformera, la terre fera son versement d'aromes au soleil et lui soldera son arriéré. Alors viendra une nouvelle création qui réparera tous les accidents de la dernière ; nous verrons les anti-requins, les anti-baleines. Alors la mer deviendra une vaste limonade, et nous jouirons d'un troisième œil placé au bout d'une queue mobile qui portera cet organe visuel tout autour de notre corps.

Qu'en dites-vous? n'a-t-on pas bien le droit de trouver la Genèse de Moïse contraire à la raison, quand on présente un système si vraisemblable, si logique, et qui porte en lui-même son évidence? De tout temps les poëtes, et, dans ces derniers temps, les astronomes ont vu de bien belles choses dans la lune, mais avouez qu'ils n'y ont encore rien vu de pareil? Voulez-vous que je vous dise le fond de ma pensée? Astolphe, qui est allé chercher dans cette planète la fiole qui contenait la raison de son cousin Roland, devrait y faire un second voyage, et nous savons bien la commission que nous aurions à lui donner, en attendant la résurrection de l'infortunée Phœbé.

Tout cela est absurde, sans doute, mais ces folies ont un côté sérieux, et c'est ce côté sérieux qui nous a décidé à analyser la genèse fouriériste. Voilà donc les solutions par lesquelles il faut remplacer les solutions chrétiennes, quand on rejette ces dernières ! Voilà donc les affirmations qu'on est réduit à opposer aux affirmations catholiques ! Prenez-y garde, en effet, les erreurs se déduisent les unes des autres comme les vérités. La morale de M. Sue suppose l'évangile fouriériste, et l'évangile fouriériste suppose la genèse dont nous venons d'esquisser la physionomie générale. Quoi qu'on fasse et quoi qu'on dise, Fourier et Saint-Simon sont les successeurs logiques et légitimes des sceptiques du dix-huitième siècle. Les disciples des fondateurs de l'école du scepticisme ont pu accueillir les systèmes de ces novateurs avec un superbe dédain et leur jeter à pleines mains l'épigramme ; mais cela prouve seulement que les esprits de cette école sont souverainement illogiques. Ceux qui voudront bien étudier avec quelque attention cette question intéressante, demeureront bientôt convaincus de la justesse de nos assertions à ce sujet.

Toutes les intelligences méditatives qui ont essayé de descendre au-dessous de la surface des faits extérieurs dans les profondeurs de l'histoire des civilisations, ont remarqué que l'état social de l'humanité était toujours en harmonie avec quelque grande pensée philosophique qui servait de pivot au monde moral et intellectuel. Cette pensée, dans le monde antique, c'était la fatalité. De là cette loi de la force, qui était le grand levier du monde. Avec le christianisme, un autre et meilleur principe succéda à celui-ci ; ce fut le principe d'une nature déchue de sa dignité première, mais aspirant à la recouvrer par une lutte qui ne devait finir qu'avec le monde : en un mot, le principe de la chute et de la réha-

bilitation. De là cette loi de liberté morale, qui est [le]
fond de toutes les législations modernes. Quand le scep[-]
ticisme voltairien parut à la suite de Luther et de Calvin,
et que la négation absolue succéda ainsi à la négation
partielle, il détruisit la base de l'ordre social, en ren[-]
versant, dans un grand nombre d'intelligences, ce prin[-]
cipe chrétien sur lequel tout l'édifice social était bâti.
Pour les esprits légers et sans logique, cet édifice,
quoique posé en l'air, demeura debout ; ils nièrent [la]
base et ils admirent le faîte. Mais il devait nécessaire[-]
ment arriver que des intelligences d'une déduction plus
puissante ne consentiraient pas à demeurer dans cette
perpétuelle contradiction.

Puisque le dogme de la chute originelle de l'homme
était faux, qu'il était sorti des mains de Dieu avec des
passions et des penchants qu'on avait jusque-là cher[-]
ché à réprimer et à contenir, dès lors c'était une mons[-]
trueuse tentative que celle à l'accomplissement de la[-]
quelle toutes les forces de l'ordre social avaient été
consacrées. Tout était bien dans l'homme, puisque
l'homme n'était pas déchu, et que tout en lui venait de
Dieu. On était donc amené, par la progression logique
des idées, à inventer un nouvel ordre social qui don[-]
nât un libre cours à ces penchants divins. De là, une
nouvelle loi qui faisait son avénement dans le monde :
la loi de la satisfaction, satisfaction pleine, complète,
donnée à tous les instincts, à tous les désirs, à tous
les caprices, à tous les penchants de notre nature.

La fatalité antique avait dit « la force ; » l'Évangile
qui posait l'homme entre la chute originelle et la réha[-]

bilitation par la lutte, avait dit « la liberté; » les novateurs modernes arrivant dans un monde où le scepticisme avait fait table rase, où le principe *sur* lequel reposait toute la doctrine du combat moral avait été nié comme absurde, devaient chercher une grande loi qui fût en harmonie avec les seules idées qui fussent logiquement conformes à l'état des esprits et des cœurs : c'était celle de la satisfaction.

On doit voir maintenant pourquoi nous disions que Fourier et Saint-Simon étaient les successeurs logiques et légitimes des sceptiques du dix-huitième siècle. Sans doute, ils ne développent pas les mêmes doctrines, mais ils développent les seules doctrines applicables si les négations du dix-huitième siècle sont vraies. Après la négation de Voltaire, devant laquelle disparaît le motif de la lutte morale, de la liberté, de la souffrance, il n'y a rien de plus logique que l'affirmation de Fourier sur la satisfaction qu'il convient de donner à l'homme, sans se préoccuper des idées de moralité et de devoir, qui ne sont plus que des préjugés, résultat d'une routine absurde. Après le scepticisme voltairien, il n'y a que trois chances : ou demeurer dans ce scepticisme, ce qui est impossible aux sociétés qui vivent de croyance ou meurent de doute, et qui d'ailleurs met les hommes sur la pente de l'athéisme qui les conduit à la fatalité antique et à la doctrine de la force brutale; ou affirmer, avec Fourier et les autres novateurs modernes, que toutes les passions, étant d'institution divine, doivent être satisfaites, ce qui conduit à l'horrible et à l'atroce, et, on vient de le voir aussi, à l'absurde ; ou revenir à la loi chrétienne, en reconnaissant que les sociétés humaines ne sauraient trouver une plus noble et plus ferme base.

A ce point de vue les idées fouriéristes que nous avons exposées, et celles des autres novateurs modernes, qui toutes ont de grands rapports avec les doctrines de Fourier, acquièrent une importance et une gravité qui leur manquent quand on les envisage en elles-mêmes. Ces idées vous inspirent un étonnement mêlé de dégoût ; elles stipulent positivement, ou supposent logiquement l'abolition de la propriété, celle du mariage, la promiscuité, la négation de la liberté humaine, et par conséquent de la moralité des actions ; résultats honteux, cachés sous les grands mots de réhabilitation de la chair par le saint-simonisme, et de loi d'attraction passionnée par les disciples de Fourier. Eh bien ! ces idées, qui heurtent à chaque pas l'honnêteté et le bon sens, sont le résultat logique de la situation intellectuelle et morale que les idées sceptiques ont faite au monde. Les idées de Fourier et de Saint-Simon sont la contre-épreuve des idées anti-religieuses de Voltaire et de Diderot, comme les idées anti-religieuses de Voltaire et de Diderot étaient la contre-épreuve des idées anti-catholiques de Luther et de Calvin.

En voulez-vous une preuve aussi claire que le jour? C'est que Fourier, comme Saint-Simon, n'a fait que codifier et élever à l'état de dogmes les résultats logiques et pratiques du scepticisme, tels qu'ils se développaient sous ses yeux. C'est un homme d'un sens remarquable, l'historien même et le critique intelligent des novateurs modernes (1), qui l'a reconnu : quoique les idées fouriéristes et saint-simoniennes ne se soient pas rendues maîtresses de la société, la morale qui découle naturellement de ces idées a cependant infecté tout le corps social.

« On a conduit, on a poussé notre siècle à la satis-
« faction, s'écrie-t-il avec éloquence; et il s'y précipite
« avec un acharnement qui épouvante. On lui a prêché
« le culte de l'utile, et il semble avoir perdu toute no-
« tion de la vraie grandeur. En politique, les fonctions
« et les dignités sont l'objet d'un assaut continuel, où
« les combattants ne font que changer de tactique et
« de rôle. En industrie, en littérature, les excès ont
« passé les bornes; le dédain de toute probité et de
« toute règle a conduit droit à la dépravation et au
« chaos. L'ancienne moralité a disparu, et il est difficile
« de dire où est la nouvelle. Au lieu de cette simple et
« saine logique qui gouvernait les générations, on a
« aujourd'hui des chaires pour toutes les folies, des
« auditoires pour toutes les monstruosités. Le vertige
« est dans les têtes, le doute est dans les âmes. On ne
« sait que croire et que prescrire. Si rien n'a été fondé,
« tout a été ébranlé. On dirait que la société se dé-
« serte elle-même, qu'elle se plaît au milieu des ruines,
« qu'elle prête la main à sa propre destruction. »

Qu'ajouter à cette véhémente peinture, à ce tableau si vrai et si pathétique? Rien, sinon qu'il prouve d'une manière irréfragable la justesse de notre assertion, à

---

(1) M. Louis Reybaud.

savoir : que le mal ne naît ni de Fourier ni de Saint-Simon, mais que Fourier, Saint-Simon, et après eux M. Sue, leur disciple, naissent du mal produit par l'école sceptique qui les a précédés ; rien, sinon que ces derniers n'ont fait que chercher des dogmes en harmonie avec la morale de la satisfaction, qui gouverne et flétrit de notre société officielle, et que, puisque cette société est restée rebelle aux idées de ces novateurs, tout en pratiquant la morale dont les logiciens de l'absurde ont indiqué les dogmes naturels et presque nécessaires dans leur étrange genèse, on doit en conclure que cette morale honteuse et subversive sort naturellement et logiquement de la situation qui a produit le système de l'association phalanstérienne comme celui du saint-simonisme.

Or, cette situation remonte évidemment à la négation de la vérité chrétienne, qui donnait pour base à la civilisation moderne la doctrine de la chute et de la réhabilitation de l'homme, de la lutte de sa liberté contre ses passions, c'est-à-dire de la liberté morale. Merveilleux mystère qui explique tout, la tendance de l'homme à la perfection et l'imperfection humaine ! Admirable combinaison, qui, à côté d'une loi imparfaite puisqu'elle vient de l'homme, place la loi parfaite que Dieu a donnée ; qui ne demande point que l'Évangile devienne un code politique, mais qui évangélise peu à peu nos codes ! La philosophie catholique, qu'on y prenne garde, loin d'être un rideau fermé sur la raison humaine, est une issue ouverte sur les perspectives infinies de la vérité universelle, et elle donne la raison de tout, même des rêves des utopistes qui essaient de la remplacer par leurs vaines spéculations. Elle indique la source de cette tendance de l'homme à poursuivre ici-bas le bien absolu, dans ce sentiment de l'infini que Dieu a mis à la fois dans le cœur et dans la pensée, et qui fait, dans ce monde, sa noblesse et son tourment. Selon la philosophie catholique, ce mouvement de l'esprit de l'homme est le résultat d'un souvenir et d'une espérance. Créature déchue d'un état excellent, il aspire à un état plus parfait encore de l'autre côté du temps. Citoyen d'une société imparfaite, il a la mémoire instinctive de la première de toutes les sociétés, celle du Paradis terrestre ; l'intuition de la dernière de toutes, celle du ciel, qui sera la perfection même. Rien ne le contente ici-bas, parce qu'ici-bas tout est fini, et qu'il aspire à l'infini, c'est-à-dire à Dieu, comme à son pôle. Dieu ne l'a donc pas trompé en lui donnant la soif de la perfection et de la satisfaction, puisque c'est vers ce but qu'il doit monter en traversant le temps ; mais l'homme se trompe lui-même quand il cherche et quand il attend la perfection où elle ne saurait être. Toute cette belle synthèse catholique est contenue dans ce mot de Bossuet : « Sortez du temps et du changement, et aspirez à l'éternité. »

Certes, cette doctrine est assez belle pour se recommander par elle-même ; mais, nous avons le droit de le dire, après avoir parcouru le cercle des aberrations dans lequel se meut l'esprit de M. Sue, elle paraît plus *belle* encore par la comparaison qui s'établit entre elle et les folies qu'on lui oppose. Pour comprendre toute la grandeur du catholicisme, il faut connaître les étranges utopies qui aspirent à le remplacer. A ce point de vue, on peut dire que M. Sue a rendu à la vérité catholique un hommage d'autant plus éclatant qu'il est involontaire. Avec tout son esprit, il est tombé dans l'absurde ; avec tout son talent d'exposition dramatique, il n'a pu échapper au ridicule, quand il a voulu trouver pour les sociétés humaines une autre religion que le christianisme ; et il a fallu qu'il allât tomber dans la genèse lunatique et dans l'évangile sensuel de Fourier, quand il a voulu échapper à la Genèse de Moïse et à l'Évangile de Jésus-Christ.

NEUVIÈME LETTRE.

UNE DIVERSION.

Avant d'achever l'appréciation de l'œuvre de M. Sue, la critique a un compte à régler. Tandis que nous avions affaire avec le *Juif errant*, nous avons été pris en flanc par le fouriérisme, qui avait éprouvé, il faut l'avouer, le contre-coup de nos attaques contre le feuilleton-roman. La *Démocratie pacifique*, qui semble tenir à prouver que son nom n'est qu'un sobriquet de fantaisie, nous a interpellé avec une violence que les usages admis parmi les civilisés, comme parle l'inventeur du système harmonien, n'autorisent certainement pas, mais qui n'a rien qui puisse nous étonner de la part d'une secte qui considère toutes les passions comme d'institution divine, et qui, nous nous en apercevons, n'en excepte pas la colère. Nous trouvons donc tout naturel que la *Démocratie pacifique* ait perdu patience, comme elle dit; elle eût commis une grave infraction à la règle du *Phalanstère*, si elle avait cherché à résister au mouvement passionné de mauvaise humeur qui l'emportait.

Nous autres civilisés, nous n'avons pas le même privilége; et vraiment c'est un bonheur, car si nous nous mettions aussi à arguer de la divinité de nos passions, pour rendre à la *Démocratie pacifique* la monnaie des qualifications qu'elle nous adresse, je ne sais pas trop comment Fourier lui-même s'y prendrait pour faire entrer dans l'harmonie générale les notes discordantes qui en résulteraient. Cette façon d'agir n'entre point dans nos habitudes, et nous ne demandons aucune reconnaissance à la *Démocratie pacifique* pour la différence de nos procédés avec les siens : il faut respecter dans ses adversaires la dignité humaine, alors même qu'ils se sont écartés envers vous du respect qui lui est dû; et en pareille matière, nous aimons mieux donner l'exemple que le recevoir. Toutes nos représailles se borneront donc à une simple observation : la *Démocratie pacifique*, au moment où la patience lui échappe, emprunte une phrase latine à Pascal pour nous adresser un de ces gros mots qui ont le tort, dans les discussions, de ne rien prouver. Nous conseillons à la *Démocratie pacifique* de tâcher de réussir un peu mieux une autre fois à emprunter à Pascal son français, cela vaudra mieux que de lui emprunter son latin.

Quels sont donc les torts du feuilleton de la *Gazette de France* envers la *Démocratie pacifique* (1)? car il est entendu que c'est au feuilleton que s'adressent ses plus vives paroles. La *Gazette* a bien quelque chose à se reprocher; par exemple, elle a la faiblesse d'être chrétienne et, par suite, d'admettre les mystères qu'ensei-

---

(1) Ces lettres ont paru d'abord dans le feuilleton de la *Gazette de France*.

gne l'Église universelle et que tant de grands hommes ont admis, et de ne pas admettre les mystères que Fourier et son disciple, M. Victor Considérant, enseignent à leurs adeptes, sur les créations successives, sur les phalanstères sidéraux, sur l'âme du soleil et des autres astres, sur la métempsycose qui attend les âmes humaines, sur la vie cis-mondaine, sur la période de quatre-vingt mille ans qui représente la vie du monde, sur la nature de la terre, qui est une planète cardinale d'amitié, sur la maladie contagieuse dont elle a été atteinte et qu'elle a inoculée à la lune, sur les anti-requins, les anti-baleines, l'hypo-chien et l'anti-lion. Mais il paraît que la *Démocratie pacifique* conserve encore quelque espérance de ramener la *Gazette* aux saines doctrines. Pour le feuilleton, elle le suppose incorrigible ; le feuilleton a tous les vices : il est brutal, il est menteur, il est calomniateur, injuste, impie ; il ne comprend pas, il est étroit, irréfléchi ; il est arriéré, il n'a plus de dents, et par-dessus tout il n'est pas sérieux.

Quant à ce dernier reproche, la *Démocratie* en parle à son aise. Il n'est pas toujours aussi facile qu'elle semble le croire de garder son sérieux ; le bouffon exerce quelquefois son influence sur les esprits les plus réfléchis, et, bien que nous ne soyons pas très-enclin à la gaieté, il y a dans le livre de Fourier tels chapitres qui nous paraissent de nature à vaincre les hypocondries les plus rebelles à la science médicale. Il semble que le fondateur du fouriérisme, qui, après tout, était un homme d'imagination et d'intelligence, l'ait compris lui-même ; car, après avoir déroulé sa cosmogonie, il rappelle humblement que « Newton a écrit des rêveries sur l'Apocalypse, et qu'il a tenté de prouver que le pape était l'Antechrist, » ce qui n'a pas empêché les vérités qu'il a trouvées d'être vraies. A la bonne heure ; le maître, vous le voyez, était meilleur compagnon que les écoliers. Il traitait les civilisés, comme il les nommait, avec un peu plus de condescendance, et il souffrait de bonne grâce qu'on s'amusât un peu de sa mer changée en limonade et de sa lune avariée. Tâchons cependant d'être sérieux, autant que nous le pourrons, et examinons la valeur des griefs de la *Démocratie pacifique* contre nous.

Tous ces griefs tiennent à ce qu'en parlant du *Juif errant* de M. Sue nous avons exposé la genèse et l'évangile des *fouriéristes* ; exposition nécessitée par notre sujet, puisqu'il avait plu à M. Sue d'être fouriériste dans son roman. « On livre au mépris une cosmogonie « qu'on déclare avoir prise dans nos colonnes et qu'on « n'a pas comprise, et une morale que nous répudions, » s'écrie la *Démocratie pacifique*.

Le journal qui nous a, sans façon, assimilé aux disciples d'Escobar, et qui, sans plus de cérémonie, a pris pour lui le rôle de Pascal, nous semble être quelque peu tombé dans le crime d'escobarderie qui paraît pourtant lui être si odieux. « On déclare avoir pris une cosmogonie dans nos colonnes, » qu'est-ce à dire ? Est-ce que par hasard vous prétendez nier qu'elle ait été en effet développée dans vos colonnes, particulièrement au mois de mars dernier, cette cosmogonie ? Est-ce que nous vous avons calomniés en vous citant ? Est-il vrai, ou n'est-il pas vrai, que vous ayez dit qu'après l'ère paradisiaque, les vices de l'humanité donnèrent une maladie contagieuse à la terre; que cette maladie contagieuse obligea tous les astres qui font partie de notre phalanstère sidéral à rompre avec nous toute communion, à l'exception de la lune, dont l'âme pleine de dévouement ne put se décider à abandonner la terre, et qui paya de sa vie cette courageuse conduite, car elle fut atteinte de la contagion et mourut dans un des accès de cette terrible maladie? N'avez-vous pas dit encore que la lune désorbita en mourant, et produisit le déluge? N'est-ce pas vous aussi qui avez dit que l'humanité, par les perfectionnements qu'introduira l'établissement du fouriérisme, doit ressusciter la lune, rétablir les rapports de la terre avec tous les membres de l'ancienne phalange sidérale à laquelle elle appartenait, et accélérer ainsi l'avénement d'une nouvelle création qui, suivant Fourier, produira des anti-baleines pour traîner les vaisseaux pendant les calmes, les anti-requins pour traquer les poissons, les anti-lions qui iront en un jour de Calais à Marseille en portant leur cavalier?

Quant à n'avoir pas compris cette cosmogonie, c'est autre chose. Nous ne l'avons pas comprise, le fait est indubitable, et nous nous en félicitons. Nous sommes tout prêt aussi à avouer que nous n'avons pas compris la lampe d'Aladin dans les *Mille et une Nuits*, les bottes de l'ogre dans le *Petit Poucet*, la balle enchantée de *Robin des Bois*, et le joli oiseau bleu couleur du temps, dans je ne sais quel autre conte de fées. Nous savons bien que, depuis l'érection des fortifications, Charenton est presque compris dans Paris ; mais il ne faut pas en abuser au point de vouloir nous obliger à comprendre la mort de la lune, et la conjonction du fluide austral et du fluide boréal, produisant les anti-baleines et les anti-lions, et changeant la mer en une vaste limonade. A quoi cela ressemble-t-il? De quelle vérité connue partir pour arriver à ces excentricités cosmologiques? Sur quel terrain solide se placer pour discuter ces fantaisies d'une imagination malade?

On discute, quand il y a un commencement de preuve, une apparence de réalité; mais il faut être soi-même un rêveur pour discuter des rêves qui ne reposent sur rien et qui ne ressemblent à rien. Est-ce que par hasard on prétend exiger que nous démontrions, par une suite d'arguments, que les âmes humaines ne traverseront pas huit cent dix existences successives, au moyen de la métempsycose, et que la lune n'est pas morte de la peste ?

Nous ne voyons pas, s'il faut le dire, que la *Démocratie pacifique* soit elle-même très-empressée de porter la discussion sur ce terrain; elle se rejette d'assez mauvaise grâce sur « ces limites qui l'empêchent d'aborder les hautes questions de cosmogonie et de destinée transcendante des êtres. » Elle ajoute bien, il est vrai, « qu'il s'en faut de beaucoup que Fourier ait émis, dans cet ordre d'idées, aucune vue générale que l'école sociétaire veuille tenir sous le boisseau, » mais, tout en assurant qu'elle ne craint pas d'en parler, elle imite de Conrard le silence prudent. Ceci, nous en avertissons la *Démocratie pacifique*, scandalise un peu les dévots de

Fourier, et paraît même assez étrange aux observateurs impartiaux. Il faut être fouriériste ou ne pas l'être, et, entre nous, loin de trouver que la *Démocratie pacifique* est trop fouriériste, nous sommes tout près de trouver qu'elle ne l'est pas assez. Si le fouriérisme est vrai, quoi de plus important au monde que d'annoncer les merveilles cosmogéniques qui doivent devenir le résultat de l'établissement du système phalanstérien sur la terre? Quoi! à peine ce système sera-t-il fondé, et nous verrons le monde changer, et une création nouvelle réparer les erreurs de la création primitive ; nous aurons huit lunes vivantes au lieu d'une lune morte, « les « requins et les punaises seront anéantis ; le soleil, en « place de la souillure fumeuse, surnommée lumière « zodiacale, aura une auréole nuancée moirée; Saturne, « Jupiter et Herschel seront élevés en grade et promus « au *prosolariat*, » et la *Démocratie pacifique* consacre à des feuilletons-romans la place qu'elle pourrait remplir de magnifiques démonstrations relativement à toutes ces belles choses !

C'est vraiment montrer peu de souci pour l'humanité souffrante, et, au lieu de tant parler du dévouement sans bornes dont on est animé pour elle, il serait mieux de le prouver en ne tenant pas, comme Fontenelle, tant de vérités captives dans sa main fermée. Un journal initiateur ne doit pas ressembler à tous les autres journaux; les apôtres, auxquels les docteurs du fouriérisme aiment à se comparer, parcouraient le monde en annonçant la bonne nouvelle aux nations, et nous ne voyons pas, qu'occupés de mille autres soins, ils prêchassent l'Évangile dans leurs moments perdus.

Voilà pour la cosmogonie; passons maintenant à la morale. Les griefs de la *Démocratie pacifique* contre notre critique sont-ils plus fondés sur ce point que sur le premier? Avons-nous dit quelque chose qui fût contraire à la vérité? « Nous avons livré au mépris une morale que la *Démocratie pacifique répudie,* » c'est notre premier tort; notre second tort, c'est donc de n'avoir pas plus compris la morale de Fourier que sa cosmogonie; car si la *Démocratie pacifique* répudie la morale que nous avons livrée au mépris, c'est par erreur que nous l'avons attribuée aux sectateurs du fouriérisme.

Le fait mérite d'être éclairci.

En définissant la morale des socialistes contemporains, celle de Saint-Simon aussi bien que celle de Fourier, nous nous sommes exprimé ainsi : « Leurs idées stipulent positivement ou supposent logiquement l'abolition de la propriété, celle du mariage, la promiscuité, la négation de la liberté humaine, et par conséquent de la moralité des actions. » C'est au sujet de cette phrase que la *Démocratie pacifique* déclare qu'elle perd patience, et qu'il ne lui reste qu'à nous adresser l'apostrophe de Pascal aux révérends pères jésuites.

La *Démocratie pacifique* n'est pas au bout de ses épreuves, et nous allons fournir au penchant décidé qu'elle éprouve pour l'impatience une nouvelle occasion de se satisfaire, car nous maintenons tous les termes de notre définition comme rigoureusement exacts. Il est bien entendu que nous ne prétendons pas ici mettre en cause les hommes, qui, heureusement, sont la plupart du temps, fort peu conséquents avec leurs doctrines ; nous ne parlons que des idées, et nous disons que les idées fouriéristes supposent logiquement, car c'était à elles que s'appliquait le second terme de notre définition, l'abolition de la propriété, celle du mariage, la promiscuité, la négation de la liberté humaine et par conséquent de la moralité des actions.

L'organe du fouriérisme nous reprochant ici d'avoir dissimulé sa véritable doctrine, nous citerons ses propres paroles, afin qu'il ne puisse nous accuser de les avoir tronquées : « Les penchants de l'homme, dit-il,
« sont de *création divine* ; à moins de supposer que Dieu
« ne soit pas essentiellement bon (ce qui selon nous est
« une impiété), le mal n'est donc pas inhérent à la na-
« ture humaine. Donc il est inhérent à la société, donc
« il faut établir un nouvel ordre social tel que les passions,
« fonctionnant désormais dans un milieu qui leur soit ap-
« proprié, réalisent nécessairement le bien. Le parallé-
« lisme du bonheur et de la vertu, l'identité parfaite du
« plaisir et de la vertu, voilà ce que proclame Fourier, en
« partant de la notion même de ce Dieu qui, pour la *Ga-*
« *zette* comme pour nous, est souverainement juste, sou-
« verainement bon, souverainement sage. Voilà ce que
« repousse la *Gazette* ! Et veut-on savoir quel principe elle
« entend substituer au nôtre ? Le principe d'une nature
« déchue de sa dignité première, mais aspirant à la recou-
« vrer par une lutte qui ne doit finir qu'avec le monde.
« Ainsi l'homme ne saurait espérer aucune réhabilita-
« tion ici-bas, aucune réintégration dans sa dignité

« première ! C'est en vain que son âme ardente et son
« intelligence progressive lui inspirent le désir et lui
« suggèrent le moyen de tout disposer dans le sens de
« son bonheur ! Pour la *Gazette*, la réalité vivante, la
« réalité humaine est un rêve ! Ce principe, *à la réfuta-*
« *tion duquel nous ne pouvons consacrer ni le temps ni*
« *l'espace*, nous le qualifions d'impie, nous le qualifions
« d'odieux. Que la nature humaine, faussée depuis si
« longtemps, puisse être considérée comme déchue,
« nous le voulons bien ; mais que la réhabilitation lui
« soit interdite ici-bas et que le genre humain tout en-
« tier, le front courbé dans la poussière, les mains
« étendues vers Dieu, n'ait plus qu'à crier merci, voilà
« ce que nous réprouvons, ce que nous condamnons au
« nom de Dieu même, et ce que nous repoussons au
« nom du peuple, au nom de ces classes laborieuses
« pour lesquelles nous ne cesserons jamais de demander
« la moralité et le bien-être ; ce que nous repoussons
« au nom du Christ, dont la *Gazette de France* essaie
« de parodier les doctrines, qui en recommandant aux
« hommes la fraternité, c'est-à-dire l'association, les a
« lui-même conviés à l'établissement d'une société où
« régnerait le bonheur et où triompherait la justice.
« Entre les doctrines de la *Gazette de France* et les nôtres,
« que l'humanité choisisse ! »

Voilà bien des paroles, des mouvements oratoires,
des protestations, des objurgations ; mais, sous cette
avalanche de mots, cherchons les idées. Elles sont peu
nombreuses ; sont-elles plus concluantes ? Dieu a tout
fait, et tout ce que Dieu a fait est bon ; donc les passions

humaines sont bonnes. Si elles ne produisent pas le bien, c'est la société qu'il faut en accuser : donc il faut trouver un nouveau milieu social où les passions émancipées et combinées nous mènent par le plaisir à la vertu; en dehors de ce syllogisme, qui contient la doctrine fouriériste tout entière, il n'y a plus que des développements parasites et des redondances oratoires. Étudions donc le syllogisme fouriériste, afin de voir s'il ne contient pas les conséquences que nous avons indiquées; nous étudierons ensuite sa valeur intrinsèque.

Oui, sans doute, nous savons bien que Fourier assigne aux passions humaines un nouveau milieu, et que, selon son système, il y aura identité entre le plaisir et la vertu dans le futur phalanstère. Mais d'abord, ce n'est pas le plaisir qu'il met dans la vertu, c'est la vertu qu'il met dans le plaisir ; c'est donc la vertu qui est absorbée. Puis, en attendant que ce phalanstère idéal existe, qu'est-ce que son utopie? la réhabilitation des passions qui battent en brèche la société, et sa principale base, la propriété. Qui ne désire être heureux et riche, satisfaire tous ses penchants, et goûter ici-bas toutes les jouissances? Évidemment tout le monde le désire. L'idée seule du devoir arrête la plus grande partie du genre humain qui est privée de ces biens. Vous ôtez l'idée du devoir; vous déclarez que chacun a le droit de suivre l'impulsion de ses passions, qu'elles sont divines ; vous ajoutez que le milieu social où nous vivons est le seul obstacle à la satisfaction de ces passions; que sa destruction sera le signal de l'avénement du bonheur universel; et vous croyez que, si les adeptes auxquels vous parlez étaient nombreux, au lieu de former une minorité imperceptible, s'ils étaient forts au lieu d'être faibles, ces passions, que vous déclarez légitimes et divines, s'arrêteraient devant l'idée d'un bouleversement, et ne chercheraient point à hâter la venue de l'ère phalanstérienne, en employant la force contre la propriété récalcitrante, et qui doit cependant consentir à échanger ses biens contre des actions dans l'association phalanstérienne, pour que la réalisation de votre utopie devienne possible !

Vous pouvez le croire, sans doute, mais cela n'est point dans la logique des choses. La tentation serait trop grande, et pour des gens dont le principe est que l'homme doit céder à l'attraction passionnée de ses instincts, elle serait irrésistible. Nous avons donc eu raison de dire que les idées phalanstériennes supposaient logiquement la destruction de la propriété.

Quant à l'abolition du mariage et à la promiscuité, ce n'est pas assez de dire que la doctrine de Fourier les suppose logiquement, elle les stipule d'une manière positive. Voici le mariage de Fourier en septième période, et par conséquent réalisable immédiatement, comme il a soin de nous en avertir : « La liberté amoureuse, dit-il,
« commence à naître et transforme en vertus la plu-
« part de nos vices. On établit divers grades dans les
« unions amoureuses. Les trois principaux sont les fa-
« voris et favorites en titre, les géniteurs et les génitri-
« ces, les époux et les épouses. Les derniers doivent
« avoir au moins deux enfants l'un de l'autre, les se-
« conds n'en ont qu'un, les premiers n'en ont pas. Ces

« titres donnent aux conjoints des droits progressifs
« sur une portion de l'héritage respectif. Une femme
« peut avoir à la fois un époux dont elle a deux enfants,
« un géniteur dont elle n'a qu'un enfant, un favori qui
« a vécu avec elle et qui conserve ce titre; plus, de sim-
« ples possesseurs qui ne sont rien devant la loi. Cette
« gradation de titres établit une grande courtoisie et
« une grande fidélité aux engagements. »

Nous serions curieux de savoir comment on peut nier qu'un système qui donne trois possesseurs légaux à chaque femme et un nombre illimité de possesseurs irréguliers, et qui donne à chaque homme un nombre aussi grand de femmes régulières et irrégulières, abolit le mariage et établit la promiscuité.

La négation de la liberté? mais c'est le fond du fouriérisme même. Puisque l'homme est entraîné par une attraction passionnée, puisqu'il est mû nécessairement par des passions d'institution divine, puisqu'il est appelé à suivre leur attrait, et non à le régler et souvent à le vaincre, l'homme n'est plus libre. Ses actions sont nécessitées ; c'est un vaisseau sans gouvernail, sans pilote surtout, que les vents et la vapeur entraînent. Vouloir, c'est choisir. Dans le fouriérisme, on ne choisit point, on est mû nécessairement par les puissances passionnées de notre nature ; vous l'avez dit vous-même en propres termes : « Les passions réalisent nécessairement le bien. » Or, partout où la nécessité règne, la liberté disparaît; la volonté, cet arbitre de nos actions, est détrônée; c'est l'attelage qui mène le char, le conducteur devient inutile; tout au plus obtient-il le rôle d'un roi constitutionnel, qui constate les impulsions qu'il reçoit, mais qui n'exerce aucune action sur ces impulsions souveraines.

Peut-il y avoir moralité là où il n'y a pas liberté, et où tout s'accomplit sous l'influence de la nécessité? Nous croyons qu'il est impossible de soutenir une thèse aussi évidemment contraire à toutes les notions de la morale. Dira-t-on d'un pêcher qui produit de bons fruits, parce que le milieu où il se trouve est favorable à son développement, qu'il est moral? Qu'est-ce qu'une moralité fatale, qui résulte nécessairement du milieu social où l'on vit? qu'est-ce surtout qu'une moralité qui admet tous les penchants, cède à tous les instincts, obéit à toutes les passions, et s'accommode de l'étrange théorie du mariage que nous avons exposée tout à l'heure? Il y a là évidemment une illusion produite par une confusion de mots; quand l'organe du fouriérisme assure que la doctrine qu'il professe ne détruit pas la morale, il entend parler de la nouvelle morale qui doit faire son avénement avec son système, et qui est la négation de la morale universellement admise. Il s'agit de la morale du bien-être régnant dans une société où le plaisir devient la vertu.

Nous croyons avoir justifié pleinement le jugement que nous avons porté sur le fouriérisme; il ne nous reste plus qu'à répondre à une objection dont nous sommes étonné que la *Démocratie pacifique* n'ait pas aperçu la faiblesse. Cet organe des phalanstériens paraît surpris que nous puissions concilier la bonté de Dieu avec l'état misérable de l'homme sur cette terre, et qu'étant plein de foi dans cette bonté, cette justice et cette sagesse divines, nous admettions que tous les efforts de l'humanité pour réaliser le bonheur universel ici-bas seront frappés d'impuissance, quoique cependant nous soyons loin de nier qu'on puisse et qu'on doive améliorer la condition des classes laborieuses.

Mais si cette objection est insoluble, elle l'est au point de vue des doctrines fouriéristes comme au point de vue des nôtres. C'est par une fiction en effet que l'on considère l'humanité comme un être réel; l'humanité se compose de générations successives, qui, elles-mêmes, se composent d'individus. Si l'on ne peut concilier la bonté de Dieu avec le malheur de l'humanité ici-bas, on ne peut la concilier avec le malheur des générations qui se sont succédé sur la terre depuis l'origine du monde; et cependant, quoi qu'il arrive, les souffrances endurées pendant tant de siècles resteront un fait accompli. Si les compensations que Dieu donne, dans une autre vie, à ceux qui ont souffert ici-bas, paraissent suffisantes pour que l'esprit puisse concilier le malheur des générations qui se sont succédé jusqu'ici avec la justice, la sagesse et la bonté divines, on n'aura pas plus de peine à concilier ce fait dans l'avenir que dans le passé. La logique ne change pas selon les temps et les lieux; elle est une, immuable et toujours analogue à elle-même. Le fouriérisme n'apporte en réalité aucune nouvelle solution au problème qu'il pose, puisque pour tout le passé il admet la doctrine de la réparation et de la rémunération comme suffisante. Si elle suffit pour les générations écoulées, pourquoi ne s'appliquerait-elle pas à nous-mêmes et à nos descendants comme à nos prédécesseurs? Si elle ne suffit pas pour nos descendants, comment suffirait-elle pour nous et nos aïeux?

Il y a dans cette simple observation une évidence de bon sens qui met à bas tout l'échafaudage oratoire de la *Démocratie pacifique*. Les qualifications d'odieuses et d'impies appliquées à nos idées, les invocations véhémentes adressées à Dieu, à l'humanité, au Christ lui-même, ne font rien à l'affaire; quand on raisonne, il faut avoir raison, et la raison manque ici aux raisonnements du fouriérisme. Que n'aurions-nous pas à objecter encore contre les étranges pétitions de principe de la petite école à laquelle nous répondons ! A l'entendre, ce ne sont pas les passions qui peuvent être accusées, elles sont divines et partant nécessairement bonnes; c'est le milieu social dans lequel elles se meuvent qui est mauvais. Mais si les passions sont nécessairement bonnes, si elles font nécessairement le bien, d'où vient donc ce milieu social qu'on flétrit, comme coupable d'avoir tout corrompu et tout perverti? Il ne vient pas de Dieu, puisque Dieu est bon, sage et juste. Il ne devrait pas non plus venir des passions, qui sont nécessairement bonnes, puisqu'elles sont divines, et qui ne pouvaient avoir été perverties avant l'existence du milieu social dépravé dont il est question. Voilà donc les fouriéristes obligés d'admettre que le mal est sorti du bien, ce qui est absurde; ou que les passions humaines étaient capables de faire le mal avant l'existence du milieu social qu'ils rendent responsable de tout, ce qui renverse de fond en comble leur système.

Pauvre système, qui a la prétention de tout expliquer et qui n'explique rien! rêve insensé, qui se dissout comme les bulles de savon, nuancées des couleurs de l'arc-en-ciel, au contact sévère de la réalité! Qui le croirait? c'est la *Démocratie pacifique* qui ose nous reprocher de traiter la réalité comme un rêve, et les rêves comme une réalité, elle qui poursuit sur cette terre le fantôme menteur du bonheur complet et universel! Et quand son phalanstère idéal serait fondé, chasserait-elle de ce monde deux hôtes sinistres qui en corrompent et qui en corrompront toujours toutes les joies, la douleur et la mort? Le bonheur, sur une terre où l'on est sujet à la souffrance, où il faut s'asseoir au chevet de ceux qu'on aime, dévorer ses larmes auprès du lit des mourants, se lever chaque jour avec l'idée que ce jour sera peut-être le dernier de notre vie, et arriver enfin soi-même à ce terme fatal où le corps, tiré par le créateur de la terre, se dissout douloureusement pour retourner à la terre; quelle amère dérision jetée à la race humaine! quelle espérance dérisoire! quelle vaine utopie!

Voyons : avez-vous un moyen de supprimer la douleur, d'abolir la mort? Et vous, qui prétendez connaître si bien les passions humaines, n'avez-vous donc pas sondé le fond même de notre nature, qui est cette horrible satiété qui nous prend toutes les fois que nos espérances sont réalisées, nos désirs assouvis, cette tristesse du bonheur, cette lassitude de la satisfaction, qui deviennent la misère de ceux qui ne connaissent pas d'autres misères, et que madame de Maintenon prenait sur le fait quand elle disait de Louis XIV, qui avait parcouru le cercle de toutes les sensations et reconnu que tout était vain : « Il devient de plus en plus difficile à amuser ; c'est une terrible tâche que la mienne ! »

C'est là le caractère de l'esprit humain et le cachet de son origine divine. Il trouve en un moment le fond de tout ; et, tenez, vous-mêmes, malgré la richesse de votre imagination, vous n'avez pas encore achevé le plan imaginaire des merveilles de votre phalanstère, que j'en ai déjà joui par la pensée, et que j'en suis dégoûté, parce que vous n'êtes qu'un homme, et que les créations de votre imagination bornée ne sauraient suffire à mon intelligence, qui aspire à l'infini, c'est-à-dire à Dieu.

Combien le christianisme est meilleur entendeur de la vie humaine, et qu'il a lu plus profondément dans le cœur de l'homme ! quelle merveilleuse science de ses instincts divins ! quels baumes applicables à toutes ses plaies ! quelles voies sublimes ouvertes à ses aspirations ! quels supports maternels ménagés à ses faiblesses ! Vous vous dites les héritiers du Christ : c'est à notre tour de vous demander si cette parole est bien sérieuse, et si vous avez songé à la portée d'une semblable assertion. Lorsqu'il y a dix-huit cents ans, l'homme-Dieu parut en Judée, ce ne fut point pour annoncer la glorification de la chair, mais son asservissement sous les lois de l'esprit ; ce ne fut pas pour émanciper les passions, mais pour les soumettre au joug de la raison et de la foi. Celui qui voulut naître dans une crèche et mourir sur une croix, après avoir annoncé les douloureuses béatitudes de son Évangile dans le sermon de la montagne, et qui disait à ses apôtres : « L'esprit est prompt, mais la chair est faible, » n'a rien en lui que les sectateurs de l'attraction passionnée et de ce nouvel ordre social, où le plaisir devient la vertu, puissent revendiquer. Celui qui disait : « Mon royaume n'est pas de ce monde, » n'a rien de commun avec ceux qui veulent réaliser le royaume des cieux ici-bas; et quand il ajoutait : « Quiconque veut être mon disciple, qu'il prenne sa croix et me suive, » ce n'était pas à un bonheur terrestre qu'il conviait l'humanité.

Par quel côté l'école fouriériste prétend-elle tenir au christianisme? Est-ce par la morale? Mais le chaste fils de Marie, qui disait : « Quand Dieu créa l'homme, au commencement, il le créa mâle et femelle; ce que Dieu a uni, il n'appartient pas à l'homme de le séparer, » peut-il être, sans une monstrueuse inconséquence, nommé à côté du réformateur qui, pour détruire l'adultère, le légitime; qui déifie l'incontinence, et fait, de la plus sainte des sociétés, celle du mariage, une rencontre transitoire et fortuite, où l'on se prête un cœur partagé entre plusieurs et un corps banal, suivant l'attrait du moment et d'une morale que Messaline elle-même aurait trouvée facile à suivre? La fraternité du Christ, fondée sur trois vertus divines, la foi, l'espérance et la charité, et réalisée par le sacrifice, en quoi ressemble-t-elle à la fraternité fouriériste, fondée sur l'émancipation de toutes les passions humaines et réalisée par la jouissance?

On nous rendra cette justice, nous sommes entré de plain-pied dans la discussion qui nous était proposée, et nous n'avons pas imité en cela le journal agresseur, qui, lorsqu'il s'agit de défendre la cosmogonie de Fourier, élude la difficulté en alléguant « les bornes « étroites qui l'empêchent (dit-il) d'aborder les hautes « questions de cosmogonie et de destinée transcendante « des êtres, » et qui, lorsqu'il faudrait opposer de bonnes raisons à la théodicée chrétienne, qui envisage la terre comme un lieu d'épreuves et d'expiations qui conduisent l'homme à la réhabilitation et à la gloire dans une vie future, se contente de dire que « ce principe est impie et odieux, et qu'il ne saurait consacrer à le réfuter le temps ni l'espace nécessaire. » Au reste, nous ne nous plaignons pas de cette agression; elle nous a offert l'occasion de compléter ce que nous avions à dire sur la doctrine des fouriéristes; et, comme M. Sue a emprunté toute la partie philosophique et morale de son livre à cette secte, il était nécessaire d'approfondir ce sujet avant de présenter nos dernières observations sur cet ouvrage.

DIXIÈME LETTRE.

—○⚜○—

CONCLUSION.

Enfin *le Juif errant* est fini. Tout est mort !
Jamais, depuis le *Défonandrès* de Molière d'homicide mémoire, on n'avait vu une pareille hécatombe de victimes. On dirait vraiment que M. Sue a trempé sa plume dans une épizootie ou dans ce poison mortel que l'étrangleur Faringhea a apporté de l'Inde. La mission peu joyeuse de la critique, qui doit mettre le lecteur au fait des dernières scènes du roman avant de conclure, ressemblera donc au ministère de ces officiers de l'état civil chargés de constater les décès.

Nous avons, on s'en est sans doute aperçu, négligé un peu l'analyse du *Juif errant*, pour nous attacher à examiner la valeur historique (1), philosophique, religieuse et morale de la dernière partie de l'œuvre de M. Sue. Comme les campagnes du romancier du *Constitutionnel* n'ont pas précisément la même importance que celles de la grande armée, le lecteur nous aura facile-

---

(1) Historique relativement à la description du choléra.

ment pardonné d'en avoir supprimé quelques bulletins.

Cependant il faut présenter, au moins d'une manière sommaire, l'analyse des principaux faits intervenus depuis le concile au petit pied tenu chez la princesse de Saint-Dizier, et dans lequel M. Sue nous a montré plusieurs évêques préparant les plus grands crimes de compte à demi avec Rodin, et poussant même la scélératesse jusqu'à manger des crucifix d'angélique ; ce qui excite l'indignation du romancier, si bon juge en matière de convenances religieuses, et qui a tant de droit de censurer ceux qui les enfreignent. On sait que Rodin n'est pas mort du choléra, et que la formidable attaque que M. Sue lui a donnée n'était qu'un piége tendu à la critique, qui n'y est pas tombée, car elle a fait entrer la résurrection de Rodin dans les éventualités probables du roman. Rodin poursuit donc ses manœuvres, et le combat continue entre la famille Rennepont protégée par le Juif errant et Hérodiade, et les jésuites conduits par Rodin.

A l'endroit où nous en étions arrivés, il importe de ne pas l'oublier, Rodin était démasqué par mademoiselle de Cardoville et Gabriel ; et, comme, pour conquérir la confiance de la première, il avait révélé, dans tous ses détails, la conspiration jésuitique contre les héritiers et l'héritage Rennepont ; la partie se jouait, on peut le dire, cartes sur table. En outre, Gabriel et Adrienne de Cardoville connaissaient l'existence de leurs parentes, les deux filles du maréchal Simon, et savaient où elles étaient ; tous deux connaissaient l'existence du prince Djalma, et il n'était pas difficile à Adrienne de

Cardoville de se concerter avec lui, puisqu'il habitait un de ses hôtels. Ils savaient également que le négociant Hardy était leur parent et leur cohéritier. Les héritiers Rennepont étaient parfaitement au fait des trames des jésuites, sauf Couche-tout-Nu et le fabricant Hardy, absents au moment de la première réunion, rue Saint-François, et qui devaient être mis au courant de la situation par les autres intéressés. Dagobert, qui représentait Rose et Blanche, rue Saint-François, devait nécessairement leur avoir raconté, ainsi qu'à leur père le maréchal, ce qui s'était passé. Enfin, c'est M. Sue qui le dit lui-même, « Adrienne, qui songeait à réaliser, avec le concours de M. François Hardy, du prince Djalma, du maréchal Simon, de ses deux filles et de Gabriel, les magnifiques volontés de son aïeul, » devait les réunir pour résister aux jésuites. Maintenant, voici la suite du récit et le dénombrement sommaire des triomphes de Rodin.

Il attache à la personne de Couche-tout-Nu Morok, le dompteur de bêtes, qui, après l'avoir épuisé par des débauches continuelles, le tue « dans un duel au cognac; » c'est-à-dire en le défiant de boire une bouteille d'eau-de-vie d'un seul coup.

Il fait incendier la fabrique de M. Hardy, et se charge lui-même de lui apprendre la trahison de cet ami, devenu l'instrument obéissant des jésuites, qui le menacent de révéler au mari d'une femme qu'il aime la mauvaise conduite de celle-ci. Puis, quand M. Hardy, privé à la fois de sa fortune, de sa maîtresse et de son ami, est tombé dans la torpeur du désespoir, Rodin attache à sa personne le père d'Aigrigny, qui l'empoisonne d'ascétisme, et le docteur Baleinier, qui l'empoisonne d'opium, de telle manière que, sous la double influence de ce traitement, il meurt dans une convulsion extatique.

Il se débarrasse du maréchal Simon en lui persuadant que l'honneur et la reconnaissance veulent qu'il conspire pour ramener le duc de Reichstadt; et quand le maréchal est à Vienne, il profite de ce que la gouvernante des deux jeunes filles est tombée malade du choléra pour leur dépêcher la princesse de Saint-Dizier, qui leur insinue que c'est pour elles un devoir d'aller soigner la malade à l'hospice. Bien entendu qu'en s'y rendant elles sont immédiatement atteintes toutes les deux du choléra, et qu'elles en meurent.

Restent encore Djalma et Adrienne de Cardoville, et leur histoire mérite d'être racontée avec plus de détails. Après avoir tenté longtemps en vain de tromper Djalma sur Adrienne et Adrienne sur Djalma, Rodin, qui cherche toujours, en se rongeant les ongles et en brossant son chapeau graisseux avec son coude, un moyen de perdre ces deux jeunes gens l'un par l'autre, le rencontre par hasard en se livrant au monologue suivant : « Comment, se dit-il, venir à bout de cette *colombe* et de ce *tigre?* » Puis, après un moment de réflexion, il ajoute : « C'est singulier, en donnant le nom de *colombe* à cette roussâtre, ma pensée est ramenée à cette vieille coquine de *Sainte-Colombe*. » (Vous savez, ami lecteur, que la Sainte-Colombe est cette ancienne pourvoyeuse de débauche dont les jésuites convoitent la succession.)

Quelques minutes après, Rodin, continuant à se parler à lui-même, dit avec dégoût : « Elle ressemble à la belle Adrienne, comme une bague va à un chat, un collier à un poisson. » Puis il s'écrie tout à coup : « Collier ! c'est étrange, je tiens mon moyen. »

Voulez-vous maintenant savoir l'explication de ce rébus? En prononçant le mot de *collier*, Rodin a pensé à ce collier qu'une aventurière, madame de Lamothe, se fit donner par le cardinal de Rohan, fasciné, qui, dans une entrevue, la prit pour la reine; et il a été amené à la pensée d'employer un subterfuge analogue pour tromper Djalma sur Adrienne. Il demande à la Sainte-Colombe, par l'intermédiaire de Nini-Moulin, de lui fournir une courtisane rousse pour jouer cette comédie, et en même temps il écrit une lettre anonyme à Agricol, afin de lui assigner un rendez-vous dans la maison de la Sainte-Colombe, où on lui apprendra, dit la lettre, des choses de la plus haute importance pour mademoiselle de Cardoville. La courtisane rousse une fois trouvée, voici comment les choses se passent : Faringhea, l'étrangleur, affecte d'être triste, et explique sa tristesse en feignant d'être amoureux et trahi par sa maîtresse ; il veut, dit-il, aller au rendez-vous qu'elle a donné et tuer son infidèle et le suborneur. Djalma, après l'avoir exhorté à abandonner ces pensées sinistres, prend le parti de l'accompagner, et, dans le trajet, Faringhea lui remet, comme pour désarmer sa propre fureur, son poignard et un flacon de poison, en ayant *soin de lui* en expliquer les propriétés mortelles. Arrivé dans la maison de la Sainte-Colombe, l'étrangleur s'échappe et laisse le prince enfermé dans une pièce obscure. Une vapeur, produite par une plante exhilarante de l'Inde, remplit la chambre, et jette Djalma dans une ivresse pleine d'hallucinations. Dans ce moment, une voix sort de l'épaisseur du mur et lui apprend qu'on l'a amené en ce lieu pour le détromper lui-même sur Adrienne. Aussitôt après, le prince Djalma voit paraître, à travers le double nuage produit devant ses yeux par la vapeur et dans sa tête par l'ivresse, une femme qui a les cheveux de la même couleur que ceux d'Adrienne et une mante semblable à la sienne, et il reconnaît Agricol qui entre. Alors l'Othello indien tue la jeune fille, blesse Agricol et s'élance par la porte qui se rouvre devant lui. Il est onze heures du soir, il court chez Adrienne et s'y empoisonne. Avant que le poison ait produit son effet, Adrienne paraît; quand elle apprend et le double crime de Djalma et le suicide qui l'a suivi, elle achève le flacon de poison, et, dit l'auteur après avoir tracé un tableau fort expressif de la tendresse des deux amants, « ils expirèrent dans une voluptueuse agonie. »

Le maréchal Simon pourrait encore gêner les plans de Rodin, comme héritier ascendant de ses deux filles; il le conduit chez l'abbé d'Aigrigny, et, dès que le maréchal, qui porte deux épées, est entré, il les enferme à la clef tous deux, et ne revient que lorsque les deux adversaires, après s'être entre-percés, ont perdu la parole et le mouvement, et ne les quitte que lorsqu'ils sont morts.

M. Sue, qui, avec une magnificence que Molière aurait appelée médicale, prodigue le meurtre et le suicide en homme à qui ils ne coûtent rien, a, en outre, on le sait, fait dévorer Goliath par la multitude enragée qui assiége le parvis Notre-Dame au temps du choléra ; il a fait précipiter la reine Bacchanal par les croisées, tuer le père du maréchal Simon dans l'incendie de la fabrique, par la Ciboule ; enfin il fait mordre Morok par ses molosses et le fait mourir enragé. Quand cette agréable diversité de meurtres a déblayé la scène, Rodin se prépare à se rendre en la rue Saint-François, le jour fixé ; mais, avant de s'y rendre, il va entendre la messe. Au moment où il sort, Faringhea, l'ex-étrangleur indien, qui a quitté le culte de la déesse de Bohwanie pour le christianisme tel que les jésuites l'enseignent, et qui s'est fait affilier à la compagnie de Jésus, parce qu'il lui reconnaît une homicide supériorité sur la secte des étrangleurs, empoisonne, sur un ordre venu de Rome, l'ambitieux Rodin lui-même en lui donnant de l'eau bénite. Rodin, qui ne sent pas encore les effets du poison, court à la rue Saint-François. Au lieu de l'y recevoir dans la salle où il avait été reçu le 13 février, le juif Samuel le force de monter un étage supérieur. Rodin, qui commence à ressentir l'influence du poison, y arrive enfin ; le gardien de la maison de la rue Saint-François, en homme qui prend de temps à autre sa stalle au théâtre de la Porte-Saint-Martin et qui a vu *Lucrèce Borgia*, lui a ménagé ce qu'on appelle, en style de mélodrame, un tableau.

Six cercueils, contenant Couche-tout-Nu, M. Hardy, Rose et Blanche, Adrienne de Cardoville et Djalma, s'offrent aux regards du jésuite, qui, traitant avec assez peu de cérémonie cette combinaison scénique de Samuel, qui a obtenu ces six cadavres en corrompant à prix d'or les fossoyeurs, fait remarquer que ces figures de Curtius le dispensent d'apporter les extraits mortuaires des six cohéritiers de Gabriel. Alors le juif compte, devant le jésuite endurci, les valeurs, qui sont presque toutes en papier : M. Sue a soin de nous indiquer combien en billets de la banque de France, combien en jouissances des Quatre Canaux, combien en annuités de la Ville de Paris, et l'on conçoit cette sollicitude dans un roman où tous les événements qui se succèdent sont exacts comme Barême et tous les ressorts si naturels. Mais, après avoir compté les deux cent douze millions en valeurs de portefeuille, le malin juif, par le conseil de Gabriel, y met le feu. Rodin se tord, devant cet incendie de millions, dans les convulsions du désespoir et dans les tortures du poison. Il s'aperçoit en effet, avant de mourir, qu'il est empoisonné ; il ne doute pas que l'ordre de l'assassinat ne vienne de Rome, et n'ait été envoyé par un cardinal qui descend des Borgia.

Comme il est de règle dans les mélodrames que les personnages se retrouvent au tableau final, Faringhea entre au moment de la mort de Rodin, et, se trouvant face à face avec les six cercueils des Rennepont, il déclare qu'il est jésuite; ce qui est consolant pour la compagnie, qui fera arriver probablement, dans les *Sept Péchés capitaux*, l'ancien étrangleur indien à la papauté au lieu et place de Rodin, qui était déjà général des jésuites, et qui allait devenir pape quand une partie du sacré collége l'a fait empoisonner. M. Sue, avant de déposer sa plume homicide, comme parle Homère quand il s'agit de la lance de Diomède, rend la princesse de Saint-Dizier folle, tue encore le Juif errant et la Juive errante, qui ne devaient pourtant, selon la légende, mourir qu'au jugement dernier, et dont la mort est le signal de l'émancipation des classes laborieuses.

Et le combat finit faute de combattants.

C'est vraiment heureux qu'il finisse ! Un peu plus, il empiétait sur les droits de cette tragédie dont il est parlé dans *Gil Blas*, et qui ne contenait pas moins de trois cents personnages qui tous mouraient au dénoûment. Faut-il l'avouer? nous avons même craint un moment que, le romancier et le journal se mettant de la partie, pour compléter cette boucherie romantique, nous n'eussions la triste mission de vous faire part de la mort de M. Sue et du *Constitutionnel*.

La question d'art, qui a été l'objet de notre étude au commencement de l'ouvrage de M. Sue, se présente naturellement de nouveau à notre attention, maintenant que nous sommes arrivés à la fin du *Juif errant*. Quelle est la valeur intellectuelle de ce livre, abstraction faite de toutes les considérations religieuses et morales? Cette seconde partie, qui contient la campagne de Rodin contre les héritiers Rennepont, est-elle de nature à changer ou à modifier le jugement que nous avons porté sur la première, consacrée à retracer la campagne de l'abbé marquis d'Aigrigny dans la même affaire, qu'on pourrait appeler à bon droit la guerre de succession?

Prenons d'abord l'avis du *Constitutionnel* ou celui de M. Sue, ce qui est tout un, car le journal ou le romancier ont bien voulu, sous le titre de résumé, nous fournir, sur le livre, une opinion toute faite qu'il ne tiendrait qu'à nous d'adopter.

M. Sue et le *Constitutionnel* se donnent la peine de nous apprendre que le *Juif errant* est une œuvre hors ligne, sans objet de comparaison dans la littérature actuelle, sans précédent dans le passé; ce qui équivaut à dire qu'il ne ressemble à rien; appréciation qui commence à se rapprocher un peu de notre opinion. Ne songez pas à nommer, à côté de l'auteur de ce livre, Richardson, Walter Scott, Jean-Jacques Rousseau, Fielding, Le Sage, Cervantès, qui ne s'occupaient que de l'étude de l'homme! « M. Sue (c'est le *Constitutionnel* « qui nous l'apprend) a ouvert de nouveaux horizons « au roman, qui s'inspire, grâce à lui, des phénomènes « généraux de la vie sociale, cherche à en étudier les « lois, à en signaler les désordres et les tristes iniquités. « Il n'a pas de devancier dans la voie large et progres- « sive où il marche. » Cet holocauste de renommées ne suffit pas encore à l'appétit franc et prononcé de cette vanité goulue; il faut encore lui servir la gloire de Rabelais, celle de Montesquieu et celle de Voltaire, qui faisaient, on veut bien l'avouer, « de la comédie de mœurs généralisée, » mais sans faire, comme l'illustre M. Sue, « de la critique sociale proprement dite. »

Voilà ce que pense le *Constitutionnel* de M. Sue, à

moins que M. Sue ne se soit chargé, ce qui n'est pas sans exemple dans l'école littéraire à laquelle il appartient, de tenir lui-même l'encensoir, afin d'être plus sûr de bien mesurer la dose d'encens. Les romanciers qui se sont bornés à présenter le spectacle de la vie humaine, comme Le Sage, Fielding, Richardson, lui arrivent à la cheville ; ceux qui ont jeté un ridicule philosophique sur les travers de la société, comme Voltaire, Montesquieu et Rabelais, lui viennent jusqu'au coude. Massillon disait : « Dieu seul est grand ; » il s'était trompé, il n'y a de vraiment grand que M. Sue.

Il ne faut point prendre trop au sérieux ces vanteries de poëte, dont le type a été trouvé, il y a bien longtemps, par Molière ; M. Sue aura beau faire, nous le défions d'aller aussi loin que Trissotin et Vadius. Il ne faut pas non plus s'émouvoir plus que de raison de ces hâbleries d'éditeur, dont le master Puff de Sheridan avait révélé l'efficacité longtemps avant que le *Constitutionnel* parût. Il a toujours été permis aux marchands de vanter leur marchandise, le *Constitutionnel* est donc tout à fait dans son droit quand il cherche à achalander la sienne. Il a acheté, comme chacun sait, M. Sue, avec non-seulement tout l'esprit qu'il a, mais tout celui qu'il a l'intention d'avoir pendant un laps de dix années. C'est une grosse affaire, et il importe de la bien lancer. Quoi d'étonnant qu'on pousse à la hausse d'une valeur, qu'il s'agisse d'une mine de houille ou d'une mine de romans, quand on a tous les coupons dans la main ?

Nous nous permettrons cependant de ne pas suivre le *Constitutionnel* sur ce terrain, et cela, pour deux raisons que nous allons dire. Il y a une grande différence entre la critique et les affaires ; or, Dieu merci, nous n'avons pas la part la plus mince, le coupon le plus insignifiant, dans l'entreprise d'exploitation romantique que le *Constitutionnel* a soumissionnée ; et peu nous importe que l'article *Sue* soit en souffrance ou en faveur sur le marché, de sorte que nous avons le droit d'apprécier à leur juste valeur les produits que le *Constitutionnel* est obligé de vanter pour leur donner cours. En second lieu, il n'y a aucune comparaison à établir entre les écrivains du dix-huitième siècle, qui, quels que fussent leurs principes, avaient du moins des principes arrêtés, et écrivaient pour faire prévaloir des idées, et ceux des écrivains du dix-neuvième siècle qui ont mis leur fécondité, plus ou moins heureuse, au service des journaux qui ont besoin d'avoir beaucoup d'abonnés pour avoir beaucoup d'annonces, de sorte qu'ils ont consenti à faire de la littérature une enseigne dont tout le mérite est d'achalander des boutiques de publicité. Si une partie des idées des écrivains du dix-huitième siècle sont contraires aux nôtres, du moins nous honorons en eux un culte qui a toujours quelque chose de grand et de beau, le culte des idées ; nous admirons le talent désintéressé consacré à faire prévaloir des convictions, et un sentiment élevé de la littérature, qui est la recherche du beau, par opposition avec le commerce, qui est la recherche de l'utile. Nous croirions donc manquer à Voltaire et à Montesquieu, et même à Rabelais, si nous les nommions à propos de M. Sue. Ces sortes de rapprochements peuvent trouver place dans un prospectus qui souffre tout, mais la critique se couvrirait d'un ineffaçable ridicule si elle entreprenait de discuter, contre le *Constitutionnel*, les éléments d'un aussi étrange parallèle.

Nous devons donc nous contenter d'examiner la valeur intrinsèque du livre de M. Sue, sans le comparer à aucun livre, attendu qu'il ne ressemble à rien, comme le reconnaît le *Constitutionnel* avec une rare ingénuité.

A M. Sue, qui promettait de nous donner le spectacle intéressant de Rodin touchant le clavier des passions humaines, et faisant assez habilement jouer des ressorts moraux pour écarter les héritiers Rennepont, nous avions dit : « Prenez garde, vous ne savez pas à quoi vous vous engagez. Vous échouerez dans cette tâche, elle est trop ardue et trop difficile, ces fils déliés se briseront dans vos mains. »

Lorsque M. Sue a retiré de la scène son Rodin frappé du choléra, il était déjà embarrassé, et il ne reléguait son héros sur le second plan du tableau que parce qu'il ne pouvait le maintenir sur le premier. Nous lui avons dit alors : « Si vous le tuez, vous montrerez votre impuissance ; si vous le faites vivre, votre impuissance paraîtra mieux encore ; car ce n'est qu'en sortant des bornes du possible, et en admettant l'absurde comme réel, que vous réussirez à atteindre votre but. »

On peut voir maintenant si nos prévisions nous avaient trompé. Comme œuvre d'art, la première partie du *Juif errant* était très-inférieure aux *Mystères de Paris*, déjà si imparfaits au point de vue littéraire ; comme œuvre d'art, la seconde partie du *Juif errant* est infiniment inférieure à la première. Le talent de l'auteur ne s'y montre que par de rares et rapides échappées, qui deviennent de moins en moins fréquentes à mesure qu'on approche de la fin. C'est une décadence continue qui aboutit enfin à une espèce de débâcle; nous ne pouvons guère donner d'autre nom à cet abatis de tous les personnages qui ont joué un rôle dans le roman, à cette exécution en masse que M. Sue a prise pour un dénoûment. Qui ne voit que cette monotonie de meurtres et de suicides est un aveu d'impuissance? Que fait l'auteur en effet? Il en use avec ses personnages comme les enfants avec les jouets, qu'ils brisent lorsqu'ils ne savent pas s'en servir. Ce n'est pas par l'habileté de Rodin qu'ils meurent, c'est à cause de l'inhabileté de M. Sue.

Dans les œuvres d'art, nous l'avons dit, il y a une vérité relative, qui est la vraisemblance. Il ne suffit pas que l'auteur du roman tue, de sa propre main, les personnages qu'il a créés; il faut que l'on voie bien que ce qui arrive dans le roman devait arriver, et qu'il y ait des rapports logiques entre les causes et les conséquences. Eh bien! tout le développement de cette seconde partie est dominé par une invraisemblance énorme qui détruit l'intérêt. La famille du Juif errant est avertie: elle connait ses adversaires, les jésuites; elle sait qu'il y a une conspiration ourdie pour la dépouiller de la succession, et que Rodin est le chef de cette conspiration; la plupart de ses membres ont des rapports entre eux; ces rapports doivent se généraliser, car Gabriel et mademoiselle de Cardoville savent les noms de tous les cohéritiers. Et pas un ne songe à avertir les autres ! Gabriel qui renonce, par point d'honneur, à sa part, et qui connaît si bien Rodin et d'Aigrigny, qu'il conseille au vieux Samuel de brûler les deux cent douze millions en billets, plutôt que de les leur livrer, n'éclaire point ses parents ! Mademoiselle de Cardoville imite son exemple ; elle ne met ni le prince Djalma ni les deux filles du maréchal Simon en garde contre les piéges dont ils sont entourés ! Le docteur Baleinier, la princesse de Saint-Dizier, d'Aigrigny, enfin Rodin, le conducteur de toutes les manœuvres, dont le signalement devrait être communiqué de proche en proche, peuvent agir sans que leurs mines soient éventées !

Non-seulement cela n'est pas probable, mais cela n'est pas possible. Tous les héritiers Rennepont ont l'air de servir de compères à Rodin pour l'aider à les exterminer. Ils ressemblent à ces oiseaux qui sont dressés à tomber morts dès qu'un petit canon chargé à poudre, et auquel un canonnier emplumé comme eux a mis le feu, fait entendre la détonation inoffensive. M. Sue, qui répète à chaque instant que Rodin est un habile homme, lui rend la partie trop facile ; et Figaro déploie cent fois plus d'habileté pour duper Bartholo, et Sbrigani pour mettre en fuite M. de Pourceaugnac, que Rodin n'a besoin d'en montrer contre une famille imbécile, dont chaque membre vient mordre à l'hameçon aussitôt que l'hameçon lui est présenté.

Une seconde observation s'offre naturellement à l'esprit : dans la donnée du livre, la lutte s'ouvre entre la compagnie de Jésus, qui veut détruire la famille

Rennepont, et le Juif errant, qui la protége. Folle ou raisonnable, c'est l'idée mère du livre. Dans la seconde partie, l'auteur paraît avoir complétement oublié cette donnée. Non-seulement les héritiers du Juif errant s'abandonnent les uns les autres, mais il les abandonne lui-même. Couche-tout-Nu, les deux filles du maréchal Simon, le négociant Hardy, Adrienne de Cardoville, Djalma, meurent sans que le Juif errant ou sa suppléante Hérodiade essayent de les secourir.

M. Sue est donc ici en contradiction formelle avec la donnée de son livre; il ne suit pas la loi que lui-même a faite, il change le plan de son édifice quand il est déjà bâti à moitié, ce qui est une faute capitale contre les règles de l'art. Si déjà, dans la première partie, le Juif errant ne remplissait qu'un rôle très-secondaire, dans la seconde partie il ne remplit plus aucun rôle. Enfin il meurt au dénoûment, ce qui est en désaccord avec la légende, d'après laquelle le Juif errant doit vivre jusqu'au jugement dernier; et sa mort est le signal de l'émancipation des classes laborieuses punies de l'inhumanité de l'ancien artisan de Jérusalem envers Jésus-Christ; ce qui est absurde, car avant l'avénement du christianisme les artisans étaient encore plus malheureux qu'ils ne l'ont été après. Ainsi, pour faire prévaloir Rodin, il a fallu que l'auteur empêchât les héritiers Rennepont de suivre les lois du plus simple bon sens, et le héros *in partibus* de son ouvrage d'accomplir la mission qu'il lui a lui-même donnée; ce qui prouve la pauvreté des combinaisons de Rodin, et la stérilité d'invention de M. Sue.

Si vous descendez aux détails, vous allez trouver à chaque pas d'autres fautes contre l'art.

L'auteur s'était engagé à ne plus employer ces moyens brutaux et matériels qu'il avait fait blâmer par Rodin dans la campagne de l'abbé marquis d'Aigrigny. Mais quoi de plus matériel et de plus brutal au monde que l'incendie de la fabrique du négociant Hardy? Quoi! dans un temps où les prêtres n'osaient pas se montrer en soutane dans les rues de Paris, et où M. de Montalivet adressait aux évêques ces mandements impérieux datés du pachalik de l'instruction publique, qui ne sont pas sans quelque analogie avec les notes cavalières de M. Sue sur monseigneur l'archevêque de Lyon; dans un temps où l'émeute démolissait l'archevêché et faisait le sac de Saint-Germain-l'Auxerrois, le plus habile des jésuites aurait commis l'imprudence insigne de faire incendier une fabrique à la porte de Paris? Il n'aurait pas craint que l'enquête ne le compromît lui et sa compagnie, une enquête dirigée par les tribunaux, qui ont si peu de sympathie pour la compagnie de Jésus?

Comment admettre aussi que le docteur Baleinier, qui a eu des affaires avec la justice à l'occasion de la séquestration d'Adrienne de Cardoville, consente à hâter, par des doses immodérées d'opium, la mort de M. Hardy? et que devient encore ici la promesse de M. Sue de ne plus employer de moyens matériels?

En examinant tous les ressorts que M. Sue met en jeu par les mains de Rodin pour perdre la famille Rennepont, nous trouverions à présenter au nom de l'art des remarques analogues.

Voyez, par exemple, la pauvreté de la combinaison qu'il met en usage pour se débarrasser de Rose et de Blanche. Il faut d'abord admettre que le père du maréchal Simon, dont la haute raison serait une ressource pour ses petites-filles, ait été tué à point nommé pour Rodin, par une pierre lancée au hasard ; il faut admettre que le maréchal Simon perde à moitié son intelligence et qu'il puisse croire, ce qui est absurde, que son père, qui est républicain, lui a conseillé en mourant de conspirer pour ramener le duc de Reichstadt ; il faut admettre que Dagobert, qui sait que les deux jeunes filles sont en butte à mille périls, surtout du côté de personnes se présentant sous des prétextes de piété, puisqu'elles ont pour ennemis les jésuites, laisse pénétrer auprès d'elles une dame de charité qu'il ne connaît pas ; il faut admettre que les deux jeunes filles suivent l'avis de cette inconnue, et, pour que madame de Saint-Dizier leur soit inconnue, il faut admettre qu'Adrienne de Cardoville et Gabriel ne leur aient jamais dépeint cette détestable femme ; il faut enfin admettre que toutes deux, en se présentant à l'hospice, soient immédiatement atteintes du choléra.

Ces circonstances, toutes improbables, quelques-unes inadmissibles, sont nécessaires au succès de Rodin. Ce n'est donc pas lui, c'est réellement M. Sue qui tue Rose et Blanche contre toutes les lois de la vraisemblance, parce qu'il faut pour les besoins de son plan qu'elles meurent.

Nous en dirons autant du prince Djalma et d'Adrienne de Cardoville, et c'est ici que vous allez voir paraître tout ce qu'il y a de superficiel et de mal combiné dans les machines qu'emploie M. Sue. C'est, selon lui, le hasard qui a fait naître dans l'esprit de Rodin le plan qui décide la perte de ces deux jeunes gens, et ce hasard est amené par un calembour et un proverbe trivial qui, en raison de l'association des idées, suggèrent à l'ancien *socius* de l'abbé d'Aigrigny la machination qui devient fatale à Djalma et à Adrienne. Il donne dérisoirement à cette dernière le nom de *colombe*; en prononçant ce mot, il vient à se rappeler la Sainte-Colombe, et comme l'image de la belle Adrienne et celle de l'ancienne concurrente de la mère Ponisse ne peuvent être rapprochées sans ridicule, il ajoute que ces deux personnes vont ensemble *comme une bague va à un chat et un collier à un poisson*; ce qui le conduit à songer au collier extorqué au cardinal de Rohan par la ressemblance de la comtesse de Lamothe avec la reine, souvenir qui éveille en lui la pensée de tromper de même Djalma, en lui présentant une fausse Adrienne.

Il y a à tout cela un léger obstacle : c'est que, pour justifier ce dénoûment, il faut admettre que Rodin ait étudié le français à l'école des romanciers modernes, et qu'il y ait autant d'incohérence dans ses idées et autant d'impropriété dans son langage qu'on en trouve dans les romans-feuilletons. Entre Adrienne et la Sainte-Colombe, il ne peut y avoir qu'un rapport de ressemblance ou de différence, on les compare ; entre une bague et un chat, un collier et un poisson, il y a un rapport d'appropriation, d'usage : on constate qu'un chat ne peut se servir d'une bague, un poisson d'un

collier. La phrase de M. Sue revient donc à ceci :
Adrienne ressemble à la Sainte-Colombe, comme un
chat se sert d'une bague, un poisson d'un collier ; ce qui
est un des plus épouvantables solécismes qui aient été
commis, de mémoire de rhétoricien. Voltaire est là pour
dire que les jésuites parlaient et enseignaient un autre
langage. L'auteur d'un semblable solécisme aurait eu,
dans les colléges de la compagnie, à s'expliquer devant
le donneur de férule. Cependant, faute de ce solécisme,
tout le dénoûment de M. Sue s'évanouit. Cela prouve
d'une manière très-claire qu'il ne l'avait pas pris dans
les entrailles de son sujet, et que c'était seulement un
dénoûment postiche, cousu arbitrairement au roman,
sans en ressortir par le progrès logique des causes et
des conséquences.

Ce n'est point la seule observation qu'il y ait à présenter sur ce passage. M. Sue, par la bouche de Rodin,
a promis de ne plus employer de moyens matériels pour
agir sur les héritiers Rennepont. Mais qu'est-ce donc
que cette plante exhilarante de l'Inde dont la vapeur
enivrante jette Djalma dans un état d'hallucination et
de somnambulisme fiévreux ? Est-ce que ce n'est pas là
un moyen matériel, comme l'incendie qui consume la
manufacture de François Hardy ? Comment en outre
Djalma, qui connaît la perversité et la perfidie de Faringhea, l'a-t-il gardé à son service, et comment l'a-t-il
suivi dans une maison inconnue en tombant dans un
piége aussi grossier ? Comment enfin Rodin n'a-t-il pas
prévu qu'en faisant commettre à Djalma ce double meurtre, il devait nécessairement arriver qu'il y aurait une

enquête, que, dans cette enquête, la Sainte-Colombe serait interrogée, qu'elle serait naturellement obligée d'expliquer comment l'assassin et la personne assassinée s'étaient trouvés chez elle, qu'elle nommerait Nini Moulin, et que Nini Moulin nommerait Rodin lui-même pour se justifier? De sorte que si Rodin avait imaginé cette combinaison, au lieu d'être le plus habile des hommes, il en serait le plus maladroit et le plus imprudent.

Encore faut-il admettre que le prince Djalma s'empoisonne, après avoir commis le double meurtre; que mademoiselle de Cardoville sorte à point nommé de sa chambre pour le rencontrer, et qu'elle s'empoisonne avec lui : résultats qui ne se rattachent pas naturellement à la combinaison de Rodin, et que, par conséquent, il n'a pu avoir eus en vue, et que le romancier en a fait arbitrairement sortir.

Que dire enfin de ce duel mélodramatique ménagé par Rodin entre le maréchal Simon et l'abbé d'Aigrigny? Comment le maréchal Simon n'a-t-il point été averti par Gabriel, le fils adoptif de Dagobert, du caractère de Rodin? Et puis, qui ne voit qu'il faut encore ici que M. Sue aide étrangement l'homme au chapeau crasseux? Dans ce duel, il y a trois alternatives possibles : ou le maréchal Simon sera tué, ou l'abbé d'Aigrigny, ou enfin tous les deux s'entre-tueront. Cette dernière issue est la plus improbable; par conséquent Rodin n'a pas dû la prévoir; c'est pourtant celle qui se réalise, et il faut qu'elle se réalise, car tous les plans de Rodin sont déconcertés si le maréchal Simon sort vivant du combat; et si l'abbé d'Aigrigny y survit, Rodin est personnellement exposé à sa dénonciation, car il l'a enfermé, lui désarmé, avec un homme armé qui en voulait à sa vie. Rodin, dans cette circonstance, a donc fait une chose souverainement imprudente, et s'il gagne la partie, c'est que M. Sue est là pour piper les dés.

Nous ne parlerons point de la grande tuerie du dénoûment; elle prouve que le terrible, comme le sublime, est voisin du ridicule. Nous croyons inutile aussi d'insister sur la convocation de tous les cadavres des membres de la famille Rennepont, rassemblés à grands frais pour figurer dans un tableau final qui produit à peu près, sur Rodin, le même effet que produisaient sur les Anglais les feux d'artifice que les Chinois tiraient à grand renfort de fusées pour effrayer les barbares. Quand on en arrive à ces excentricités, l'art perd ses droits. Les figures de Curtius, comme le dit très-bien Rodin, ne relèvent pas de la critique.

Voilà comment l'auteur du *Juif errant* a respecté les règles de l'art; vous savez quel compte il a tenu de celles de l'histoire, de la morale, de la religion, de la philosophie : vous pouvez donc maintenant apprécier complétement cette œuvre.

Quelques personnes se sont étonnées de la persévérance avec laquelle nous avons discuté les défauts et les torts d'un livre qui ne leur paraissait point mériter une attention aussi soutenue. Nous ne regrettons point le temps que nous lui avons donné. C'est le feuilleton-roman tout entier que nous avons poursuivi dans une de ses expressions les plus dangereuses, les plus passionnées et les plus cyniques ; et quoi qu'en dise le *Constitutionnel*, c'est la conspiration d'une idée ambitieuse de M. Thiers, d'un intérêt matériel de journal et d'une spéculation anti-religieuse que nous avons dévoilée.

Certes, si l'on ne considère que la valeur du *Juif errant*, nous avons eu tort ; l'auteur, qui est en vain remonté jusqu'à Montesquieu, à Rabelais et à Voltaire, pour trouver un compagnon ou un précurseur, aurait été peut-être plus heureux s'il était redescendu jusqu'à Rétif de la Bretonne et jusqu'à Mercier, et le *Tableau de Paris*, et le *Hibou nocturne*, lui auraient offert les analogies qu'il cherchait. Mais, si l'on envisage le danger moral et social de ces publications, le torrent d'idées fausses et dangereuses qu'elles apportent dans la circulation intellectuelle, et qui sont acceptées par les imaginations ardentes et les esprits dépourvus d'études, on trouvera peut-être que nous avons rendu un service. Il est impossible d'analyser tous les feuilletons-romans qui paraissent, mais il est bon que la critique en fusille quelques-uns devant le rang, ne fût-ce que pour servir d'exemple aux autres, pour maintenir avec les droits du bon sens les traditions de la littérature française, et pour avertir le lecteur du peu de fond de ces ouvrages, qui demandent à être lus aussi rapidement qu'ils sont faits, et qui ne tiennent pas devant un examen un peu sérieux.

M. Sue avait des droits particuliers à notre préférence ; c'est un romancier dogmatique qui, après qu'il a composé ses romans, cherche à y découvrir un but philosophique en y cousant tant bien que mal quelques lambeaux d'utopies. C'est ainsi qu'il a découvert, après avoir composé neuf volumes du *Juif errant*, que son principal objet avait été de dérouler le tableau de la fraternité humaine s'éclairant aux lumières de la science. M. Sue, qui écrit aux archevêques pour leur proposer, avec une familiarité pleine de condescendance, et comme si la question était ouverte entre lui et les les prélats autour d'un bol de punch, dans une soirée de lansquenet, de parier cinquante louis que douze filles de mauvaise vie, prises au hasard, auront fait autant de bonnes actions qu'autant de membres de leur clergé, M. Sue n'en a pas moins découvert aussi que c'était par esprit de parti qu'on lui reprochait ses attaques envers la religion, qu'il ne combat que dans ses dogmes, sa morale, ses traditions, ses sacrements, enfin dans tout ce qui la constitue.

C'est avec la même bonne foi qu'au moment de terminer son livre, l'auteur, pour répondre aux critiques dont il a été l'objet, pose les questions suivantes : « Est-« ce exciter les pauvres contre les riches que de mon-« trer Adrienne appelant la Mayeux sa sœur? Est-ce « exciter les ouvriers contre les fabricants, que de mon-« trer Hardy jetant les premiers fondements d'une mai-« son commune? Nous avons supposé des membres de « la compagnie de Jésus, agissant selon l'esprit de leurs « abominables livres; mais avons-nous prétendu que les « membres de la compagnie de Jésus trempassent tous « dans ces infamies? Pas le moins du monde. »

On peut faire à toutes ces questions une réponse affirmative. Oui, en montrant Adrienne de Cardoville, la grande dame fouriériste, vivant, dans un monde imaginaire, sur le pied de l'égalité et de la fraternité avec l'ouvrière, M. Sue a excité les classes laborieuses contre les classes supérieures, qui, dans le monde réel, ne sont point dans ces rapports avec les personnes placées dans des conditions d'éducation toutes différentes. Oui, en exaltant Hardy, le fabricant du monde utopiste, fondant la maison commune, M. Sue a excité les ouvriers contre les fabricants du monde réel, qui ne fondent pas des maisons de ce genre.

Quant aux jésuites, ce ne sont pas quelques jésuites, c'est la compagnie de Jésus tout entière, dirigée par son chef, que M. Sue a montrée marchant à la spoliation par le meurtre, le suicide, avec la coopération de la majorité du sacré-collége et de plusieurs évêques; et Gabriel, le seul beau caractère qu'il prête au catholicisme, meurt destitué de sa cure et interdit, de sorte que l'auteur retire d'une main à la religion ce qu'il semblait lui avoir donné de l'autre.

Cette hypocrisie est un tort moral à ajouter à tous les torts de cette œuvre, qui a des tendances anti-sociales, irréligieuses et immorales, avec des prétentions à être morale, religieuse et sociale; et c'était pour nous une raison de plus de déchirer les masques sous lesquels ces tendances subversives essayent de se dissimuler. S'il fallait résumer, par une image, l'effet que nous produit l'ensemble de ce livre qui remue de si grandes machines pour arriver à de si petits résultats, nous la trouverions dans le livre même. Que reste-t-il des trésors entassés dans le coffre du *Juif errant,* quand Samuel a approché des 212 millions l'allumette enflammée? Une légère fumée qui se dissipe presque aussitôt, en laissant une mauvaise odeur après elle. C'est aussi tout ce qui restera du *Juif errant.*

DU PRÊTRE, DE LA FEMME

ET DE LA FAMILLE.

DU PRÊTRE,

DE LA FEMME ET DE LA FAMILLE.

LETTRE CRITIQUE.

A M. MICHELET (1).

Je ne viens pas insulter M. Michelet au sujet de son livre. Comme chrétien, je dois tâcher de n'insulter

---

(1) Il n'est pas entré un moment dans notre pensée de ranger parmi les romanciers M. Michelet, l'historien et l'érudit. Malgré les justes critiques qu'on peut présenter sur ses ouvrages, l'auteur de l'*Histoire de France* et de l'*Histoire romaine* est un homme de trop d'étude et un écrivain de trop de talent, pour qu'on puisse, sans injustice, le confondre avec les improvisateurs du feuilleton-roman. Mais l'écrit dont il s'agit est un écrit à part, que M. Michelet a tiré tout entier d'une imagination exaltée et trompée par ses propres fantômes. C'est un de ces rêves dont l'esprit est si vivement frappé qu'il y croit encore au réveil. Il nous a donc semblé que l'appréciation de ce roman sur la confession ne serait pas déplacée dans des études consacrées aux mauvaises influences du roman, d'autant

personne; d'ailleurs, en prenant même à un point de vue plus humain les choses, j'aurais beau chercher dans mon cœur, il me serait impossible d'y trouver un sentiment haineux contre M. Michelet. Il commençait sa carrière de professeur quand je terminais mes études d'écolier, et c'est ainsi que nous nous sommes pour la première fois rencontrés, lui dans la chaire, moi sur les bancs d'une classe. Nous admirions, il m'en souvient, ce jeune professeur à la vive et puissante imagination, à la parole éloquente, quoiqu'un peu sentencieuse, qui se jetait dès lors dans les profondeurs de l'érudition scolastique sans parvenir à éteindre ce rayon de lumière que Dieu lui avait allumé au front, et qui, après être descendu, comme un hardi mineur, dans les abîmes de l'étude, reparaissait tout à coup sans que la nuit de ces lieux sombres eût obscurci les clartés qui illuminaient son visage. Il était dès lors ce qu'il a été depuis, érudit poëte, savant et inspiré, d'une érudition quelquefois ornée, d'autres fois aussi gâtée par la poésie, d'un savoir quelquefois illuminé et d'autres fois aussi ébloui par l'inspiration. Plusieurs années après cette époque, nous nous retrouvâmes à l'occasion de ses ouvrages; et quoiqu'ils donnassent en même temps prise à la critique et lieu à la louange, nos rapports furent bienveillants et agréables, du moins pour l'une des deux parties. J'ai cru ces détails utiles à donner avant

---

plus que les idées que M. Michelet a mise en œuvre avec un talent incomparablement plus grand, sont le fonds commun où les auteurs de romans, entre autres M. Sue, viennent puiser, toutes les fois qu'ils abordent ce sujet. Il est donc utile que cette question soit traitée.

de présenter la critique du nouveau livre de M. Michelet ; ils indiquent que l'auteur ne saurait être traité par nous en ennemi, ni même en étranger. Mais fût-il un étranger, fût-il un ennemi, et alors même que la religion dont je viens prendre la défense contre lui n'ordonnerait point d'aimer ses adversaires en attaquant le mal qu'ils ont fait et celui qu'ils ont dit, j'avoue que, par respect pour la dignité humaine, par considération pour le talent, ce rayon qui vient de Dieu, et dans l'intérêt même de ma cause et de la dignité de la presse, je n'aurais jamais commis la faute de descendre à l'injure envers un semblable adversaire. L'injure est un dard qu'il faut ramasser à ses pieds, et qui salit la main qui le lance avant de salir celui contre lequel on le jette. C'est chose assez triste que d'avoir à attaquer les idées d'un homme d'intelligence, sans se plaire encore à remuer dans son être toutes ces humeurs âcres et violentes que l'insulte met en mouvement dans la nature humaine, et sans le précipiter dans des excès où il aurait hésité à se jeter si l'on avait plus ménagé l'homme, tout en cherchant à réfuter les erreurs du philosophe et à signaler les torts de l'écrivain. Combattons, chacun pour les principes qu'il croit les plus vrais, les plus grands, les plus utiles à son pays et à l'humanité, puisque ce perpétuel combat est la loi de l'existence de l'homme sur la terre ; mais dans cette bataille, prenons exemple du soldat qui frappe de la pointe, et non du plat de l'épée ; qui tue, et qui n'insulte pas. Faisons pour la vérité, cette patrie éternelle des intelligences, ce que nous faisons pour cette patrie d'un jour où Dieu nous a fait naître et qui nous est bien chère cependant, puisqu'elle s'appelle la France; honorons-la aux yeux de nos adversaires par la manière dont nous la défendons.

Nous donnerons, en commençant, au livre de M. Michelet la portée qu'il a, et, sans nous arrêter aux circonlocutions de langage, nous l'apprécierons dans son ensemble : c'est une attaque à fond contre le catholicisme. Dans ce livre il n'y a qu'une proposition, une seule; tout le reste de l'ouvrage est consacré à la développer, et à convaincre les esprits de la nécessité de pourvoir à la solution du problème que cette proposition indique, et d'y pourvoir dans le sens de l'opinion de M. Michelet. Cette proposition, la voici : Par l'éducation les femmes sont d'un côté, les hommes de l'autre ; il faut faire cesser ce conflit, enlever les femmes au catholicisme, d'abord en dérobant leur enfance au système d'éducation religieuse qui est généralement suivi pour les personnes de leur sexe, et généralement appliqué par des corporations monastiques qui, sous des noms différents, se consacrent à l'éducation des filles; ensuite en abolissant la confession, parce que le confesseur est le représentant vivant des traditions de l'éducation chrétienne ; que, dans ses entretiens sacrés, la femme retrouve l'influence des idées et des sentiments qui ont régné sur les premières années de la jeune fille, et qu'ainsi elle peut avoir des idées et des sentiments qui ne soient pas ceux de son mari.

Voilà le livre de M. Michelet réduit à sa plus simple expression. Le reste n'est qu'un développement nécessité par la pensée fondamentale de l'ouvrage, vive et piquante satire de la direction et de la confession dans le passé ; satire des couvents et des pratiques qui y sont suivies ; satire voltairienne, qui ridiculise sans cesse le fond par la forme, qui saisit la bonne fortune d'un mot qui prête au rire, qui étrangle les grands principes du catholicisme dans un détail ; enfin satire en action de la confession dans notre époque, de la confession présentée comme un duel entre le confesseur et le mari, le mari qui a le corps et qui veut avoir l'âme, et le confesseur qui a l'âme et qui veut avoir le corps ; ces mots y sont, ce n'est pas nous qui voudrions les ajouter.

Ne l'avions-nous pas dit : la conclusion nécessaire de tout ceci, c'est qu'il n'y a plus qu'un obstacle à la paix, au bonheur, à la dignité de la famille particulière, et par conséquent à la paix, au bonheur, à la dignité de la grande famille, c'est-à-dire de la société, et que cet obstacle est le catholicisme ; donc il faut détruire le catholicisme ? Telle est la logique invincible de l'ouvrage de M. Michelet.

L'auteur du *Prêtre, de la Femme et de la Famille*, parle, dans un passage de son ouvrage, des colères qu'il excitera. Pour nous, ce n'est point là le sentiment qu'il fait naître dans nos âmes, c'est celui d'une tristesse profonde. Quoi ! voilà donc où un esprit élevé peut être conduit par les blessures de la polémique ! car, il est impossible de se le dissimuler, dans le livre de M. Michelet il entre, plus qu'il ne le dit, plus qu'il ne le croit lui-même, un sentiment de représailles. Si ce n'était pas une satisfaction stérile que de mettre un homme en contradiction avec lui-même, il nous serait facile de trouver, dans quelques-uns de ses autres ouvrages, des appréciations bien différentes du catholicisme. Comment donc M. Michelet a-t-il été entraîné à écrire le livre que ses partisans eux-mêmes ont trouvé extrême et exagéré? Comment, d'une neutralité plutôt bienveillante qu'hostile, ajoutons quelque chose de plus pour nous rapprocher de la vérité : comment, d'une incertitude ou d'un doute où plus d'une fois on put entrevoir des tendances catholiques, en est-il venu à ce manifeste si violent et si agressif, à cette déclaration de guerre après laquelle on voit bien que M. Michelet a jeté le fourreau pour ne garder que l'épée?

Comment? Nous allons vous le dire. M. Michelet a été mal à propos, suivant nous, car une chaire n'est pas la scène d'un théâtre, et des sifflets ne sont pas des raisons, blessé dans sa dignité de professeur par des interruptions violentes et tumultueuses, déplacées, si l'on considère celui auquel elles s'adressaient; plus déplacées encore, si l'on considère les principes au nom desquels elles semblaient s'élever. La vérité catholique, en effet, n'en est pas réduite pour logique aux huées; elle ne craint pas la contradiction. Elle s'est fondée au milieu des contradictions, comme l'a dit Bossuet; contradictions de la part des puissances de ce monde, que les martyrs ont vaincues par leur constance au milieu des supplices, et soit qu'ils aient éclairé, comme de vivants flambeaux, les fêtes de Néron, soit qu'on les ait livrés à la dent des bêtes de l'amphithéâtre; contradictions de la part des écoles de philosophes, que les Tertullien, les Justin, les Origène, les Lactance, les Augustin ont vaincues par une philosophie supérieure que la foi éclairait d'en haut, et dont le regard, à la lumière de la révélation, lisait plus profondément dans les mystères de notre origine et de notre fin dernière; contradictions de la part des passions humaines, passions de l'esprit comme du corps, que les solitaires ont vaincues par des merveilles d'humilité et par les prodigieuses austérités du christianisme héroïque, qui, pour rétablir le niveau entre l'esprit et la chair, que les abominations païennes avaient pour ainsi dire divinisée, l'exténua par des macérations, des prières et des privations de toute espèce. Une religion née au milieu de tant de contradictions, et développée par les contradictions mêmes, ne pouvait donc s'étonner des contradictions de M. Michelet, ni autoriser les protestations tumultueuses dont nous avons parlé. Ce furent ces protestations qui, par l'irritation qu'elles excitèrent dans son esprit, lui firent faire sa première campagne, nous appellerons ainsi le livre qu'il composa de concert avec M. Quinet, contre les jésuites; livre plein de passion, où le mal qu'on peut dire des membres de cette société est amplifié, où le bien est passé sous silence. Les violentes récriminations dont ce livre devint l'objet ont fait faire un pas de plus à M. Michelet dans cette route fatale, et l'ont amené, non plus à attaquer les jésuites, mais à attaquer le catholicisme même.

Quoi, monsieur! vous, homme d'intelligence et de cœur, voilà où vous en êtes venu! C'est le catholicisme qui vous paraît le mal de cette société, c'est par l'abolition du catholicisme qu'il faut la guérir ! Où allons-nous, mon Dieu, si les lumières de notre pays s'éteignent ainsi dans les ténèbres, si les conducteurs d'intelligences deviennent des maîtres d'égarement ? Mais toutes les voix de la situation ne s'élèvent-elles pas à la fois pour vous le crier : le mal de la France, c'est le scepticisme qui la dévore ! On ne croit plus à aucun principe, c'est pour cela que le règne des intérêts matériels s'établit sur tant d'esprits et tant de cœurs. L'ignoble égoïsme devient l'unique mobile des actions humaines, et l'amour du lucre, ne l'avons-nous pas plus d'une fois déploré ensemble ? pénètre jusque dans le sanctuaire de la science. Là où l'on s'occupait naguère encore d'idées, on ne s'occupe plus que d'intérêts ; là où l'on cherchait à s'élever, sur les ailes de la pensée, à des hauteurs encore inexplorées, on ne songe plus qu'à guetter de l'œil des positions matérielles. La science, la littérature, la philosophie, ne sont que des prétextes ; l'argent, les jouissances, voilà le mobile de toute activité, voilà le but de la vie dans toutes les carrières. Des plaisirs sans élévation, sans noblesse, la volupté sans amour, l'ambition sans grandeur et sans idée, et surtout l'argent, l'argent qui, depuis celui qui vendit son Dieu jusqu'à ceux qui vendent en ce moment leur pays à une politique dont ils rougissent eux-mêmes, a fait commettre toutes les actions infâmes, telles sont les influences qui dominent en ce moment la société française et qui l'entraînent rapidement vers sa décadence.

Grâce donc, monsieur, grâce, non pour le catholicisme qui pardonne à tous et qui n'a besoin du pardon de personne, mais grâce pour la France! Ne comprenez-vous pas que la seule force qui puisse la sauver maintenant, c'est une croyance qui oblige l'homme à quitter la terre des yeux et à élever ses regards vers le ciel? Par quoi périssons-nous? par l'oubli de la dignité humaine. Le catholicisme nous enseigne que nous sortons des mains de Dieu et que nous y retournons ; quelque chose de plus, qu'un Dieu s'est fait homme, et que la nature humaine s'est amplifiée et agrandie sous le contact de la divinité. Par quoi périssons-nous encore? par l'égoïsme. L'esprit du catholicisme, c'est la charité, c'est le sacrifice. Le Dieu qui nous enseigne, nous enseigne du haut du Calvaire ; soir et matin nous prions devant une croix. Par quoi périssons-nous? par l'orgueil individuel. L'esprit du catholicisme, c'est l'humilité ; le premier parmi nous doit être le serviteur des plus humbles de nos frères. Par quoi périssons-nous enfin? par l'attrait des plaisirs et de l'argent. Le catholicisme honore la pauvreté ; il nous fait aimer l'austérité de nos devoirs par-dessus toutes les jouissances de ce monde ; il nous avertit que nous ne pouvons servir à la fois deux maîtres, Dieu et l'argent.

C'est donc le catholicisme qui a le remède qui doit guérir chacun de nos maux, le baume qui doit fermer nos plaies. Lui seul peut donner à la France les deux vertus qui lui manquent en ce moment, et qui cependant lui sont plus que jamais nécessaires, l'esprit de liberté sans révolte, et l'esprit d'obéissance sans servilité ; car au-dessous comme au-dessus il montre des droits, au-dessus comme au-dessous il prescrit des devoirs. Abandonner le catholicisme, c'est à la fois renier le passé et abdiquer l'avenir de la France. Depuis que Clovis, à Tolbiac, embrassa la religion du Dieu de Clotilde, et que le catholicisme, souvenir populaire chez nous, marqua son entrée chez les Francs par la victoire, on peut dire que ce grand pays a vécu de la vie catholique. C'est lui qui, par le marteau de l'aïeul de Charlemagne, arrêta dans les plaines de Poitiers l'islamisme qui débordait comme un torrent sur l'Europe; lui qui, par le règne de Charlemagne, ralluma le flambeau de la civilisation chrétienne dans le monde, donna à la papauté son indépendance, et enfonça dans les profondeurs du sol les germes de cette unité européenne, dont les âges suivants devaient voir les fruits; lui qui, par les croisades, décida la grande querelle de la liberté et de l'activité humaine, contre le fatalisme et l'immobilité de l'Orient qui menaçaient d'endormir le monde dans une perpétuelle enfance; lui qui maintint d'une manière admirable les droits de la conscience et de la dignité humaine, en proclamant la séparation des deux puissances, et l'indépendance du temporel et du spirituel, sans laquelle l'homme, à la fois pris par l'âme et par le corps, entre le bourreau et l'enfer, n'est plus qu'un esclave qui cède, et non une créature libre et intelligente qui obéit; lui chez qui le travail des idées de la liberté et de l'égalité des hommes devant Dieu n'a cessé d'exercer son influence sur notre histoire, et d'être mêlé comme un levain puissant aux progrès de nos destinées nationales. Tout le passé de la France est donc un passé catholique. Et où donc aurait-elle pu prendre ce généreux esprit d'initiation, ce mépris du danger, ce dévouement à la cause de l'opprimé, qui sont les traits principaux de son caractère national, ce désintéressement admirable que les matérialistes de la politique ont remplacé par cette misérable maxime, si nouvelle dans notre histoire, et qui devient de plus en plus le fond de la politique au dehors comme au dedans : « Chacun chez soi, et chacun pour soi ;» maxime honteuse, qui est un démenti jeté à tous nos souvenirs ; lâche et criminel abandon de toutes les traditions françaises, cri d'égoïsme que nous ne pourrions pousser sans renier nos pères dont le sang a coulé pour toutes les grandes causes, et qui ont toujours cru que leur vie appartenait à Dieu et à l'humanité?

Si vous êtes pour cette nouvelle politique, si vous acceptez une France pourrie par la corruption, reléguée au rang des puissances du second ordre, humiliée et exploitée par l'Angleterre, sans idées, sans sentiments, je comprends la guerre que vous déclarez au catholicisme, je comprends votre livre. Mais si vous prétendez pour votre pays à un avenir aussi grand que son passé dont vous écrivez l'histoire, je ne vous comprends plus. Non, je ne saurais concevoir qu'un homme de talent et de cœur, quel que soit l'entraînement de la polémique, quelle que soit la vivacité des sentiments personnels quand ils sont blessés ; je ne saurais concevoir que, dans une époque où tout périt par le scepticisme qui dissout, par l'égoïsme qui isole, par le goût des choses matérielles qui abâtardit les âmes, par l'amour du lucre, cette contagion qui éteint toutes les vertus comme toutes les idées, je ne saurais concevoir qu'il vienne proposer, comme remède, la destruction de ce qui reste de croyances dans ce pays, surtout quand les croyances dont il s'agit sont, par essence, opposées aux tendances fatales qui dégradent la patrie et menacent d'achever sa ruine.

Nous voilà un peu loin, vous le voyez, monsieur, du point de vue de votre ouvrage. Vous avez pris le catholicisme par les pointes, et je l'ai envisagé dans ses grandes lignes; vous l'avez critiqué dans ses détails, je l'ai admiré dans son ensemble; vous avez cherché à le rendre suspect dans la famille, j'ai indiqué les services qu'il a rendus et qu'il peut rendre encore à la société; vous lui avez fait une guerre de chicane, en séparant quelques-unes de ses pratiques de l'esprit qui les a dictées, en abusant de quelques expressions de ses mystiques, qu'il ne faut pas prendre à la lettre; en représentant les exceptions comme la règle, en jetant l'ironie voltairienne sur des expressions dont la simplicité tient au temps où on les a employées (1); j'ai négligé ces aperçus microscopiques, pardonnez-moi la sincérité de cette appréciation, et je suis allé droit à la question principale. L'esprit du catholicisme, les dogmes qui

(1) C'est ainsi que M. Michelet cite, avec dérision, l'expression de saint François de Sales, qui appelle l'enfant Jésus, le *divin ponpon*. Un homme aussi instruit que M. Michelet n'a pu manquer de faire la réflexion que François de Sales écrivait dans une langue encore naïve (sous Henri IV et dans le commencement de Louis XIII), et que le mot naïf dont il se servait était, par conséquent, en harmonie avec le reste de la langue. En outre, comme Savoyard, il tenait à l'Italie autant qu'à la France, et l'expression italienne qu'on emploie encore aujourd'hui, *il Bambino*, venait se traduire naturellement dans le mot qu'il employait.

sont son essence même, la morale qui est fondée sur ses dogmes, sont-ils contraires ou favorables, inutiles ou nécessaires à la société française? Je suis arrivé ainsi à une conclusion précisément opposée à la vôtre; il faut garder le catholicisme, même à ne consulter que l'intérêt humain de la société française, car elle a vécu par lui, et s'il venait à se retirer, elle périrait en le perdant.

Est-ce à dire que je refuse de discuter les idées que vous avez développées pour motiver votre conclusion contre le catholicisme? à Dieu ne plaise. La vérité ne doit reculer devant aucune discussion; partout où il y a un nuage, il faut qu'elle le dissipe; partout où l'ombre s'épaissit, il faut qu'elle apporte la lumière. Nous sommes profondément convaincu que le catholicisme n'a pas été moins utile à la famille qu'à la société. Quelque chose de plus : N'est-ce pas lui qui a réellement créé la famille moderne? la mère de famille, les enfants, ne sont-ce pas deux créations chrétiennes? M. Michelet n'a-t-il pas peint lui-même (1) le génie farouche de la paternité antique, assis, comme une divinité sauvage, auprès de son foyer solitaire, bien au-dessus de la femme qui n'est que la sœur de ses fils, bien au-dessus de ses fils qui ne sont que les esclaves du père? Comment donc le catholicisme serait-il devenu l'ennemi de la famille dont il a été le bienfaiteur, le corrupteur du foyer domestique qu'il a purifié en y entrant, et, disons tout puisqu'il faut tout dire, le contaminateur du lit nuptial

---

(1) Voyez son *Histoire romaine* dans ses premiers chapitres.

qu'il a rendu chaste et pur en comparant l'union de l'homme et de la femme à celle du Christ et de son Église, et en répandant les bénédictions du ciel sur les deux époux? C'est là, vous l'avouerez, une chose étrange et qui mérite d'être expliquée. Le mariage, vous le savez, n'était ni saint ni pur quand le catholicisme entra dans le monde; les mœurs qu'il rencontra n'avaient rien d'irréprochable. Il fallut qu'il lavât, dans ses piscines profondes, des abominations dont le souvenir seul révolte l'âme, et c'est pour égaler l'expiation aux crimes qu'il poussa ses martyrs aux amphithéâtres, ses solitaires et ses anachorètes dans le désert, et qu'il eut des vierges qui vécurent dans le jeûne, les macérations et la prière.

La réponse de M. Michelet, la voici : La femme n'est point élevée par le catholicisme, de manière à partager les idées de l'homme à la destinée duquel elle sera unie. Le catholicisme prépare, par l'éducation des femmes, une contradiction dans le mariage, et, par la confession, il maintient cette contradiction. Il faut qu'elle cesse, et pour qu'elle cesse, il faut que le catholicisme perde son influence sur les femmes, comme il a perdu son influence sur les hommes.

Il faut! ce mot est bien superbe; et pourquoi faut-il? D'où vient cette nécessité? Qu'est-ce que cette sentence sans appel prononcée sur les femmes? Certes, on n'accusera pas M. Michelet de tomber dans des idées nouvelles sur la destinée de ce sexe, qu'on ne parle que d'émanciper et d'affranchir. Pour un novateur, son système est quelque peu rétrograde, et l'Université, en sa personne, ne fait preuve dans cette circonstance ni de justice, ni de politesse, ni de chevalerie. La femme n'est plus cette créature libre et intelligente que le christianisme nous représente comme capable de discerner le bien du mal, comme pouvant avoir l'initiative de ses idées et de ses sentiments. Avec ce beau système, Clovis ne se serait pas converti à Tolbiac aux idées de Clotilde, et n'aurait pas introduit les Francs, par la victoire, dans les grandes voies du catholicisme où ils ont si magnifiquement marché ; Clotilde, la Bourguignonne, eût foulé aux pieds la croix et l'avenir de la civilisation française, en descendant du char traîné par des bœufs qui l'amena des états de son père dans les états du païen Clovis. En Turquie, on élève la femme pour les plaisirs du maître ; en France, on l'élèvera pour les idées du mari. Son intelligence ne lui appartiendra pas, ce sera une planète subalterne destinée à refléter la sublime clarté du soleil masculin qui rayonnera sur elle. C'est assez d'une âme pour deux, aussi Mahomet n'en donnait-il pas aux femmes ; est-ce que par hasard M. Michelet penserait, sur ce point, comme Mahomet? Il ne faut pas que le maître trouve la contradiction dans le foyer domestique ; la liberté de discussion doit exister même contre les axiomes de la morale sociale, même contre la vérité révélée, même contre l'existence du soleil, puisqu'elle existe contre l'existence de Dieu ; mais les idées du mari sont des dogmes pour la femme, elle doit les subir sans avoir le droit de les discuter.

Si je ne craignais d'égayer un peu trop la gravité de cette polémique, je dirais que j'ai peur d'avoir rencontré déjà ces opinions et de les avoir rencontrées chez Molière. N'est-ce pas Arnolphe qui, dans *l'École des Femmes*, débite quelque chose de pareil à Agnès?

Le christianisme entend autrement la liberté des intelligences, il la respecte chez les femmes comme chez les hommes. Il regarde les unes aussi bien que les autres comme des créatures intelligentes et morales, il n'asservit à aucune puissance les idées. L'intelligence n'a pas de sexe, c'est un rayon de l'éternel soleil, c'est un souffle de Dieu. La femme promet amour, fidélité, obéissance au mari dans la loi chrétienne, mais elle n'abdique point entre ses mains son intelligence qu'elle a reçue du Créateur et qui ne relève que de lui. Elle demeure au rang des personnes, tandis que M. Michelet, rétablissant pour elle la servitude antique, en lui enlevant l'indépendance de son for intérieur, la ferait retomber au rang des choses.

Nous n'avons considéré l'opinion de M. Michelet que dans la théorie; si nous arrivons à la pratique, nous allons voir surgir de nouvelles objections et de nouvelles difficultés. Les femmes doivent être élevées, selon lui, pour les idées des hommes; mais un problème difficile à résoudre se présente aussitôt : quelles sont ces idées?

Il semblerait, quand on lit l'ouvrage de l'auteur *du Prêtre, de la Femme et de la Famille*, que le genre humain soit divisé en deux grandes classes : le gynécée dominé par les prêtres; les établissements d'éducation des jeunes hommes, dominés par une école philosophique ayant des principes certains, un système arrêté, et qu'il ne s'agisse que de remplacer le catholicisme par le système philosophique en vigueur. Il n'y a qu'un inconvénient à raisonner d'après cette supposition, c'est qu'elle est précisément située aux antipodes de la vérité. Si vous voulez qu'on élève philosophiquement les femmes, au lieu de les élever religieusement, dites-nous d'abord d'après quelle philosophie. Est-ce celle de Fichte ? celle d'Hegel ? celle de Shelling ? celle de l'école allemande ou celle de l'école écossaise ? Ou, pour prendre nos exemples en France, est-ce d'après la philosophie de M. Cousin ? celle de M. Guizot ? celle de M. Lherminier ? celle de Jouffroy ? celle de M. Comte ou celle de M. Michelet ? Dans ce conflit de systèmes qui s'embrouillent et s'obscurcissent mutuellement, et qui, pris seul à seul, manquent déjà de netteté et de cohérence, d'après quelle règle choisira-t-on ? Pourquoi le naturalisme et le matérialisme de M. Comte ? le mari peut avoir les idées éclectiques de M. Cousin. Pourquoi les idées éclectiques de M. Cousin ? le mari peut avoir les idées du naturalisme de M. Comte. Pourquoi le scepticisme rêveur et poétique de M. Michelet ? le mari peut avoir le scepticisme froid et positif de M. Guizot. Pourquoi les idées de M. Guizot ? le mari peut avoir celles de M. Michelet. Appliquez ce raisonnement au panthéisme de M. Lherminier, au pyrrhonisme de M. Jouffroy, aux systèmes de Shelling, Fichte, Kant, Hegel, vous tomberez dans une perplexité fort embarrassante, et vous ne trouverez qu'une ressource, celle de faire élever les femmes dans l'indifférence de toutes les idées; comme dans certaines cours allemandes, à ce qu'assure Lemontey, on fait élever les jeunes princesses dans l'indifférence de toutes les religions, afin qu'elles puissent épouser des monarchies de toutes les croyances en en exceptant cependant le grand Turc. Mais la perplexité augmentera et le problème sera insoluble, si l'on vient à vous demander dans quelles idées il faudra élever la femme destinée peut-être à un mari qui, « sur les cho-« ses qui touchent le cœur et la vie morale, les choses « éternelles, la religion, l'âme et Dieu, » ces paroles sont de M. Michelet, n'aura pas telles ou telles idées, mais quelque chose à la fois de beaucoup plus commun et de beaucoup plus triste, n'aura aucune espèce d'idée, parce qu'il se sera laissé aller au cours de la vie sans rien approfondir, parce qu'il se sera beaucoup occupé de ses plaisirs, de sa fortune, de ses affaires, de son ambition, et qu'il ne se sera jamais occupé de la religion, de l'âme et de Dieu?

Nous touchons ici au vice fondamental du livre de M. Michelet, il est toujours dans l'exception, et c'est pour l'exception qu'il veut faire la règle. Il semble, à l'entendre, que tous les hommes de la société soient des Platon et des Socrate qui, après avoir philosophé sous les beaux arbres du jardin d'Académus, soient tout attristés, en rentrant au logis, de trouver leurs femmes hors d'état de les suivre dans leurs spéculations à propos du *Phédon*, du *Criton*, du *Parménide* ou du *Timée*. Or, pour qui connaît la société matérielle de cette époque, avec ses penchants peu philosophiques et cette sobriété singulière qu'elle montre dans la recherche des idées, c'est là le roman le plus invraisemblable, une utopie qui fait honneur à l'imagination puissante, mais non pas à l'esprit d'observation de M. Michelet. Ce roman, cette utopie, voilà cependant la base de son livre, le point de départ de sa déclaration de guerre contre le catholicisme, de son manifeste contre l'éducation religieuse et la confession, qu'il accuse surtout de donner aux femmes des idées contraires à celles de leurs maris sur la religion, l'âme et Dieu.

Il faudrait pouvoir réfuter avec quelque détail cette partie du livre de M. Michelet, écrite avec toutes les séductions d'un esprit voltairien et la puissance d'une imagination dramatique. Il ramasse curieusement toutes les objections qu'on peut tirer, contre la confession, des abus dont elle a pu devenir l'occasion, grâce aux vices et aux égarements des hommes qui abusent de tout : du feu, dont ils font l'incendie ; de la parole, dont ils font la calomnie ou le mensonge ; et de ces abus il conclut à la suppression de l'usage. Mais c'est là encore la partie la moins dangereuse et la moins passionnée de son manifeste. Avec cette imagination dramatique, dont nous avons parlé, il écrit le roman de la confession au lieu d'en écrire l'histoire ; la confession, c'est, selon lui, un duel entre le confesseur et le mari, un duel dont la femme est le prix. Jamais poëte n'a peint les rendez-vous de Juliette et de Roméo avec des couleurs plus poétiques ; ce sont les grandes ombres de l'église, et puis le rayon de soleil qui dore les vitraux au moment où la femme arrive palpitante et émue ; le confesseur arrive à son tour, grave, sombre et envieux des droits et du bonheur du mari. Il pèse d'en haut sur la femme, il presse son âme sous sa parole inquisitive. Les secrets de sa famille, les fautes de son mari, le nom de son amant, c'est M. Michelet qui parle, il faut qu'elle dise tout. L'amour qu'elle avait pour ses enfants, l'amitié fraternelle, la piété filiale, il faut qu'elle renonce à tout. Le confesseur, comme ces terribles prêtres indous qui confessent leurs pénitents au-dessus d'un abime où ils les précipitent s'ils ne sont pas contents de leurs soumissions, tient la femme suspendue entre les gouffres de l'enfer et les tabernacles du paradis. Si elle se laisse pétrir comme une molle argile, si elle dit tout ce que veut savoir le prêtre, si elle fait tout ce qu'il lui ordonne, il la sauve; si elle ne s'anéantit point devant la volonté absolue et arbitraire du prêtre, il la damne.

Cette gymnastique se poursuit pendant assez longtemps en traversant toutes les situations intermédiaires; le prêtre, toujours absolu, impérieux, menaçant, employant tour à tour l'espérance et la terreur, et songeant, jusque dans la chaire, à trouver la parole qui doit renverser sa pénitente à ses pieds et la livrer à sa merci; la pénitente ne pouvant s'arrêter dans cette course au clocher, passez-moi le terme, entre l'enfer et le ciel, dans laquelle elle n'est soutenue que par la main d'un homme, allant de concession en concession, de défaite en défaite, jusqu'à ce qu'on arrive enfin à cette situation sans nom et pour laquelle aussi, il est juste de le dire, M. Michelet invente un nom nouveau, cette situation où la pénitente disparait, absorbée dans le confesseur, et où elle se *transhumane* en lui, voilà le grand mot lâché.

Je suis sûr que vous ne vous faites pas une idée de

la portée de ce terrible mot qui fut, pour la première fois, employé en italien par Dante. Se *transhumaner*, suivant M. Michelet, « c'est fondre à son insu, prendre « substance pour substance, une autre humanité, de- « venir un accident, une qualité, un pur phénomène de « l'être, » de celui dans lequel on s'est *transhumanée*, retenez bien cette savante expression, qui en dit plus qu'elle ne semble dire au premier abord. M. Michelet, à qui j'emprunte toutes ces définitions, va encore plus loin. Il ajoute que la femme qui s'est transhumanée dans son confesseur, « prend, sans le savoir, son tour « d'esprit, son accent, son langage, quelque chose de « son allure et de sa physionomie ; qu'elle parle comme « il parle, qu'elle marche comme il marche, qu'en un « mot elle est *lui*. » Ne cherchez donc plus où madame la marquise de*** a pris ce léger accent méridional qui plaît dans sa bouche. — « Parbleu ! il lui vient de son pays natal, n'est-elle pas née à Marseille ? — Oui, mais il n'en est pas moins vrai que cet accent ne lui vient pas de son pays, il lui vient de son confesseur. Ne cherchez pas non plus d'où vient à madame la vicomtesse de*** cette grâce toute charmante avec laquelle elle figure dans une mazourka ou dans un quadrille. — Belle question ! c'est la nature qui lui a donné la grâce et Cellarius qui lui a enseigné à s'en servir. — Vous êtes à cent lieues de la vérité. Cette pose de tête, digne d'une statue de Canova, cette grâce en dansant qui rappelle mademoiselle Taglioni, tout cela lui vient de son confesseur, dans lequel elle est transhumanée ; ce mot-là dit tout, et, ma foi, tant pis pour vous si vous ne le comprenez pas. — Je savais qu'on apprenait à se conduire au confessionnal, mais j'ignorais qu'on y apprît à danser, et je vous remercie de m'avoir mis un peu au fait des choses de ce monde. Mais ne pourriez-vous pas me dire si ce n'est pas madame la duchesse de**** que j'aperçois là-bas, rayonnante de beauté et de diamants, comme un printemps emperlé de gouttes de rosée?—Non, c'est le révérend père un tel.—Quoi! le révérend père un tel avec des diamants et des volants de dentelle? — Hélas! oui. Vous ignorez donc que la duchesse de*** a disparu?—Comment, disparu? la plus pieuse des femmes! — Précisément. Elle a disparu dans son confesseur, elle n'est plus qu'un accident de son être, un pur phénomène, une apparence, un rien, *elle* n'est plus *elle*, *elle* est *lui*. Quoi! elle s'est transhumanée. Tout est là!

— Quelle indécente folie nous inventez-vous?

— Je n'invente rien, je vous raconte le rêve qu'un homme de talent dont l'imagination puissante éblouit quelquefois la raison, a fait sur la confession dans un jour où la mauvaise humeur qu'il avait contre certains catholiques s'était changée en colère contre le catholicisme. De ce rêve, il a fait un roman, ou plutôt un drame, drame d'un intérêt puissant, parce que le talent a le privilége d'animer tout ce qu'il touche, parce que l'esprit employé à plaider une détestable cause est toujours de l'esprit. M. Michelet appelle quelque part M. Sue un admirable romancier; M. Michelet est trop généreux, c'est à lui que ce titre revient, romancier d'autant plus admirable, que nous, qui le connaissons, nous serions prêt à affirmer qu'il est romancier de bonne foi, qu'il s'enivre de son propre drame; que, comme Anne Radcliffe, il a peur de son roman; que, comme Pygmalion, il finit par s'éprendre d'un invincible amour pour sa Galatée. C'est là le caractère de cette intelligence, qui, par un mélange étrange des qualités contraires, est à la fois sceptique et mystique; qui se révolte quelquefois contre l'influence des croyances; qui veut tout juger, tout scruter, tout mesurer aux balances sévères de la raison et de l'expérience, et puis qui, au milieu d'une histoire, se laisse aller à ses rêveries dès qu'il entend retentir le nom du Rhin, et demande qu'on lui cache les belles eaux de ce grand fleuve où se mirent tant de magnifiques cathédrales; en déclarant que s'il aperçoit les séductions de son cours et les beautés de ses rives, il lui sera impossible de continuer son récit.

Ce que j'aurais à répondre à M. Michelet, s'il n'était pas temps de fermer cette polémique, c'est qu'il a écrit le roman de la confession au lieu d'en écrire l'histoire; c'est qu'il a pris madame Guyon, avec ses torrents et son faux mysticisme condamnés par l'Église, et qu'il a fait de cette exception imperceptible, de cette exception condamnée, la règle de la confession dans le catholicisme; c'est qu'il a exagéré cette exagération et amplifié cette hyperbole. Ce que j'aurais à répondre à M. Michelet, c'est quelque chose de fort simple et de fort court. Que dit-on à quelqu'un qui a fait un mauvais rêve, quand il veut le prendre au sérieux? On lui dit tout simplement : C'est un rêve. Eh bien ! M. Michelet a fait un mauvais rêve, et par conséquent un mauvais livre sur la confession. On voit qu'il a étudié la confession et le confessionnal tout à fait en perspective, et que les verres étaient mal choisis. Rien ne ressemble moins au confesseur véritable que son confesseur romantique; à la pénitente réelle, que cette pénitente fantastique qui finit par s'évaporer comme un souffle, par se perdre, par se *transhumaner* dans le prêtre.

L'auteur n'a-t-il donc pas vu que tout l'échafaudage de ses attaques tombait devant un seul mot, la multiplicité des confesseurs qui permet aux pénitentes de choisir, de changer; la pluralité des pénitentes pour chaque confesseur, qui ne peut ainsi nouer des rapports trop étroits, trop fréquents, trop exclusifs, et par conséquent dangereux.

Le confesseur est un grand pouvoir sans doute, mais c'est un pouvoir électif que le pénitent juge à genoux et qu'il destitue à volonté. Au-dessus de lui, il y a l'Évangile, qui est la règle qu'il invoque contre l'accusé qui comparaît à son tribunal, mais que cet accusé volontaire peut aussi invoquer contre lui. La loi est la même pour tous deux, et ce n'est pas le juge qui fait la loi; elle le domine, elle le maintient; s'il s'en écarte, elle le condamne. Où donc M. Michelet a-t-il pris l'original de son confesseur romantique, n'ayant qu'une pensée au monde, celle de courber sa pénitente à ses pieds, faisant de sa vie entière une gymnastique contre elle, et employant pour triompher dans cette gymnastique tout ce qu'il a de vigueur dans la volonté et de ressources dans l'esprit? Mais vous ne songez donc pas, monsieur, qu'un confesseur compte ses pénitentes par centaines, qu'il demeure pendant des heures entières dans cette espèce de *carcere duro* que vous regardez comme un trône ; qu'il ignore les noms de presque toutes les femmes qui viennent s'y agenouiller, et qu'il sait seulement qu'il a des pécheresses devant lui, que le temps même lui manque pour le duel dont vous parlez, et que le goût lui manque encore plus ; qu'il est blasé par l'habitude du spectacle des infirmités du cœur, comme le médecin des corps par l'habitude du spectacle des infirmités physiques. Ce n'est pas en vain qu'on l'appelle le médecin des âmes. L'expression est bien choisie, elle dit tout. Tout ce que M. Michelet objecte contre le confesseur, on pourrait l'objecter contre le médecin ; l'influence du confesseur a entraîné, dans quelques cas particuliers, des inconvénients ; l'influence du médecin n'en a-t-elle pas entraîné quelquefois aussi ? Personne n'oserait affirmer le contraire. D'après la logique de M. Michelet, il faudrait donc supprimer la médecine et les médecins ?

Quelle étrange manière de raisonner, et combien n'eût-il pas été plus digne de vous, monsieur, d'approfondir un sujet que nous ne pouvons ici que toucher, les services rendus par la confession à la famille et à la société ! Il m'appartient moins qu'à personne d'aller sur les brisées du feuilleton-roman, et loin de moi la pensée d'écrire un chapitre de plus sur les héroïnes inconnues et les femmes incomprises ! Mais enfin, il y a quelquefois de tristes mystères et de douloureuses plaies dans le mariage. Des jeunes filles pures, honnêtes, chrétiennes, ont vu plus d'une fois leur destinée liée, non à des philosophes platoniciens tels que vous les représentez, curieux de deviser sur le Phédon et sur le Timée, mais à des sceptiques sans mœurs, sans cœur, qui leur rendent la vie pénible et amère, ou qui, après avoir traversé toutes les corruptions, apportent la corruption jusque dans le mariage. Notre siècle surtout, où l'argent devient partout l'affaire principale, est fécond en mésalliances de ce genre. Savez-vous alors, monsieur, où la jeune femme va prendre la force dont elle a besoin pour demeurer fidèle à ses devoirs d'épouse chrétienne et pour défendre ses droits de créature morale? Elle va dans ces églises dont vous voulez l'écarter. Savez-vous quelle est la puissance qui défend la famille menacée? Elle réside dans ce confessionnal que vous voulez renverser. C'est là que les bonnes résolutions de cette femme, qui chancelaient, s'affermissent; c'est là que son courage épuisé reprend haleine. Elle s'agenouille devant le prêtre qui parle au nom de Dieu, et elle se relève consolée, fortifiée, armée pour la lutte.

Tout est dit maintenant; il ne reste plus qu'à conclure. Le livre de M. Michelet contient trois idées principales. Il demande le rétablissement de l'unité dans la famille, par la destruction de la personnalité intellectuelle et morale de la femme au profit des idées du mari : c'est une idée musulmane, et une idée inapplicable quand on en vient à l'exécution. Il assure que le prêtre est un obstacle à l'union de la famille; c'est une erreur de fait, étayée sur des exceptions grossies par des sophismes. Il montre dans la confession l'instrument dont le catholicisme se sert pour détruire cette union ; c'est un rêve développé dans un roman. Préjugé rétrograde emprunté à une religion fataliste ; théorie inapplicable, erreur de fait, exceptions présentées comme règle ; rêve, roman : voilà le point de départ, le développement, la conclusion du *Prêtre, de la Femme, de la Famille.* Qu'y a-t-il donc de redoutable dans ce livre? Le talent, ce merveilleux enchanteur dont la baguette, semblable à celle de l'enchanteur Merlin, évoque des palais de nuages devant les yeux fascinés par un mirage trompeur.

M. ALEXANDRE DUMAS

DANS LE ROMAN-FEUILLETON.

M. ALEXANDRE DUMAS

DANS

LE ROMAN-FEUILLETON.

PREMIÈRE LETTRE.

CAUSES DE LA GRANDEUR DE M. ALEXANDRE DUMAS ET DE LA DÉCADENCE DE M. ODILON BARROT.

Quoiqu'il y ait quinze ans déjà écoulés, nous nous rappelons encore le temps où M. Odilon Barrot, alors dans toute la ferveur du libéralisme, remuait les jeunes intelligences et les jeunes cœurs par ses patriotiques harangues. Les échos des *Vendanges de Bourgogne*, si les échos ont plus de mémoire que les grands hommes de l'opposition de quinze ans, doivent avoir retenu quelques tirades de ses éloquents appels aux principes de 89, mis en oubli, et à l'œuvre de nos pères, attaquée, disait-il, par les ennemis des lumières et de la liberté. Le talent du jeune avocat, qui exerça alors une si grande action sur les esprits, était un mélange de gravité et de chaleur, d'honnêteté et d'indignation; c'était par des formules générales qu'il procédait, ce qui donnait à ses appréciations une élévation toute philosophique, à laquelle la connaissance du droit mêlait quelque chose de plus positif et de plus rigoureux. Quand la révolution de juillet éclata, son influence fut grande dans les circonstances qui précédèrent le 9 août; et, dès que les assemblées s'ouvrirent, il y occupa une position élevée. Il avait été un de ceux qui décidèrent le général Lafayette à accueillir la pensée de l'intronisation du duc d'Orléans, et un des trois commissaires qui conduisirent la branche aînée à Cherbourg.

Pendant les premières luttes parlementaires qui suivirent la révolution de 1830, on le vit monter sans cesse à la tribune pour rappeler les principes de cette révolution; car il ne resta qu'un moment à la préfecture de la Seine, et abandonna cette position après une explication très-vive qu'il eut en pleine chambre avec M. de Montalivet, à la suite du sac de Saint-Germain-l'Auxerrois. Plus tard, ce fut lui qui prit la plus grande part à la rédaction du célèbre *Compte-rendu*, dans lequel l'opposition de gauche exposait les motifs qui l'avaient décidée à protester contre le système politique adopté au dedans et au dehors; et, à l'époque des journées de juin, il fut un des trois députés qui, pendant que le canon qui battait en brèche la barricade de Saint-Merry faisait entendre dans le lointain ses sourds roulements, eurent aux Tuileries avec le roi Louis-Philippe cette conférence dans laquelle les griefs de l'opposition contre le gouvernement et ceux du gouvernement contre l'opposition furent débattus, sans qu'aucun des deux partis se relâchât de son opinion.

C'était donc, en 1836, un homme très-considérable dans ce pays que M. Odilon Barrot. On le savait modéré par caractère, on le croyait ferme dans ses convictions, et inébranlable sur les principes. On en concluait que, les dernières tentatives à main armée de la gauche républicaine ayant échoué, la gauche parlementaire, qui ne craignait plus d'être entraînée sur un terrain où elle ne voulait pas mettre le pied, allait se dessiner dans toute la netteté de ses principes, et revendiquer ces progrès des institutions nationales qui devaient réaliser les maximes proclamées en 89. L'austérité de M. Odilon promettait au futur ministère un chef qui saurait triompher de toutes les résistances; l'ami de Lafayette, celui qui avait conduit une dynastie de huit siècles à Cherbourg, n'était pas homme à se laisser intimider par une cour de si fraîche date. Il saurait être, s'il le fallait, un ministre désagréable au château, mais utile au pays. On appréhendait même qu'il n'allât trop loin dans la virilité impérieuse de sa politique.

M. Royer-Collard, avec ce don de résumer ses jugements dans une parole sentencieuse, qui était le caractère de son esprit professoral, ne lui avait-il pas dit un jour : « Je vous connais, il y a quarante ans que je vous ai déjà vu à l'œuvre; vous vous appeliez, dans ce temps-là, Pétion. » On ne saurait croire combien cette prophétie rétroactive agrandissait les proportions politiques de M. Odilon Barrot ; c'était comme un piédestal de granit jeté sous sa statue, dans un siècle où il n'y a guère que des statuettes.

Aussi, lorsqu'en 1836 on eut l'idée de placer le journalisme dans des conditions nouvelles d'existence et d'abaisser de moitié le cens de la lecture, qu'on nous passe cette expression, pour multiplier le nombre des lecteurs et pour faire descendre la vie politique, c'était du moins le motif qu'on donnait, dans des couches sociales où elle ne pénétrait pas, ce fut surtout sous la haute renommée de M. Odilon Barrot qu'on abrita cette révolution de presse. Le *Siècle* se plaça sous l'aile de sa popularité. Il voulait, disait-il, propager cet esprit d'honnêteté politique, ce dévouement aux principes, ce sentiment de fermeté consciencieuse et d'austérité morale qui étaient le caractère de l'opposition de M. Odilon Barrot.

Le *Constitutionnel*, qui avait joué un si grand rôle pendant la restauration, avait, on peut le dire, trouvé un écueil dans la victoire ; comme une batterie dressée pour foudroyer une forteresse, et qui resterait braquée contre une place prise, il n'avait plus de sens. La *Caricature* et le *Charivari*, ces oiseaux moqueurs, sifflant leurs malignes épigrammes dans les alentours de ses bureaux, enlevaient à ce demeurant d'un autre âge les bataillons éclaircis, faibles restes de la grande armée qui l'avait suivi pendant la restauration. Il fallait donc y pourvoir et donner à la gauche un nouvel organe qui répondît à sa situation nouvelle, et qui remplît virilement la tâche imposée à l'opposition, tâche à laquelle la vieillesse du *Constitutionnel* ne pouvait suffire. Ce fut ainsi que le *Siècle* fit son avénement, et le titre même qu'il prenait annonçait qu'il voulait être un journal de mouvement et de progrès ; car le siècle n'est pas un lac qui dort, c'est un fleuve qui marche, en allant au but que la Providence lui a marqué.

L'objet qu'il avait en vue en paraissant, c'était de réveiller dans les âmes les idées généreuses de 89 et de 1830 qui sommeillaient, mais n'étaient pas éteintes, et de les propager dans les intelligences des masses, qu'il enfanterait à la vie politique en agrandissant le cercle des lecteurs par la réduction du prix de l'abonnement. Pour mieux marquer la netteté et la vigueur de sa ligne, le *Siècle* fit trois choses également remarquables : il prit pour patron M. Odilon Barrot ; pour rédacteur en chef de sa politique, d'abord M. Guillemot, esprit ferme et caractère consciencieux, puis M. Chambolle, qui avait été au *National* un des collaborateurs de Carrel ; et enfin il établit ses bureaux dans l'hôtel de M. Laffitte, afin d'indiquer, par les lieux mêmes où il élisait son domicile et plaçait son quartier général, qu'il s'agissait d'un retour aux maximes de la révolution de 1830, et que les principes du libéralisme allaient prendre un nouvel essor.

Il y a, à l'heure où nous écrivons ces lignes, dix ans que ces choses se passaient, dix ans que M. Odilon Barrot était ce grand citoyen, ce chef d'opposition redoutable et redouté que nous avons essayé de peindre, ce Pétion de la révolution de 1830, que M. Royer-Collard se souvenait d'avoir connu avant sa naissance, le futur président du ministère austère qui devait ramener le nouveau régime aux principes de 89 ; dix ans que le *Siècle* se fondait sous ce patronage tout politique, afin de remplir une mission vraiment patriotique et vraiment libérale ; dix ans qu'après un des athlètes les mieux éprouvés des luttes de la restauration, un ancien collaborateur de Carrel venait apporter au jeune organe de la gauche renouvelée la virilité politique qu'il avait dû puiser à l'école de ce mâle écrivain. Que s'est-il donc passé pendant ces dix ans ? Un autre que M. Odilon Barrot protège le *Siècle*. Quand ce journal veut rallier à lui ses lecteurs, ce n'est plus des principes de 89 qu'il parle, ce n'est plus l'application des maximes de cette époque qu'il promet. Et quel est donc le nouveau patron du *Siècle*, l'homme à l'ombre de la popularité duquel il se place, le successeur de l'austère Odilon Barrot ? C'est M. Alexandre Dumas.

Que promet, en effet, le journal de la gauche, au lieu de la réalisation des principes de 89, de l'avénement des progrès politiques ? deux cents volumes de roman tracés par la fertile plume de l'intarissable romancier. C'est par cette combinaison que le *Siècle* espère garder sa place dans la presse ; et la politique de M. Chambolle, l'ancien collaborateur de Carrel, se faisant modeste et petite, se place humblement derrière toute la bibliothèque de romans que M. Dumas, comme un autre Scudéry, a enfantés en se jouant, romans de mœurs, romans burlesques, romans de voyages, romans intimes, romans mélodramatiques, romans historiques, romans de toutes les formes et de toutes les couleurs; sans compter les voyages, qui ne sont pas les ouvrages les moins romanesques de l'auteur.

C'est là un fait assez curieux dans l'histoire du feuilleton-roman, pour que nous ayons dû le signaler dans des études consacrées à ce genre de littérature. La gauche parlementaire, on le sait, est surtout représentée par deux journaux, le *Constitutionnel* et le *Siècle*. Nous avons déjà dit quel est l'homme politique sous la protection duquel le *Constitutionnel*, rajeuni comme le bonhomme Eson, s'est placé en renaissant : c'est M. Sue. Le *Siècle*, ce frère cadet du *Constitutionnel*, suit le même exemple ; ce journal, fondé en 1836 par soixante députés, à la tête desquels marchait M. Odilon Barrot, quelle est la grande popularité parlementaire sous les auspices de laquelle il se présente aujourd'hui à ses lecteurs ? Celle de M. Alexandre Dumas, l'auteur des deux cents romans. Nous ne savons si cet état de choses prouve beaucoup en faveur des chefs politiques de la gauche, mais il donne très-certainement un intérêt tout particulier à l'étude des deux romanciers que nous venons de nommer. Il est curieux d'apprécier ces fictions, qui ont pris la place des programmes et des professions de foi politiques de la gauche, et qui absorbent l'attention publique autrefois occupée d'une tout autre manière.

Peut-être devrions-nous d'abord expliquer ce changement de scène, ou plutôt ce changement de règne ; et, en remplissant cette tâche, nous ne sortirions pas complétement de notre sujet, car lorsqu'on relit tant de professions de foi puritaines et tant de magnifiques programmes politiques éclos dans les rangs de la gauche, et qu'on les compare à la conduite qu'elle tient aujourd'hui, on peut se croire encore dans le domaine des fictions.

Mais, afin de mêler le moins possible la critique politique à la critique littéraire, nous nous contenterons de dire que, depuis que le ministère de 1839 a prouvé que M. Barrot était un roman de liberté dont le dénoûment était M. Thiers, c'est-à-dire les bastilles, la résurrection des violences de la passion révolutionnaire moins son énergie, de ses provocations au dehors moins son audace à les soutenir, tout le monde a cessé de prendre intérêt à un livre dont le dénoûment était connu et déplaisait à tous. Il faut convenir que M. Odilon Barrot lui-même n'a pas peu contribué à désenchanter les esprits les plus disposés à demeurer fermes dans la confiance qu'il avait inspirée. Quand, après l'épreuve de 1839, on a vu que ses illusions obstinées en faveur du ministre de cette époque continuaient, et qu'il ne cachait point sa faiblesse pour un homme qui ne cachait point la sienne pour M. Bugeaud, on a pensé que la maladie était incurable, et qu'il fallait renoncer à attendre quelque nouvelle péripétie.

M. Odilon Barrot s'est chargé récemment de donner un nouveau poids à cette opinion, dans une lettre écrite au fondateur d'un de ces innombrables journaux que l'année où nous sommes a fait éclore, et qui ont choisi l'époque de la chute des feuilles, — que les dieux, ainsi que le disaient les anciens, écartent ce mauvais présage ! — pour venir augmenter le nombre déjà si grand des feuilles périodiques. Lorsqu'un chef d'opposition en est arrivé au point de placer ses espérances sur l'avénement lointain d'un esprit public qui naîtra peut-être des rapports multipliés que favorisera l'usage général des chemins de fer, il n'est pas étonnant que sa politique expectante et aléatoire perde à la fois son attrait et son ascendant.

On voit qu'il ne s'agit que de remonter aux causes pour que les effets s'expliquent. Les lecteurs du *Siècle* étaient au dépourvu; il fallait aviser. On les avait réunis pour les entretenir d'affaires sérieuses; comme on ne leur parle d'affaires que pour la forme, on leur donne le bal et la comédie. Figurez-vous un de ces grands meetings que rassemble O'Connell afin de demander l'Irlande pour les Irlandais, et de proclamer la nécessité du repeal, et supposez qu'O'Connell, au lieu d'être l'admirable homme de parti qu'il est, dévoué à ses idées, ne vivant que pour elles, résolu d'employer tous les moyens honorables pour assurer à son Irlande bien-aimée ce droit de voter qui distingue l'homme libre de l'esclave, soit un orateur sans être un homme d'action, un idéologue sans être un politique, un poursuivant de popularité sans être un patriote, pensez-vous qu'il enverra devant lui un père Mathews pour prêcher contre l'abus des liqueurs fortes et pour faire prendre le *pledge* à tous ceux qui, sentant le besoin qu'ils ont de toute leur raison pour marcher d'un pas sûr et ferme à la conquête des grands principes de nationalité et de liberté, s'engagent par serment à ne plus faire usage des boissons fermentées? Non, O'Connell ne fera rien de pareil. Tout au contraire, il favorisera de tous ses efforts l'usage des boissons fermentées, qui, remplissant les esprits de nuages, et jetant les hommes dans la stupidité et la brutalité de l'ivresse, leur ôtent la rectitude de leur raison et la passion des nobles choses. Loin de faire un pacte avec le révérend père Mathews, il fera une ligue avec tous les taverniers de l'Irlande, et les impôts sur le porter, l'ale et le wisky, au lieu de diminuer comme ils diminuent, iront en augmentant chaque jour.

Qui ne le comprend en effet ? cet auditoire toujours à demi noyé dans les fumées de l'ivresse, sera un juge moins exigeant et moins sévère. Trompé par mille hallucinations, tantôt troublé par ces vains fantômes que les vapeurs de l'orgie évoquent dans l'imagination, tantôt comme enseveli dans cette espèce de léthargie qui succède à la surexcitation physique de nos facultés intellectuelles, il oubliera et les promesses d'O'Connell, et O'Connell et l'Irlande, il s'oubliera lui-même, pour suivre ces rêveries mêlées de terribles cauchemars, connues de tous les buveurs, et qui arrivent à leur apogée chez les buveurs d'opium. Quoi de plus ? Sentant chanceler ses jambes sous lui, il n'en voudra plus à O'Connell de le laisser assis, attendu qu'il sera dans l'impuissance de marcher.

Je ne prétends pas dire que M. Odilon Barrot ou ses amis aient fait tous ces calculs ; mais, par la force même des choses, ils en sont arrivés au même point que s'ils les avaient faits. Qu'est-ce que le *Siècle*, maintenant ? Un de ces cafés de l'Orient, où, mollement étendu sur des sofas, l'on fume le chibouck ou le narguilhé, et l'on prend le moka et le sorbet ; un de ces conteurs arabes dont la vive imagination traverse en un moment le temps et l'espace, et double, par le mouvement sans fatigue qu'il procure aux intelligences paresseuses, les charmes du repos et les délices de l'immobilité. Au moment où nous parlons, M. Alexandre Dumas est ce conteur. Il n'a pas été, il est vrai, l'ami de Lafayette, un des oracles de l'Hôtel-de-Ville, le harangueur civique des Vendanges de Bourgogne, le conducteur d'une antique dynastie sur la route de Cherbourg, le promoteur du Compte-rendu; mais il est, il faut l'avouer, plus ingénieux et plus varié dans ses dénoûments que M. Odilon Barrot; et, romans pour romans, les siens sont mieux intrigués et plus vifs. Comme ce juge disait de la torture, il sait faire passer une heure ou deux, et plus agréablement que ne le ferait la torture; il excite les passions, remue l'imagination en l'introduisant dans un monde d'aventures imaginaires; peu soucieux, du reste, de prouver telle ou telle thèse, prenant les idées comme elles lui viennent, ne reculant pas devant une bonne inspiration si elle se présente, et ne faisant pas un pas pour en éviter une mauvaise qui vient à la suite; un véritable Pic de la Mirandole, qui écrit sur tous les sujets possibles et impossibles et sur quelques autres encore.

C'est ainsi que M. Alexandre Dumas est devenu un homme important dans la littérature de l'époque, la Providence du feuilleton-roman, qui est la Providence d'une certaine presse, et en particulier de la presse qui s'éclairait et s'échauffait autrefois au soleil de l'éloquence de M. Odilon Barrot: et voilà comment la décadence de M. Odilon Barrot est devenue la cause de la grandeur de M. Dumas.

Que voulez-vous! les temps sont durs, et la concurrence, que, selon Casimir Delavigne, on rencontre jusqu'à la porte de l'hôpital, devient de plus en plus difficile à soutenir dans le monde du journalisme industriel. Les incrédules, s'il y en avait encore, ont dans le spectacle qui se déroule depuis quelque temps sous les yeux, de quoi s'avouer convaincus. N'a-t-on pas vu la presse, ce quatrième pouvoir de l'État, qui faisait et défaisait naguère encore les dynasties, se placer humblement sous la protection de messieurs les concierges, demander en saluant jusqu'à terre une petite place dans la loge, en nourrissant ainsi l'espoir ambitieux d'arriver jusqu'à l'antichambre, et de pénétrer, à l'aide du concours fraternel de la livrée, jusque dans le salon où l'on s'abonne? Le journalisme industriel ne s'est-il pas élevé à des conceptions qui, laissant bien loin en arrière les timides essais du master Puff de Sheridan, donneraient des scrupules au vendeur d'orviétan de la comédie et aux marchands de vulnéraire suisse?

Dans une pareille situation, on comprend tout le prix d'un romancier tel que M. Alexandre Dumas, qui compose, non pas deux cents vers, mais deux cents pages en se tenant sur le pied, comme le poëte d'Horace, et qui, en se réservant il est vrai de travailler pour le théâtre, ne consent que moyennant soixante-quinze mille francs par an à ne composer que dix-huit volumes en douze mois, juste le double de ce que M. Sue, l'auteur le plus fécond après lui, écrit dans le même laps de temps, et plus du double de ce que Racine a écrit pendant toute sa vie? Nous demandons pardon aux deux illustres romanciers de les nommer après un auteur aussi stérile.

Les gens habiles sentent si bien le prix de la collaboration de M. A. Dumas, que, tandis que le *Siècle*, se faisant humblement l'éditeur de ses œuvres, ramasse en volumes toutes les compositions que sème sur son chemin cette plume intarissable, voici que la guerre s'engage entre plusieurs journaux, qui se disputent la propriété exclusive d'un auteur si fécond; ce qui sans doute fournit à la *Gazette des Tribunaux* le projet de quelque Iliade judiciaire, écrite sur papier timbré.

Si deux journaux prétendent avoir acheté pour cinq ans M. Dumas tout entier, plusieurs autres assurent avoir des traités signés de lui qui l'obligent à leur fournir, pendant ce laps de temps, des romans dont ils citent déjà les titres. Une véritable guerre civile s'allume à cette occasion dans l'annonce, qui dit et contredit, affirme et dément, le tout à juste prix, selon son usage. Jamais il n'y eut un encan plus couru, et nous voyons M. Alexandre Dumas tout simplement menacé d'être tiré à quatre journaux.

Pour peu que cela dure, il faudra instituer un tribunal tout exprès pour juger ses marchés, tant il en fait, et tant ces marchés font naître de procès entre les concurrents qui soumissionnent ou croient avoir soumissionné son génie. Nous ne pourrions citer, dans ce temps, un second exemple d'un si grand enthousiasme, à moins cependant que ce ne soit celui qui a éclaté récemment en faveur du chemin de fer du Nord ; et nous ne savons pas si M. de Rotschild ne ferait pas une affaire égale à la première, en accaparant M. Alexandre Dumas et en le mettant en actions. Ne remplace-t-il pas dans ce moment à la fois M. Sue au *Constitutionnel*, dans le feuilleton duquel *Madame de Monsoreau* succède au *Juif errant*, et au *Journal des Débats*, dans le feuilleton duquel *le Comte de Monte-Christo* prend la place qu'occupaient *les Mystères de Paris*? N'y a-t-il pas quelques jours à peine qu'il a achevé *la Reine Margot* dans la *Presse*? Son nom ne figure-t-il point comme un appeau en tête de toutes les nouvelles feuilles qui paraissent, sans parler des anciennes, qui veulent étayer sur ses feuilletons leur existence compromise ; et la *Presse* et le *Constitutionnel* ne nous ont-ils pas annoncé qu'ils avaient fait enregistrer, avec un coût de sept mille francs, le traité qui leur assurait l'exploitation exclusive de cette mine de romans, dont le gisement est plus sûr et plus profond que celui de certaine mine de charbon?

Le moment est donc bien choisi pour donner à M. Alexandre Dumas la place qu'il doit occuper dans des études consacrées au feuilleton-roman ; il n'est guère possible que le romancier, qui couvre la politique de M. Odilon Barrot de la protection de ses romans, arrive plus haut, et, il nous permettra de tout prévoir ; après la chute d'une royauté de quatorze siècles, il n'est pas absolument impossible qu'il descende.

DEUXIÈME LETTRE.

M. ALEXANDRE DUMAS. — CARACTÈRE DE SON TALENT. — SES DÉBUTS LITTÉRAIRES.

M. Alexandre Dumas oppose à la critique un obstacle qu'il n'est pas facile de surmonter; c'est la fécondité redoutable d'un talent qui permet, en ce moment, au *Siècle,* de promettre au public ses œuvres en deux cents volumes, juste le double de ce qu'a écrit Voltaire, qui avait cependant vécu deux fois aussi longtemps que M. Dumas; de sorte que, sous le rapport de la quantité des volumes, Voltaire serait à M. Dumas ce que un est à quatre. Cette fécondité vraiment inouïe a donné lieu aux historiettes les plus impertinentes et aux contes les plus réjouissants. Les uns veulent que M. Alexandre Dumas ait, dans quelque quartier reculé, une manufacture littéraire où des manœuvres sont employés à équarrir des sujets et à dégrossir ces premières inspirations qui contiennent le germe confus d'un ouvrage. Les autres assurent qu'il a découvert, dans son voyage sur les bords de la Méditerranée, une bibliothèque enfouie dans des lieux souterrains, à peu près comme son Edmond Dantès découvrit, dans les caves du château de Monte-Christo, ce trésor de plusieurs millions qui lui donne, à l'heure où nous parlons, la toute-puissance sur la terre.

Tout le monde connaît la version proposée par cet homme d'esprit qui prétend que M. Alexandre Dumas a un ennemi personnel à qui le hasard a donné son nom, et qui publie pour lui nuire les romans de pacotille dont les feuilletons de la plupart des journaux sont remplis. De sorte que M. Alexandre Dumas, l'homme de lettres consciencieux, habitué à pâlir sur ses ouvrages, serait la victime d'un Sosie qui abuserait de cette confusion de noms pour inonder de ses productions indigestes la place littéraire.

Cette version aurait l'avantage d'expliquer les marchés nombreux et contradictoires que les tribunaux viennent d'avoir à juger. Ce serait encore un des tours du coupable homonyme, qui aurait promis à la *Presse* et au *Constitutionnel* de travailler exclusivement pour eux et de restreindre sa fécondité à l'enfantement de dix-huit volumes par an, ou qui aurait saisi l'instant où le véritable Alexandre Dumas prenait cet engagement pour promettre à quatre ou cinq autres journaux sa collaboration inépuisable. Ainsi cette petite comédie judiciaire se résoudrait comme celle d'*Amphitryon*, et, depuis les infortunes de Sosie, chantées par Molière, on n'aurait rien vu de pareil aux infortunes de M. Alexandre Dumas, assassiné par un autre lui-même.

Est-il besoin de dire que nous n'accordons pas à ces bruits et à ces explications plus d'attention qu'ils n'en méritent, par la grande raison que nous ne possédons aucun moyen de vérifier leur degré d'exactitude. D'ailleurs on assure, d'un autre côté, que tous les manuscrits que M. Alexandre Dumas remet à l'imprimeur sont écrits de sa main; et, bien que des commentateurs ingénieux aient encore trouvé le moyen d'expliquer cette circonstance, en disant que M. Alexandre Dumas a un fils qui, non content d'avoir le même nom, possède à s'y tromper la même écriture, ce qui double les facultés graphiques de son fertile père, nous ne voulons pas entrer dans la discussion d'une question qui a quelque chose de trop personnel, et qui nous ferait descendre des régions élevées où il faut maintenir la critique, pour lui conserver toute sa dignité. M. Dumas travaille beaucoup par lui-même; fait-il travailler sous lui? peu nous importe. En tout cas il s'assimile les travaux qu'il dirige; il met, pour parler la langue du commerce, sa marque sur les produits de ses manufactures, et il est responsable de tous les ouvrages qui paraissent en son nom, excepté cependant de *la Tour de Nesle*, depuis que M. Gaillardet a fait, par autorité de justice, rétablir le sien sur l'affiche. Le seul embarras que nous éprouvions, nous l'avons indiqué, c'est le nombre effrayant des ouvrages de l'auteur. On analyse un roman, trois romans, six romans, mais comment s'y prendre pour analyser une bibliothèque?

Ce qu'il y a de mieux à faire en pareille circonstance, c'est de chercher à donner une idée générale de la nature du talent de l'écrivain, de ses procédés littéraires, de son style, des tendances de son esprit, sans renoncer à choisir, parmi ses ouvrages, un ou deux sujets d'études. Le reste est impossible. Pour lire tout ce que M. Alexandre Dumas écrit, il faudrait presque faire son état de ce genre d'occupation, et, afin de ne pas nous départir de nos habitudes de sincérité, nous avouerons que nous ne nous sommes senti aucune vocation pour cet état; nous avons donc choisi, parmi ses œuvres, celles qui tenaient le premier rang dans l'estime de ses admirateurs, et qui nous semblaient le plus propres à nous fournir les lumières que nous cherchions sur l'écrivain qui occupe, dans le feuilleton-roman, une si grande place.

C'est chose difficile que de trouver, dans les livres de M. Alexandre Dumas, des indications sur ses tendances intellectuelles, et ce n'est guère qu'en remontant à ses débuts littéraires qu'on parvient à rencontrer quelques révélations à ce sujet. Il occupait, on le sait, un emploi dans l'administration particulière de M. le duc d'Orléans, avant la révolution de 1830, et c'est là que vint le chercher le démon de la poésie. Le premier succès éclatant qu'il obtint dans la nouvelle carrière où il entrait, fut *Henri III;* cependant, avant de faire représenter cette pièce au Théâtre-Français, il avait donné à l'Odéon une tragédie de *Christine*, dans laquelle il avait essayé de faire revivre tout entière la célèbre fille de Gustave-Adolphe. Les premières tendances du talent de l'auteur furent donc des tendances dramatiques. Cette circonstance est remarquable, en ce qu'elle explique une des qualités littéraires de M. Alexandre Dumas. Il s'entend à mettre les personnages en scène; son dialogue est ordinairement vif, naturel, et, quand il ne cherche pas de digressions, ses ouvrages marchent : non-seulement ils partent, mais ils arrivent ; ce qui est un élément de succès dans tous les temps, et ce qui devient presque l'unique condition du succès dans un siècle où la littérature semble renoncer à tous les autres genres de mérite.

Henri III, on le sait, fut représenté dans les dernières années de la restauration, et la réception de cette tragédie en prose fut, à la Comédie-Française, l'occasion d'une espèce de scandale. Un grand nombre d'auteurs qui appartenaient à l'école classique, et dont quelques-uns étaient membres de l'Académie, firent à cet ouvrage l'honneur de le traiter comme l'Académie naissante avait traité *le Cid* par les ordres de Richelieu. Seulement ils n'attendirent pas que la pièce de M. Dumas eût été représentée pour la noter publiquement de blâme; ils auraient voulu lui fermer les abords de la scène, et ils firent une démarche officielle auprès de Charles X, qui répondit avec autant de sens que d'esprit que, lorsqu'il s'agissait de théâtre, il n'avait, comme tout le monde, que sa place au parterre.

Ce qu'il y avait de plus étrange, au premier abord, dans cette démonstration, c'est que les écrivains qui en avaient pris l'initiative appartenaient, presque tous, à un parti qui professait le libéralisme en politique. Le journal qui poursuivit le plus impitoyablement *Henri III*, ce fut le *Constitutionnel*, qui, tout en proclamant le principe de la liberté dans l'état, professait le culte du principe d'autorité pour le théâtre. Il aurait accueilli avec acclamations des ordonnances pour maintenir les unités d'Aristote et pour lui faire raison de ce jeune perturbateur qui osait lever le drapeau contre cette ancienne légitimité littéraire, et l'article 14, envisagé à ce point de vue, lui aurait paru digne d'approbation.

Qu'était-ce donc que ce drame d'*Henri III*, qui faisait presque une révolution sur la scène? C'était un pastiche historique assez adroitement arrangé, où il y avait du mouvement et du bruit, avec cette mise en couleur banale qui dénote l'érudition vulgaire que l'on peut acquérir en quelques heures, mais qui impose cependant à la foule. Le bilboquet de Joyeuse et la sarbacane de d'Épernon y jouaient un grand rôle, et l'on y remarquait quelques mots historiques industrieusement enchâssés dans cette mosaïque littéraire. M. Dumas avait réussi à rassembler, dans sa pièce, l'invention du bilboquet, la pose de la première pierre du Pont-Neuf, l'avénement des cols renversés à l'italienne, une mention du prix des spectacles du temps, une scène d'astrologie judiciaire chez Ruggiéri, une provocation en duel, et peut-être avait-il cru peindre une époque. Mais ni la grande figure de la Ligue, ni les véritables ressorts qui mettaient tout en mouvement dans ce siècle, ne se retrouvaient dans son drame. Ses personnages n'étaient guère que des surfaces coloriées, et la peinture des caractères, comme celle de la situation générale dans laquelle ils se mouvaient, manquait de profondeur.

Ce titre même de *Henri III*, que l'auteur avait donné à son ouvrage, ressemblait un peu à une enseigne destinée à attirer les regards, et c'est M. Dumas qui a fait de ce titre la critique la plus vive et la plus ingénieuse. A la fin de la pièce, le duc de Guise, lorsqu'il a jeté à Mayenne le mouchoir de la duchesse pour étrangler Saint-Mégrin, qu'on suppose protégé par quelque enchantement de Ruggiéri contre le fer et le feu, s'écrie : « Maintenant que nous avons fini avec le valet, occupons-nous du maître. »

Le drame de *Henri III* n'est donc pas réellement commencé quand celui dont nous parlons finit; et le véritable titre de l'ouvrage, celui qui en aurait exactement indiqué le sujet, aurait dû être : « Une Aventure de M. de Saint-Mégrin. » Cette aventure de Saint-Mégrin, amoureux de la duchesse de Guise, est en effet le cadre étroit où l'auteur fait tourbillonner l'époque qui étouffe dans le cercle de cette aventure romanesque, comme dans une impasse. La Ligue ne vient guère là que comme une occasion pour M. le duc de Guise d'attirer l'amant de sa femme dans un guet-apens, et ce terrible conspirateur, qui paraissait à Henri III plus grand encore après sa mort que pendant sa vie, est là réduit aux proportions d'un mari jaloux, qui oblige sa femme, en lui brisant la main dans son gantelet de fer, à donner un rendez-vous d'amour au rival qu'il veut assassiner.

Cette pièce d'*Henri III* annonçait donc chez M. Dumas un esprit plus habile à saisir les surfaces qu'à étudier profondément un sujet. Ce n'était pas de l'histoire à propos de drame, mais du mélodrame à propos d'histoire. Deux qualités se révélaient chez l'auteur d'une manière assez notable : l'imagination et le sentiment des situations dramatiques ; du reste, rien d'élevé dans la conception ni dans le style, des silhouettes de caractères dessinées dans la silhouette d'une époque par un esprit plus enclin à recevoir des impressions qu'à former des jugements. Nous ne voudrions pas affirmer que le temps où écrivait M. Alexandre Dumas n'ait pas contribué au succès de son drame. Sans doute, il y avait une grande différence entre Henri III et Charles X, et entre la situation de la France en juillet 1578 et la situation en février 1829, mais cependant on ne saurait nier qu'à l'époque où fut représentée cette pièce, les images de la royauté, humiliée et dominée par des influences politiques plus fortes qu'elle et par des mouvements populaires qui échappent à son contrôle, et du trône entouré de favoris et séparé de la nation, ne se trouvassent en rapport avec le tour naturel des pensées. En outre, dans ces jours d'ardente opposition, où la tolérance du philosophisme en était venue au point de faire un crime au roi très-chrétien d'aller à la messe, on jouissait délicieusement de la peinture de la cour superstitieuse d'Henri III, et surtout de la scène inconvenante où ce prince et ses mignons disent leurs patenôtres à grand renfort de signes de croix. Les esprits forts s'entre-regardaient avec des clignements d'yeux triomphants. Les génies de l'époque, qui guettaient la scène, deux actes à l'avance, coudoyaient d'autres génies, leurs voisins, aussi superbes et aussi fiers ; et ces illustres, tout étonnés de comprendre quelque chose une fois dans leur vie, comprenaient bruyamment, suivant l'usage invariable des sots, qui n'ont jamais rien fait sans bruit.

Il y eut, à l'origine, trois opinions sur *Henri III*. Les uns, admirateurs fanatiques de l'auteur, louèrent cette pièce comme un chef-d'œuvre sans défauts, une magnifique aurore levée sur la scène française; d'autres, détracteurs furibonds, y voyaient presque un crime contre l'école du dix-huitième siècle, école inviolable puisqu'elle avait l'honneur de les compter au nombre de ses disciples; une troisième partie du public, moins nombreuse, et qu'on n'entend point tant qu'il faut crier pour être entendu, restait également éloignée de ces deux extrémités, et se contentait de dire à voix basse, pour ne pas compromettre sa sûreté personnelle, que le drame de *Henri III* était l'œuvre d'un écolier qui ne manquait ni de savoir-faire ni de verve, mais qui, dans l'ébauche dramatique qu'on donnait pour un tableau achevé, avait employé la brosse bien plus que le pinceau.

Lorsque, dix ans après l'apparition du drame de M. Dumas, *Henri III* a été repris au Théâtre-Français, c'est ce dernier jugement qui est devenu définitif. Nous nous rappelons encore la soirée qui fixa les destinées littéraires de cet ouvrage, si diversement apprécié. C'était au mois de novembre 1840, précisément à l'époque où M. Thiers, après avoir joué ce mélodrame à grand spectacle qui devait tomber aux bruits des sifflets de l'Europe, se préparait à céder la place à M. Guizot. Les circonstances qui avaient favorisé le drame de *Henri III* à sa naissance n'existaient plus. La satire de la piété, faite en face d'un gouvernement qui avait chassé sainte Geneviève de l'église où elle était révérée, pour y placer Voltaire, n'avait plus d'application possible, et la scène des signes de croix, si délicieusement hostile en 1829, n'était qu'une inconvenance depuis qu'elle n'était plus une allusion. Ajoutez à cela que les jeunes enthousiastes qui, en 1829, remplissaient la salle, avaient, en 1840, onze ans de plus, comme la pièce, et que quelques-unes de ces blondes ou brunes chevelures commençaient à s'argenter sous la main du temps.

Ce fut une étrange soirée que celle-là! On lisait un étonnement significatif sur toutes les figures, et il était clair que l'on se demandait si c'était bien là cette pièce qui avait fait, onze ans plus tôt, tant de scandale et de bruit. Quoi! cette ébauche, dont les couleurs semblent avoir été prises çà et là dans les biographies de Michaud, pour aller au plus vite; quoi! cette parodie où le poëte, au lieu de représenter chaque personnage avec sa physionomie, le représente avec sa grimace; quoi! ce pastiche où, sous prétexte de conserver à l'époque sa couleur locale, il l'a enluminée de fard jusqu'aux yeux, c'est *Henri III?* C'est bien là la pièce qui a valu tant de louanges et tant de haines à M. Dumas, et qui, dès son début, a marqué sa place si haut? On a admiré ces puérilités, loué cette stérilité d'invention qui a emprunté l'anecdote de la dame de Monsoreau pour l'appliquer à la duchesse de Guise, qui a ramassé le mouchoir de Desdemona dans l'*Othello* de Shakspeare, et la lettre apportée par le page dans le *Don Carlos* de Schiller? On a applaudi à cette exhibition de sarbacanes et de bilboquets? On s'est émerveillé de l'heureuse idée d'un poëte qui a transformé le duc Henri de Guise en un Barbe-Bleue de mélodrame, qui a prétendu peindre le règne de Henri III sans expliquer, à la manière de Shakspeare, les grandes luttes du catholicisme et du protestantisme, sans expliquer Henri III lui-même, qui s'éclipsa au premier rang, pour parler comme Voltaire, surtout parce que le premier rang n'existait plus dans un temps où, l'unité nationale étant rompue, il n'y avait plus de place pour le roi, ce symbole de la nation, cette vivante image de la patrie? M. Dumas entreprendra un drame sur le règne de Henri III, et il ne nous dira pas un mot de toutes ces choses? Ces terribles passions qui aboutirent à tant de batailles et de massacres, se resserreront jusqu'à ne plus être que de misérables intrigues? Cette société tout imprégnée de croyances religieuses ne sera plus qu'un tripot de bas étage? La grande épée du duc de Guise se raccourcira jusqu'à ne plus être qu'un poignard? l'habileté proverbiale de Catherine de Médicis consistera en scènes de fantasmagorie, avec des trappes qui s'ouvrent et des lits qui roulent d'eux-mêmes?

Il y avait longtemps qu'on n'avait éprouvé au Théâtre-Français une déception aussi complète. Les spectateurs s'entre-regardaient mutuellement à chaque acte, en ayant l'air de se demander excuse de leur ancienne erreur. Les scènes se succédaient au milieu d'un mortel silence, et mademoiselle Mars, cette habile comédienne dont le talent fin et délicat s'abattait sous cette charrette mélodramatique lourdement chargée, s'évertuait en vain, avec son organe plein de charme, à rendre un peu de dignité à cette pièce de mauvais ton et de mauvais goût. *Henri III* ne se relèvera pas de cet arrêt; il est sans appel; ce n'est pas une réaction, c'est la raison même qui l'a dicté.

Avec une imagination ardente et ouverte aux impressions, M. Alexandre Dumas devait vivement ressentir, dans son talent, le contre-coup moral de la révolution de 1830. C'est alors, en effet, qu'il produisit le seul de ses ouvrages où l'on remarque une assez forte empreinte de sa personnalité; nous voulons parler d'*Antony*. Antony, c'est le procès fait à la société au nom des positions exceptionnelles qu'elle a laissées en dehors de ses cadres; c'est la révolution, non plus dans l'ordre politique, mais dans l'ordre social; c'est le cri de l'individu contre le corps, de l'exception contre la règle, de l'*outlaw* contre la loi. On sent se remuer une indignation vraie, éclater une colère réelle dans l'indignation et la colère d'Antony. L'auteur est derrière le personnage. C'est la création d'un caractère aventureux jeté dans une destinée aventurière, type que vous avez déjà rencontré dans Saint-Mégrin, mais avec un dessin moins arrêté, et que vous rencontrerez, comme un type de prédilection, dans presque toutes les productions de l'auteur.

Nous ne croyons ni dépasser les droits de la critique, ni nous écarter de ses devoirs, en nous exprimant ainsi; car M. Dumas a confirmé lui-même la justesse de ces observations, en donnant, à un de ses ouvrages où il se met lui-même en scène, le titre de *Souvenirs d'Antony*. Et que trouve-t-on dans ces souvenirs qui ont quelque chose de si personnel et de si intime? On trouve des doctrines politiques en complète analogie avec les doctrines sociales du héros du drame dont l'auteur a emprunté le nom.

A cette époque, on ne saurait en douter, M. Alexandre Dumas était entrainé vers les idées révolutionnaires les plus exagérées. Ces images de la révolution qui l'avaient entouré, cet hôtel de ville qui semblait avoir vu renaître ses journées d'émotion et d'enthousiasme, ces luttes populaires, cette atmosphère échauffée par les batailles civiles, le spectacle de cette insurrection victorieuse, avaient profondément agi sur cette imagination ardente et sur cet esprit naturellement emporté. L'objet de sa grande admiration, c'est Robespierre; loin de la dissimuler, il l'exprime. Ces lignes sont assez curieuses pour que nous les reproduisions ici, nous les empruntons à un opuscule intitulé *Blanche de Beaulieu*, et qui fait partie des souvenirs d'Antony. « Auquel d'en-
« tre nous n'a-t-il pas fallu sa force d'homme de vingt-
« cinq ans, s'écrie M. Dumas, pour envisager en face
« les hommes de notre révolution? Mais enfin nous nous
« sommes habitués à leur vue, nous avons étudié le ter-
« rain sur lequel ils marchaient, le principe qui les fai-
« sait agir, et involontairement nous nous sommes rap-
« pelé ces paroles d'une autre époque : chacun d'eux
« n'est tombé que parce qu'il a voulu enrayer la char-
« rette du bourreau, qui avait sa besogne à faire; ce
« ne sont pas eux qui ont dépassé la révolution, c'est

« la révolution qui les a dépassés. Ne nous plaignons
« pas cependant; les réhabilitations modernes se font
« vite, car le peuple écrit l'histoire du peuple. »

C'est, on le voit, la glorification des idées de la Montagne dans ce qu'elles ont de plus violent et de plus homicide. M. Alexandre Dumas n'accuse les proscripteurs que d'un seul crime, celui d'avoir enrayé la charrette du bourreau, qui avait sa besogne à faire. Il fait la paraphrase de ce mot attribué à Marat : « Encore cent mille têtes, et la France était sauvée ! »

Ainsi, les exterminateurs de 93 n'ont pas été dévorés par leurs crimes, ils sont morts des suites de leur clémence. Il ne reste plus, pour compléter la théorie, qu'à déclarer que Robespierre a été un Titus incompris, un bienfaiteur de l'humanité méconnu; et M. Alexandre Dumas ne manque point d'exprimer cette doctrine, qui remonte au temps où l'on vit quelques jeunes hommes reprendre les gilets à la Marat et les habits à la Robespierre, au grand avantage des gens qui tenaient le pouvoir, et qui profitèrent de ces fautes et exploitèrent, dans l'intérêt de leur domination, les alarmes que ces sanglantes utopies répandirent. « Quant à Robespierre,
« dit-il, sans avoir de fonctions précises, il veillait à
« tout, il commandait à ce corps politique comme la
« tête commande au corps matériel. Il voulait la ré-
« volution dans toutes ses conséquences, pour que le
« peuple pût jouir un jour de tous ses résultats. »

Ce n'est pas assez encore; M. Dumas, en sa qualité d'auteur dramatique, va passer de l'exposition de l'histoire à l'action du drame. Dans cette nouvelle, dont nous avons parlé, il met en présence Marceau, l'une des renommées les plus pures du républicanisme, réclamant la mise en liberté de Blanche de Beaulieu, qu'il veut épouser, et Robespierre, qui peut seul accorder l'ordre d'élargissement demandé par le général. Après avoir déféré à la prière de Marceau, Robespierre lui adresse des paroles remplies d'une mélancolie qui jusqu'ici n'avait pas été devinée par ses biographes, à qui le côté sentimental du caractère du dictateur du Comité de salut public avait échappé :

« Si l'Être suprême, dit Robespierre au général, me
« donne le temps d'achever mon œuvre, mon nom sera
« au-dessus de tous les noms. J'aurai fait plus que
« Lycurgue chez les Grecs, que Numa à Rome, que
« Washington en Amérique, car j'ai une société vieillie
« qu'il faut que je régénère. Si je tombe, mon Dieu,
« épargnez-moi un blasphème contre vous à ma der-
« nière heure ; mon nom, qui n'aura accompli que la
« moitié de ce qu'il avait à faire, conservera la tache
« sanglante que l'autre partie eût effacée ; la révolution
« tombera avec lui, et tous deux seront calomniés. »

Voilà ce que l'on trouve de plus clair et de plus net dans les écrits de M. Alexandre Dumas, sur ses impressions personnelles, sur les tendances de son esprit : une propension naturelle à prendre le parti des positions exceptionnelles contre les règles sociales, et en politique la réhabilitation des doctrines des exterminateurs de la Convention et l'apothéose de Robespierre. Lorsque l'on approfondit cette double tendance, on finit par demeurer convaincu qu'elle est dominée par le même principe, la glorification de la puissance individuelle préférée à toutes les lois, l'esprit et la volonté de l'homme mis au-dessus des règles qui doivent les contenir.

Robespierre, c'est Antony armé du pouvoir politique, ramenant tout à ce qu'on est convenu d'appeler l'état de nature, mais ce qui est au fond l'état de la nature animale, et non de la nature humaine. Si cette assertion peut avoir au premier abord quelque chose d'un peu paradoxal, on demeure convaincu qu'elle est fondée en raison lorsqu'on étudie avec quelque attention les tendances qu'a suivies partout la Convention dans ses lois civiles. Le but auquel elle marche, c'est la dissolution de la famille sociale. Elle rapproche, par les droits qu'elle lui donne, l'enfant naturel de l'enfant légitime; elle rend le mariage précaire et sans stabilité par les facilités qu'elle accorde au divorce; elle le combat encore par l'institution des filles-mères, c'est-à-dire par des primes données à la maternité en dehors du mariage. On sent partout l'empreinte des doctrines matérialistes du baron d'Holbach et de Diderot; le système de la nature vient s'appliquer dans les lois civiles de la Convention.

Je ne veux pas dire que M. Dumas ait eu la perception raisonnée de cet ordre d'idées, mais il en a eu du moins l'intuition confuse à l'époque où il écrivait l'apologie de la Convention et l'apothéose de Robespierre. Il faut ajouter que ce ne fut là qu'un état transitoire pour son esprit. Il était doué d'une imagination trop vive, et il avait trop d'instabilité dans l'intelligence pour que ses impressions survécussent à la situation qui les avait fait naître. A l'époque même où M. Alexandre Dumas écrivait, à la louange des hécatombes de la Convention, les paroles que nous avons reproduites, on remarquait déjà dans son intelligence ce décousu d'idées qu'on est convenu d'appeler la fantaisie; l'homme de parti n'apparaissait chez lui que par circonstance et à la surface; on reconnaissait au fond sa véritable nature, la nature insouciante et légère de l'artiste. Les *Souvenirs d'Antony*, auxquels nous avons emprunté la tirade sur la charrette du bourreau et sur Robespierre, sont en même temps remplis des inspirations de cet esprit capricieux qui se laisse aller au hasard, comme un pilote qui tendrait sa voile et s'endormirait au fond de sa barque, en laissant au vent le soin de la guider.

A mesure donc que la situation révolutionnaire qui avait porté au cerveau de M. Alexandre Dumas s'éloignait, et que les vagues, qui s'étaient un moment soulevées avec une violence extraordinaire, rentraient dans leur lit, la surexcitation de ses idées politiques tombait, et celui qu'on aurait pu prendre un moment pour quelque héritier éloigné de ces fameux membres du comité de salut public qui avaient entrepris de réformer la société française par le fer et le feu, devenait un des courtisans les plus empressés, et, pour ainsi dire, l'homme de lettres favori de la jeune cour du jeune duc d'Orléans. On en était arrivé des deux côtés aux attentions les plus délicates et aux plus charmantes galanteries. M. Alexandre Dumas faisait-il représenter une pièce nouvelle au théâtre, le duc d'Orléans ne manquait jamais de venir témoigner ses sympathies à l'auteur par sa présence, et souvent madame la duchesse d'Orléans trouvait, dans sa loge, le manuscrit de l'ouvrage représenté, écrit de la main de l'auteur, qui, à l'avantage contestable d'écrire beaucoup, joint l'avantage plus certain d'écrire avec une perfection de caractères vraiment remarquable.

Il faut dire, pour être juste envers le prince comme envers l'écrivain, que M. le duc d'Orléans n'était pas un ingrat, et que, plus d'une fois, il regretta de ne pas avoir une liste civile uniquement affectée à subvenir aux nécessités que se créait son écrivain favori, avec cet amour de la fantaisie et ces caprices d'une vie d'artiste, mue tout entière par deux principes qui exposent à bien des mécomptes dans la prose de la vie réelle, l'inutilité du nécessaire et la nécessité du superflu.

TROISIÈME LETTRE.

TENDANCES DU TALENT DE L'AUTEUR DEPUIS 1830. — SES QUALITÉS. — SES DÉFAUTS.

M. Alexandre Dumas méprise singulièrement les transitions : prenez-le dans l'espèce de fièvre qui suit les enfantements révolutionnaires comme tous les enfantements; il écrit *Antony* et les *Souvenirs d'Antony;* cherchez-le plus tard, vous le trouvez au point opposé de l'horizon, livré tout entier au culte des souvenirs de la régence. Je ne veux pas dire que ce soit pour faire sa cour aux descendants du régent qu'il ait si brusquement changé d'idées, et qu'on puisse attribuer à ses rapports avec le jeune duc d'Orléans cette faiblesse pour une époque qui se personnifie dans le nom d'un de ses aïeux. D'abord le plus grand service qu'on puisse rendre aux héritiers du régent d'Orléans, ce n'est pas de parler de lui et de son ministre Dubois de telle ou telle manière, c'est de les ensevelir dans un généreux oubli : en pareille matière, il n'y a pas de parole qui vaille le silence. Et puis, à notre opinion, lorsque M. Dumas s'absorbait, pour ainsi dire, dans cette période historique, c'était son attrait particulier qu'il suivait : il aimait la régence pour elle-même, pour sa vie étourdie, aventureuse, pour ses faciles plaisirs, pour ses mœurs débraillées, pour ses petits soupers, pour ses folles amours. Vous savez que ce décousu d'idées et de conduite s'appelle, en langage d'artiste, la fantaisie, mot commode qui donne aux poëtes et aux peintres les mêmes priviléges et les mêmes immunités que les nerfs donnent à certaines femmes du monde. La fantaisie devait donc être la seconde influence appelée à agir sur l'esprit de M. Alexandre Dumas.

Quelqu'un de ce temps a dit : « Si j'avais été contemporain de la révolution française, j'aurais voulu être Mirabeau, Danton ou Robespierre ; mais je me serais aussi fort bien arrangé de venir à l'époque de la régence, ou sous le règne de Louis XV, avec un grand nom, une tournure élégante, de l'esprit et 200,000 liv. de rentes. » Bonnet rouge ou talon rouge, suivant les positions et les temps, il y a quelque chose de ce sentiment dans les tendances du talent de M. Dumas. Au milieu d'une atmosphère échauffée par les passions politiques, il s'éprend d'abord, comme nous l'avons montré, d'une véritable admiration pour les sinistres acteurs des drames révolutionnaires, et plaide l'innocence méconnue et l'humanité incomprise de M. de Robespierre. Les émotions de cette vie de luttes et de combats, où l'on joue, chaque jour, sa tête contre celle de ses adversaires, l'enivrent et l'exaltent. Il trouve qu'il y a de la poésie à remanier ainsi une société en la trempant dans la fournaise et en la frappant à coups redoublés, comme le fer rendu malléable par le feu, et façonné par le marteau. Le voilà donc démagogue, reconstruisant la société politique avec Robespierre, insultant la société civile avec Antony. Mais, l'atmosphère une fois refroidie, Antony, voyant le succès lui sourire, devient moins farouche; il change de culte : ce n'est plus Robespierre qui est son héros, c'est le duc de Fronsac. Il ne rêve plus que talons rouges, persiflage élégant, délicieuses rouëries, cruautés ambrées, petits soupers, galantes aventures, enfin toutes les péripéties musquées de ces vies d'une activité paresseuse, qui trouvaient le moyen de faire, chaque jour, cent lieues sans sortir d'un boudoir. Vous reconnaissez *Mademoiselle de Belle-Ile, un Mariage sous Louis XV, les Demoiselles de Saint-Cyr*, qui, par un anachronisme de mœurs, semblent appartenir à la régence; enfin la plus grande partie du théâtre de M. Dumas. Brutus grasseye, Antony parfile et laisse sur son passage une odeur d'ambre prononcée. Mener une vie à sa guise dans la société, qui allègue en vain ses lois et veut en vain imposer ses entraves : voilà le nouvel idéal de la littérature de l'auteur.

Prenez-y garde : à bien considérer les choses, M. Dumas n'a jamais complétement abandonné sa première tendance, il n'a fait que la transformer. Vous rencontrerez presque partout dans ses romans cette idée d'un caractère aventureux dans une destinée aventurière, que nous avons vu exciter sa prédilection à ses débuts. La société a toujours tort, et il y a toujours là quelqu'un qui a raison contre elle, qui est si brave, si spirituel, si généreux, que, même alors qu'il succombe, tous les vœux sont pour lui. Nous avons déjà signalé les rapports secrets qui rapprochaient, dans les sympathies de M. Dumas, Antony de Robespierre ; nous aurions dû ajouter que le héros de son premier ouvrage, Saint-Mégrin, avait été son personnage de prédilection, par des raisons, sinon semblables, au moins analogues. Faire d'un des mignons d'Henri III le héros d'un drame, l'engager contre le grand duc de Guise et lui donner l'avantage moral, puisque le duc, après avoir accepté son cartel, se dérobe au combat par un guet-apens et un meurtre, c'est là une idée qui devait sourire à M. Alexandre Dumas. Saint-Mégrin est l'aîné de toute une famille de personnages à qui on ôte son chapeau comme à des gens de connaissance, lorsqu'on les rencontre dans les nombreux romans de l'auteur. Dans les *Mousquetaires,* c'est d'Artagnan ; dans *la Dame de Monsoreau,* c'est Bussy ; puis le même type, après avoir reparu dans *la Reine Margot,* s'agrandit jusqu'à prendre des proportions fabuleuses, et devient Edmond Dantès dans *le Comte de Monte-Christo :* Edmond Dantès qui n'est pas, il est vrai, un homme à bonnes fortunes, mais qui est toujours l'individu plus juste, plus honorable ou plus fort que la société tout entière, un homme à qui tout cède et à qui, comme il le dit lui-même, « Dieu n'a rien à refuser. »

Cette remarque en amène naturellement une autre qui confirme la première. Nous avons parlé de la faiblesse de M. Alexandre Dumas auteur dramatique pour l'époque de la régence et de Louis XV. M. Dumas romancier éprouve un penchant non moins décidé pour le règne des derniers des Valois. Ces temps, qui lui avaient inspiré, avant la révolution de juillet, son drame de *Henri III*, lui ont inspiré *la Reine Margot* et *la Dame de Monsoreau*, qui n'est guère qu'une seconde étude du sujet de Henri III et de sa cour, développée en un grand nombre de volumes au lieu d'être réduite en cinq actes ; seulement M. Dumas restitue, dans le roman, à Bussy, à madame de Monsoreau et à son sinistre mari leur aventure historique, qu'il avait empruntée pour l'attribuer à Saint-Mégrin et au duc et à la duchesse de Guise.

Quel est donc le caractère commun qui a pu donner, à ces deux périodes de notre histoire, un attrait qui séduit le dramaturge et le romancier ? Faut-il le dire, il est à craindre que ce ne soit la licence des mœurs. Si M. Dumas flatte, dans ses ouvrages, cette corruption de l'esprit qu'on appelle l'orgueil, en exaltant outre mesure la puissance de la personnalité humaine, il n'a guère moins de complaisance pour cette autre corruption qui pénètre dans le cœur par les sens, ces portes mystérieuses ouvertes sur le monde visible et qui mettent le moral en relation avec le physique. Or, jamais époques ne prêtèrent plus aux tableaux de ce genre que le seizième et le dix-huitième siècle.

La cour corrompue des derniers Valois, ce mélange de cruauté et de libertinage, cette boue des mauvaises mœurs çà et là tachées de sang, ces intrigues d'amour qui s'enchevêtraient avec les intrigues politiques, amours où les sens prédominent, où la chair étouffe l'âme : voilà les tableaux qui reviennent toujours sous le pinceau de l'auteur quand le seizième siècle pose devant lui. Loin d'atténuer ce caractère du temps, il l'exagère ; il cherche de préférence les épisodes les plus vifs, ceux qui prêtent aux tons les plus chauds, aux lignes et aux contours les plus hardis. Il en est de même pour les pièces de théâtre qu'il a consacrées à la peinture de la régence et du règne de Louis XV. Est-ce une tendance naturelle ou une tendance calculée? Nous hésitons à nous prononcer sur cette question ; mais le fait n'en est pas moins réel. Soit que l'auteur se plaise dans ces tableaux, soit qu'il compte, pour le succès, sur l'émotion qu'ils font naître dans les sens, il revient avec une persistance remarquable aux scènes de ce genre, si faciles à rencontrer dans le seizième et dans le dix-huitième siècle.

Nous pourrions aller plus loin encore : dans les romans mêmes qui se rapportent par leur date à d'autres époques, il y a, dans la manière dont M. Alexandre Dumas peint les femmes qu'il met en scène, une franchise de lignes et une curiosité sensuelle de contours qui vont droit au même but. Devant ce peintre hardi de la beauté physique, tous les voiles deviennent diaphanes, et les images les plus vives provoquent les passions mauvaises qui se remuent au fond de l'homme. Du reste, ce procédé n'a rien de nouveau, ni qui appartienne en propre à M. Alexandre Dumas ; nous avons vu M. Sue s'en servir en traçant le portrait de mademoiselle de Cardoville, en décrivant la scène du bain, le bas-relief du Bacchus indien, et les excentricités de la toilette de mademoiselle Rose-Pompon. C'est.

auprès d'un grand nombre de lecteurs, un moyen de succès presque sûr, parce qu'il s'adresse à un côté bas et honteux de la nature humaine.

Ce qu'il y a de remarquable, nous l'avons dit, c'est que M. Alexandre Dumas semble tendre à la corruption de l'esprit un appât à peu près analogue à celui par lequel il excite la fermentation des sens. On dirait que, comme cet avocat qui avait toujours soin de mettre dans ses plaidoyers un mot pour le défaut dominant de chacun de ses juges, l'écrivain dont nous parlons a soin de mettre dans ses ouvrages quelques traits à l'adresse d'une des faiblesses les plus générales parmi ses lecteurs. Il ne se contente pas même de ces peintures aux tons chauds et vifs que nous signalions tout à l'heure, ni de cette glorification perpétuelle de la puissance individuelle au détriment de la puissance sociale, qui flatte le sentiment de vanité qui est le fond du mauvais libéralisme, de ce libéralisme qui fait consister la liberté, non à rendre le pouvoir national par sa base, mais à entraver sa marche, à gêner son action, à lui ôter toute force, toute initiative, à le mépriser en lui obéissant.

Il existe une troisième faiblesse, un troisième préjugé parmi les lecteurs les plus habituels des feuilletons et des livres de M. Alexandre Dumas : c'est un reste de scepticisme qui n'a rien de dogmatique ni de fortement raisonné, mais qui est plutôt un état de l'esprit, une routine, qu'un système logiquement adopté. Il y a dans presque tous les écrits de l'auteur des coups de pinceau à l'adresse de ce préjugé, qui vient en grande partie d'une préoccupation trop absolue des choses matérielles et de l'éloignement qui en résulte pour toutes les idées qui s'élèvent au-dessus du niveau bas et subalterne du monde sensible. De même, en effet, que les hommes comme Malebranche, qui vivent dans les régions supérieures de la haute spiritualité, ont peine à abaisser leur vol jusqu'aux régions inférieures des sens, les hommes qui concentrent toutes leurs idées et toutes leurs affections dans ce monde inférieur, ne peuvent élever leur vol pesant et lourd jusque dans ces sphères élevées, soumises à d'autres et à de plus sublimes lois. Ces esprits vulgaires ont un goût particulier pour une raillerie rapidement jetée contre les vérités supérieures aux faits sensibles, et, par conséquent, contre la religion, qui est la science de ces vérités; comme l'a si bien dit M. de Châteaubriand, ces esprits forts ont l'esprit si faible, qu'ils s'irritent contre tout ce qui est au delà de l'horizon borné de leurs sens.

Dans ses voyages, dans ses romans, dans ses livres, dans ses feuilletons, M. Alexandre Dumas a soin de placer presque toujours quelque flatterie pour cette faiblesse d'esprit. Ce ne sont point, comme dans le *Juif Errant* de M. Sue, des invectives passionnées, de violentes injures; non, M. Dumas n'a point de haine. C'est une épigramme voltairienne qui siffle et qui passe; c'est, dans *la Reine Margot*, une peinture de la Saint-Barthélemy, dont l'auteur rend le clergé et le catholicisme responsables, quoique tout le monde sache aujourd'hui que la Saint-Barthélemy fut le résultat d'un mouvement politique et populaire; c'est, dans *la Dame de Monsoreau*, le portrait du moine Goranflot, sorte de

Sancho Pança enfroqué, vivant dans une fraternité parfaite avec un âne, et représenté comme le *roi des ivrognes*; ce sont, dans le *Voyage en Suisse*, écrit d'après ses propres impressions, et dans le *Voyage en Égypte*, pays que M. Dumas a, dit-on, vu par les yeux de M. le baron Taylor, de petites épigrammes contre le christianisme et le judaïsme ; c'est encore, dans le roman de *la Dame de Monsoreau*, la mise en scène exagérée des superstitions de Henri III, de cette fausse dévotion qui non-seulement met la cérémonie avant l'idée, mais ne prend que la cérémonie et laisse l'idée.

Encore une fois, l'auteur n'attaque pas la religion avec cette animosité qui est le propre des esprits passionnés, mais il ne manque guère de la sacrifier, quand il en trouve l'occasion, aux préjugés de ses lecteurs, en la montrant sous des traits odieux ou ridicules. Ce n'est point une colère à la Caïphe, ce sont une indifférence et un égoïsme à la Pilate : avant tout il faut que Pilate prouve qu'il est l'ami de César ; avant tout, il faut que le livre ou le feuilleton de M. Dumas réussissent. Sans doute il trouve dans son talent un des éléments de son succès, mais il écrit tant et si vite que peut-être son talent ne suffirait pas seul; il importe donc d'y ajouter ces amorces qui séduisent les passions, et qui, en se conciliant leurs sympathies, empêchent le jugement d'être aussi difficile et aussi sévère. M. Dumas fait un peu comme ces plaideurs qui, n'étant pas sûrs d'avoir le bon droit de leur côté dans un procès, cherchent à circonvenir leurs juges.

En analysant ainsi les mobiles dont l'auteur se sert,

nous ne voulons en aucune façon atténuer son mérite. Ces partis pris d'injustice n'entrent point, on le sait, dans les habitudes de notre critique. M. Dumas, nous sommes le premier à le reconnaître, est un remarquable conteur; il sait intéresser le lecteur à ce qu'il dit; il y a ordinairement de l'invention dans ses sujets, de la verve et de l'action dans son récit; son style, sans avoir rien de caractérisé, marche en leste équipage : ce n'est pas un de ces styles traînant la toge, qui sont impropres à l'action, et qui arrêtent sans cesse les idées, faute de pouvoir les suivre. Il a dans l'esprit quelque chose de cette souplesse merveilleuse que l'on admire dans les membres des créoles. C'est ainsi qu'on demeure souvent étonné, en lisant son *Voyage d'Egypte*, de voir cet esprit, un moment auparavant sceptique, s'inspirer des souvenirs bibliques avec assez de bonheur pour rappeler les grandes scènes dont ces lieux furent témoins dans des temps reculés.

En outre, aux yeux du commun des lecteurs, M. Dumas a un avantage qui naît peut-être d'un défaut plutôt que d'une qualité; comme il n'a presque jamais rien à prouver, qu'il n'a pas de système, qu'il tient médiocrement à ses propres idées, il ne soutient jamais de thèses dans ses livres, ainsi que M. de Balzac, par exemple. L'action marche donc plus vite, et le récit court à son but, sans s'attarder sur la route, ce qui déplaît presque toujours aux lecteurs, qui ne sont souvent ni philosophes ni logiciens, mais qui sont hommes, et qui, à ce titre, prennent toujours un vif plaisir à la peinture de la vie humaine et au développement des passions dont ils trouvent le germe dans leur propre cœur.

Mais avec tous ces éléments de succès, il manque à presque tous les écrits de M. Dumas une qualité littéraire : c'est la maturité que donne la réflexion, et ce caractère de solidité et de perfection qui naît du travail. On voit trop qu'il improvise et qu'il récolte la moisson avant qu'elle ait été jaunie par le soleil. Le premier et le plus grand défaut de cet écrivain, c'est de trop écrire. Cela est si vrai, que l'on voit les journaux qui prennent à bail son imagination mettre eux-mêmes un frein à cette fécondité alarmante, et stipuler, comme condition du marché, qu'il ne produira que dix-huit volumes par an, minimum effrayant qui donne une idée du formidable maximum qu'atteindrait l'auteur si on le livrait à sa facilité naturelle, sans lui imposer aucune limite.

Cette facilité a entraîné pour M. Dumas bien des inconvénients de différentes espèces. D'abord son style s'en ressent ; il est assez naturel, il est vrai, mais il manque ordinairement de couleur et de caractère. C'est un style d'affaires, avec des ombres et des lumières estompées au lieu d'être burinées, et qui est au style des grands écrivains ce que la lithographie est à la gravure, ou, mieux encore, ce que le fusain est au crayon. Non que nous entendions reprocher à l'auteur de ne pas donner à sa phrase ces soins minutieux qui appartiennent plutôt aux époques de la décadence, où l'on brode richement le vêtement des idées, et où l'on néglige les idées elles-mêmes, qu'aux grandes époques littéraires où le style sort de la pensée, comme les feuilles de l'arbre sont produites par la séve qui vient de ses racines.

Non, ce qui cause l'infériorité du style de M. Dumas, c'est précisément l'absence de méditation, c'est cette improvisation perpétuelle qui ne lui permet guère que de rendre des impressions. Il n'y a rien de substantiel dans ses idées; comme ces plantes éphémères qui naissent sur des terrains légers et sans profondeur, l'expression manque de force, parce que la pensée n'a point de racines. Et ce n'est pas le style seulement qui porte la trace de cette rapidité d'exécution, c'est l'ensemble de la composition tout entière.

Il y a, nous l'avons dit, dans presque tous les écrits de M. Dumas de l'imagination, de l'invention; mais l'incohérence du plan, l'invraisemblance des situations, le défaut de suite des caractères atténuent singulièrement ces avantages. Ses ouvrages ressemblent un peu à des émeutes : le bruit et le mouvement n'y manquent pas; mais la vérité, l'ordre, l'harmonie, la raison y manquent presque toujours. Il est vrai que c'est avec ces qualités que l'on fait un bon livre; mais aussi avec ces qualités on fait une mauvaise affaire, car elles ne rapportent point ce qu'elles coûtent; les connaisseurs les admirent, mais les éditeurs ne les payent pas. On gagne plus à badigeonner des décorations à la brosse, sur une immense surface, qu'à peindre des tableaux, dans un cadre moins étendu, avec un pinceau fin et délicat qui, ne laissant rien d'inachevé, vise à la perfection, et pour la pureté des lignes et pour la vérité de la couleur.

C'est là malheureusement l'explication de l'abus que fait M. Dumas de la facilité qui lui est naturelle. Nous ne toucherions pas, on le comprend, à ce défaut de l'homme, s'il ne devenait pas la source des défauts de l'écrivain. M. Alexandre Dumas est trop de son siècle, il a de trop vastes besoins, et il en résulte qu'au lieu de faire servir l'art au triomphe de la vérité, d'après cette noble maxime que le beau est la splendeur du vrai; au lieu même de faire de l'art pour l'art, ce qui rend encore l'esprit difficile sur ses propres œuvres, il fait de l'art pour de l'argent, ce qui est la pire condition du travail intellectuel, et ce qui le ravale au rang du commerce et de l'industrie.

Être tout à tous, écrire sur toute chose et à toute heure, rédiger aujourd'hui les mémoires d'un maréchal de France, demain un feuilleton sur la Ligue, après-demain le récit d'un épisode de guerre civile, et avant la fin de la journée passer à un roman moderne; être obligé de mettre un prix vénal à chaque minute de son temps, et de tendre toutes les facultés de son esprit vers cet unique problème : « gagner le plus rapidement possible la plus grosse somme d'argent; » condition excellente pour produire un grand nombre de livres, mais très-mauvaise condition pour produire de bons livres! quand on en vient là, non-seulement on n'écrit plus pour la postérité, mais on n'écrit même pas pour la génération qui suivra la sienne; on écrit pour la circonstance, pour le tour d'opinion qui règne aujourd'hui et qui sera fini demain, car le présent ne paye guère ce qui a été fait pour l'avenir, et il est plus charmé des défauts qui flattent ses faiblesses et ses passions, que des qualités permanentes, des beautés éternelles d'un ouvrage, beautés qui ne sont pas assez du temps où elles paraissent et des lieux qui les voient naître, précisément parce qu'elles sont de tous les temps et de tous les lieux.

Cela est vrai, mais que dire à des gens qui vous demanderaient volontiers des dommages et intérêts si vous exigiez qu'ils consacrassent à composer un livre le temps qu'il réclame? Pour savoir à quel point les choses en sont venues, il faudrait, comme nous, avoir entendu raconter par une femme d'un esprit charmant dans quel embarras elle se trouva, un jour, chez elle avec un romancier en renom. Cet illustre avait mis la conversation sur le parti qu'il tirait de son travail, en établissant, avec une précision mathématique qui aurait fait honneur à M. Sanlot Bagueneau et envie à Barême, ce que devait lui rapporter chaque heure, que dis-je! chaque minute de son temps, comme s'il s'agissait d'un carrosse de place ou d'un cheval de louage. L'entretien se prolongeant, l'interlocutrice commençait à éprouver de sérieux remords. N'y avait-il pas vraiment conscience à s'approprier un quart d'heure d'une journée dont chaque minute avait son prix vénal, d'après le tarif que l'homme de lettres, — parlons plus juste, — le négociant, — venait d'exposer avec des détails si minutieux? Elle suivait involontairement des yeux l'aiguille qui courait sur le cadran de la pendule, et calculait mentalement le nombre d'écus qu'elle avait ôtés de la bourse de l'illustre visiteur, assis sur un pliant en face d'elle, en supputant le nombre de minutes qu'il lui avait données. A chaque pas de l'aiguille, son embarras augmentait, et elle baissait la tête avec confusion comme il sied à un débiteur devant son créancier. Enfin quand il se leva pour partir, elle allait, décidée à s'acquitter, sonner pour demander la clef de son secrétaire.

Vous croyez avoir affaire à des écrivains, détrompez-vous : vous avez affaire à des commerçants qui vous apprendront des habiletés dont vous n'avez pas la plus légère idée. Il en est qui vous diront comment, après avoir vendu d'abord leurs écrits à la feuille, ils les ont vendus successivement à la page, à la ligne, au mot, puis à la lettre, à la manière des imprimeurs, afin de ne pas perdre un seul iota. « Vous me donnerez, fin de mois, vingt mille francs, et je vous remettrai.... — Un chef-d'œuvre, sans doute? *Clarisse Harlowe? Paul et Virginie? Atala? Corinne?* — Non, six cent mille *n* (1). » Que dites-vous de ce matérialisme introduit dans le monde de la pensée, et de ce retour de la littérature à l'alphabet? Que penseriez-vous de Rossini et de Meyer-Ber vendant tant d'*ut bémols*, et tant de *fa dièses* à l'Opéra, au lieu de lui apporter *Guillaume Tell* et *Robert le Diable?*

Nous ne savons si ces anecdotes que nous rappelons d'une manière générale, sans vouloir en faire une personnalité contre qui que ce soit, contiennent quelque

---

(1) On sait que les imprimeurs, afin de prendre une moyenne, ont choisi la lettre *n*, et font payer la feuille d'impression d'après le nombre de mille d'*n* qu'elle contient.

trait qui puisse s'appliquer à M. Dumas; mais toujours est-il qu'elles donnent une idée fidèle des mœurs et des tendances qui règnent dans le monde littéraire dont il fait partie.

Il suffit d'ouvrir *le Comte de Monte-Christo* pour se convaincre de l'espèce de culte que l'écrivain dont nous parlons professe pour l'or, et de sa foi religieuse, disons mieux, de sa foi superstitieuse dans la puissance de ce métal. Quand on croit qu'on peut tout faire avec de l'or, on est bien près de croire qu'il faut tout faire pour se procurer de l'or : il est bien entendu que nous ne parlons ici que de ce que l'on peut faire dans la sphère des choses littéraires. Ajoutez à cela qu'à force d'accueillir l'invraisemblable et l'impossible dans ses compositions pour aller plus vite en besogne, on finit par émousser en soi le sens pratique des choses et par agir un peu avec la logique que l'on prête à ses personnages.

C'est ainsi qu'on raconte de plusieurs écrivains de notre temps des excentricités ruineuses : celui-là a le fanatisme des chinoiseries ; cet autre veut se créer un parc en achetant, arbre par arbre, les propriétés voisines ; un troisième, se faisant architecte, ajoute chaque jour à sa construction un pavillon ou une aile, comme il ajouterait un épisode à son roman, de sorte qu'il a dépensé son capital avant d'arriver à la toiture; un autre met son orgueil à donner des dîners à la Lucullus. Il se mêle à tout cela un idéal de l'écrivain grand seigneur qui vient du souvenir de lord Byron et qui achève de tourner les têtes. Qu'en résulte-t-il? Qu'il faut de plus en plus battre monnaie avec son talent, négliger l'art pour le gain, et préférer la valeur commerciale à la valeur littéraire. Nous ne serions pas étonné que l'histoire particulière de M. Alexandre Dumas fût un des chapitres de cette histoire générale.

QUATRIÈME LETTRE.

UN ROMAN ET UN FEUILLETON-ROMAN (1).

AMAURY.

Il reste une épreuve bien simple et cependant très-concluante à faire, après avoir essayé de définir le talent de M. Dumas et d'indiquer les qualités et les défauts de son esprit : c'est de comparer un roman-livre de l'auteur, qu'on nous permette ce néologisme, à un ou deux de ses feuilletons-romans. De cette manière, on pourra apprécier l'influence exercée sur le talent de M. Dumas par l'avénement de ce nouveau genre de littérature, et nous nous trouverons ainsi naturellement ramené à l'objet spécial de ces études. Ce que nous avons dit jusqu'ici suffit pour connaître les tendances de l'esprit de l'écrivain ; ce qui nous reste à dire servira à montrer quelles modifications ces tendances subissent sous l'empire de conditions différentes. Nous aborderons ainsi une question qui n'est pas sans intérêt dans la littérature générale, celle de l'as-

---

(1) *Le Comte de Monte-Christo.*

cendant exercé, non plus sur les lecteurs, mais sur les auteurs eux-mêmes, par l'avénement du feuilleton-roman.

En fouillant dans la nombreuse collection des œuvres de M. Alexandre Dumas, comme ces archéologues patients qui interrogent les ruines d'Herculanum et de Pompéïa afin de découvrir, sous les cendres du Vésuve, quelque belle amphore au travail exquis, ou quelques bas-reliefs finement taillés, nous avons fait une trouvaille qui, sans équivaloir à la découverte de la Méditerranée, a cependant son prix. C'est un roman qui ne ressemble à aucun des autres ouvrages de l'auteur, et qui, selon nous, leur est tout à fait supérieur, et parce que ses défauts habituels s'y trouvent singulièrement atténués, et parce que ses qualités y brillent de tout leur éclat. Cette perle littéraire a nom *Amaury*. L'ouvrage a-t-il été primitivement publié dans un journal, ou a-t-il paru sous la forme d'un livre? Nous avouons notre ignorance sur ce point. Mais, quoi qu'il en soit, il a été très-certainement composé comme un livre, c'est-à-dire d'un même jet, avec cette préoccupation continuelle du milieu et du dénoûment, qui marque les compositions intellectuelles du sceau de l'unité.

C'est une pensée première suivie dans tous ses détails, avec amour, sans que nulle part on aperçoive la trace de cette abondance stérile qui provient de la nécessité où se trouve un auteur de fournir une carrière plus longue que celle que comporte son sujet, nécessité fâcheuse qui l'oblige de prendre, pour aller à son dénoûment, le chemin que La Fontaine prenait pour aller à l'Académie. Rien d'outré, de faux, d'alambiqué, d'invraisemblable et de surhumain dans la donnée du livre ; c'est un drame qui non-seulement a pu, mais a dû exister ; et le lecteur, chose rare de notre temps, se retrouve dans la vie possible et dans le monde réel.

Dans l'exécution, un cachet de naturel et de simplicité ; l'action marche à son but, d'un bon pas, sans se détourner ni à gauche ni à droite, sans se jeter dans des diversions oiseuses, et sans rattacher, à l'aide d'enchevêtrements arbitraires, le mouvement général à mille épisodes de détail, destinés à ralentir le récit pour le prolonger. Amaury suffit à peine à remplir quatre volumes, mais de ces volumes de convention, tels qu'on en fait pour les cabinets de lecture, de sorte que quatre d'entre eux contiennent à peine la matière d'un volume du temps de nos pères, où tout se faisait, dans les lettres, avec un sentiment de vérité et de grandeur.

Le sujet de ce roman est d'une extrême simplicité, et l'action se concentre, pour ainsi dire, en trois personnes : Amaury et Madeleine qui s'aiment depuis leur enfance, et M. d'Avrigny, célèbre médecin, père de celle-ci. Amaury, noble, riche, beau, fort, ardent comme on l'est à ving-quatre ans, dans toute la puissance de la jeunesse, aspirant au bonheur avec l'impétuosité de son caractère, aimant passionnément Madeleine, mais l'aimant d'un amour un peu égoïste, comme presque tous les amours ; Madeleine, charmante mais pâle fleur, qui se colore au rayonnement de l'amour d'Amaury, et qui a quelque chose de la constitution frêle et délicate de la sensitive ; M. d'Avrigny ressentant une affection réelle et profonde pour son pupille qu'il a élevé, et aimant à la fois sa fille avec la tendresse intelligente d'un père, et la sollicitude charmante qui est le caractère de l'amour maternel : en effet, madame d'Avrigny étant morte de la poitrine à la fleur de l'âge, il a fallu que son mari, demeuré seul, réunît dans son cœur les trésors d'affection que contient le cœur d'une mère à l'amour déjà si profond qu'il ressentait pour sa fille. A côté de ces trois personnes, mais un peu sur l'arrière-plan du tableau, apparaît Antoinette, nièce de M. d'Avrigny, et cousine de Madeleine. Sa beauté florissante et épanouie est un vivant contraste avec celle de son amie d'enfance, aussi frêle que suave, et qui rappelle ces fleurs délicates qui, passant du matin au soir, empruntent leur charme le plus touchant au sentiment que l'on a de leur peu de durée.

Entre ces personnages, qui ont, pendant de longues années, vécu dans une union intime, un nuage s'est élevé, et ce nuage, c'est l'amour réciproque d'Amaury et de Madeleine qui l'a mis à l'horizon. M. d'Avrigny aime sa fille d'un amour jaloux, et il prévoit avec terreur le moment où il n'occupera que la seconde place dans son cœur. Après avoir concentré pendant de longues années toutes ses affections sur la tête d'une fille bien-aimée, avoir formé son cœur et son esprit par des soins de tous les jours, de tous les instants, avoir mesuré à ses sentiments et à ses idées qui commencent à poindre la pluie et le soleil, perdre pour ainsi dire son ouvrage au moment où il atteint la perfection, assister au triomphe d'un autre, permettre qu'un homme qui, hier encore, était un étranger, vienne moissonner tout ce que vous avez semé dans cette âme façonnée par vos mains, c'est là un acte de dévouement dont le cœur d'un père est capable, mais qu'il n'accomplit pas sans que la nature saigne. Ce qui est union pour la fille est séparation pour le père ; pour que la famille nouvelle se forme, il faut que la famille ancienne soit déchirée, et, au milieu des joies dont on a entouré la célébration des mariages, dans tous les temps et dans tous les pays, on voit toujours percer quelque chose de triste et de pénible comme un adieu.

Cependant, dans le caractère de M. d'Avrigny il y a tant de générosité et d'abnégation, qu'on entrevoit, derrière cette répugnance inspirée par l'égoïsme de l'amour paternel, une appréhension que, par une sublime hypocrisie, il n'ose s'avouer à lui-même. Madame d'Avrigny est morte, à la fleur de l'âge, d'une maladie de poitrine ; son mari craint qu'elle n'ait légué à sa fille, comme un funèbre héritage, le germe du mal auquel elle a elle-même succombé. Il se cache le plus qu'il peut cette pensée qui lui fait peur, car toutes les tendresses bien vives sont un peu superstitieuses ; elles appréhendent d'éveiller par des idées de mauvais augure un hôte fatal qu'on ne renvoie plus de son foyer une fois qu'il s'y est assis : le malheur. Antoinette, aussi belle que Madeleine, quoique d'une beauté toute différente, moins idéale peut-être, mais toute brillante de santé et de vie, se trouve aussi blessée au cœur par cet amour. Élevée avec Amaury, comme Madeleine, elle aime le jeune homme, comme elle, sans le vouloir, presque sans le savoir; mais l'ardent Amaury, tout entier à sa passion pour Madeleine, ne se doute même pas du sentiment qu'il a inspiré à Antoinette, pour laquelle il ne ressent qu'une amitié d'enfance dont il est distrait par l'affection exclusive qui absorbe toutes les puissances de son être.

L'hésitation de M. d'Avrigny dure peu, et Antoinette n'hésite pas un moment. La même pensée de sacrifice se présente à leur cœur. M. d'Avrigny, qui a éloigné son pupille de sa maison, et qui a recherché tous les moyens de rompre avec lui, ne tient pas devant la douleur de sa fille. Le chagrin tuerait cette belle et frêle créature, encore plus sûrement que le bonheur. Qu'Amaury revienne donc, et que le bonheur rentre avec lui dans la maison. Le dévouement de l'amour paternel ira désormais de sacrifice en sacrifice. Que Madeleine vive pour un autre, mais qu'elle vive. Son père, dans son abnégation sublime, consentira, non plus seulement à n'être aimé qu'en seconde ligne, mais à quitter sa fille, quand elle sera mariée, pour ne pas importuner ses félicités nouvelles, et ne pas troubler ce monde à deux que se font les amants, et dans lequel un tiers, fût-ce un père, est de trop.

Quand d'Avrigny aura fait cette découverte si cruelle pour le cœur d'un père, il ne se plaindra pas, il ne se montrera pas blessé, il se résignera, sans bruit, sans reproche; il trouvera même un prétexte pour prendre l'initiative d'une proposition que ni son gendre ni sa fille n'oseraient lui faire, car il ne veut pas laisser un remords au bonheur de Madeleine. Le sacrifice d'Antoinette n'est ni moins généreux, ni moins complet. Elle étouffera dans son cœur cette passion qui déjà y a poussé de profondes racines ; elle cachera ses émotions, dévorera ses larmes, pour assister, calme et souriante, au bonheur de son amie ; quand celle-ci, avec la clairvoyante jalousie de la maladie contre la santé, aura entrevu la vérité, et qu'elle deviendra défiante, cruelle même avec Antoinette, Antoinette entendra les paroles amères sans répondre, et lorsqu'elle verra que Madeleine souhaite son absence, elle partira sans cesser de l'aimer.

Voilà donc le partage de ces quatre destinées accompli : deux pour le bonheur, deux pour le sacrifice ; sacrifice d'autant plus généreux, qu'il se cache en se reléguant sur l'arrière-plan du tableau, de peur de projeter quelque ombre mélancolique sur le plan lumineux où Amaury et Madeleine nagent dans une atmosphère rayonnante d'espoir et de joie.

Mais ici vient se poser le fatal problème qui est le nœud du drame. Si le chagrin tue, le bonheur tue aussi ces plantes délicates, qui ne résistent pas mieux aux chaleurs excessives de l'été qu'aux froids rigoureux des hivers. Les émotions qui naissent de la joie ne sont-elles pas mortelles pour Madeleine comme celles qui naissent de la douleur, et la pâle et frêle sensitive ne sera-t-elle pas dévorée par cet amour ardent qui rayonne sur elle comme le soleil dans la puissance de son midi ?

Pendant la durée de cette épreuve, l'amour du père et celui de l'amant sont en présence, tous deux également forts, mais inégalement désintéressés. Le père ne songe qu'à prévenir les émotions ou à conjurer les effets qu'elles doivent avoir sur la santé de sa fille ; l'amant se laisse aller parfois à l'impétuosité de sa passion ; au lieu de la dominer, il est dominé par elle ; il suit le cours du fleuve au lieu de le remonter, et l'on entrevoit qu'un mobile moins noble, le mobile de la satisfaction, agit à son insu sur lui, tandis que le dévouement est le seul mobile de l'amour paternel.

Ce duel entre deux hommes qui aiment la même personne, mais l'aiment à des titres différents, et qui s'aiment l'un l'autre, continue pendant plusieurs mois avec des alternatives d'espérance et de désespoir. La première fois que Madeleine a revu Amaury, qui, rappelé par M. d'Avrigny, exprime à celle qui devient sa fiancée toute l'ardeur de son amour, la jeune fille, succombant sous le poids de ses émotions, semblables à ces vents trop violents ou trop chauds qui effeuillent et qui brûlent les fleurs, éprouve la première atteinte de la redoutable maladie dont elle a apporté le germe en naissant. Cette fois, l'amour et la science de son père réussissent à arrêter les progrès du mal ; elle revient à la santé et à la vie, et le jour de la signature du contrat est fixé. Le soir il y a un grand bal ; Madeleine a promis de ne pas y danser ; vaine promesse !

En voyant Antoinette si belle, si rayonnante de santé et de vie, prête à valser avec Amaury, le sentiment de jalousie qui fermente depuis quelque temps dans le cœur de la jeune fille malade, éclate tout à coup ; elle demande à son père d'une voix si brève, si fiévreuse, la permission de danser cette valse même avec son fiancé, que le docteur d'Avrigny, craignant de provoquer une crise, est obligé d'y consentir, non sans avoir recommandé à Amaury de modérer le mouvement de la valse. Par malheur, Amaury, jeune, ardent, passionnément amoureux, ne conserve pas longtemps la liberté de ses idées et la fermeté de sa volonté au milieu du tourbillon mélodieux dans lequel il se sent entraîné avec sa fiancée. Il ne la conduit plus, il cède avec elle au mouvement impétueux de la valse qui l'entraîne et l'enivre; cet isolement au milieu de la foule, cette vie à deux dans la chaude atmosphère du bal, lui font oublier les sages conseils de M. d'Avrigny, et Madeleine, soutenue par une surexcitation fiévreuse qui lui donne une force factice, le suit pendant quelques minutes, la tête pleine de vertiges et le cœur gonflé de joie. Mais bientôt la vivacité de ses émotions épuise ses forces, elle succombe, penche sa tête et s'évanouit. C'est une rechute.

Que de soins ne faut-il pas, que de temps, que de précautions, pour empêcher cette rechute d'être mortelle ! La tendresse du père et l'art du médecin remportent encore ce triomphe. La mort s'éloigne, les couleurs de la vie reparaissent peu à peu sur ce pâle visage; un voyage en Italie complétera la guérison. Pour épargner toute émotion à sa fille, M. d'Avrigny a supplié Antoinette, contre laquelle Madeleine éprouve une jalousie instinctive, de s'éloigner, et la généreuse Antoinette, qui a lu dans le cœur de son amie, s'éloigne sans laisser échapper un murmure ni un reproche. Il prie aussi

Amaury de prendre les devants et de partir pour l'Italie, où l'appelle une mission diplomatique; il viendra dans trois mois rejoindre à Naples Madeleine, qui alors sera parfaitement guérie. Madeleine, qui, sans se l'avouer à elle-même, cherche avant tout à séparer Amaury d'Antoinette, accepte avec empressement cette combinaison.

Elle est donc sauvée, et l'amour paternel, à force de soins et de dévouement, a remporté la victoire? Non, elle est perdue, et cette fois sans retour, par l'égoïsme de son amant. Avant de le quitter, elle a voulu le voir seul; chaste, simple et naïve, elle ne comprend pas qu'il puisse y avoir d'inconvénient dans une entrevue entre un fiancé et sa fiancée, même à l'insu de son père. Ce sont des promesses d'amour à échanger, des projets de bonheur à faire sans témoins, de ces rêveries où l'on a besoin de ne pas être réveillé par une voix indifférente et étrangère. Quand l'heure de la rosée est passée, le docteur d'Avrigny ne l'a-t-il pas dit lui-même? l'air de la nuit n'a rien de contraire à la santé de Madeleine, surtout dans une saison où les nuits sont presque aussi chaudes que les journées. Ce serait une si douce chose, au moment d'une longue séparation, qu'une causerie à l'ombre d'un bosquet verdoyant, embaumé des senteurs du jasmin! Amaury résiste d'abord, puis l'émotion qu'éprouve Madeleine finit par le gagner. Comment lui causer un chagrin? Comment ne pas acquiescer à un si charmant désir? Comment refuser un premier rendez-vous demandé d'une voix si douce? Il est sûr de lui-même, il se contiendra, il veillera sur lui, sur Madeleine, et lui épargnera toute émotion trop vive.

Sa résolution est sérieuse, mais il arrive dans le jardin ce qui était arrivé dans la salle de bal. Cette nuit parfumée, ces oiseaux qui de temps en temps font entendre une cadence douce et plaintive, la lumière mystérieuse de la lune qui dort sur le gazon, ce silence de la nature qui semble se taire autour d'eux pour ne pas troubler leur entretien, suffisent pour faire oublier à Amaury tous ses projets; sa main presse la main de Madeleine; sa voix la remue jusqu'au fond de son être, et ses paroles d'amour font vibrer dans cette âme qui lui appartient des émotions trop fortes pour une organisation aussi délicate et aussi frêle. Tout à coup, Madeleine, s'affaissant sous le poids de ses émotions, penche la tête en jetant un cri; le sang sortant de sa poitrine déchirée remplit sa bouche : c'est une troisième rechute, et celle-ci est mortelle.

L'agonie commence, longue et triste agonie, comme celle de toutes les personnes atteintes de ce terrible mal. M. d'Avrigny n'espère plus; son art lui a dit : « Ta fille mourra. » Cependant il dispute encore cette vie si chère à la mort, non avec l'espoir de vaincre, mais avec la pensée de retarder autant que possible la fin de ce duel dont l'issue n'est plus douteuse. Amaury, auquel il a pardonné, parce qu'il a compris que l'amour d'un amant ne pouvait être l'amour d'un père, veille avec lui auprès du chevet de la jeune malade, qui ne les entretient que de projets de bonheur et d'avenir.

Antoinette ne peut venir les aider dans cette tâche

douloureuse, sa vue seule provoquerait une crise fatale dans l'état de Madeleine, qui depuis longtemps déjà ne peut supporter le voisinage de cette beauté dans toute la splendeur de la jeunesse et de la vie, dont le rayonnement lui fait trouver plus tristes et plus froides les ombres qui descendent sur ses propres journées. Quand le terme de la lutte approche, M. d'Avrigny, comme un homme qui se noie et qui cherche à se rattacher à toutes les branches, invoque tour à tour et les méthodes de ses rivaux de science, et les recettes empiriques des guérisseurs populaires, car il doute de l'art qui n'a pu sauver sa fille. Quand ces derniers expédients lui échappent, son regard se relève vers le ciel, il demande un miracle au Dieu de l'Évangile qui, traversant le monde en faisant le bien, a rendu à la veuve de Naïm son enfant déjà mort. Puis, comme le prêtre qu'il interroge lui répond que Dieu, qui est le maître de la vie et de la mort, ne doit de miracles à personne, il s'emporte presque jusqu'au blasphème. Mais la mort si chrétienne de sa fille, qui, avant de fermer les yeux, veut une dernière fois embrasser Antoinette, les consolations qu'elle reçoit à son heure dernière de la religion qui vient la visiter, la crainte d'être séparé d'elle dans une autre vie, touchent enfin cette âme orgueilleuse qui, aux jours de la prospérité, était restée dans les régions de l'indifférence et du doute ; c'est par son cœur que la vérité arrive à son esprit au moment où sa fille expire : d'Avrigny est chrétien.

Aussi est-ce lui qui, détournant du suicide Amaury, qui, aussi faible contre son désespoir que contre son amour, veut, après avoir assisté aux funérailles de celle qu'il chérissait et entendu une dernière fois la musique d'Othello, sortir d'un monde où il croit n'avoir plus personne à aimer, lui dit : « A quoi bon se tuer ? On meurt. »

Ici commence la seconde partie du livre, qui est comme la contre-épreuve de la première. L'amour du père a été au moment de sauver Madeleine, l'amour de l'amant l'a tuée. Maintenant qu'elle est morte, quelle sera la douleur la plus puissante, celle de l'amant ou celle du père ? Qui mourra, qui vivra en face de ce tombeau ?

M. d'Avrigny, abandonnant le monde, s'est établi à Ville-d'Avray, auprès du cimetière où repose Madeleine. Il attend ainsi la mort en face de ce tombeau bien-aimé. Antoinette, à laquelle il a donné toute sa fortune, habite sa maison de Paris, où elle a l'intention de consacrer sa vie au culte de la mémoire de sa cousine et aux bonnes œuvres. Amaury a quitté son pays; il voyage, en attendant que le chagrin qu'il emporte avec lui le tue. Tous trois, certes, ont une grande douleur; mais cette douleur ne saurait être d'une égale durée pour tous trois. Amaury et Antoinette sont entre un passé et un avenir. M. d'Avrigny seul n'a qu'un passé; il en vit jusqu'à ce qu'il en meure, tandis qu'Amaury et Antoinette sentent peu à peu reverdir leurs espérances dans leur cœur ranimé.

A mesure que le temps marche, leur tristesse se change en mélancolie; ils ressemblent à des gens qui ont traversé des voûtes funèbres, et qui, en sortant de la froide cité des morts, éprouvent, en retrouvant la lumière et la chaleur du soleil, un sentiment invincible de joie ; ils luttent contre cette influence, ils se font un point d'honneur de retenir leur désespoir qui s'en va, de repousser le sentiment d'un amour mutuel qui les rapproche malgré eux ; ils se font illusion aussi longtemps qu'ils peuvent sur la nature du sentiment qui les attire l'un vers l'autre, et quand l'illusion n'est plus possible, comme après tout ce sont de nobles cœurs, ils s'efforcent d'échapper à ce penchant qu'ils se reprochent presque comme un crime, Antoinette, en cherchant dans un mariage de raison un asile contre les entraînements de son cœur ; Amaury, en mariant Antoinette à son rival. Heureusement que M. d'Avrigny, quoiqu'il approche de son heure dernière, n'a pas encore succombé : il prend la défense du bonheur de sa nièce et de son pupille contre eux-mêmes, leur révèle à l'un et à l'autre leur amour mutuel, les rassure contre leurs scrupules, les unit et les bénit avant d'aller rejoindre sa Madeleine.

Voilà, sauf quelques scènes de détail et quelques personnages épisodiques dont nous n'avons point parlé, parce qu'ils ne sont pas étroitement liés à l'action, le sujet, le plan et le dénoûment du roman remarquable publié, il y a quelques années, par M. Dumas, sous le titre d'*Amaury*. Ce livre montre quelles espérances on pouvait mettre dans le talent de cet écrivain, et à quelle hauteur il eût été capable de s'élever en suivant une bonne direction. Nous n'avons pas besoin d'insister sur ce qu'il y a d'honnête et de vrai dans la donnée du drame, de simple et de naturel dans son développement, de vraiment philosophique dans ce parallèle de ces deux amours, dont l'un prend sa source dans la sphère élevée des affections morales, affranchies de tout mobile moins pur, tandis que l'autre prend naissance dans une région mitoyenne où l'âme subit l'influence des sens.

On a remarqué aussi que tous les personnages qui paraissent dans ce livre ont sur le front un sceau d'honnêteté et de vertu. Antoinette est une admirable amie et une nièce dévouée. Amaury est plein de générosité; et s'il est faible contre son amour, il touche par son repentir et son désespoir. M. d'Avrigny est le plus sublime des pères et le plus indulgent des amis; on voit que cette âme si fière s'est laissé attendrir aux divines influences de l'Évangile(1). Madeleine est remplie de grâces touchantes, et sa mort résignée fait oublier les préventions qu'elle a montrées, dans les derniers mois de sa vie, contre Antoinette, en qui elle prévoyait la rivale heureuse de son tombeau, et la compagne d'A-

---

(1) On peut seulement regretter que l'auteur ait donné à la douleur un caractère excessif, en contradiction avec les idées chrétiennes; car, pour emprunter de belles paroles aux prières que l'Eglise catholique prononce sur le cercueil des morts : « Si l'inévitable nécessité de mourir attriste la nature humaine, la promesse de l'immortalité future encourage et console notre foi, » il y a quelque chose de peu chrétien dans la conduite de cet homme qui, sans considérer les services qu'il peut rendre à l'humanité, n'envisage que cette volupté amère que l'on trouve à se livrer tout entier à son désespoir, et rompt avec l'univers pour s'en aller au tombeau qui ne contient pas la meilleure moitié de celle qu'il a tant aimée. M. d'Avrigny, chrétien, peut mourir de sa douleur, mais il doit lutter contre elle au lieu de s'y livrer sans combat. Il y a là une nuance que l'auteur n'a pas saisie.

maury. On lit ce livre sans travail, sans effort, parce que les événements qui s'y succèdent sont possibles, parce que les causes y produisent leurs effets, que les sentiments y sont vrais, et que les personnages y sont de taille naturelle; parce que la nature humaine enfin y apparaît avec ce mélange de grandeur et de faiblesse qui est son cachet.

On quitte ce livre l'âme remplie de nobles émotions et d'idées élevées; on n'a point honte de l'intérêt qu'on a pris au drame qu'on achève, car les personnages avec lesquels on vient de vivre pendant quelques heures méritent l'intérêt qu'on leur accorde; et, au point de vue de l'art, le sentiment de la vraisemblance et le goût du beau n'ont pas été choqués. Avec un degré de profondeur de plus dans le dessin des caractères, un degré de beauté de plus dans le style, c'est-à-dire avec plus de maturité dans la conception, plus d'étude dans la forme, M. Alexandre Dumas allait faire un chef-d'œuvre, si M. Dumas n'avait pas quelque chose de mieux à faire que des chefs-d'œuvre, surtout depuis que l'on peut faire des feuilletons-romans.

CINQUIÈME LETTRE.

LE COMTE DE MONTE-CRISTO.

Personne ne dira qu'en choisissant entre les feuilletons-romans de M. Dumas, pour servir de terme de comparaison avec *Amaury*, celui auquel cette étude doit être consacrée, nous ayons fait acte de partialité malveillante. Si nous avions seulement cherché l'occasion de prendre M. Dumas en faute, le lourd et ennuyeux pamphlet qu'il publie (1) contre les derniers Valois, sous le titre de *la Dame de Monsoreau*, se présentait naturellement. Ce commentaire interminable du drame de *Henri III*, avec les voyages de Chicot, le fou du roi, et du moine Gorenflot, et les intermèdes politiques qui prolongent sans fin le livre, en détruisant l'intérêt et en suspendant l'action, prêtaient tellement le flanc à la critique qu'elle a dû renoncer elle-même à profiter de ses avantages. Dans ce livre, M. Dumas, dominé par les exigences du feuilleton-roman, a obtenu un genre de succès auquel il n'est pas habitué : il a réussi

---

(1) Dans *le Constitutionnel*.

à devenir ennuyeux. Son allure, ordinairement si leste et si vive, est alourdie; il perd un de *ses principaux avantages*, qui est de marcher rapidement au dénoûment; l'âne Panurge promenant pas à pas le moine Gorenflot, sous le poids duquel il plie et partant sans arriver, est l'image assez fidèle de l'allure lente et lourde de ce volumineux pamphlet. *Le Comte de Monte-Cristo*, au contraire, obtient un grand succès de cabinet de lecture. il faut s'inscrire à l'avance pour le lire, comme s'il s'agissait d'une de ces belles danseuses autour desquelles les cavaliers affluent de tout côté, et qui sont presque obligées de tenir en partie double le registre de leurs promesses et des plaisirs de leurs soirées. Étudions donc *le Comte de Monte-Cristo*. Il y aura là non-seulement un acte d'impartialité, mais un acte de courage, car le dernier feuilleton de M. Alexandre Dumas ne compte pas moins de dix-huit volumes. *Les Mystères de Paris* s'arrêtaient au tome dixième, *le Juif Errant* ne dépasse pas le douzième; qu'on vienne dire après cela que la littérature n'a pas fait de progrès! Il est vrai que M. Étienne, de fine et spirituelle mémoire, pourrait répondre qu'il s'agit d'un progrès rétrograde, car la *Cléopâtre* de Lacalprenède, qui parut il y a quelque deux cents ans (1), par une épizootie de romans assez semblable à celle qu'éprouve notre littérature, remplissait douze volumes, et la *Clélie* de mademoiselle Scudery suffisait à en défrayer dix bien autrement compactes que ceux de la littérature de notre temps.

(1) En 1648.

La plus juste et la plus ingénieuse critique qu'on puisse présenter du *Comte de Monte-Cristo*, c'est l'éloge qu'en faisait un des admirateurs de M. Alexandre Dumas. « Mon Dieu, disait-il à quelqu'un qui ne partageait « pas ses admirations, je vous assure que, pourvu que « l'on se sépare de son bon sens, qu'on oublie ce que « l'on sait et qu'on évite d'apprendre ce que l'on ne « sait pas, qu'on se bouche les yeux s'il fait jour, et « qu'on éteigne les bougies s'il fait nuit, et avec les « bougies sa raison, on s'amuse beaucoup en lisant *le* « *Comte de Monte-Cristo*. C'est absurde au suprême « degré; mais c'est l'absurde intéressant. » Il suffira de présenter d'une manière sommaire le plan de ce livre pour montrer jusqu'à quel point il mérite cette louange. Souvenez-vous du sujet si vrai, des caractères si naturels, du plan si simple d'*Amaury*, des événements qui se succèdent dans ce livre avec tant de vraisemblance, et puis entrons dans l'analyse du *Comte de Monte-Cristo*.

Le second d'un navire marchand, Edmond Dantès, jeune homme de dix-neuf ans, revient à Marseille vers les premiers mois de 1815, sur *le Pharaon*, qui appartient à la maison Morel et compagnie. Tout lui sourit dans l'avenir. Il aime une jeune fille catalane d'une parfaite beauté, Mercédès, qui habite l'allée des Meillans avec cette petite colonie espagnole qui s'est établie depuis plusieurs siècles près de la ville antique des colons phocéens, et il en est tendrement aimé. Il va revoir son vieux père, dont il est l'orgueil et le soutien, et la mort du capitaine Leclerc, qui a succombé en mer un peu avant de toucher à l'île d'Elbe, laisse *le Pharaon* sans commandant. De sorte que Dantès à la perspective d'être capitaine au long cours à vingt ans et de pouvoir, aussi heureux comme fils que comme amant, soutenir son vieux et vénérable père, et épouser une charmante fille qu'il aime. La haine, la jalousie et l'ambition conspirent ensemble pour le faire tomber de cette heureuse position dans un abîme de malheurs.

La haine, c'est Danglars, le comptable du bâtiment dont Dantès est le second ; il hait Dantès pour son bonheur, et parce qu'il aspire lui-même secrètement au poste que celui-ci est au moment d'obtenir. La jalousie, c'est Fernand le Catalan, cousin de Mercédès ; il l'aime d'un amour ardent, et ne peut songer sans rage à la voir aux mains d'un autre. L'ambition, c'est Wilfort, le substitut du procureur du roi, qui, possédé de la soif de parvenir, est indifférent sur le choix des moyens et ne reculerait pas même devant le crime qui lui servirait d'échelon. Une quatrième passion, l'envie, représentée par Caderousse, tailleur de son métier, et voisin du vieux Dantès le père, se mêle, mais sur l'arrière-plan du tableau, à cette conspiration contre le bonheur du jeune marin.

Le hasard fait rencontrer, sous une de ces tonnelles où les buveurs du Midi aiment à chercher un abri, Fernand le jaloux, dans le paroxysme de la fureur qu'excite en son âme la nouvelle du mariage prochain de Mercédès avec son rival, Danglars, le haineux compétiteur de fortune de Dantès, et Caderousse l'envieux. C'est là que Danglars suggère l'idée de l'expédient machiavélique que doit perdre Dantès. Il suffirait d'écrire, — et en même temps il prend une plume et commence à écrire, — il suffirait d'écrire une lettre anonyme dans laquelle on le dénoncerait comme agent bonapartiste, en mentionnant une circonstance qui est à la connaissance personnelle de Danglars : c'est que Dantès est descendu à l'île d'Elbe, qu'il a vu le maréchal Bertrand et que celui-ci l'a chargé d'un paquet pour Paris ; ce fait est exact, en effet, mais en agissant ainsi Dantès a suivi les ordres que lui avait donnés le capitaine Leclerc mourant, et il ignore ce que contenait le paquet qu'il a remis au maréchal et ce que contient le paquet que celui-ci l'a chargé de porter à Paris. La lettre anonyme écrite de la main gauche et d'une écriture contrefaite, Danglars, comme s'il n'avait voulu faire qu'une plaisanterie, chiffonne le papier et le jette dans un coin, mais il ne doute pas que Fernand ne le ramasse et ne le jette à la poste ; et dans ce moment d'effervescence et de passion politique, il espère que cette dénonciation anonyme suffira pour perdre Dantès. Caderousse, qui a quelques instincts honnêtes, mais qui est complétement ivre, n'a aperçu que la moitié de la pensée de Danglars, et son premier mouvement a été de la blâmer.

Les choses se passent comme Danglars l'a prévu. Dantès est arrêté une heure avant d'aller à la municipalité, au milieu du repas de ses fiançailles, et il est conduit dans le cabinet du substitut du procureur du roi, M. de Wilfort. Par un hasard fatal, Wilfort, qui, s'étant donné tout entier au nouveau gouvernement, cherche toutes les occasions de montrer son zèle, afin de faire plus rapidement son chemin, et qui est au moment d'épouser mademoiselle Renée de Saint-Méran, fille d'un émigré, a pour père un des chefs du complot bonapartiste, Noirtier, car le nom de Wilfort est un nom de terre : or, la lettre de l'île d'Elbe, dont Dantès est chargé, est adressée à M. Noirtier. Le substitut du procureur du roi, en lisant cette lettre, y découvre toutes les ramifications du complot de l'île d'Elbe, et y trouve les preuves de la culpabilité de son père, qui, si cette lettre est livrée à la justice, doit porter sa tête sur l'échafaud; catastrophe qui rendrait le mariage de Wilfort impossible, et détruirait toutes ses espérances de fortune.

Que faire? Brûler la lettre en persuadant à Dantès qu'on lui rend un service signalé, faire disparaître à tout prix un témoin importun et immoler cet innocent à sa fortune, profiter des lumières que la lettre donne pour se bien mettre en cour, en révélant la conspiration sans nommer Noirtier; c'est là le plan qu'adopte et qu'applique au même instant Wilfort. Il brûle la lettre, envoie Dantès au château d'If, comme un conspirateur dangereux, et, quittant sa fiancée au moment de la signature du contrat, il part en poste pour Paris, avec une recommandation pressante qui doit lui ouvrir les abords du cabinet du roi.

Nous laisserons Wilfort à Paris; son voyage forme un épisode qui ne se rattache que d'une manière éloignée à l'ouvrage. L'auteur saisit cette occasion d'esquisser les derniers moments de la première restauration à l'approche des Cent-Jours, et de tracer un portrait tant soit peu chargé de Louis XVIII, qu'il peint à la manière de ces dramaturges et de ces vaudevillistes qui ne peuvent montrer le grand Frédéric sans placer sa main dans la poche de son gilet et y puisant le tabac à poignée, Voltaire sans le mettre en face d'une tasse de café, et Napoléon sans le faire promener d'un pas impétueux, les mains croisées derrière le dos. De ce que Louis XVIII était un prince lettré qui savait son Horace et aimait, quand l'occasion s'en présentait, à en réciter les plus beaux vers, M. Dumas en a conclu qu'il devait le représenter comme une espèce de pédant de collége, ne pouvant, comme le Sganarelle du *Médecin malgré lui*, prononcer un mot sans l'allonger d'une terminaison latine. D'un goût il a fait un tic, de sorte que le portrait dégénère en caricature. L'auteur pourra répondre à cela que ce n'est pas le métier des romanciers de savoir l'histoire ; nous nous en sommes aperçu plus d'une fois en lisant cette partie du livre de M. Dumas. Mais quand on ne sait pas l'histoire, pourquoi l'écrire? On nous permettra d'ajouter que, sans être ni historien, ni politique, ni courtisan, il y a des choses qu'il n'est pas permis d'ignorer, sous peine d'encourir un petit ridicule. Ainsi, quand M. Dumas met en sentinelle, dans l'antichambre du roi, M. le marquis de Brézé, voulant, en sa qualité de grand-maître des cérémonies, arrêter M. de Wilfort parce qu'il est en costume de voyage, ce qui est contraire aux lois de l'étiquette, le romancier a dû faire sourire, non pas aux dépens de M. de Dreux-Brézé, mais à ses propres dépens, bon nombre d'anciens abonnés du *Journal des Débats* qui, plus au fait de ces matières, savent que la place du maître des cérémonies n'a jamais été dans l'antichambre du roi, et qu'on n'a jamais eu affaire à lui pour les audiences.

Il est vraiment impardonnable à un homme qui a été aussi bien en cour que M. Alexandre Dumas, de tomber dans une pareille bévue; et il y a là une véritable hérésie en matière d'étiquette, que nous lui pardonnons de grand cœur, mais que l'auteur aura bien de la peine à se faire pardonner par les talons rouges qui peuplent ses comédies.

Ce voyage de Wilfort à Paris n'est qu'un épisode, nous l'avons dit; pour retrouver l'action principale du livre, il faut suivre Dantès dans les cachots du château d'If.

Il y a là des pages bien inférieures aux méditations si touchantes et si résignées de Silvio Pellico, et bien pâles à côté des anathèmes redoutables qu'écrivait, dans les cachots de Vincennes, ce puissant Encelade que la société de l'ancien régime y avait couché et qu'on appelait Mirabeau. Entre ces prisonniers historiques et le prisonnier imaginaire du roman, on retrouve toute la distance de la réalité à la fiction. Pendant les longues années de sa captivité, Dantès passe à travers trois états successifs, l'espérance, le désespoir accompagné de rage et d'anathème, la prière et le retour à la religion; mais, par une étrange association d'idées, l'auteur mêle à ce triomphe de la religion dans l'âme de Dantès la résolution de tirer une vengeance implacable de ses ennemis.

Il faut dire ici comment le romancier explique la prolongation de la captivité du jeune Marseillais. D'après sa donnée, Wilfort a conservé sa place de substitut pendant les Cent-Jours, ce qui est trop invraisemblable au point de vue politique pour ne pas être choquant au point de vue de l'art. Deux raisons, en effet, s'opposent à ce que les choses se soient ainsi passées. D'abord, comment admettre que le gouvernement impérial ait maintenu à Marseille, dans un foyer de royalisme, un homme connu par l'exagération de ses opinions légitimistes? Ensuite, comment supposer qu'un homme aussi habile que Wilfort, lorsqu'il a déjà à faire oublier à la famille où il doit entrer les précédents bonapartistes de son père, commette la faute insigne de rester au service de l'usurpateur, et de couper ainsi les ailes à sa fortune? Il n'y avait pas que les fidèles qui fussent alors à Gand; les habiles y étaient aussi : témoin le prince de Talleyrand et M. Guizot, *qui est allé à Gand*, comme il l'a trop souvent répété, dans une séance célèbre, à ceux qui étaient allés à Belgrave-Square, pour que nous l'ayons oublié.

D'après le caractère du marquis et de la marquise de Saint-Méran, tel que M. Alexandre Dumas l'a dessiné, il est évident que, de deux choses l'une : ou Wilfort sera allé à Gand, ou, s'il n'y est pas allé, il n'épousera pas mademoiselle Renée de Saint-Méran. La marquise, telle que l'auteur nous l'a peinte, n'aurait jamais accepté pour gendre un bonapartiste relaps. Mais il fallait, pour les besoins du drame de M. Alexandre Dumas, que Wilfort eût gardé sa place pendant les Cent-Jours et qu'il eût épousé Renée. Il a donc sauté à pieds joints par-dessus cette invraisemblance.

Wilfort étant demeuré substitut du procureur du roi à Marseille, c'est auprès de lui que le chef de la maison Morel fait une démarche pendant les Cent-Jours pour obtenir la liberté du captif. Le substitut lui dicte une pétition dans laquelle il lui fait dire que Dantès a été un des agents les plus actifs de la conspiration de l'île d'Elbe : nouvelle invraisemblance; car M. Dumas a peint Morel comme un homme d'une probité scrupuleuse et comme un homme intelligent; or, en écrivant cette lettre, il commettrait un mensonge, car il sait, à n'en pouvoir pas douter, que Dantès était le commissionnaire fortuit de la conspiration de l'île d'Elbe, qu'il ne connaissait même pas; en outre, il commettrait un mensonge absurde et inutile, attendu que sa pétition doit être mise sous les yeux de gens qui savent très-bien qui conspirait et qui ne conspirait pas pour amener le retour de l'empereur. Mais il fallait que Wilfort eût en sa possession une pièce qui, sous le règne de la maison de Bourbon dont il prévoit le retour, motivât la prolongation de la captivité de Dantès, et M. Dumas a ajouté cette nouvelle invraisemblance à la première.

Encore n'est-il pas bien démontré que la prolongation de la captivité de Dantès soit une nécessité pour Wilfort, qui ne doit pas commettre de crime inutile, puisque l'auteur nous le donne pour un homme si habile. Que lui importe que Dantès soit mis en liberté pendant les Cent-Jours? Est-ce parce qu'il craint qu'il ne parle de la lettre adressée de l'île d'Elbe à Noirtier? Mais cette lettre ne compromet plus Wilfort, puisqu'on est sous le régime impérial. Est-ce en vue de la seconde restauration qu'il veut éviter une indiscrétion? Mais quelle autorité aura la parole d'un patron de navire qui ne peut plus apporter de titre à l'appui de sa déclaration, puisque la lettre est brûlée? Ajoutez à cela que Dantès libre sera plein de reconnaissance pour Wilfort, auquel il croira devoir sa liberté, et que Dantès captif sera au contraire un danger pour lui. En effet, ces séquestrations sans instruction, sans jugement, ne sont pas de notre époque ; les lettres de cachet n'existent plus, et si Wilfort parvient à maintenir Dantès au secret tant qu'il est à Marseille, quand Wilfort sera appelé à un autre poste, comme il y est appelé en effet, il arrivera qu'un autre magistrat voudra éclaircir cette affaire. Alors un débat contradictoire s'engagera ; Dantès nommera Noirtier, celui-ci pourra être interrogé, et l'on arrivera ainsi à la découverte du secret que Wilfort veut cacher. L'ambitieux substitut n'a donc pas de motif valable pour prolonger d'une manière indéterminée la captivité de Dantès. De sorte que le sol même sur lequel M. Dumas veut élever les dix-huit étages de son roman s'éboule sous les premières assises qui doivent porter le reste du monument.

Voici donc Dantès condamné à une prison perpétuelle. Toute la Restauration s'écoule sans apporter de changement à son sort ; mais il a trouvé dans son cachot des consolations qui l'ont aidé à supporter ces longues années d'épreuve. Un jour, un bruit sourd et souterrain a frappé son oreille : c'est un compagnon de captivité qui creuse un passage à travers le roc pour s'évader ; mais, privé d'instruments de géométrie, il s'est trompé dans son calcul : au lieu d'arriver au fossé, il arrive au cachot de Dantès. Bientôt une étroite amitié se noue entre le jeune captif et l'abbé Faria, respectable prêtre italien incarcéré dans le château d'If sous l'empire, pour avoir fait un ouvrage sur la reconstitution de la nationalité italienne, à laquelle l'empereur était alors opposé.

L'abbé Faria est un homme d'un grand esprit, d'une science profonde et d'une mémoire merveilleuse, qui sait par cœur les chefs-d'œuvre de toutes les littératures ; mais il passe pour fou dans la prison, parce qu'il parle toujours d'un trésor immense caché dans un endroit de lui seul connu, et qu'il propose au gouverneur de lui en céder la moitié s'il veut lui ouvrir les portes du château d'If. Dantès partage l'opinion générale sur la folie de l'abbé Faria ; mais bientôt le respect filial mêlé d'admiration qu'il éprouve pour ce bon et excellent prêtre, ébranle son incrédulité. Comment un homme d'un savoir si admirable, — il a employé ses heures de captivité à initier Dantès à toutes les connaissances humaines, — serait-il le jouet d'une vaine illusion ? Comment un homme dont le sens profond a quelque chose de divinatoire, — il pénètre d'un coup d'œil le mystère d'iniquité dont Dantès a été la victime, et lui révèle les auteurs véritables de ses malheurs et de sa captivité, en ayant pour toutes données celles que possède Dantès sur l'envie que lui portait Danglars, la jalousie dont était animé contre lui Fernand, et la connaissance du double nom de Wilfort que l'abbé Faria sait être le fils de Noirtier ; — comment un homme d'une raison aussi supérieure confondrait-il les rêves de son imagination avec la réalité? Les deux captifs passent plusieurs années dans les douceurs d'un commerce ignoré de tous, et Dantès se trouve ainsi transformé en un autre homme; l'abbé Faria a versé dans son esprit toutes les connaissances qu'il possède, il a élevé son intelligence en l'initiant à tous les ordres de vérités, et il en a fait un autre lui-même. La religion, la morale, la philosophie, l'histoire, la politique, les langues, n'ont plus de secret pour Dantès, qui a trouvé dans l'esprit de l'abbé Faria le meilleur des guides, et dans sa mémoire, aussi ornée que sûre, une bibliothèque complète; l'abbé sait par cœur les cent cinquante chefs-d'œuvre de l'esprit humain dans toutes les langues.

L'histoire du trésor revient, de temps à autre, dans le cours de leurs conversations; mais Dantès évite, autant qu'il peut, ce sujet d'entretien qui l'afflige. Entre deux captifs dont l'un croit à l'existence d'un trésor qui peut le rendre l'homme le plus riche de la terre, tandis que l'autre couve dans son cœur un désir insatiable de vengeance, les projets d'évasion ne peuvent tarder à devenir le sujet le plus habituel des conversations des journées et des méditations des nuits. Un plan est arrêté; les travaux commencent, ils sont poussés avec une assiduité infatigable; mais au moment où ils sont achevés, l'abbé Faria est frappé d'une attaque d'apoplexie. Il reconnait un mal héréditaire dans sa famille et recommande à son jeune ami de lui verser entre les dents une liqueur rouge qui lui a été donnée autrefois par Cabanis, et qui a la propriété merveilleuse de rallumer la vie à la dernière étincelle qui subsiste encore dans un foyer presque éteint.

Dantès suit les instructions de point en point, et l'abbé Faria revient à la vie, mais il demeure paralysé. Prévoyant une nouvelle attaque qui doit être mortelle, il aborde alors avec plus de détail le grand secret du trésor qu'il veut léguer à Dantès, qui, malgré toutes ses exhortations, a renoncé à s'évader seul, afin de ne pas abandonner son ami malade et mourant. Cette fois, ce n'est plus par réticence que s'exprime l'abbé Faria, il raconte de point en point l'histoire du trésor, son origine, la manière dont il est arrivé à connaître son existence, le droit qu'il a de s'en considérer comme le propriétaire légitime.

C'est toute une histoire, et une très-longue et très-vieille histoire, où le pape Borgia, à votre grande surprise, sans doute, comme à la nôtre, joue le rôle principal, ce qu'il faut peut-être attribuer aux récents démêlés des *Débats* avec les évêques au sujet de la liberté d'enseignement et du conseil royal.

Vous saurez donc qu'il y a près de quatre cents ans de ça, le pape Borgia invita à dîner le prince de Spada, qu'il venait de nommer cardinal, moyennant un immense sacrifice pécuniaire, et sa renonciation à deux emplois importants de l'Église, que le pape se trouvait ainsi libre de donner, c'est-à-dire de vendre à d'autres. Dans ce dîner, le cardinal est empoisonné, ainsi que son neveu, invité comme lui, et Borgia s'empare de leur succession. Les Spada passaient pour être immensément riches ; cependant on ne trouve rien dans leur maison qui puisse justifier cette réputation d'opulence. Le cardinal est mort à table, après avoir eu seulement le temps de dire un mot à son neveu. Celui-ci, plus jeune et plus fort, a résisté plus longtemps au vin des Borgia ; il a pu se faire reporter chez lui, mais il a expiré en arrivant, après avoir dit à sa femme : « Obtenez, à tout prix, le bréviaire de mon oncle. »

Depuis cette époque, le bréviaire des Spada est demeuré dans la famille, transféré de génération en génération, comme un trésor, et cependant rien n'a justifié le prix qu'attachait le neveu du cardinal à ce bréviaire, et la fortune des Spada est restée médiocre. L'abbé Faria a été secrétaire du dernier prince de ce nom, qui lui a légué, en mourant, son patrimoine fort modeste et sa bibliothèque, dont le fameux bréviaire, splendidement relié, est un des ornements. Faria, qui s'est longtemps occupé de chercher dans les papiers de famille des Spada quelques indications qui pussent mettre sur la trace de cette grande fortune disparue, continue inutilement ses recherches jusqu'au jour où un accident imprévu lui révèle le secret qu'il n'a pu découvrir. Lorsqu'on vint l'arrêter, par ordre de l'empereur, au milieu de la nuit, il cherche une feuille de papier pour allumer une bougie, et de crainte de prendre, dans l'obscurité, une page de son manuscrit, il saisit un vieux papier jauni par le temps, et placé comme un signet dans le bréviaire.

A la chaleur de la flamme, des lettres brillantes se dessinent sur ce papier, et l'abbé Faria ayant eu le temps d'éteindre le feu avant que le papier fût entièrement consumé, la moitié de feuille qui reste présente les fragments d'une inscription qui contient évidemment l'indication du lieu où se trouve le trésor. A force d'y réfléchir, il a fini par rétablir complétement le texte, où il est dit qu'il y a une valeur de plusieurs millions d'écus romains cachée dans les grottes de la petite île de Monte-Cristo, sous la vingtième roche, à partir d'une petite crique, et que ce trésor représente toutes les richesses de la maison de Spada.

Voilà la fameuse histoire du trésor, qui va rendre Edmond Dantès l'homme le plus riche de son temps, car l'abbé Faria ne tarde pas à mourir en l'instituant légataire universel de son secret et de son trésor. La petite liqueur rouge de Cabanis, malgré ses propriétés mystérieuses, ne ranime pas la vie éteinte par la seconde attaque de paralysie, elle donne seulement une convulsion galvanique au cadavre d'où la vie s'est retirée. Reste à sortir du château d'If, et la mort de l'abbé Faria fournit à Dantès l'idée d'un stratagème hardi qui doit assurer son évasion. On a constaté la mort du prisonnier d'État en lui brûlant la plante des pieds avec un fer rouge ; cette formalité remplie, on l'a enseveli dans un sac. Dantès pense qu'en se mettant dans ce sac, à la place du corps de son ami, il sortira facilement du château, et qu'une fois sorti, il pourra échapper à ceux qui le porteront, soit en se servant contre eux du couteau qu'il tient tout ouvert, soit en se laissant mettre en terre, si la fosse n'est pas profonde, et en se frayant un passage dès qu'ils se seront éloignés. Mais il ne connaît pas le mode de sépulture adopté pour les prisonniers d'État du château d'If. Deux hommes prennent le sac et l'emportent en se plaignant de son poids. Dantès sent bientôt l'air frais de la nuit, et il entend le mugissement éloigné des vagues qui doivent se briser au pied des rochers escarpés que les deux porteurs gravissent. Puis, tout d'un coup, un des deux porteurs dit à voix basse : « C'est ici. » Ils déposent leur fardeau à terre, et y attachent un poids très-lourd, sans que le malheureux prisonnier puisse deviner le motif de cette précaution ; mais tout à coup il se sent balancé dans l'air avec force. « Prenons garde de le briser contre le rocher, comme le dernier, » dit un des porteurs avec un ricanement funèbre. Avant que Dantès ait eu le temps de faire un mouvement, d'articuler un son, il est lancé dans l'espace d'une hauteur prodigieuse, et, fendant l'air avec la rapidité d'une flèche, entraîné par le poids du boulet qu'on a attaché au sac qui lui sert de linceul, il perd la respiration, puis revient à lui ranimé par la fraîcheur de l'eau de la mer, qu'il continue à traverser. L'haleine va lui manquer lorsque, rassemblant toutes ses idées et toutes ses forces, il éventre, d'un coup de couteau porté d'une main sûre, le sac qui lui sert de prison, et revient à la surface de l'eau.

Excellent nageur, il retrouve à la fois son courage et ses forces, nage pendant plusieurs heures de suite en s'éloignant du château d'If, et finit par parvenir à un îlot granitique situé à une grande distance de sa prison. Il voit là périr un petit navire commerçant, ramasse le bonnet d'un matelot noyé dont le corps a été roulé jusqu'à son rocher par les vagues, et le lendemain, voyant venir de loin un navire de contrebandiers qui se rend à Gênes, il se donne pour un des naufragés de la veille et se fait agréer comme matelot par le patron du navire. Il est sauvé.

Sauf l'exposition du roman où l'on rencontre des scènes qui ont du naturel et de la fraîcheur, vous n'avez pas oublié, du moins je l'espère, pendant cette narration, qui contient seulement les prolégomènes du livre, la définition si juste et si ingénieuse du genre d'intérêt qu'on trouve dans *le Comte de Monte-Cristo* : « Pourvu qu'on se sépare de son bon sens, qu'on se bouche les yeux s'il fait jour, qu'on éteigne les bougies s'il fait nuit, et, avec les bougies, sa raison, on prend plaisir à lire *le Comte de Monte-Cristo*. » Ce trésor des Spada dérobé à la fin du quinzième siècle aux Borgia, pour qu'Edmond Dantès, capitaine au long cours de Marseille, puisse en hériter en 1830 ; ce papier phosphorescent brûlé sans être incendié, afin que l'abbé Faria puisse le lire ; l'abbé Faria mis au château d'If, pour donner à Dantès toutes les ressources de la science et de l'intelligence, et toutes celles de l'argent ; ce saut périlleux exécuté si heureusement dans un sac, et auprès duquel cependant le fameux saut de Leucade n'était qu'un enfantillage, toutes ces belles imaginations, sans parler des invraisemblances de détail, forment un merveilleux ensemble qui fait quelque peu pâlir les *Mille et une Nuits* et les contes bleus. On nous dira à cela : « Un roman n'est pas une histoire. » Sans doute un roman n'est pas une histoire, mais un panorama n'est pas non plus un véritable paysage ; et cependant, si les règles de la perspective ne sont pas observées, si les arbres ne tiennent pas au sol, et si les hommes paraissent plus grands que les maisons, si les chevaux volent dans l'air et si les nuages touchent la terre, les gens raisonnables détourneront les yeux avec ennui, parce que le sentiment du vrai, que nous portons en nous, sera blessé, et parce que le peintre aura agi au rebours des principes de l'art qui doit imiter la nature.

SIXIÈME LETTRE.

LE COMTE DE MONTE-CRISTO. — SUITE DE L'ANALYSE.

Les cinq premiers volumes du *Comte de Monte-Cristo* forment une longue préface destinée à préparer l'avénement du sujet réel de l'ouvrage ; l'action ne commence qu'au moment de l'évasion de Dantès. Tout a été disposé jusque-là pour exciter, dans le cœur du héros du roman, une de ces ardentes passions qui peuvent dominer la vie d'un homme, et pour l'armer des facultés transcendantes et des pouvoirs extraordinaires auxquels tout doit céder dans la suite du livre. Créer Dantès, le faire agir : voilà les deux parties de l'ouvrage.

Il y a déjà un défaut assez grave, au point de vue de l'art, dans le plan adopté par M. Dumas, plan qu'on ne saurait guère attribuer qu'au désir de prolonger sans fin son roman. Puisqu'il voulait, en effet, présenter un homme surhumain, tels qu'on en voit dans les poëmes de lord Byron, par exemple, dans *le Corsaire*, *Lara* et *Manfred*, il semble qu'il fallait employer le procédé de ce grand et sombre peintre. Byron a toujours soin de laisser dans l'ombre les précédents des personnages auxquels il veut faire jouer ce rôle fatal et terrible, et il les fait sortir comme la foudre, d'un nuage, afin que les ombres mêmes dont il entoure leur destinée ajoutent à la terreur qu'ils inspirent. Il y a une puissance secrète dans le mystère ; c'est pour cela que les ténèbres de la nuit produisent une impression indéfinissable ; l'émotion ne vient pas de ce qu'elles montrent, mais de ce qu'elles cachent, et la raison en est simple : c'est que, le jour, les yeux ne voient que ce qui existe, et que, la nuit, l'imagination voit tout ce qu'elle rêve. Donc, en racontant si longuement l'histoire des premières années de Dantès, M. Dumas a ôté à ce personnage une partie de son prestige et de sa poésie.

Le lecteur qui n'a pas perdu de vue le jeune patron de navire, admettra bien plus difficilement le rôle étrange et prodigieux que le romancier lui destine. Cela est si vrai que, même en politique, on voit les hommes qui veulent dominer leur temps, chercher, en se dérobant aux yeux, à se donner ce prestige mystérieux qui les marque d'un sceau particulier, et semble les prédestiner aux grandes choses. Cromwell se retire dans l'oraison et la prière, et se donne pour inspiré ; Bonaparte sent le besoin de faire descendre les grandes ombres des Pyramides sur sa jeune renommée, et de s'enfoncer dans les mystérieuses profondeurs de l'Égypte, pour accoutumer d'avance les esprits à l'influence extraordinaire à laquelle il aspire. Puisque cette loi domine le monde réel, c'est qu'elle est tirée du fond de la nature humaine ; par conséquent il faut s'y soumettre dans les compositions intellectuelles où la nature humaine est en jeu.

M. Alexandre Dumas a méconnu cette loi dans son livre. Au lieu de présenter, comme M. Sue, dans *les Mystères de Paris*, son héros couvert d'un nuage, et de le jeter sur-le-champ dans l'action, en ne laissant que peu à peu deviner son secret, il forme, devant le lecteur même, le nuage dont Dantès doit être entouré, ce qui produit à peu près l'effet d'une décoration que l'on fabriquerait devant le spectateur. Pour le reste, le procédé des deux romanciers est le même. Lorsque Dantès est sorti du château d'If, le Rodolphe des *Mystères de Paris* reparaît sur la scène. Le voilà plus fort, plus riche, plus intelligent que le monde entier, récompensant les vertus cachées, punissant les crimes impunis, découvrant les fautes les plus secrètes, remplaçant la justice trop lente, un peu plus sage que la Providence, tout-puissant à Rome comme à Constantinople, et à peu près aussi terrible que Dieu. Dix volumes consacrés par M. Sue à cette glorification de la puissance individuelle de l'homme, pouvaient cependant compter pour quelque chose ! M. Dumas n'en a pas jugé ainsi, et il a consacré les dix-huit tomes du *Comte de Monte-Cristo* au développement de la même pensée.

C'est un fait assez remarquable que, par trois fois, cette apothéose de la puissance individuelle de l'homme franchissant les limites du possible, et ayant pour instrument principal l'argent, se soit présentée à l'esprit de deux des romanciers les plus en renom. Le Lugarto de M. Sue dans *Mathilde*, son Rodolphe dans *les Mystères de Paris*, le comte de Monte-Cristo, de M. Dumas, dans le roman de ce nom, sont trois variétés du même type qui se retrouve encore, à un certain degré, dans le *Juif errant*, où Rodin apparaît au lecteur comme un personnage de la même famille, cherchant à se donner, en conquérant les deux cent treize millions de l'héritage des Rennepont, ce grand levier de l'argent dont Rodolphe, Dantès et Lugarto se trouvent armés. Une autre circonstance, digne aussi de remarque, c'est que ce sont deux journaux du monde dynastique qui ont publié toutes ces compositions où l'argent est, pour ainsi parler, divinisé.

Il faut lire dans l'ouvrage de M. Dumas les pages où le romancier peint les transports de Dantès, lorsqu'à force de recherches il finit par découvrir dans les grottes de Monte-Cristo le trésor des Spada. Les transports d'Harpagon à la pensée de sa cassette ne sont rien auprès de ceux de l'évadé du château d'If, et rien ne peint mieux l'idolâtrie du veau d'or qui règne dans certaines régions de la société actuelle, que ce tableau étrange.

Dantès, une fois en possession de ces richesses immenses, va commencer son œuvre, il va payer ses dettes de reconnaissance et ses dettes de haine.

Le premier de ces deux comptes est bientôt apuré, et il semble que l'ancien prisonnier soit pressé de se débarrasser du petit nombre de bonnes actions qu'il a à faire, afin de n'avoir plus à s'occuper que de sa vengeance. Du reste, il commence dès lors à ne plus agir que comme un personnage des *Mille et une Nuits*. L'auteur a pris soin d'avertir que ses quinze ans de captivité l'avaient changé au point de le rendre méconnaissable; sa mort a été officiellement constatée au château d'If, comme il en acquiert la preuve à Marseille, attendu qu'on n'admet pas, dans les prisons d'État, qu'un homme précipité d'une hauteur de plus de cent pieds dans la mer puisse survivre à cette chute, surtout lorsqu'il a été préalablement cousu dans un sac; n'importe, il a soin de sortir toujours déguisé. Se présente-t-il chez Caderousse pour obtenir des renseignements sur la destinée de ceux qu'il aime et de ceux qu'il hait? il porte la soutane et prend tous les dehors d'un respectable prêtre, l'abbé Busoni. Chez Morel, son ancien armateur, il est le fondé de pouvoir d'une maison de commerce anglaise, lord Wilgmore, ou Sinbad le Marin.

Les résultats de son enquête à Marseille sont tristes. Son père est mort de faim pour ne pas accepter les secours qu'on lui offrait. Sa fiancée, convaincue de sa mort, au bout de dix-huit mois d'attente, a épousé Fernand; celui-ci, enrôlé dans les Cent-Jours, est devenu officier pour avoir quitté l'armée française à Waterloo; plus tard, colonel pour avoir trahi ses compatriotes lors de l'expédition des Français en Espagne; et il a enfin obtenu le titre de général, de comte de Morcerf et la dignité de pair de France, après avoir servi dans l'armée d'Ali-Pacha, dont il a discipliné les troupes à l'européenne, et dont il passe pour avoir été l'ami dévoué. Ainsi, la Catalane Mercédès est comtesse de Morcerf, et elle occupe la position la plus brillante à Paris.

La destinée n'a pas été moins favorable à Danglars. Pendant quelque temps capitaine du *Pharaon*, il a abandonné ce poste pour entrer dans une maison de commerce en Espagne, où il a commencé une fortune achevée depuis dans les fournitures. L'ancien comptable du *Pharaon* est aujourd'hui le baron Danglars, un des plus riches banquiers de Paris, mari, en secondes noces, de madame de Nargonne, fille d'un chambellan du roi. Wilfort a fait aussi un grand chemin dans le monde. Le substitut de Marseille est procureur général à la cour royale de Paris ; il est marié aussi en secondes noces à une jeune femme, car Renée est morte en lui laissant une fille, Valentine ; sa seconde femme lui a donné en outre un fils, de sorte que Wilfort jouit de tous les dons de la fortune, de tous les avantages de la considération, de toutes les douceurs de la famille ; son intérieur est seulement attristé par la présence de son père, Noirtier, l'ancien conspirateur bonapartiste, qui est tombé en paralysie, mais qui garde toute la vigueur de son intelligence et toute la netteté de ses idées, quoique sa langue se refuse à les exprimer.

Pendant que les méchants prospéraient, les honnêtes gens allaient de catastrophe en catastrophe.

Le vieux Dantès est mort de faim, on l'a vu. L'honnête Morel, vaincu par la mauvaise fortune, est au moment de manquer. L'auteur, qui porte dans son livre tous les sentiments à l'extrême, comme ces arcs qu'on bande jusqu'à les briser pour qu'ils lancent le trait plus loin, ne se contente pas de nous avoir montré le vieux Dantès se laissant mourir de faim pour ne rien devoir à personne, il nous montre Morel faisant les derniers préparatifs de son suicide, et prouvant à son fils, l'officier, avec une dialectique si puissante, la nécessité de cet acte dans la situation où il se trouve, qu'on est sur le point de croire que ce fils convaincu va lui offrir respectueusement ses pistolets. Il ne lui vient pas même à l'esprit de faire observer à son père qu'il est beaucoup plus raisonnable de vivre et de travailler pour payer ses dettes, que de se brûler la cervelle pour prouver qu'on ne peut pas les payer, et qu'ainsi la raison est d'accord avec la religion et l'honneur pour le détourner de cet acte de désespoir. Caderousse qui, sans être un honnête homme, a vu cependant avec répugnance le guet-apens tendu à Dantès, et n'a voulu y prendre aucune part, est tombé dans un état voisin de la misère.

Un diamant de quarante mille francs donné à Caderousse, comme l'héritage de Dantès mort au château d'If, répare le tort de la Providence. Deux cent mille francs de traites placées dans le petit meuble d'une chambre d'auberge, où la fille de l'armateur doit venir les chercher à minuit, de par l'ordre de Sinbad le marin ; le *Pharaon*, qui a péri en emportant les dernières espérances de Morel, remplacé par un navire exactement semblable, monté par le même équipage, portant la même cargaison : voilà les expédients romanesque dont Dantès se sert pour acquitter sa dette de reconnaissance.

Sa dette de haine est plus difficile à payer, car il a devant lui des hommes riches, puissants, honorés. Il n'hésite pas cependant. — « Je me suis substitué à la Providence, s'écrie-t-il, pour récompenser les bons, maintenant que le Dieu vengeur me cède sa place pour punir les méchants. »

C'est, on le voit, la reproduction exacte de la pensée développée par M. Sue dans le caractère de Rodolphe, le rôle de Dieu usurpé par un homme ; seulement Rodolphe est mû par un esprit d'expiation, Dantès par un esprit de vengeance ; la toute-puissance de Rodolphe tient à la fois à sa position princière et à sa fortune ; celle de Dantès est appuyée tout entière sur ses millions. On ne saurait, du reste, traiter la Providence avec plus de familiarité que ne le font les romanciers de nos jours. Celui-là la déclare paresseuse, celui-ci la met sur un pied d'égalité avec un patron de navire marseillais qui a découvert un trésor. Il y a des gens qui ont bien de la peine à croire que l'unique et vrai Dieu ne soit pas l'argent.

Dantès engage à la fois trois parties de vengeance contre les trois hommes qui ont contribué à son malheur ; on croirait voir un joueur d'échecs qui, ayant trois échiquiers ouverts devant lui, conduirait à la fois trois parties jusqu'au mat. Il faut que Fernand de Morcerf, Wilfort et Danglars souffrent autant qu'ils l'ont fait souffrir ; et comme le génie fécond et romanesque de M. Alexandre Dumas est au service d'Edmond Dantès, ces trois vengeances vont devenir trois romans gros d'événements étranges, et compliqués de prodigieuses péripéties. La partie qu'il joue contre le comte de Morcerf est comparativement la plus simple, c'est aussi celle qui finit la première ; nous tâcherons d'abord d'en exposer le plus sommairement possible l'histoire.

Le comte de Monte-Cristo (c'est le nom sous lequel

se présente Dantès dans la société parisienne) connaît dans tous ses détails la conduite du comte de Morcerf, soit avant la Restauration, soit à Waterloo et en Espagne, et surtout en Grèce. Il sait que tandis qu'il se donne comme le dernier et le plus fidèle ami d'Ali-Pacha, il l'a au contraire trahi, il a livré sa tête, sa famille et ses trésors à la Porte, et que la fortune qu'il a rapportée de Grèce est le prix de ce sanglant trafic. Dantès a même acheté au bazar de Constantinople, et élève comme sa fille, la fille du pacha de Janina, qui a connu Morcerf lorsqu'il était au service de son père, et qui sait l'histoire de ses trahisons. C'est avec ces éléments qu'il entreprend l'œuvre de sa vengeance.

Déshonorer Fernand, agir de manière à ce que son fils, car Fernand a eu un fils de Mercédès, soupçonne que c'est le comte de Monte-Cristo qui a dissipé le nuage qui cachait la honte paternelle; l'obliger ainsi à venir demander raison au comte; tuer ce jeune homme, car Dantès est sûr, soit avec une balle, soit avec la pointe d'une épée, de tuer le spadassin le plus habile; par sa mort punir Mercédès; en même temps obliger Fernand à mourir de honte ou à s'ôter lui-même la vie pour se dérober au mépris public : voilà son plan.

Ce plan réussit de tout point. Des bruits, semés d'abord dans les journaux, donnent l'éveil à l'opinion; peu à peu ces bruits grandissent, la clameur publique s'élève, les salons commencent à s'émouvoir, la Chambre des pairs s'inquiète d'avoir au nombre de ses membres un homme qui aurait trahi son bienfaiteur et livré sa famille. La susceptibilité de M. Decazes s'alarme d'un semblable voisinage, et ses collègues, qui n'ont jamais prêté un serment sans le tenir, quoi qu'en dise M. le marquis de Boissy, qui aura été probablement mal informé (1), partagent ses sentiments. Le comte de Morcerf fait tête à l'orage, et déjà M. le duc Pasquier va passer à l'ordre du jour sur l'incident avec cette dextérité pleine de grâce que vous lui connaissez, lorsqu'on annonce qu'une jeune femme voilée demande à paraître à la barre de la Chambre des pairs.

M. le duc Pasquier répond aussitôt avec une parfaite courtoisie que la Chambre des pairs, qui n'est pas habituée à pareille fête, sera fort heureuse d'entendre la jeune femme voilée. Je le crois bien, sur ma parole, les *Mille et une Nuits* ne frappent pas tous les jours à la porte du palais du Luxembourg ! Or, c'est d'une compatriote de l'Aladin des *Mille et une Nuits* qu'il s'agit; car la jeune femme voilée n'est autre chose que la fille d'Ali-Pacha, qui, dans le brillant costume de son pays, vient accuser devant la noble Chambre l'assassin de son père. Vous voyez d'ici l'indignation de M. Decazes et celle de M. Barthe au récit de cette trahison ! M. le duc Pasquier, dont la sensibilité est connue, ne peut s'empêcher, en entendant le récit de la belle odalisque, de verser quelques larmes sur le sort d'Ali-Pacha de Janina, si méchamment trahi par un homme qui l'avai peut-être assuré que sa dynastie serait éternelle e

---

(1) Dans un fort spirituel discours prononcé en 1843, à propos de la flétrissure à infliger aux voyageurs de Belgrave-Square, M. le marquis de Boiss disait : « Messieurs, je suis le seul qui, dans la noble Chambre, n'ai prêt qu'un serment; c'est sans doute un bénéfice de mon âge. »

Grèce. Le comte de Morcerf, réduit au *silence* par l'odalisque, est contraint de sortir pour ne pas profaner par sa présence le sanctuaire de toutes les fidélités.

Son fils, Albert de Morcerf, qui apprend la nouvelle de cet éclat dont la honte rejaillit sur lui, et qui a vu la jeune Grecque chez le comte de Monte-Cristo avec lequel il est lié, devine de quelle main le coup est parti; il va donc demander raison au comte. C'est là ce qu'attend et ce que veut Dantès. Le jour est fixé, c'est le lendemain qu'il doit tuer Albert de Morcerf. Mais Mercédès, qui a reconnu, malgré le travail des années, celui qu'elle a tant aimé, obtient, en se jetant à ses pieds, la vie de son fils. A son tour, Dantès veut mourir, car il ne peut supporter la pensée de vivre en laissant douter de son courage ceux qui ont été témoins de l'agression d'Albert de Morcerf. Mais, dans la nuit, Mercédès a raconté à son fils toute son histoire il sait les trahisons de son père, et le premier de ses torts, celui qu'il a eu envers Dantès; si le jeune homme vient sur le terrain, c'est pour faire des excuses à son adversaire.

Le comte de Morcerf, qui comptait sur son fils pour venger sa querelle, se présente alors lui-même avec des épées et des pistolets chez le comte de Monte-Cristo. Le comte lui fait signe de l'attendre un instant, et il entre dans un cabinet, d'où il ressort bientôt en portant le costume de patron d'un navire marseillais. Le comte de Monte-Cristo a disparu; il n'y a plus là qu'Edmond Dantès, foudroyant de son regard le coupable Fernand. Celui-ci prend la fuite, les cheveux hérissés et la tête perdue, comme s'il avait devant lui un mort sorti de son tombeau. En arrivant chez lui, il voit Mercédès et son fils quitter un hôtel qu'ils regardent comme souillé par sa présence. Privé de ses affections les plus chères, haï et repoussé de tous, pour échapper au mépris public et à son propre mépris, il cherche un refuge dans le suicide et se brûle la cervelle.

N'allez pas vous récrier sur l'invraisemblance de ces inventions, et ne vous égayez pas trop sur la visite de la belle odalisque à la Chambre des pairs et sur l'intervention de M. le duc Pasquier dans le roman de M. Dumas et dans la vengeance du comte de Monte-Cristo.

Nous voulons bien convenir avec vous que le procédé est un peu leste, et que l'histoire contemporaine, la vraisemblance et la Chambre des pairs sont traitées par le romancier avec un sans-façon peu ordinaire. Depuis la scène du *Mamamouchi*, nous n'avons rien lu de plus divertissant que cette scène franco-turque où M. le duc Pasquier souhaite à la fille d'Ali-Pacha que son rosier soit fleuri toute l'année, ce à quoi celle-ci répond ou à peu près, avec beaucoup de civilité, qu'elle fait des vœux pour qu'il ait la force du lion et la prudence du serpent, souhait délicat dont une moitié au moins se trouve d'avance exaucée. Apercevez-vous d'ici l'honnête archiviste de la chambre haute, M. Cauchy, ne pouvant en croire ses yeux en transcrivant ce chapitre des *Mille et une Nuits* dans ses archives? Soit; mais je n'oserai cependant pas affirmer que ce ne soit pas l'épisode le plus vraisemblable et le plus raisonnable de tout l'ouvrage. Ce que vous avez entendu n'est rien auprès de ce qu'il nous reste à vous raconter.

SEPTIÈME LETTRE.

LE COMTE DE MONTE-CRISTO. — FIN DE L'ANALYSE.

La partie que joue Edmond Dantès contre le banquier Danglars et le procureur général Wilfort a quelque chose de ces parties de whist où un seul joueur conduit deux jeux, celui du *mort* et le sien, contre les deux autres joueurs opérant de concert. On ne saurait séparer les deux récits, parce que les deux vengeances communiquent ensemble, comme ces vieux châteaux du moyen âge reliés par des souterrains mystérieux. Il faut ici raconter quelques faits dont la connaissance est nécessaire au lecteur pour comprendre la suite de ce drame si cruellement entortillé, que nous n'osons espérer de le rendre intelligible dans l'analyse, obligé que nous sommes de resserrer en un très-petit nombre de lignes l'exposition de faits qui remplissent dix-huit volumes. Il faut que l'on sache, au moins à peu près, avec quelles cartes Dantès va jouer sa partie de vengeance contre Danglars et Wilfort.

On a vu que le procureur général et le banquier étaient mariés en secondes noces, et que celui-ci avait épousé madame de Nargonne, fille d'un chambellan du roi. Il faut ajouter qu'il y a eu autrefois une liaison coupable entre Wilfort et madame de Nargonne, et que, de cette liaison, il est né un enfant que sa mère, actuellement baronne Danglars, croit mort, mais qui vit cependant. La maîtresse de Wilfort a mis cet enfant clandestinement au monde, dans une maison de campagne de M. de Saint-Méran, située à Auteuil. Wilfort descendait de la chambre de l'accouchée, par un escalier dérobé, en emportant dans ses bras le nouveau-né, qu'il enterrait dans un coin du jardin, lorsqu'un homme masqué l'a frappé lui-même d'un coup de poignard, et l'a laissé pour mort, en enlevant l'enfant. Cet homme masqué n'est autre que Bertuccio, qui, par une vendetta corse contre Wilfort, a commis ce meurtre et cet enlèvement. L'enfant, fruit d'un double adultère, a été élevé chez Bertuccio; mais ses inclinations perverses l'ont bientôt jeté sur la route du crime, et il a rencontré au bagne Caderousse, qui y expiait un vol et un meurtre. A vingt-deux ans, ce scélérat précoce a déjà subi une première condamnation au bagne, et il n'est libre que parce qu'il est parvenu à s'évader. Ce personnage, qui lie la destinée de la baronne Danglars à celle de Wilfort par la communauté du crime, va devenir un des éléments les plus actifs et les plus puissants de la vengeance du comte de Monte-Cristo.

Nous n'avons pas besoin de faire observer qu'au point de vue de l'art, tout ceci ne s'élève pas au-dessus de *Gaspardo le Pêcheur*, ou de tel autre mélodrame que peut inspirer la lecture de la *Gazette des Tribunaux*, combinée avec deux ou trois cauchemars.

Madame de Nargonne, en devenant madame Danglars, n'a pas perdu ses *habitudes de galanterie*; elle a formé une liaison avec Debray, qui occupe les fonctions de secrétaire général au ministère de l'intérieur. Cette liaison de cœur sert de voile à une liaison d'affaires, car les deux amants font des opérations colossales à la Bourse, avec les fonds de Danglars et les secrets du télégraphe : c'est du moins M. Dumas qui assure que les choses se passent ainsi dans le monde officiel, et le *Journal des Débats*, qui publiait son livre, n'a pas jugé à propos de lui donner de démenti. Danglars a une fille de sa première femme; cette fille est une belle mais dédaigneuse personne, qui méprise son père, dont elle connaît la cupidité, et sa belle-mère, dont la conduite scandaleuse ne lui a point échappé, et qui ne songe qu'à la musique, pour laquelle elle éprouve une véritable passion, et à la vie d'artiste, qui lui semble la plus brillante et la plus douce des vies.

Grâce à Bertuccio, qu'il a pris *par hasard* pour intendant, et qui ne peut garder son secret, tant sa terreur est grande en revoyant la maison où il a commis le crime, et que son maître a, *par hasard*, achetée, Dantès possède, lui, toutes ces données qui lui servent à combiner le plan étrangement alambiqué de sa vengeance contre Danglars. D'abord il se fait envoyer d'Italie un pauvre major autrichien, il signor Cavalcanti, qui, mis à la retraite avec une mince pension, est prêt à suivre en tout point les ordres qu'on voudra lui donner, moyennant un don de soixante mille francs qu'on lui a promis. Il a fait, en outre, fabriquer en Italie des actes qui établissent la paternité du prince Cavalcanti et l'état civil du jeune homme qu'il veut lui présenter en qualité de fils. Devinez-vous que le comte de Monte-Cristo a imaginé de donner un nom, une famille, et de supposer une fortune à Andréa, ce fils adultérin de Wilfort et de la baronne actuelle de Danglars, dans l'intérêt de sa vengeance, et que c'est le même forçat évadé qu'il jette dans les bras du vieux major en paraissant suivre les instructions d'un correspondant qui l'a chargé, en outre, de compter tous les mois mille écus au prétendu prince de Cavalcanti?

Sous le patronage du comte de Monte-Cristo, le faux prince de Cavalcanti se présente dans le monde, il est reçu chez Danglars. Entreprenant et audacieux, il plaît bientôt au banquier, à qui l'idée de voir sa fille princesse sourit extrêmement, sans parler de l'immense fortune des Cavalcanti, sur laquelle le comte de Monte-Cristo laisse échapper négligemment quelques mots.

Voilà donc la vengeance de Dantès! Danglars l'a empêché d'épouser Mercédès; Dantès amènera Danglars à donner sa fille à un forçat évadé. Trouvez-vous par hasard ceci exorbitant, inacceptable, inouï? Patience! vous n'êtes pas au bout, et le comte de Monte-Cristo, quand il s'agit de vengeance, n'est pas satisfait pour si peu. Il faut en outre que le forçat évadé lui serve à la fois à punir Danglars et Wilfort, et quand même ce malfaiteur aurait épousé mademoiselle Danglars, le procureur général ne serait pas atteint. Enfin Edmond Dantès aime les coups de théâtre, tout comme M. Dumas peut les aimer ; il se souvient de son mariage troublé par une descente de justice, et il attache beaucoup de prix à rendre à ses ennemis exactement les mêmes souffrances qu'ils lui ont fait éprouver. Cette vengeance qui vous paraissait si raffinée, il la remet dans le creuset, comme ces breuvages qu'on veut élever au plus haut degré d'intensité et de puissance, et il attise le feu à la manière des alchimistes du moyen âge qui plaçaient le grand œuvre, comme ils le disaient, dans des cornues où bouillaient éternellement les substances sur des fourneaux dont la flamme ne s'éteignait point.

Lors donc que le mariage du faux prince de Cavalcanti et de mademoiselle Danglars est arrêté, voici ce qui arrive. Le jeune forçat, qui est devenu un des *lions* de la fashion parisienne, a fait, sur le pavé de Paris, une fâcheuse rencontre, celle de Caderousse, son ancien compagnon de bagne. Celui-ci le met à contribution ; mais Andréa, qui est las de ses continuelles demandes d'argent, et qui, en outre, craint de voir son secret livré par ce complice importun, imagine de le faire servir à un projet qui doit rendre sa position à la fois plus brillante et plus sûre, et en même temps lui fournir l'occasion de se délivrer du témoin de son ancienne vie et de sa flétrissure.

Le Robert-Macaire adolescent n'a pas pris au sérieux l'histoire de sa généalogie ; il a reconnu du premier coup d'œil que les actes étaient faux et que son prétendu père était un complaisant qui prêtait ou vendait son nom. L'intervention du comte de Monte-Cristo dans toutes ses affaires lui fait supposer que c'est lui qui est son véritable père, et il espère trouver la preuve de sa naissance dans un coffre de fer où il a remarqué que le comte renfermait ses papiers les plus précieux. Comme celui-ci habite ordinairement une petite maison dans l'allée des Veuves, il ne sera pas difficile, dans ce quartier solitaire, de pénétrer par escalade dans ce mystérieux logis, un jour où le comte sera absent. Caderousse, excité par la peinture des richesses immenses que contient cette maison, accueille cette idée; il prendra l'écrin, l'or et la petite cassette où sont renfermés les papiers; le prince Cavalcanti fera le guet.

Le malfaiteur pénètre en effet dans la maison de l'allée des Veuves; mais Dantès, qui sait tout un peu mieux que la police, sait d'avance ce qui doit se passer. Il est chez lui, armé et préparé à tout, et il a pris pour la circonstance un costume de prêtre, celui qu'il portait lorsque, plusieurs années avant, il a visité Caderousse près de Marseille, et lui a donné un diamant. Le malfaiteur, trouvant Dantès dans la maison, se résout à assurer son vol par un meurtre; mais, saisi et blessé par la puissante main de Dantès, il est bientôt terrassé. Le comte exige l'aveu de son crime, lui reproche de n'avoir pas mieux profité du secours inespéré que Dieu lui avait envoyé par sa main, et lui ordonne de sortir par le même chemin qu'il a pris pour entrer, c'est-à-dire par la fenêtre. Dantès l'envoie à la mort, car il a vu le complice de Caderousse qui l'attend, le couteau à la main, pour l'assassiner, afin de s'emparer des papiers et de se débarrasser du témoin de sa première vie. Il le frappe en effet mortellement; mais le bruit des pas des gens du comte de Monte-Cristo ayant contraint le meurtrier à fuir, on rapporte le mourant chez le comte. Quelques gouttes de la merveilleuse liqueur rouge de Cabanis le raniment et lui donnent la force d'écrire et de signer, avant de mourir, une déclaration dans laquelle il nomme et dénonce l'assassin. Dantès garde entre ses mains cette pièce qui servira à assurer sa vengeance, et se réservant de la produire en temps opportun, afin de porter des coups plus cruels à Danglars et à Wilfort, il conduit les événements vers la péripétie, en attendant que le jour de la signature du contrat arrive.

Guet-apens, escalade, coups de poignard, vous le voyez, nous sommes toujours au mélodrame.

Ce n'est pas assez, au gré de Dantès, que de frapper Danglars dans sa famille, il veut le frapper dans sa fortune et dans son honneur commercial. Pour arriver à ce but, le comte de Monte-Cristo choisit un moyen extraordinaire, et que les lois, peu encourageantes, mettent au nombre des crimes; mais on a pu se convaincre, par ce qui précède, que ces lois n'existent pas pour Edmond Dantès; et, après tout, cela se conçoit: quand on est en quelque sorte sur un pied d'égalité avec Dieu, on doit éprouver fort peu de respect pour les institutions humaines. Dantès, qui sait que la fortune de Danglars s'est faite et s'augmente encore chaque jour, parce qu'il joue à coup sûr à la Bourse, entreprend de le ruiner par le moyen qui l'a enrichi. Il a obtenu à prix d'or l'alphabet télégraphique; il séduit, en lui assurant une petite fortune, l'employé d'une des stations télégraphiques des environs de Paris, de celle qui est placée sur la route d'Espagne. Alors changeant le signe transmis, au lieu de la retraite de Charles V, il fait annoncer son entrée à Madrid. Danglars, averti par sa femme, qui, par une convention tacite avec son mari, a toujours soin de rêver les nouvelles que lui transmet Debray, fait des opérations énormes à la hausse sur les fonds d'Espagne; la nouvelle véritable, arrivant le lendemain, produit une baisse considérable qui fait éprouver des pertes immenses à Danglars. Son crédit même est ébranlé, et, comme on le croit moins sûr, il le devient en effet, parce que beaucoup de ses clients retirent leurs fonds de chez lui. Le banquier presse d'autant plus le mariage de sa fille avec le prince Cavalcanti, dont il croit la fortune colossale, et sert par là les desseins du comte de Monte-Cristo.

Le jour marqué pour le contrat, tout Paris est réuni dans les salons du banquier, et le comte de Monte-Cristo vient d'y entrer lui-même; le prince Cavalcanti est auprès de sa fiancée, et chacun admire les merveilles de la corbeille et du trousseau, lorsque tout à coup un bruit d'armes se fait entendre. C'est un commissaire de police, assisté de plusieurs gendarmes, qui se présente avec un mandat d'amener contre un forçat évadé prévenu d'un assassinat accompli sur la personne de Caderousse, comme il appert de la déclaration signée par celui-ci, et se cachant sous le faux nom de prince de Cavalcanti. Aux premiers mots de ce mandat d'arrêt, Andréa a pris la fuite en emportant l'écrin placé dans la corbeille. Il n'est pas besoin de peindre le trouble universel; le comte de Monte-Cristo est vengé, c'est le pendant de la scène qui a troublé les fiançailles de Dantès. La foule a bientôt évacué l'hôtel de Danglars, qui reste seul avec sa femme et sa fille. Vous reconnaissez ce qu'on appelle, en style mélodramatique, un tableau.

Un Corse se trouverait satisfait de cette vengeance; elle ne suffit pas à Edmond Dantès. Peu de jours après il vient voir Danglars, à qui les administrateurs des hôpitaux ont demandé le remboursement de cinq millions déposés autrefois chez lui. Danglars a déjà écrit le mandat sur la banque, qu'il doit leur remettre le lendemain; il le montre au comte de Monte-Cristo avec cette ostentation de richesse qui est un des défauts de son caractère. Le comte, qui a un crédit illimité sur lui, répond en souriant qu'il a envie de lui en demander un pareil pour une somme égale. Danglars pâlit d'abord, car la coïncidence de ces deux demandes achève sa ruine; mais bientôt il reprend son sang-froid, remet le mandat de cinq millions sur la banque au comte de Monte-Cristo, accepte son reçu, qui doit valoir cinq millions en Italie, et le reconduit le sourire sur les lèvres, mais décidé à partir le soir même pour l'Italie, afin de gagner la frontière avant que la nouvelle de son sinistre n'ait éclaté.

Est-ce toute la vengeance de Dantès? Pas encore. Le comte de Monte-Cristo, qui ne veut point que le banquier soit riche, et qui a à sa solde d'honnêtes brigands en Italie qu'il emploie dans l'occasion, comme la maréchaussée de sa justice souveraine, fait arrêter Danglars de l'autre côté des monts, et le fait enfermer dans une caverne.

Alors, donnant une forme épigrammatique à sa vengeance, il lui fait acheter, chaque jour, au prix exorbitant de cent mille francs, chacun de ses repas. Danglars préfère d'abord souffrir la faim, mais bientôt il est réduit à capituler, et comme il veut savoir à quelle somme définitive on fixe sa rançon, il apprend qu'on exige le mandat de cinq millions qu'il porte sur lui pour la banque d'Italie, c'est-à-dire qu'on veut le réduire à la misère. Comme il se récrie avec l'emportement du désespoir contre l'inhumanité d'un pareil arrêt, le comte de Monte-Cristo qui, à ce qu'il semble, est toujours suivi d'un vestiaire, paraît tout à coup devant lui, et, laissant tomber son manteau, il se montre avec la casquette et la veste d'uniforme du patron de navire. Danglars, épouvanté, reconnaît sur-le-champ Edmond Dantès, qui cesse, comme par enchantement, d'être méconnaissable, et il se jette à ses pieds en lui demandant grâce. Alors le comte de Monte-Cristo veut bien se laisser fléchir, quoiqu'il l'eût d'abord condamné à mourir de faim en mémoire de la mort de son vieux père, et il jette cinquante mille francs au banquier consterné, qui se retire en se traînant sur ses genoux.

Qui de trois ôte deux, reste Wilfort.

Vous n'avez pas oublié, sans doute, que le comte de Monte-Cristo tient en réserve, pour le punir, ce fils adultérin, résultat de sa liaison avec madame de Nargonne, et dont Dantès connaît seul l'origine. Mais il ne doit faire jouer cette machine qu'au dénoûment, et il a agencé les rouages d'un autre drame que vous allez voir cheminer en conduisant la vengeance de l'ancien prisonnier du château d'If au but; car lorsque le comte de Monte-Cristo a parlé, il ne reste plus à la destinée qu'à obéir. Ceux qu'il veut sauver sont déjà saufs, ceux qu'il condamne sont déjà morts. Il est plus riche que les plus riches, plus fort que les plus forts, plus habile que les plus habiles. S'il vous convient de lui baiser la main, il recevra cet hommage, pour emprunter les paroles de M. Dumas, comme un signe du culte et de l'adoration qui lui sont dus, car il est très-sûr d'être plus qu'un roi, et il n'est pas très-sûr de ne pas être dieu.

Certes, la vengeance qu'il vient de tirer de Morcerf et de Danglars a quelque chose de satisfaisant, mais elle pâlit à côté de celle qu'il doit tirer de Wilfort : affermissez vos nerfs et préparez votre courage, car il n'y a guère qu'en Corse, dans ce pays de violence et de colère où la vendetta jaillit naturellement comme un fruit sanglant d'un sol où les passions ont conservé quelque chose de la lave des anciens volcans, qu'on peut lire, sans préparation, les romanesques horreurs de cette vengeance, embrouillée comme un labyrinthe et compliquée comme un problème.

La nouvelle femme de Wilfort est possédée d'une manie homicide, celle de faire hériter son fils de toute la fortune de la famille; c'est une seconde Brinvilliers. Que fait le comte de Monte-Cristo? Rencontrant madame de Wilfort en Italie, il lui donne la recette de ces poisons lents et sûrs qui tuent sans laisser de trace. Alors commence dans l'intérieur de la maison du procureur général une longue suite de meurtres.

M. de Saint-Méran, madame de Saint-Méran, le père et la mère de sa première femme, meurent empoisonnés;

la santé du vieux Noirtier est de même attaquée ; mais les poisons que les médecins lui ont fait prendre à haute dose pour combattre sa paralysie l'ont aguerri contre les breuvages que lui a donnés madame de Wilfort. Son valet de chambre, moins heureux, succombe en quelques instants pour avoir bu une carafe de limonade destinée à son maître. Alors le médecin ne peut plus se taire ; il déclare à Wilfort que ces morts ne sont pas naturelles, et que l'empoisonnement est en permanence chez lui. Qui soupçonner ? Wilfort soupçonne d'abord sa fille, la douce et belle Valentine. Mais Valentine tombe elle-même malade, et son mal, c'est celui qui a tué tant de victimes. Son état empire de jour en jour, et elle va succomber, lorsque Morel, le fils de l'ancien armateur d'Edmond Dantès, qui regarde le comte de Monte-Cristo, dont il ne connaît pas le véritable nom, comme une espèce de demi-dieu auquel rien n'est impossible, le supplie de sauver cette jeune fille, qu'il aime plus que sa vie.

Dantès se trouve dans une terrible perplexité. Comme il le dit à Morel : « Valentine est la fille d'une race maudite ; » mais, d'un autre côté, Morel est l'héritier d'une race qu'Edmond Dantès a juré de protéger. Le problème à résoudre est celui-ci : laisser mourir Valentine pour Wilfort, la faire vivre pour Morel : problème dont la solution embarrasserait un simple mortel, mais qui n'est qu'un jeu pour le demi-dieu de M. Alexandre Dumas.

Ici la merveilleuse liqueur de Cabanis, qui ressemble singulièrement à *ce je ne sais quoi* que Sganarelle mettait dans la bouche d'une femme morte depuis six heures, qui se levait aussitôt et faisait le tour de sa chambre, va encore jouer son rôle. Le comte redevient prêtre; il loue, sous le nom de l'abbé Busoni, le logement contigu à la chambre de Valentine, perce une porte de communication à travers la muraille, et engage aussitôt une partie contre madame de Wilfort. Autant de gouttes de poison, autant de gouttes de contre-poison. La liqueur de Sganarelle, je veux dire celle de Cabanis, ressuscite Valentine autant de fois que la liqueur malfaisante de madame de Wilfort la tue. A minuit la porte de l'empoisonneuse s'ouvre et la mort entre; à minuit cinq minutes, la porte secrète pratiquée par Dantès, derrière une bibliothèque, s'ouvre, et la vie entre à son tour. Valentine est un champ de bataille où l'art meurtrier de madame de Wilfort et l'art salutaire du comte de Monte-Cristo se livrent de furieux combats.

Enfin Valentine meurt; c'est-à-dire qu'elle meurt pour tout le monde, excepté pour le comte de Monte-Cristo, qui lui a promis qu'elle vivrait, même quand elle serait morte. Le médecin, qui ne connaît ni la liqueur de Cabanis, ni le *je ne sais quoi* de Sganarelle, est trompé tout le premier. M. Dumas, qui ne nous paraît pas très au fait des choses religieuses, assure que l'on va de porte en porte chercher un prêtre; il paraît que dans le quartier où ces faits se passent, on ignore le chemin de l'église. On va naturellement, continue le romancier, frapper à la porte de l'abbé Busoni, qui est le prêtre le plus voisin, c'est-à-dire d'Edmond Dantès, pour le prier de veiller auprès de la morte. Vous comprenez, sans que nous vous le disions, combien ce *hasard* favorise les plans du comte de Monte-Cristo.

Aussi l'on remarque que, quoiqu'on enterre sa bien-aimée Valentine le lendemain, le vieux Noirtier, qui a eu une longue conversation avec l'abbé Busoni, — une conversation télégraphique, attendu que sa langue est paralysée, — ne paraît point triste. Envoyer à l'église une bûche au lieu d'une morte, demander des prières pour cette bûche, la faire suivre jusqu'au cimetière par un prêtre, cela peut paraître au premier abord une inconvenance, presque un sacrilége; mais lorsqu'il s'agit de la vengeance du comte de Monte-Cristo, « auquel Dieu n'a rien à refuser, même un miracle, s'il prenait la peine de le lui demander, » ces considérations secondaires s'effacent. Il est vrai que Morel, fidèle aux traditions paternelles, parle de se brûler la cervelle; mais le demi-dieu exige de lui la promesse qu'il retardera d'un an l'exécution de ce dessein; et, après s'être laissé baiser la main par toute la famille Morel, il donne rendez-vous au capitaine dans les grottes de Monte-Cristo, où il doit lui permettre de mourir ou lui donner une raison de vivre.

En attendant le jour de ce lointain rendez-vous, Valentine est morte et enterrée pour Wilfort. Elle est empoisonnée au lieu d'être empoisonneuse; l'empoisonneuse, c'est donc la femme du procureur du roi. Le vieux Noirtier, averti par Dantès, en donne à son fils les preuves irrécusables, et lui déclare qu'il dénoncera la coupable si son mari ne fait pas justice lui-même de cette Brinvilliers. Wilfort, abattu par tant de coups, est plus sombre que jamais; il ne trouve de trêve à sa douleur et à son désespoir que dans un travail acharné. Il prépare en ce moment un réquisitoire pour demander la tête de l'assassin de Caderousse, car le faux prince de Cavalcanti a été arrêté dans une auberge à la porte de laquelle, par un de ces hasards qui ne se rencontrent que chez les romanciers, il a frappé en même temps que mademoiselle Danglars, sa fiancée, qui s'était évadée pour aller faire de l'art en Italie avec sa maîtresse de musique. Le hasard a même voulu qu'en fuyant sur les toits pour échapper aux recherches de la police, Andréa soit tombé, par le tuyau d'une cheminée, précisément dans la chambre de mademoiselle Danglars, dont les cris de terreur ont amené son arrestation.

Wilfort travaille donc au réquisitoire dans lequel il demande la tête de l'assassin. Le matin du jour où il doit le prononcer, madame de Wilfort, qui désire assister à ce procès, réclame un moment d'entretien de son mari, qu'elle n'a pas vu depuis plusieurs jours. Au lieu de lui répondre, il l'interroge; et déroulant devant elle toute la suite des empoisonnements qu'elle a commis, il lui demande quand et comment elle compte mourir, et quel poison elle tient en réserve pour elle-même, l'avertissant que si elle ne s'est pas rendu justice avant son retour du tribunal, il la livrera lui-même aux juges. Il sort alors de cette maison, où il doit trouver en entrant un cadavre de plus, et se rend au tribunal, où la dernière vengeance de Dantès l'attend.

L'accusé a reçu dans sa prison les instructions du comte de Monte-Cristo. Il sait de qui il est né, et, pour toute défense, il raconte sa naissance; qui est un crime; donne tous les détails qui prouvent que Wilfort est son père et que madame Danglars est sa mère, et demande de quel droit la société peut exiger une conduite honnête d'un homme né dans ces circonstances fatales.

On entend un cri dans l'assistance, c'est une femme qui se meurt et qu'il faut emporter : la baronne Danglars était là. Un second cri se fait entendre dans l'enceinte du tribunal : Wilfort est devenu fou; il n'a pu résister à cette pensée; qu'après avoir condamné sa femme à mort avant de sortir, il était venu demander au tribunal la tête de son fils.

L'épilogue nous montre Dantès recevant, au milieu des féeries de l'île de Monte-Christo, dont il a fait un de ces palais magiques qu'Armide créait par ses enchantements, son ami le capitaine Morel. Là, sous prétexte de lui fournir un moyen agréable de sortir de la vie, il l'enivre de hatchi; cette substance exhilarante qui procure aux Orientaux de merveilleuses hallucinations, et il lui rend Valentine à son réveil. Dantès, ayant accompli la mission de vengeance qu'il s'est imposée, est résolu à mourir; mais la fille d'Ali-Pacha, à qui il a inspiré, sans s'en douter, un amour profond, déclarant qu'elle veut mourir avec lui, il consent à vivre, et le lendemain Morel et sa fiancée voient le brick qui emporte Dantès et la jeune Grecque sur la Méditerranée, probablement pour éviter au roman fantastique de M. Dumas la honte de finir prosaïquement entre un discours de M. le maire et les bouquets des commères de la halle, à la municipalité, où il avait commencé.

HUITIÈME LETTRE.

LE COMTE DE MONTE-CRISTO. — RÉSUMÉ ET CONCLUSION.

Je ne sais si le lecteur n'aura pas été au bout de sa patience avant d'arriver à la fin de l'analyse du *Comte de Monte-Cristo*. Cependant cette exposition a été réduite à ses termes les plus simples, et elle était nécessaire pour que le parallèle que nous avons indiqué devînt possible. En outre, rien n'est plus propre à faire sentir les défectuosités d'un ouvrage au point de vue de l'art, que ces résumés succincts et serrés qui écartent et suppriment les draperies sous lesquelles les formes grêles et disproportionnées de la statue sont dissimulées. Quand on a déshabillé ainsi la création du poëte, on trouve, au lieu du Jupiter de Phidias ou de la Vénus de Praxitèle, un mannequin.

Voilà donc jusqu'à quelles ébauches, ou plus jusqu'à quelles débauches d'esprit le feuilleton-roman a fait tomber l'auteur d'*Amaury*! Le même pinceau dont les touches fines et délicates faisaient contraster la pâle et souffrante beauté de Madeleine avec la beauté splendide et rayonnante d'Antoinette, s'est écrasé sur la toile pour produire les effets heurtés et incohérents du *Comte de Monte-Cristo*, avec ses héroïnes empoisonneuses, comme madame Wilfort; ses femmes perdues de mœurs, comme la baronne Danglars, et ses viragos aux amitiés équivoques, comme la fiancée du prince de Cavalcanti. Cet esprit clairvoyant et sagace qui, par une savante et dramatique étude du cœur humain, marquait les différences de l'amour de l'amant et de l'amour du père, a fait place à l'activité physique du machiniste qui remue, à force de bras, de gigantesques décorations. Cette intelligence d'élite, qui semblait se complaire dans la peinture élevée des plus nobles côtés de la nature humaine, n'est plus qu'un instinct brutal qui s'exalte à la pensée d'une monomanie vindicative, et qui va fouiller dans les archives du crime pour y trouver les honteuses couleurs que peuvent fournir les souvenirs des cours d'assises et le monde hideux qui se remue dans ces régions scélérates.

Que nous reste-t-il à dire maintenant? Il est des œuvres que l'on critique : ce sont celles qui présentent un mélange de qualités et de défauts, et où les règles de l'art ne sont qu'exceptionnellement violées. Mais quand il s'agit d'un roman tel que *le Comte de Monte-Cristo*, la seule critique qu'on puisse en faire, c'est de le raconter. On critique un tableau, on se contente de montrer du doigt une enseigne où il n'y a ni dessin, ni proportion, ni vérité dans la couleur, et qu'un manœuvre qui aurait pu être un peintre habile a barbouillée à la hâte pour achalander la boutique d'un trafiquant. A quoi bon les paroles quand les choses parlent d'elles-mêmes? Pourquoi indiquer des défauts qui sautent aux yeux? Nous ne soulevons pas ici la question morale, on le voit; il y a des écrivains qui s'arrangeraient très-bien des censures morales jetées sur leurs ouvrages, pourvu qu'on leur reconnût les qualités littéraires qui les font vendre; nous nous plaçons au point de vue de l'art, et nous n'avons pas besoin de dire qu'à ce point de vue, le dernier roman de M. Alexandre Dumas est un ouvrage monstrueux, un mauvais pastel, exécuté à la brosse sur une toile d'emballage.

Laissons de côté ce qu'il y aurait à dire sur cette glorification de la puissance individuelle, renouvelée de M. Sue, sur la réhabilitation du suicide, et sur l'apothéose en dix-huit volumes de cette mauvaise passion qu'on appelle la vengeance. Qui ne voit, en outre, que tout le roman est bâti sur une absurdité logique qui devient une monstruosité littéraire? Dantès est chrétien, selon l'auteur, et il se venge; il est honnête homme, et il se venge par des crimes; il se regarde comme l'instrument de la justice divine, il veut punir ceux qui l'ont condamné au malheur, lui innocent et inoffensif, et, pour arriver au coupable, il frappe sans pitié l'innocent. En effet, il emploie les faux, les suppositions d'état, la corruption; il soudoie des brigands, il fournit la recette de poisons mortels. Il veut tuer Albert de Morcerf, il laisse empoisonner M. et madame de Saint-Méran, le vieux Noirtier, son valet de chambre, Valentine, et il ne sauve celle-ci que parce qu'elle est aimée par Morel; enfin, il fournit à un forçat évadé les moyens de se faire accepter comme fiancé par mademoiselle Danglars, quoique toutes ces personnes soient parfaitement innocentes et inoffensives. Cependant il ne cesse pas d'être, non-seulement un chrétien sincère, mais le plus généreux, le plus grand et le meilleur des hommes; il s'estime, il est estimé, admiré, vénéré, quoique, pour venger un innocent, il frappe dix innocents, et qu'il commette dix fois plus de crimes qu'on n'en a commis à son égard.

En présence de cette contradiction première et fondamentale, que devient, nous ne disons pas le sens moral, mais le sens commun?

Ajoutez à cela les invraisemblances inacceptables à l'aide desquelles l'auteur sort des situations forcées où il se place sans cesse, les sauts périlleux dans la mer et les voyages aériens en sac, les miracles de la liqueur rouge, les murailles qui s'ouvrent, les scènes de *mamamouchi* à la Chambre des pairs, les trésors de la lampe merveilleuse et les féeries de l'île de Monte-Cristo où on les trouve, les brigands, les poisons devenus ses dociles instruments, le hasard le servant toujours à point nommé, les moyens les plus illicites employés impunément en face des lois, la mort comme la vie lui obéissant ainsi que des serviteurs fidèles; les déguisements, cet art d'être méconnaissable quand il le veut, et de se faire reconnaître quand cela lui convient, tous les talents naturels et acquis réunis sur la tête d'un homme qui en sait plus que les médecins sur la vie et la mort, plus que les chimistes sur les propriétés des poisons, plus que Saint-Georges sur le maniement des armes, plus que Fouché sur les secrets des familles; qui réunit à la force musculaire du maréchal de Saxe la profondeur politique de Machiavel, l'esprit d'observation de Théophraste et de La Bruyère, l'élégance exquise de Lucullus ou du duc de Fronsac.

Comment l'art trouverait-il sa place dans ce chaos, où tout est faux, arbitraire, en dehors de la nature et de la vérité? Au milieu de cette confusion de situations mélodramatiques péniblement amenées aux dépens de la vraisemblance, quel emploi peut trouver le sens littéraire? L'art s'efface et s'éloigne, le sens littéraire s'éteint dans de pareilles compositions. Il ne s'agit plus de faire une œuvre d'art, une œuvre littéraire; il s'agit de remplir chaque jour d'une liqueur capiteuse la coupe que le journal tend au romancier pour la porter aux lèvres du public qu'il faut enivrer.

Telle a donc été l'influence du feuilleton-roman sur M. Alexandre Dumas. Tous ses défauts ont été surexcités. Sa trop grande facilité est devenue de l'improvisation; sa tendance à ne pas assez veiller sur son style s'est changée en négligence; son goût pour les situations dramatiques l'a poussé jusqu'au mélodrame; sa malheureuse disposition à sacrifier l'art au commerce a offert désormais le caractère d'un parti pris, d'une nécessité inévitable; car le gain a dû être en raison directe du nombre de feuilletons, et le mérite de chaque roman en raison inverse de la multiplicité des romans.

La presse industrielle est un acheteur sceptique et immoral, qui s'inquiète peu de l'art et de la littérature. Regardez sur les murs de nos rues, et vous verrez ce qu'elle fait de la noblesse des lettres et des œuvres de l'intelligence. Sous prétexte de perfectionner la publicité, elle emprunte les recettes du vendeur d'orviétan, et il ne manque à ses annonces que la formule obligée *avec la permission de monsieur le maire,* pour que la contrefaçon soit complète. Jamais le charlatan qui arraché les dents sans douleur au bruit de la grosse caisse, jamais le montreur de bêtes, le comédien ambulant du plus bas étage, n'étaient allés plus loin. Lors donc qu'elle traite avec l'écrivain, elle demande un roman qui soit le plus long possible, afin d'attacher l'abonné harponné le plus longtemps possible au journal qui a réussi à l'atteindre. Que parlez-vous d'art? l'important, c'est de traverser les époques du renouvellement, en faisant attendre au lecteur un dénoûment qu'il faut sans cesse retarder, de peur que le désabonnement ne le suive. C'est précisément le même procédé que celui du baleinier qui lâche de la corde à la baleine une fois que le fer est enfoncé dans ses flancs. De là, pour l'écrivain, à qui l'on paye des primes particulières en raison de la longueur de son œuvre, la nécessité de l'allonger à tout prix par des digressions interminables, comme dans *la Dame de Monsoreau,* ou par une complication d'incidents et d'aventures dont les mille fils se croisent et s'enchevêtrent, comme les roues de la machine de Marly, dans une narration entortillée, ainsi qu'on peut le voir dans *le Comte de Monte-Christo.*

Pour soutenir ces longues narrations dans le feuilleton-roman, il faut des caractères outrés, des situations exagérées et violentes, qui agitent et remuent le lecteur.

Le journal tend la coupe, comme nous l'avons dit, et il demande non un vin naturel, un vin généreux, mais de ces vins frelatés et chauffés, qui font monter les fumées de l'ivresse à la tête et qui brûlent et détruisent l'estomac. Si le vin manque, versez de l'esprit de vin; si l'esprit de vin manque, versez du vitriol; les palais blasés ne sentiront qu'un chatouillement agréable au contact de cette liqueur corrosive.

Encore ne parlons-nous pas des haines et des passions du journal qu'il faut que le littérateur épouse. C'est ainsi que M. Sue, dans *le Juif Errant*, insultera la religion et le clergé pour servir les inimitiés du *Constitutionnel*; que M. Dumas, dans *la Dame de Monsoreau*, jettera à pleines mains le mépris sur la royauté qu'il bafouera dans la personne de Henri III, pour servir les passions de la même feuille, qui voudrait faire de cette institution le soliveau de la république des grenouilles; que dans *la Reine Margot* il sacrifiera au goût de la jeunesse dorée de *la Presse* pour les peintures crues et hasardées, et que, dans *le Comte de Monte-Cristo*, il divinisera l'argent et récriminera contre la Restauration pour plaire au monde des fonctionnaires qui tourbillonne autour du *Journal des Débats*. Les défauts de chaque journal viendront donc s'ajouter aux défauts de chaque écrivain, et les inconvénients inhérents au feuilleton-roman, dont la funeste influence sur la littérature ne saurait plus être niée, s'augmenteront encore.

Et cependant, dira-t-on, vous ne niez pas que *le Comte de Monte-Cristo* n'ait eu et n'ait encore de nombreux électeurs? Non, sans doute, pas plus que nous ne voudrions nier que tel mélodrame, qui donne des émotions violentes et désordonnées, n'ait attiré une grande affluence. *Le Comte de Monte-Cristo* a eu presque autant de lecteurs que la ménagerie de Carter a eu de spectateurs. Cela est vrai, et cela est aussi fâcheux que vrai; car, dans *le Comte de Monte-Christo*, les tours du prestidigitateur ont remplacé le talent du poëte, et le métier du machiniste l'art de l'écrivain. Il y a là une triste preuve que le niveau littéraire, comme le niveau moral, comme le niveau politique, baisse en France, du moins dans la classe dominante. Si Boileau a dit que c'était avoir profité que de savoir se plaire à la lecture des grands modèles, on peut dire, en revanche, que le plaisir qu'on goûte à la lecture de certains livres est un symptôme de déchéance morale et intellectuelle.

Le Comte de Monte-Cristo a de nombreux lecteurs; mais le cabaret du coin, où l'on vend sous le nom de vins, ces poisons frelatés dont s'occupait dernièrement la chambre, n'a-t-il pas aussi de nombreux consommateurs? Or, croyez-vous qu'il n'y ait pas autant d'esprits médiocres que de bourses médiocres? *Le Comte de Monte-Cristo* a de nombreux lecteurs; mais ne suffit-il pas de deux chiens qui se ruent l'un contre l'autre pour que les passants désheurés s'assemblent et s'ameutent dans la rue? L'intérêt, mérite équivoque, et qui peut se trouver dans les ouvrages les plus médiocres : Comment cela finira-t-il? Cet homme, qui monte au mât de cocagne, arrivera-t-il au faîte, ou glissera-t-il au pied? Ce cheval qui court devancera-t-il son concurrent ou sera-t-il devancé? Ce coup de fusil atteindra-t-il la cible? Entre ces deux joueurs, qui sont point à point, qui gagnera la partie? voilà l'intérêt. Pauvre louange à donner à un ouvrage que d'y signaler, comme unique mérite, cet intérêt grossier, indépendant de l'art, et qui peut exister en dehors de tout mérite littéraire! Satire amère jetée sur la société à qui cet intérêt vulgaire suffit, et qui boit avidement cette liqueur frelatée! L'explication de ce fait, qui peut paraître au premier abord étrange, a été donnée par un écrivain (1) avec lequel nous pouvons différer d'opinion, mais en qui nous estimons un esprit élevé, un talent vraiment français et un cœur honnête. Citons ses paroles; elles sont tristes, mais profondément vraies; citons-les : venant d'un écrivain dont le nom est populaire, elles seront moins suspectes que les nôtres, et elles fermeront convenablement cette étude, car elles répondront une fois pour toutes à cette objection banale, tirée du succès des compositions que nous avons critiquées :

« Un demi-siècle, a dit M. Michelet, a suffi pour voir
« la bourgeoisie sortir du peuple, s'élever par son acti-
« vité et son énergie, et, tout à coup, au milieu de son
« triomphe, s'affaisser sur elle-même. Il n'y a pas
« d'exemple d'un déclin si rapide. Ce n'est pas nous
« qui disons cela, c'est elle. Les plus tristes aveux lui
« échappent sur son déclin et sur celui de la France
« qu'elle entraîne. Un ministre disait, il y a dix ans,
« devant plusieurs personnes : — La France sera la pre-
« mière des puissances secondaires. — Ce mot qui alors
« était humble, au point où les choses sont venues, est

---

(1) M. Michelet, dans son dernier livre, *le Peuple.*

« presque ambitieux, tellement la descente est rapide !
« Aussi rapide au dedans qu'au dehors. Le progrès du
« mal se marque au découragement de ceux qui en pro-
« fitent. Ils ne peuvent guère s'intéresser à un jeu où
« personne n'espère plus tromper personne. Les acteurs
« s'ennuient presque autant que les spectateurs ; ils
« bâillent avec le public, excédés d'eux-mêmes et de
« sentir qu'ils baissent. L'un d'eux, homme d'esprit,
« écrivait, il y a quelques années, qu'il ne fallait plus
« de grands hommes, que désormais on saurait s'en
« passer. Seulement, s'il le réimprime, il faudra qu'il
« l'étende, et prouve cette fois que les hommes moyens,
« les talents secondaires, ne sont pas indispensables,
« et qu'on peut s'en passer aussi. La presse, il y a
« dix ans, prétendait influer; elle en est revenue.
« Elle a senti, pour parler seulement de la littérature,
« que la bourgeoisie, qui lit seule (le peuple ne lit guère),
« n'avait plus besoin d'art. Donc elle a pu, sans que
« personne s'en plaignît, réformer deux choses coû-
« teuses, l'art et la critique ; elle s'est adressée aux im-
« provisateurs, aux romanciers en commandite, puis,
« gardant seulement leur nom, aux auteurs de troisième
« ordre. L'affaissement général est moins senti, parce
« qu'il a lieu d'ensemble ; tous descendant, le niveau
« relatif est le même. »

On ne nous demandera plus, du moins nous l'espérons, la cause du succès du *Comte de Monte-Cristo*.
C'est la décadence de la littérature se mettant de niveau
avec la décadence politique : on peut être amusé par le
feuilleton-roman quand on est gouverné par M. Guizot.

INFLUENCE DU ROMAN-FEUILLETON

SUR LA FAMILLE.

AUX LECTEURS
DES
FEUILLETONS-ROMANS.

PREMIÈRE LETTRE,

DEVOIRS DE LA PRESSE.

Autrefois, du temps de nos pères, on ne terminait jamais un ouvrage sans adresser une brève et amicale admonition au lecteur. *Ami lecteur*, lui disait-on, et il y avait un sentiment vrai dans cette appellation douce et naïve. Qu'est-ce que l'amitié, en effet, sinon la bonne intelligence des esprits et l'harmonie des cœurs? Ceux qui écrivent ont donc des amis inconnus, dont le cœur bat à l'unisson des leurs, et avec lesquels ils se trouvent en communauté de sentiments et d'idées. C'est à ces chers absents qu'ils songent quand le travail, cette loi imposée à l'homme, leur fait sentir ses dégoûts, et que le champ des idées, qu'il faut aussi fertiliser à la sueur de son front, est paresseux à enfanter sa moisson. On a, dans des lieux où l'on n'est jamais allé, des amis qu'on n'a jamais vus, dont le nom même n'a jamais frappé vos oreilles, et avec lesquels on est cependant en commerce par la pensée.

Leurs âmes et la vôtre sont en rapport; qu'importe le reste! Ils connaissent de vous la meilleure moitié, l'intelligence; peut-être vous aimeraient-ils moins s'ils étaient à portée de juger par leurs yeux des imperfections et des taches que l'union du corps avec l'âme entraîne toujours. Pendant qu'ils vous liront, toutes vos émotions seront les leurs, et vos idées serviront d'aliment à leur esprit. Ils vivront de votre vie, ils ne feront plus avec vous qu'une intelligence et qu'un cœur, et aucun importun ne viendra s'interposer dans cette charmante intimité. Nos pères avaient raison, et c'est à bon droit que les écrivains de leur temps avaient toujours, à la fin de leurs ouvrages, un dernier mot à adresser à l'*ami lecteur*.

Je veux faire ici quelque chose de pareil, et cependant quelque chose de nouveau. C'est au lecteur que je prétends parler, mais avouerai-je avec quel dessein? Avec celui de critiquer le lecteur. C'est le monde retourné, si l'on veut; le justiciable, changeant les rôles, entreprend de juger le tribunal. Mais nous sommes dans un temps où l'on voit tant de choses à l'envers, et si peu d'hommes à leur place, qu'on ne saurait se montrer bien sévère pour cette fantaisie. Ami lecteur qui lisez des feuilletons-romans, vous voilà donc averti, c'est pour vous critiquer que je m'adresse à vous. N'est-il pas temps que la critique prenne sa revanche et qu'elle vous rende avec usure toutes vos petites cruautés?

Vous lisez donc des feuilletons-romans, mon très-cher lecteur, et, pour en lire, vous devenez naturellement le souscripteur des journaux qui en publient. Je ne vous demande pas pourquoi, je le devine d'avance, et je sais par cœur toutes vos raisons. Les journaux de votre opinion vous ennuient, ils n'ont point l'art de vous distraire ou de vous émouvoir par ces drames frénétiques ou licencieux que vous trouvez ailleurs. Voilà qui est convenu. Mais, dites-moi, pardonneriez-vous aux feuilles qui représentent votre opinion, si vous trouviez au bas de leurs colonnes le *Juif Errant*, les *Mystères de Paris*, *l'Hôtel Lambert*, *Sylvandire*, la *Reine Margot*, les *Nuits du Père Lachaise*, la *Dame de Monsoreau*, le *Comte de Monte-Cristo* ou le *Ménage de Garçon*? Seriez-vous bien édifié si un beau jour vous rencontriez, dans leurs feuilletons, le récit circonstancié des aventures de la *Louve*, de la *Rabouilleuse*, de la *Goualeuse* ou de la *Reine Bacchanal*?

Oh! comme alors vous retrouveriez votre indignation et votre colère! comme vous remontreriez au journal de la droite, ou de la gauche honnête, assez peu soucieux de son honneur pour publier de pareils ouvrages, qu'il manque à la dignité de sa mission! Je lis d'ici vos lettres pleines d'éloquence et de moralité. A merveille, j'aime cette colère. Mais vous conviendrez avec moi qu'il n'est pas très-facile de vous satisfaire, et qu'on y perdrait le peu de grec et de latin qu'on peut savoir, sans parler du français, que, grâce à la littérature que vous protégez, personne ne saura bientôt plus. Vous m'avez tout l'air de gens qui veulent qu'on les amuse et qui ne consentiraient pas à être amusés; qui reprochent à leurs journaux de ne rien faire pour leur plaisir, et qui ne toléreraient point, de la part de ces journaux, le quart des scandales, des gravelures et des libertés de tout genre qu'ils accueillent de la part des journaux contraires. Faut-il vous dire toute notre pensée? Vous nous rappelez, dans une certaine mesure, ceux de vos aïeux qui, du temps de la Régence, voulaient que leur propre maison fût honnête, mais qui se reposaient de la fatigue de cette honnêteté dans les petites maisons qu'ils avaient à l'extrémité de quelques faubourgs.

Ils trouvaient bon comme vous que la bienséance, les bonnes mœurs, la décence, régnassent chez eux; mais, comme vous aussi, la vertu leur paraissait parfois aussi ennuyeuse que respectable, et ils quittaient leur femme qu'ils estimaient pour aller chercher un plaisir aiguisé par le scandale chez quelque maîtresse qu'ils traitaient avec le sans-façon du caprice, et chez laquelle ils se divertissaient avec le sans-gêne du mépris.

Je n'entends pas ici sans doute établir une comparaison mathématiquement exacte, mais seulement indiquer une analogie. Je persiste donc à croire et à dire qu'il y a dans votre façon de penser et d'agir quelque chose qui rappelle le procédé de vos aïeux. Mais j'ai bien peur qu'ils n'eussent encore sur vous l'avantage de la logique et de la justice, car du moins ils ne se plaignaient pas de la bienséance et de l'honnêteté qui régnaient chez eux. S'ils en ressentaient quelque ennui, ils se gardaient de l'avouer en face, et en allant se divertir ailleurs, ils n'adressaient point à ceux qu'ils étaient contraints d'estimer des reproches qu'il était plus juste de garder pour eux-mêmes. Vous voulez qu'on vous amuse, ami lecteur, et c'est parce que le journal de votre opinion ne vous amusait pas, que vous l'avez quitté. Vous vous faites là une étrange idée des devoirs de la presse et des droits des hommes de parti.

Est-ce que par hasard vous auriez cru que c'était simplement pour vous amuser que des écrivains, renonçant à toute idée de repos, à tout espoir d'une de ces grandes renommées que donnent l'étude et la réflexion appliquées à un important ouvrage, aux jouissances de la fortune qu'on trouve avec du travail et de l'intelligence au bout de toutes les carrières, consument tous leurs instants dans une lutte qui sera féconde pour le triomphe des principes du bien et du vrai, ils l'espèrent, mais qui sera stérile pour eux? Vous amuser!... ils laissent ce noble emploi à qui voudra le prendre. Leur ambition ne descend pas jusque-là, et la presse leur a toujours paru un champ de bataille où on lutte pour faire prévaloir la cause de la justice et de la vérité, et non un théâtre où l'on se met en frais, chaque jour, pour divertir les spectateurs.

Si vous avez besoin d'être amusés, nous ne mettons pas obstacle à ce qu'on vous amuse : il y a des comédiens au théâtre; mais les hommes de la presse qui se respectent ne comprennent pas pourquoi ils seraient condamnés à vous divertir, et j'ai le droit d'ajouter que s'ils ne vous amusent pas, vous ne les amusez pas non plus. Entre vous et eux, en effet, tout doit être commun, les droits et les devoirs. Ne sommes-nous pas les défenseurs des mêmes principes, les gardiens des mêmes traditions de monarchie et de liberté, disons tout d'un mot, les soldats de la France? Qu'est-ce que la presse, sinon cette voix de la trompette qui fait dire au cheval de guerre : *Allons!* le bruit du tambour qui ramène l'armée à la charge et à la victoire? Nous ne sommes pas dans un cirque où il y a des gladiateurs qui doivent combattre et mourir avec grâce pour amuser les Délie et les Cynthie assises sur les gradins de l'amphithéâtre; nous sommes sur un champ de bataille où tout le monde doit combattre, où quiconque ne combat pas manque à ses devoirs les plus sacrés; car le résultat de la journée doit être la grandeur ou la décadence de la France.

Voilà qui est dit, ami lecteur. Vous ne vous plaindrez plus que la presse honnête ne fasse rien pour votre amusement. Elle a, pour songer à vous distraire, des occupations trop graves, et, loin de vous distraire, son désir et son devoir sont, au contraire, de faire naître de nobles et salutaires préoccupations dans votre âme et d'exciter votre sollicitude pour les grands intérêts de la patrie compromise, pour sa gloire couverte d'un nuage, pour son honneur traîné sur la claie dans toutes les chancelleries européennes, et son nom déchu dans l'estime de l'univers.

Ne lui demandez pas les aventures de Lugarto l'infâme, du Juif errant et de sa famille victimes de la congrégation; de la Rabouilleuse, ni de Fleur-de-Marie, d'Ursule ni de Mathilde, d'Iris ni de Sylvandire; elle ne saurait rien vous dire à ce sujet. Elle n'a pas le don de trouver de l'émotion pour des fictions honteuses, quand l'histoire qui se meut sous ses yeux l'absorbe tout entière. Mais demandez-lui où en sont la prospérité, la gloire et la liberté de la France; ce que l'Angleterre a déjà fait contre elle et ce qu'elle prépare; les progrès de la Prusse en Allemagne, ceux de l'Autriche en Italie, ceux de la Russie en Orient : oh! alors elle vous répondra.

Si elle n'a pas l'éloquence, elle aura du moins la patriotique tenacité de Démosthènes, qui, en face de Philippe de Macédoine préparant l'esclavage de la Grèce, montait chaque jour à la tribune aux harangues, et à chaque pas que faisait Philippe, le dénonçait à Athènes et à la Grèce en criant : « Hommes d'Athènes, réveillez-vous, le Macédonien marche; hommes d'Athènes, prenez garde à vous! » Ce n'est pas seulement en Grèce, à ce qu'il nous semble, qu'on trouve de ces populations spirituellement oiseuses qui ne veulent entendre parler que de réjouissances et de fêtes, qui sont pleines de sollicitude pour les Panathénées et qui n'en ont point pour le salut de l'État; et il y a, de nos jours aussi, une Athènes rieuse et folle qui, tenant à la main une coupe pleine de vin de Chio, s'endort, quand il faudrait veiller, et se laisse aller nonchalamment sur sa couche semée de fleurs, la tête toute chargée des vapeurs des bacchanales, fléchissant sous le poids des couronnes de fenouil et de peuplier, et les membres fatigués de ces danses au milieu desquelles les transfuges de la gloire dépensent l'or d'une autre Salamine ou d'un nouveau Marathon.

Eh bien! il faut, et c'est là le devoir de la presse, jeter sur la léthargie d'Athènes la poussière de ses immortels tombeaux; il faut réveiller tous les échos d'une histoire héroïque pour que, de tous côtés, des bruits de gloire viennent troubler l'indigne sommeil d'un peuple qu'on endort pendant que le despotisme et l'Angleterre, ces deux formidables oiseleurs, étendent au-dessus de lui les mailles de leur immense filet. Il faut fouiller dans le cœur de ce peuple, et, sous des cendres refroidies, chercher les dernières étincelles de ce feu qui enflamma le courage de ses pères, de ses pères qui se laissèrent toujours prendre à l'attrait des grandes choses, et qui se trouvèrent toujours au niveau des grands sacrifices et des grandes situations.

Si les vivants n'entendent pas, il faut réveiller jusqu'aux morts, demander à Jeanne d'Arc, Duguesclin, Bayard, Condé, Turenne, si c'est pour que la France tombât à ce degré d'abaissement qu'ils ont livré leurs combats et remporté des victoires; demander à Sully et à Colbert si c'est pour que la France fût épuisée par un arbitraire sans grandeur qu'ils ont développé ses ressources et augmenté ses richesses; demander à tous ces grands personnages de notre histoire, qui ont défendu les principes de notre constitution, et à cette génération de 89 qui fit tant de sacrifices pour la liberté et l'égalité, si c'est pour voir leurs fils courber la tête devant le despotisme de l'argent et l'aristocratie de la médiocrité, qu'ils ont porté le poids et la chaleur de la journée ; demander à Mirabeau pourquoi il parla, et à vous, Kléber, Marceau, Lannes, et à vous soldats héroïques qui versâtes votre sang généreux sur toutes nos frontières, pourquoi vous êtes morts.

Voilà, ami lecteur, de quoi s'occupent les écrivains honorables, pendant que vous vous occupez des infortunes si dignes d'intérêt de la Rabouilleuse, de Fleur-de-Marie, cette chaste prostituée qui traversa la boue des bouges les plus infects sans se ternir ; des mésaventures de la reine Bacchanal, qui tomba de chute en chute au trône de la Chaumière et du Tivoli d'hiver ; ou même de la fatale destinée de Mathilde, qui se réfugia si vertueusement dans un adultère platonique ; et des malheurs de la princesse d'Hansfeld, qui ne tua pas son mari, il est vrai, pour s'en débarrasser et épouser M. de Neuville, mais qui laissa tomber dans les mains d'Iris la fameuse épingle noire, signal convenu qui équivalait à un arrêt de mort. L'histoire les distrait du roman, tandis que le roman vous distrait de l'histoire. Ils s'inquiètent peu, ils l'avouent, des catastrophes dramatiques écloses dans le cerveau de MM. Sand, Sue, Alexandre Dumas, Soulié et Balzac ; oserez-vous avouer que, de votre côté, vous vous inquiétez peu des catastrophes qui couvent dans le monde réel et qui menacent la France ? Le drame qui absorbe tout leur intérêt, c'est celui des destinées de l'Europe contenues dans celles de ce peuple qui a toujours marché le premier sur la route de la civilisation, et ils se permettent de croire que Dieu, qui dirige ce grand drame d'en haut, pendant que les hommes s'agitent, a su y répandre plus d'intérêt et de variété que les dramaturges et les romanciers de nos jours n'en mettent dans leurs fictions les plus émouvantes et les mieux combinées. Oserez-vous vous déclarer pour l'opinion contraire?

Je crois avoir rempli la première partie de ma tâche, qui était de répondre aux reproches par lesquels les lecteurs des feuilletons-romans, appartenant à nos opinions, ont coutume de justifier leur indifférence ou leur éloignement pour la presse sérieuse et honnête. Ils savent maintenant qu'un journal qui se respecte a quelque chose de mieux à faire que de divertir ses lecteurs, et que la situation de la France est trop grave pour permettre à ceux qui s'en occupent de se charger de récréer les indifférents ou d'amuser les oisifs. Ils ne peuvent plus se méprendre sur la mission du journal vraiment national; c'est un soldat qui combat sur le champ de bataille des idées, pour faire prévaloir la justice et la vérité, et non un tenant de carrousel qui rompt des lances dans les joutes en l'honneur et pour le plaisir des dames.

Ainsi, nul doute, si l'on considère la moralité des deux conduites, au point de vue de l'intérêt général : le lecteur des feuilletons-romans a tort, et le journal honnête a raison; l'un ne remplit pas son devoir, et l'autre le remplit; celui-là abandonne son poste, et celui-ci combat à son poste. Tandis que le premier tourne le dos à l'ennemi pour céder à son caprice et poursuivre de vaines images qui l'entraînent loin du champ de bataille, le second fait face au péril sans se plaindre de celui qui se plaint qu'on n'imite pas sa légèreté et qu'on ne prenne pas exemple sur son indifférence.

Ami lecteur, il semble que je vous ai tout dit, et cependant j'ai bien des choses encore à vous dire. Je vous ai exposé les devoirs que remplissait la presse honnête, et que vous ne remplissez pas, et, par conséquent, les services qu'elle rend et que vous ne rendez pas à la France. Voulez-vous que nous cherchions maintenant les avantages que, vous, et les vôtres, vous pouvez tirer de la lecture des feuilletons-romans, c'est-à-dire en d'autres termes, voulez-vous qu'après vous avoir indiqué le bien que vous ne faites pas à ce pays, nous cherchions ensemble le mal que vous pouvez faire aux autres et à vous-même par la lecture des feuilletons-romans?

DEUXIÈME LETTRE.

―∘❋∘―

INFLUENCE DU FEUILLETON-ROMAN SUR LA FAMILLE.

Ami lecteur, je vous ai promis de rechercher avec vous les avantages que vous pouviez tirer, pour votre famille ou pour vous-même, de la lecture des feuilletons-romans ; je veux tenir ma promesse. Ce n'est pas un sermon contre les mauvais livres que je viens faire ici, je n'en ai pas le droit, et le talent du sermonnaire me manque ; c'est une étude toute simple et toute familière, sans prétention aucune, des relations qui existent entre les principes et les conséquences, entre les idées et les faits. Je ne dirai rien que tout le monde, avec un peu de réflexion, n'ait pu, n'ait dû se dire, si l'on se donnait la peine de réfléchir de nos jours.

Ariste, vous avez une jeune et gracieuse femme, d'une noble race, d'un cœur plus noble encore, la reine de nos salons, l'ornement de nos fêtes, une de ces charmantes majestés qui ne trouvent point de rebelles, alors qu'au milieu des splendeurs d'une nuit de bal, elles font pâlir, sous le feu de leurs regards, l'éclat de leurs diamants, et, sous les roses de leur teint, les fleurs naturelles dont leur tête est couronnée. Heureux Ariste! on vous admire, on vous envie; en tout lieu on vous cite comme le plus fortuné des mortels! Stéphanie est si attrayante et si belle! Et non-seulement elle est attrayante et belle, mais les grâces de son esprit rehaussent celles de son visage. Sa vive imagination, qui la rend sensible aux beautés des ouvrages de l'esprit, rayonne dans sa physionomie si expressive, retentit dans sa voix si mélodieuse et si pure. Rossini et Meyerbeer trouvent leur musique plus harmonieuse quand c'est elle qui la chante; et mademoiselle Taglioni, cette muse de la danse, applaudirait elle-même à ses pas si légers, qui, comme ceux de cette Camille chantée par le poëte, courberaient à peine les épis déjà mûrs de la moisson jaunissante. Aussi faut-il vous rendre justice, Ariste : vous êtes un mari attentif et empressé. Vous n'oubliez rien de ce qui peut plaire à celle qui vous a choisi, pour vous confier sa vie, entre tant de prétendants qui demandaient sa main.

L'hiver, loge à l'Opéra, loge aux Italiens, quatre grands bals à votre hôtel, des toilettes ravissantes; à Longchamp un nouvel attelage; chaque soir quelque invitation nouvelle qui donne à la reine de la mazourka l'occasion d'arracher à l'admiration de ses rivales, de ses sujettes, la confirmation de son titre. On assure même, mais je n'ose le croire, qu'en sa faveur vous avez renoncé au parfum du cigare, qui, dans ce siècle où toutes les extrémités se touchent, élève la tabagie jusqu'aux hôtels du faubourg Saint-Germain, à moins qu'il ne fasse descendre les hôtels du faubourg Saint-Germain jusqu'à la tabagie. C'est là un sacrifice invraisemblable ou impossible, sans doute, et qui, s'il était vrai, vous placerait au nombre des Décius et des Curtius de l'amour conjugal; mais, vraie ou fausse, cette rumeur, qui a failli causer une émeute dans le Jockey-Club, dit toute la puissance de Stéphanie et tout votre amour pour elle.

L'été, dans le château de vos ancêtres, il y a moins de ressources pour remplir des journées qui commencent de meilleure heure et finissent plus tard. On ne peut pas toujours se promener, toujours converser, toujours visiter les châteaux voisins, toujours parcourir à pied, à cheval ou en calèche, les grandes allées protégées contre l'ardeur du jour par les chênes séculaires qui ont vu passer vos aïeux. Il y a des heures de solitude qu'il faut occuper. C'est à quoi vous vous êtes employé, Ariste. Stéphanie aime la lecture, et la lecture, qui, à la ville, est un plaisir, devient à la campagne un besoin. Les heures, qui se traînaient languissantes et presque immobiles, prennent des ailes et s'envolent quand un livre s'empare de notre intelligence et de notre cœur, quand un écrivain nous communique ses sentiments, ses idées, quand il nous émeut, nous transporte, loin du lieu où nous vivons, loin des événements dont nous sommes ordinairement témoins, dans une sphère nouvelle, au milieu d'émotions inaccoutumées. Aussi est-ce à la campagne que l'heureuse idée dont vous vous félicitez tous les jours vous est venue.

Pendant longtemps, vous n'aviez pas vu d'autre journal que celui de votre opinion. Il défendait vos convictions politiques, et les vengeait des longues calomnies dont elles ont été l'objet ; il suivait, dans leurs transformations diverses, la situation de votre pays et celle de l'Europe, et la lente germination des conséquences contenues dans les causes comme la gerbe est contenue dans le grain de blé ; il travaillait à la grande conciliation du principe du pouvoir et du principe de la liberté, qui peut seule mettre un terme aux longues convulsions de ce pays ; il parlait de l'exil à la France et parlait de la France à l'exil ; il vous montrait enfin le doigt de la Providence dans toutes les vicissitudes des choses humaines, les prospérités coupables trouvant leur châtiment dans le succès même, et l'homme s'agitant pendant que Dieu le conduit.

Vous avez trouvé cela trop grave et trop sérieux pour votre jeune femme, Ariste, et un beau matin vous avez laissé là l'organe de vos opinions politiques, le journal qui donnait un aliment à vos convictions, à vos affections, à vos espérances. Le moyen de mettre sur la toilette de la reine de la mazurka une feuille en tête de laquelle on lit chaque jour : *De la nécessité de la réforme électorale ;* ou bien : *De l'abaissement continu ;* ou bien encore : *Du parti national ;* ou bien enfin : *Du système qui ruine, asservit et déshonore la France ?* n'est-ce pas vouloir, de propos délibéré, arrêter un sourire commencé, faire naître une ombre sur ce front si lisse et si pur, et inviter le plus déplaisant de tous les hôtes à passer la matinée à votre château, l'ennui ? Parlez-moi de ces feuilles mieux inspirées qui, au lieu de se tenir dans la sphère étroite et ennuyeuse du monde réel, ont appelé à leur aide les révolutions imaginaires du monde idéal! La *Presse*, les *Débats*, le *Siècle*, le *Constitutionnel*, voilà des journaux qu'on peut placer sur la toilette d'une femme! Leur politique, sans doute, ne vous convient guère; ce sont des adversaires ou des transfuges : aussi n'est-ce pas pour leur politique que vous vous y abonnez; c'est pour leurs romans.

Notre ami, c'est celui qui nous amuse, et notre ennemi, celui qui nous ennuie. Au moins une femme peut-elle trouver là quelque chose à lire. *Les Mystères de Paris, les Drames inconnus, l'Hôtel Lambert, Mathilde, le Juif errant, la Reine Margot, le Comte de Monte-Cristo*, voilà des sujets qui occupent l'attention, piquent la curiosité, s'emparent de l'esprit et du cœur des lectrices. Ursule, madame de Wilfort, Mathilde, la princesse d'Hansfeld, Fleur-de-Marie, mademoiselle de Cardoville et jusqu'à la reine Bacchanal, ont un tout autre attrait que les questions politiques.

Une fois un roman commencé, on veut savoir comment il finira; une fois qu'on a fait connaissance avec ses héroïnes, on leur dit chaque jour : « A demain! » Ainsi les journées d'été sont remplies, et même dans les journées d'hiver, si courtes et si pleines, on trouve un moment à donner à la lecture accoutumée. On s'attache aux héros et aux héroïnes de ces fictions imaginaires; on se passionne, on hait Lugarto, on idolâtre Mathilde, on plaint Fleur-de-Marie, on s'attendrit sur madame d'Hansfeld, on a peur d'Iris; on discute le soir sur la lecture du matin, et en lisant le matin, on trouve des arguments pour la discussion du soir. Il semble que l'on ait vécu, que l'on vive parmi tous ces personnages, que ce soient des gens de votre société, qu'on les ait connus, vus et entendus ; et la vie, au lieu de s'écouler inoccupée et monotone, marche plus vite, agitée par des émotions qui ne laissent point de place à l'ennui.

Savez-vous qu'il n'était pas permis de médire de *Mathilde* devant Stéphanie, l'hiver dernier? Croiriez-vous qu'elle a failli refuser une polka, — la mazourka ne l'avait pas encore détrônée, — à un danseur discourtois qui avait l'âme assez insensible et assez dure pour refuser son estime à la Goualeuse, et des larmes au petit rosier mort à la croisée du *tapis franc* du Lapin blanc?

— Les choses en sont-elles là, Ariste?
— Sans doute.
— Eh bien! je vous plains.
— Et pourquoi me plaignez-vous?
— Je vais vous le dire; mais d'abord une question.
— Laquelle?
— Aimez-vous votre femme?
— Si je l'aime!...
— Vous l'aimez; eh bien! tant pis.
— Comment tant pis?
— Tant pis, car si vous venez un jour à la perdre, cette perte vous sera plus sensible encore.
— La perdre! Et pourquoi la perdrais-je? Stéphanie n'est-elle pas la vertu même?
— Je ne dis pas non; mais il n'y a pas de vertu au

monde qui puisse résister longtemps au régime auquel vous avez mis la sienne.

— Ainsi, à vous entendre, toutes les lectrices des romans-feuilletons doivent devenir des femmes fragiles?

— Je ne dis pas cela.

— Que dites-vous donc?

— Voici ce que je dis :

Non, toutes les femmes qui nourrissent leur esprit et leur cœur de ces dangereuses lectures n'en viennent point à cette extrémité, de sacrifier les droits matériels de la vertu. Il en est cependant qui tombent dans les abimes creusés devant elles par leur imagination. Ces dernières années en ont vu de tristes exemples. Qu'est-il besoin de vous les rappeler? Vous les connaissez comme moi. Vous avez gardé le souvenir de ces ruptures bruyantes, de ces fuites criminelles qui ont laissé, dans plus d'un foyer domestique, le siége de la mère de famille vide, en enlevant à ses enfants orphelins jusqu'à la triste et amère consolation de pleurer leur mère.

Vous savez ce qui entrainait ces mères sans entrailles, ces épouses sans pudeur; c'était l'ascendant de leur imagination exaltée par de mauvaises lectures, cette soif d'émotions romanesques, ce besoin de merveilleux et d'imprévu, cette fièvre de l'esprit et du cœur qui ne rencontre pas d'aliments dans la vie ordinaire. Les annales judiciaires nous en ont offert souvent la preuve; telles sont les causes qui les ont perdues. Si ces dangereuses facultés n'avaient pas été surexcitées en elles, elles seraient, à l'heure où nous parlons, assises auprès de leur foyer domestique, heureuses mères, épouses respectées. Elles n'auraient point préféré, à leurs devoirs et au bonheur de toute leur vie, quelques heures d'ivresse suivies d'un long repentir et d'une honte éternelle. Elles n'auraient point personnifié leurs rêves sur la tête d'un homme, le plus souvent indigne d'elles, et on n'en aurait point vu quelques-unes arriver, comme madame Lafarge, jusque sur les marches de l'échafaud, madame Lafarge, sur la table de laquelle on trouva un livre ouvert le jour où on l'arrêta. Et quel livre! vous le savez, Ariste. Un de ces livres qui arrivent détaillés en chapitres au bas d'un journal, jusque sous les yeux de votre Stéphanie!

Quant à elle, elle évitera ces excès, je veux le croire, je le crois. Son caractère est trop élevé, son naturel trop bon, son âme trop chaste et trop pure pour qu'elle se laisse entraîner à ces extrémités. A la bonne heure! Mais convenez avec moi, Ariste, que vous avez une singulière manière d'envisager les choses. Selon les règles ordinaires, plus un trésor est précieux, plus on y tient, plus on prend de précautions pour empêcher qu'il ne vous soit dérobé. A-t-on un diamant d'un prix inestimable, on le place dans le lieu le plus sûr, et on choisit l'écrin le plus propre à empêcher que son éclat ne soit terni. Voilà ce que vous feriez pour un diamant, Ariste, et vous faites moins pour votre femme! Ces belles et charmantes qualités qui vous la rendent si chère, sont ce qui vous engage à vous exposer au péril de la perdre : péril éloigné, je le veux bien; péril auquel vous croyez être sûr d'échapper, je le veux bien encore; mais, enfin, cette confiance n'est pas tout à fait une certitude; n'y eût-il qu'une chance contre vous et mille en votre faveur, la mauvaise chance peut sortir; les circonstances, qui ne peuvent pas tout sans doute, mais qui peuvent beaucoup quand elles rencontrent une imagination échauffée et une volonté affaiblie, les circonstances peuvent conspirer contre vous. Et vous ne craignez pas de mettre ainsi votre bonheur, l'honneur et la vertu de votre femme à la loterie, sous prétexte que vous êtes sûr de ne pas y perdre? Mais le contraire n'est qu'invraisemblable et non pas impossible! Qui peut calculer les entraînements du cœur et les fascinations de l'imagination, quand le sens moral est peu à peu ébranlé par une influence malfaisante et continue? Quelle consolation serait-ce pour vous si votre trésor venait à être dérobé, si votre diamant vous était ravi, que de pouvoir vous dire : « Je ne devais point m'at« tendre à ce que les voleurs vinssent par la fenêtre, « que j'avais oublié de griller? Cette fenêtre était haute « et élevée: comment prévoir que ce serait par là qu'on « entrerait? » Vous n'en auriez pas moins perdu ce que vous aimez le mieux au monde, Ariste, et vous pleureriez des larmes de sang, mais des larmes inutiles, sur votre coupable complaisance et sur votre imprudence fatale.

Et puis, n'y a-t-il donc que ce danger à craindre de la lecture des feuilletons-romans? et si votre femme y échappe, la croyez-vous pour cela complètement préservée de leur mauvaise influence, et croyez-vous que votre bonheur soit à l'abri de tout danger?

AUX LECTEURS.

Je ne voudrais en rien vous choquer, Ariste ; vous avez de l'esprit, de la tournure ; vous tenez aussi bien qu'un autre, mieux qu'un autre si vous le voulez, votre place dans le monde ; mais enfin vous n'êtes pas un héros de roman. Il n'y a rien dans votre vie ni dans votre conduite qui sente le drame. Vous veillez le jour, vous dormez la nuit, vous faites jusqu'à trois repas ; quand vous êtes aux champs, vous aimez la chasse, et si vous n'écrivez pas, comme ce roi d'Espagne de la pièce de M. Hugo,

> . . . Il vente fort, et j'ai tué six loups,

vous vous plaisez à poursuivre les loups dans vos grands bois. Savez-vous, mon pauvre Ariste, que tout cela est horriblement monotone et prodigieusement vulgaire ? Vous voilà dans une belle position, ma foi, pour contenter une imagination avide de merveilleux et d'imprévu, vous qu'on voit chaque jour rentrer à la même heure, manger à la même heure, et manger bien, Ariste, dormir à la même heure, et qui rentrez toujours prosaïquement par la porte, et jamais par la croisée ! Votre vie ressemble à la vie de tout le monde, et vous avez affaire, souvenez-vous-en, à un esprit nourri de drames impossibles, aux catastrophes violentes et singulières. Encore si vous aviez quelque trait particulier qui pût vous recommander à l'indulgence de Stéphanie ! si vous connaissiez la théorie de ce fameux coup de poing qui obligea le Chourineur à amener son pavillon devant Rodolphe ; si même vous possédiez les délicatesses de l'argot ; si vous aviez trois ou quatre logis en ville ; si vous étiez un homme à travestissements bizarres, courant le matin la ville en blouse, en cherchant des aventures mystérieuses et terribles, et le soir régnant par la grâce et l'élégance dans les salons du faubourg Saint-Germain; le chevalier errant de la civilisation enfin, toujours prêt à rompre une lance contre les abus, sans oublier les moulins à vent; le champion de madame d'Harville, le protecteur de Rigolette, le locataire de madame Pipelet; si vous aviez seulement pour *fidèle Achate* Murph, le géant bonhomme, et si vous aviez fait crever les yeux à quelque bandit par un chirurgien nègre attaché à votre service; si encore, vous aviez, comme le comte de Monte-Cristo, une fortune de cent cinquante millions, et si Dieu n'avait rien à vous refuser, rien, pas même des miracles! alors on pourrait vous aimer, vous seriez dans les conditions nécessaires pour occuper le cœur et l'esprit d'une femme accoutumée, comme Stéphanie, à repaître son imagination des rêves des romanciers. Mais non; pas le plus petit coup de théâtre, pas la moindre péripétie. Des bons soins, de la tendresse, que voulez-vous qu'on fasse de cela?

Un bonheur à donner des nausées, tant il coule tranquille et monotone, semblable à ces ruisseaux qu'on voit, dans les prairies, serpenter entre deux rives, avec un murmure si doux et si léger, qu'il n'éveille pas même les oiseaux endormis dans les bosquets d'alentour.

Vous ne savez pas, mon cher Ariste, à quoi cela vous expose! Vous êtes peut-être à la veille de devenir le mari d'une femme incomprise. Comprenez-vous la

AUX LECTEURS.

portée de ce mot-là ? Le mari d'une femme incomprise, c'est une victime qui a tout l'odieux d'un bourreau; c'est un martyr qui est montré au doigt, dans les salons, comme un persécuteur. Il aime sa femme, il la choie, il l'entoure de soins, de prévenances, d'attentions, il ne lui laisse pas le temps de désirer, il lui dirait volontiers, comme le duc d'Albermale à sa maîtresse : « Ne regardez pas les étoiles, car je ne puis vous les donner; » eh bien ! tant de mérites ne lui sont pas comptés et deviennent presque des torts. Que voulez-vous ! Ce mari est le meilleur des maris sans doute, un homme d'honneur, que chacun estime et respecte, il aime sa femme, il fait tous ses efforts pour la rendre heureuse, mais il ne la comprend pas.

Il ne la comprend pas ! Tout est dans ce mot, qui veut tout dire parce qu'il ne veut rien dire, qui contient tout parce qu'il est vide. Si vous tombez dans cet étrange malheur, de devenir le mari inintelligent d'une femme incomprise, je vous plains du fond du cœur, mon cher Ariste. Vous éprouverez, en effet, le plus grand chagrin que puisse éprouver un homme, celui de découvrir qu'il est devenu impuissant à faire le bonheur de la femme qu'il aime. En vain emploierez-vous tous les moyens. Dussiez-vous remonter jusqu'à l'hôtel de Rambouillet pour découvrir le village des *Petits Soins* sur le fleuve du *Tendre*, vos efforts demeureront inutiles. Si un jour vous êtes sensible, on vous trouvera fade et sans esprit; si vous êtes, le lendemain, vif et spirituel, on vous trouvera sans cœur; si vous raisonnez, pédant; si vous plaisantez, futile; si vous vous

taisez, taciturne ; si vous parlez, turbulent et bavard.
Las de chercher à rentrer dans le cœur de votre femme
en causant avec elle, essaierez-vous de lui plaire en
flattant ses goûts, en surprenant ses désirs? Je vous
l'ai déjà dit, ce sera peine perdue, Ariste. On montera
dans le nouveau carrosse que vous aurez commandé
pour aller essayer au bois de Boulogne un nouvel attelage ; on ornera son front ennuyé de la nouvelle parure
de diamants que vous aurez discrètement oubliée sur
la cheminée de votre femme le jour de sa fête ; mais la
jolie martyre, au teint de rose et de lis, n'en dira pas
moins, en s'ensevelissant dans les coussins moelleux
du nouveau carrosse, ou en essayant les diamants moins
brillants que ses yeux : « Mon mari est un honnête
homme, sans doute ; mais quel dommage qu'il ne me
comprenne pas ! »

Or, voulez-vous que je vous dise, Ariste, ce que c'est
qu'un mari qui ne comprend pas sa femme? C'est un
mari que sa femme n'aime plus. De l'objet aimé,
tout nous plaît; la moindre attention nous ravit, une
parole un peu douce nous émeut, un sourire nous touche, une prévenance nous charme. Mais tout ce qui
nous vient d'un indifférent nous est indifférent comme
lui, et tout ce qui vient d'un importun nous importune.
Voilà donc le résultat auquel vous marchez par la lecture des feuilletons-romans! Vous travaillez à devenir
indifférent, peut-être importun à votre femme, parce
que vous créez à son imagination des besoins que vous
ne pouvez satisfaire, et que vous l'accoutumez à des
émotions que vous ne sauriez lui donner.

Qu'arrive-t-il alors? Il arrive de deux choses l'une : ou elle cherche, en dehors de la vie régulière, dans quelque liaison illégitime et dans les dramatiques péripéties d'une passion contrariée, ces émotions cuisantes dont elle a contracté l'habitude ; ou si, comme votre Stéphanie, la pureté originelle de sa nature et la solidité de ses principes l'empêchent d'en venir à ces extrémités, elle est malheureuse, Ariste, et elle vous rend malheureux ; elle est tourmentée par ce besoin d'émotions inaccoutumées que vous ne pouvez lui donner, et qu'elle est trop honnête encore pour chercher ailleurs, et elle vous tourmente ; si, en prenant les termes à la rigueur, elle demeure vertueuse, elle vous en veut de sa vertu. N'en doutez pas, son imagination est traversée par des idées dont vous n'êtes pas l'objet ; son cœur commence, malgré lui, des romans dont vous n'êtes pas le héros. Elle ne les achève point, elle ne les achèvera jamais, je le veux croire ; mais elle les a commencés, Ariste ; mais si personne ne règne encore dans les affections de votre femme, vous n'y régnez plus ; si personne ne possède son cœur, vous l'avez perdu.

Qu'on ne dise pas que j'exagère, que je rembrunis le tableau pour faire naître une terreur salutaire. Non, je peins les choses comme elles doivent être, comme elles sont du plus au moins, suivant la vivacité de l'imagination, l'entraînement du cœur, la force ou la faiblesse du caractère, le danger des occasions, et toutes les circonstances particulières qu'il est impossible de calculer. Jean-Jacques, qui connaissait le cœur humain, écrivait en tête de la *Nouvelle Héloïse* : « Si une jeune fille lit deux lignes de ce livre, elle est perdue ! » Pourquoi Jean-Jacques disait-il cela? Parce qu'il comprenait que la lecture de son ouvrage allumerait dans la tête et le cœur d'une jeune fille une fièvre que rien ne pourrait calmer, et à laquelle elle chercherait ensuite un aliment. Ce que Jean-Jacques a dit de la *Nouvelle Héloïse* n'est-il pas plus vrai cent fois des feuilletons-romans de nos jours, soit qu'il s'agisse des jeunes femmes ou des jeunes filles? Cet ordre d'idées inconnues, ces sentiments nouveaux qu'ils font naître, cette exaltation qu'ils peignent et qu'ils communiquent, ces passions désordonnées, ces transports frénétiques, ces excès ignorés, ce monde du vice qu'ils révèlent, ces émotions violentes, ces impressions corrosives qui développent une sensibilité fiévreuse dans l'âme, ne sont-ce pas là des causes infaillibles qui doivent nécessairement enfanter les effets dont j'ai essayé de retracer le tableau bien incomplet pour vous servir d'avertissement?

Je veux, en terminant, vous citer un exemple, non pas l'exemple d'une jolie femme précisément, mais un exemple qui n'en est pas moins concluant pour cela. Benjamin Constant, ce grand homme de parti qui était aussi un grand joueur, ne touchait que rarement les cartes quand les émotions de la session étaient assez vives pour causer à ses facultés cet ébranlement violent dont il avait l'habitude; mais lorsque la session était vide, quand il n'avait pas avec le pouvoir de ces luttes acharnées qui faisaient remonter M. de Villèle à la tribune jusqu'à six fois dans la même séance, il jouait, qu'on nous passe ce mot qui est le seul mot vrai, il jouait un jeu d'enfer, et répondait à ceux qui l'en blâmaient : « Si vous voulez m'indiquer un autre moyen « de trouver des émotions, je renoncerai à celle-là. »

Eh bien! toutes proportions gardées, il en est de la lectrice des feuilletons-romans comme des joueurs; avant tout, elle veut être émue; malheur à vous si les émotions lui manquent! Je ne vous réponds point qu'elle n'en cherchera pas où elle ne devrait pas en chercher.

TROISIÈME LETTRE.

INFLUENCE DU FEUILLETON-ROMAN SUR LA FAMILLE. — LA FEMME D'INTÉRIEUR.

J'ai pris la lectrice des feuilletons-romans dans l'éclat d'une haute position sociale, afin qu'on ne pût pas dire que je choisissais à dessein les situations de la vie où cette lecture pouvait être le plus dangereuse. Dans les hautes classes, en effet, il y a une tentation de moins. On ne désire pas le luxe, les magnificences, les richesses, puisqu'on les possède; on n'est pas séduit par le tableau des agitations brillantes de la vie parisienne, puisqu'on en connaît par expérience la valeur réelle. Descendez un peu plus bas, prenez la lectrice des feuilletons-romans dans une fortune un peu moins haute, les inconvénients, loin de diminuer, vont augmenter encore.

Leucippe vit en province dans une aisance honorable, également éloigné de l'extrême opulence et de la gêne. Jusqu'ici il a trouvé un bonheur sans nuage dans son union avec Euphrasie. Les rapports d'idées, de sentiments, d'âge, de condition, semblent réunis pour faire de cette union le modèle des unions heureuses. La vie des femmes, dans cette situation de fortune, contient plus de devoirs que de plaisirs. La gravité de l'épouse, la sainteté de la mère de famille, ne laissent que le second pas à la grâce et à l'élégance de la femme du monde, sans cependant les exclure. Une vie douce et calme, mais un peu monotone dans son calme et dans sa douceur, voilà la destinée d'Euphrasie. Gouverner sa maison, conduire les affaires de l'intérieur, pendant que son mari avise aux affaires du dehors, surveiller ses enfants, maintenir partout la religion, la décence, l'ordre, la régularité et l'économie, en en donnant l'exemple; rendre sa maison agréable à son mari, hospitalière à ses amis, respectable à tous; et n'accepter que de rares distractions qui la reposent de ses occupations ordinaires sans l'en dégoûter, telle est sa vie.

Dans cette vie si paisible et si reposée, essayez d'introduire le feuilleton-roman; qu'arrivera-t-il? Ces occupations auxquelles Euphrasie consacrait sa journée, sans se plaindre, sans être à plaindre, lui deviennent fastidieuses et insupportables. Le mouvement et l'agitation que ses lectures jettent dans son esprit ne s'accordent plus avec cette régularité qui ramène périodiquement pour elle les mêmes sollicitudes domestiques. Elle est fatiguée du calme qui règne autour d'elle, et tourmentée de son repos; elle apprend à connaître l'ennui. Elle éprouve des curiosités involontaires et impérieuses, une soif d'émotions d'autant plus cruelle qu'elle n'est pas satisfaite. Des voix intérieures commencent à parler en elle, sans qu'elle puisse, sans qu'elle veuille leur imposer silence. Ses nuits sont pleines de rêves et ses journées de rêveries.

Avez-vous lu, dans le *Paradis perdu* de Milton, les beaux vers dans lesquels le poëte peint l'état intérieur de la mère du genre humain, quand l'ennemi est entré dans l'Eden en franchissant les murailles de ce jardin de délices que Dieu lui-même avait dessiné? Elle n'a pas vu encore l'archange tombé, elle n'a pas entendu encore sa voix harmonieusement perfide, encore moins a-t-elle cédé à ses suggestions, et cependant elle sent sa présence, elle est déjà troublée. Son sommeil, ordinairement si doux et si profond, est agité par des rêves et des visions étranges. Elle voit un autre monde que celui où elle vit, elle devine d'autres émotions, elle désire une autre vie.

Les ombrages verdoyants de l'Eden lui paraissent moins doux, les fruits les plus délicieux ont moins de saveur, les eaux murmurantes qui s'enfuient à travers le gazon sont moins agréables à son oreille, et c'est en vain que les oiseaux, se réveillant aux premiers rayons du soleil, lui chantent leur plus douce chanson. Rien n'est changé autour d'elle, et tout lui paraît changé, parce qu'elle est changée elle-même. La voyez-vous déjà s'éloigner d'Adam? Elle lui propose de travailler séparément, et elle est pressée de s'écarter de celui qui fait sa force, « pour aller soulager les rosiers du céleste « jardin du poids de leurs roses, et soutenir, avec un « lien de myrte, les fleurs dont la tête penche, sans « songer qu'elle-même, la plus belle de ces fleurs qu

« manquent de soutien, elle est bien loin de son meil-
« leur appui, quand la tempête est si proche. »

> Them she upstays
> Gently with myrtle band, mindless the while,
> Herself, though fairest unsupported flower.

Cette scène, qui ouvre les annales de l'humanité, est à la fois une histoire et une image. L'Eden, c'est encore, de nos jours, cette douce et chaste vie du foyer domestique, cette pure et charmante intimité dans laquelle aucun bruit extérieur ne retentit, cette harmonie des sentiments et des idées qui fait descendre le ciel sur la terre. Si le roman-feuilleton entre dans votre intérieur, tout cela disparaît. Malheur à vous! l'ennemi est dans vos foyers. Il y a pénétré avec son cortége d'illusions décevantes, d'idées fausses, de molles et dangereuses émotions, de songes corrupteurs, d'images incendiaires. Ève, car, hélas! Ève est immortelle, Ève sent son cœur battre malgré elle ; elle ne recherche plus la société d'Adam, elle éprouve le besoin d'être seule. — Est-elle seule, en réalité? — Non, elle est avec les sentiments qu'un autre lui a donnés, avec les idées qu'un autre lui a inspirées. C'est précisément parce qu'elle n'est pas seule qu'elle quitte son mari. L'ennemi, comme parle Milton, est déjà dans l'air qu'elle respire, dans la lumière qui l'éclaire; il exerce une influence sur ses pensées pendant le jour, sur ses rêves pendant la nuit.

Un écrivain que j'aimerais à citer toujours pour le louer, au lieu d'avoir à le combattre, a fait un livre téméraire contre un des dogmes les plus admirables du catholicisme, la confession, qui élève le repentir jusqu'à la vertu, qui crée ces tribunaux sublimes qui, en justifiant ceux qui s'accusent, rendent aux athlètes découragés par leurs défaites le courage de la lutte. Il a signalé aux défiances du mari l'homme invisible, comme il l'appelle, c'est-à-dire le confesseur. Mais entre cet homme invisible, la femme chrétienne et le mari, il y a une loi commune : le christianisme. Je sais ce que l'homme invisible peut dire, car je sais ce qu'il doit dire. S'il le dit, il est avec le mari, il est pour lui : car il doit dire et répéter que Dieu, en créant l'homme et la femme, a voulu que leur union fût la plus intime et la plus sainte des unions ; qu'il leur commande de tout quitter l'un pour l'autre ; que leur société lui est si agréable, que la seule bénédiction qu'il n'ait pas retirée, après la première chute, est celle qu'il avait donnée au mariage ; que le lit nuptial doit toujours rester pur et sans tache ; que la femme doit avoir la douceur et la grâce, et être l'ornement de la vie domestique ; que son joug doit être un joug d'amour. Si l'homme invisible ne dit pas cela, non-seulement il n'est plus prêtre, mais il n'est plus chrétien, et le mari a contre lui la règle même qui fait sa puissance et sa force ; car, dans la religion, la règle est au-dessus de l'homme, et non l'homme au-dessus de la règle.

Mais, dites-moi, vous qui parlez d'homme invisible assis dans le foyer domestique entre la femme et le mari, n'appréhendez-vous rien de ce conseiller, de cet interlocuteur d'un nouveau genre, qui pendant deux mois, trois mois, un an quelquefois, reviendra chaque matin avec le journal, qui s'emparera des sentiments, des pensées d'une jeune femme, qui lui créera un nouvel idéal, qui régnera sur ses heures de solitude, qui remuera son cœur, remplira son imagination, et qui, au lieu d'être dominé comme le prêtre par une règle invariable dont il ne peut s'écarter, fait lui-même sa règle, ou plutôt n'a d'autre règle que son caprice et sa fantaisie? Celui-là, au lieu de contenir et de refréner les passions, les flatte, les excite, les développe ; il fournit de bonnes raisons pour les mauvaises actions; peu à peu il mine et ébranle le sens moral dans le cœur de la femme ; il pervertit sa raison, trouble ses idées, et la jette dans une espèce de fièvre et de surexcitation.

C'est lui qui lui enseigne, par la bouche d'Adrienne de Cardoville, le culte païen de la sensualité, de la mollesse et de la beauté physique; qui lui apprend, par celle de madame d'Harville, à choisir pour confident de ses peines les plus secrètes, de ses douleurs dans le mariage, un homme de trente ans, beau, brillant, plein de grâce, d'ardeur, et à accepter de lui des rendez-vous ; qui lui répète, par la bouche de tous les personnages, que le mariage est une institution tyrannique ; que la femme devrait avoir le droit de retirer de la main de l'homme qu'elle a cessé d'aimer une main loyalement donnée. Pensez-vous que cette morale en action soit bien propre à resserrer les liens qui unissent le mari et la femme? Êtes-vous d'avis que de pareils enseignements soient rassurants pour votre sécurité domestique? La communion des âmes subsistera-t-elle entre vous ? Est-ce votre pensée que vous trouverez dans un esprit rempli de semblables lectures ? Sont-ce vos sentiments que vous rencontrerez dans un cœur qui, nous pouvons le dire cette fois avec justice, est dans les mains de vos ennemis ?

Je n'ai encore étudié les inconvénients de la lecture du feuilleton-roman sur les femmes qu'à un point de vue. Que de points à signaler encore ! La femme a un grand rôle à remplir dans la famille ; elle est le bon génie du foyer domestique, l'ange du conseil ; si l'autorité par décision ne lui appartient pas, elle a l'autorité par influence, douce autorité qui s'exerce par la puissance des bons raisonnements, de la persuasion qui coule de ses lèvres comme le miel, de la sagesse ornée par la grâce. Notre société chrétienne a relevé la femme et la mère de famille de l'abaissement auquel l'avait réduite le génie farouche de la société antique, qui ne reconnaissait qu'un dieu, qu'un roi dans le foyer, le père de famille, dieu sauvage, roi solitaire, devant lequel la mère de ses enfants n'était que la sœur de ses fils, qui étaient ses esclaves. En face du siége du père de famille, quoiqu'un peu au-dessous, le christianisme a élevé celui de la mère de famille, sainte et charmante puissance, qui tempère la gravité paternelle par la grâce et par la douceur, qui fait descendre le père jusqu'aux enfants et monter les enfants jusqu'au père; qui est, pour ainsi parler, le lien commun de leur amour; qui apprend à ceux-ci à obéir et à celui-là à pardonner; qui se fait petite avec les petits, et qui sait ensuite remonter sans efforts pour remplir ce beau rôle de puissance consultative que lui reconnaît un profond philosophe, M. de Bonald, dans ses études sur la famille et la société.

Commencez-vous à apercevoir maintenant une autre nature de dangers dans ces lectures qui troublent la raison, et qui substituent à son action calme et salutaire l'action ardente et désordonnée de l'imagination, cette folle du logis? Mais, malheureux! c'est votre propre conseil dont vous pervertissez le sens; c'est la sagesse de votre maison que vous détruisez; c'est la prudence, dont vous aurez peut-être besoin demain, que vous dissipez, en répandant dans cette intelligence, qui est l'auxiliaire de la vôtre, la fumée des passions, les ténèbres du sophisme, les nuages de l'erreur. Vous rappelez-vous la belle parabole des vierges sages et des vierges folles : des vierges sages qui mettent de l'huile dans leur lampe afin d'entretenir sa lumière pendant la nuit, et des vierges folles qui oublient d'en mettre, de sorte que la lumière s'éteint? Eh bien! vous aussi, vous éteignez à plaisir la lampe domestique qui doit vous éclairer dans telle circonstance difficile, dans telle affaire dont le bonheur de votre vie dépend peut-être. Quand le moment arrivera, vous croirez trouver un bon avis, et vous ne rencontrerez plus qu'une intelligence égarée par les exagérations passionnées et romanesques de cette mauvaise littérature qui fausse les idées et les sentiments, qui substitue au monde réel un monde de convention; vous viendrez vous heurter contre un esprit nourri d'erreurs, abreuvé de sophismes et d'illusions, qui, c'est le moindre malheur qui puisse vous arriver, ne vous sera d'aucun secours, et qui, si votre raison n'est pas assez ferme pour se défendre contre une fâcheuse influence, vous entraînera dans quelque précipice.

Bossuet, ce génie qui avait jeté un regard si profond dans le cœur humain, vous a averti lui-même du danger de ces mauvaises lectures, dans un temps, cependant, où elles étaient bien moins périlleuses. Il dit de madame Henriette d'Angleterre, lorsqu'elle commença à entrer dans les grandes affaires, qu'elle renonça aux romans, à ces dangereuses fictions et à leurs fades héros, et qu'elle leur préféra bientôt l'histoire, cette sage conseillère, et il indique ce changement comme la marque d'un esprit qui devenait capable de comprendre les grandes choses et de trouver la vérité.

Qu'aurait-il donc dit de nos jours où le roman est si loin de l'innocence d'*Astrée*, de la moralité quintessenciée d'*Artamène* ou *le Grand Cyrus*, d'*Ibrahim* ou *l'Illustre Bassa*, et de l'interminable *Clélie*? Qu'aurait-il pensé des lectrices des *Mystères de Paris*, des *Mémoires du Diable*, du *Juif errant*, des *Drames inconnus* et de *la Reine Margot*? Quelle opinion aurait-il eue des intelligences formées à cette école de mensonges, d'immoralités et de paradoxes, des raisons étiolées dans cette atmosphère d'erreur, lui qui, dans un temps où les femmes lisaient tous les bons livres, tous les grands livres, les *Essais de Morale* de Nicole, la *Perpétuité de la Foi*, l'*Histoire universelle*, Malebranche, Bourdaloue, Arnaud, Descartes, les *Grands Hommes* de Plutarque, quelques-unes mêmes, comme madame de Sévigné, Tacite dans sa langue, appréhendait encore ce coin laissé à la folle du logis, à l'imagination, par la lecture de mademoiselle de Scudéry et des romanciers de son école?

J'entends d'ici la réponse. Les grandes affaires sont aussi rares que les grandes fautes. Pour prévenir celles-ci, on compte sur les sentiments d'honnêteté naturelle qu'une excellente éducation et des principes fermes et sûrs ont gravés dans le cœur des femmes bien nées ; pour résoudre les affaires importantes, on compte sur sa propre supériorité.

Voilà qui est fier, plus fier que prudent, peut-être. Les principes les plus fermes s'ébranlent à la longue, et vous avez pu voir sur le rivage des rochers immenses, sourdement minés par la vague caressante qui vient sans fracas, sans effort, mais qui revient sans cesse, s'écrouler à la fin et étonner de leur ruine ceux qui n'avaient pas observé ce travail lent, mais continu, qui a fini par détruire, à la longue, la base qui les supportait. Quant aux sagesses si sûres d'elles-mêmes et à ces raisons si hautes qu'elles se croient au-dessus de tous les nuages, elles m'ont toujours fait un peu peur. La vanité devient à elle-même son propre nuage, et c'est dans ce sens qu'une femme d'une raison remarquable, ornée par les grâces d'un charmant esprit, disait d'un homme supérieur, mais sujet à se laisser tromper par le sentiment même de sa supériorité : « Il voit admira-
« blement les choses toutes les fois qu'il ne se met pas
« devant lui. »

Mais supposons que cette confiance si superbe n'aille point se heurter contre quelque écueil, admettons que vos espérances ne soient pas trompées, que les grandes fautes se trouvent évitées, et que votre propre jugement vous suffise dans les grandes affaires; n'y a-t-il pas un inconvénient inévitable, un inconvénient de chaque jour, plus grave que je ne saurais dire, un inconvénient qui vous menace dans vos affections les plus chères et les plus intimes, les plus sacrées, et qui doit résulter de la lecture du feuilleton-roman ?

La femme n'est pas seulement épouse, elle est mère. La première éducation, la plus puissante précisément parce qu'elle est la première, l'éducation du foyer domestique, c'est elle qui la donne. Elle la grave dans le cœur et l'esprit de ses fils, de ses filles, alors que leur cœur et leur esprit, à peine sortis des mains de Dieu, n'ont reçu encore aucune impression. Quelle rectitude de raison ne faut-il pas pour que ces premières directions, qui posent les assises dans ces intelligences naissantes, soient ce qu'elles doivent être ! Quelle chasteté de sentiments pour ne pas ternir ces âmes si pures et si chastes, dans lesquelles les anges du ciel aiment à se mirer !

Quel doux, mais en même temps quel difficile sacerdoce que celui dans lequel il faut que l'âme de la mère ait l'innocence de l'âme de l'enfant, qu'elle se corrige de ses défauts pour ne pas les lui inoculer, qu'elle purifie sa pensée pour la rendre digne de se réfléchir dans un miroir si pur, qu'elle donne à son haleine cette douce influence des brises du printemps qui, tièdes et embaumées, fécondent les fleurs et s'imprègnent de leurs senteurs parfumées ! Voyez, dans Fénelon, les conseils qu'il donne aux mères à ce sujet, les voies qu'il leur ouvre, la conduite qu'il leur trace, l'importance extrême qu'il attache à l'accomplissement de ce devoir sacré. Son livre sur l'*Éducation des filles* en fait foi, cet homme de tant de génie et de tant de sainteté regardait l'avenir des enfants comme compromis quand la mère de famille n'était point capable de remplir ce premier de tous les sacerdoces, qui demande une raison droite et un cœur pur.

Et c'est pour préparer les jeunes mères à remplir ce sacerdoce, c'est pour rectifier leur raison, purifier leur cœur, que vous ferez vivre les jeunes femmes par l'imagination dans un monde de convention, où rien n'est à sa place, où tout est exagéré, faussé, travesti; où les mots perdent leur véritable sens, où le mal est le bien, où le bien est le mal, où la vertu n'a plus son caractère, où le vice cesse de faire horreur, où les passions marchent tête levée et sans voile, où tous les égouts du crime roulent leurs eaux fangeuses, où les tableaux les plus cyniques se succèdent avec une effroyable rapidité, où des infamies qui révoltent le moraliste habitué à sonder les plaies les plus horribles de la nature humaine sont dessinées avec une crudité de pinceau et avec une chaleur de coloris qui mettent la rougeur sur le front !

Vous conduirez la jeune mère dans l'effroyable cabaret du *Lapin blanc*, vous la mettrez en rapport avec les pensionnaires de la mère Ponisse, vous l'initierez aux mœurs de la *Louve* et de la *Goualeuse*, et, mettant le sinet à la page, vous l'enverrez ensuite, sortant à peine de cet enfer, faire sa visite accoutumée à ses enfants, qui doivent trouver le ciel sur ses lèvres, dans ses yeux, dans ses paroles, dans son cœur! Vous la ferez assister à la *Tulipe orageuse ;* vous la mêlerez, par la pensée, à la honteuse cohue qui suit le char de la reine Bacchanal; ou bien vous la ferez assister à l'immonde agonie du notaire Ferrand, se tordant dans les convulsions de sa rage lubrique, et mourant dans les fureurs de cette maladie hideuse qu'on ne saurait nommer sans souiller sa voix et salir les oreilles de ceux qui nous entendent; et en sortant de cette lecture, les yeux encore pleins de ces images abominables, vous lui donnerez à former le cœur et l'esprit de votre fille!

Taisez-vous! vous ne me faites plus pitié, vous me faites horreur.

QUATRIÈME LETTRE.

—o❈o—

INFLUENCE DES FEUILLETONS-ROMANS SUR LA JEUNE FILLE.

Il y a deux âges dans la vie : l'un où l'on doit s'abstenir du mal que l'on connaît, parce qu'on le déteste, c'est la vertu ; l'autre où l'on s'en abstient naturellement parce qu'on l'ignore, c'est l'innocence. Ces deux âges, qui ont existé pour l'humanité au commencement des jours, existent encore aujourd'hui pour chaque individu. Tous tant que nous sommes, nous avons, au début de notre vie, un Eden, où l'arbre de la science du bien et du mal n'a pas encore porté de fruits pour nous ; où notre vertu consiste à ignorer, c'est-à-dire où notre vertu n'est que de l'innocence. Saint et doux printemps de la vie qui durez pour les jeunes filles, à l'ombre tutélaire du foyer domestique, plus longtemps que pour les jeunes hommes, jetés de bonne heure dans les crises ardentes de la lutte et dans les périls de la bataille ; heures chastes et pures pendant lesquelles leur cœur, comme un miroir sans tache, ou comme une source limpide dont aucun vent ne trouble la paisible immobilité, réfléchit toutes les images sans les ternir ; que ne doit-on pas faire pour vous protéger contre tout ce qui pourrait vous interrompre et troubler votre cours !

On rencontre dans nos usages et dans nos mœurs des images, charmantes ou tristes, de ce premier état de l'âme. Quand la jeune fiancée se présente à l'autel, elle disparaît, pour ainsi dire, sous un long voile blanc qui lui cache tout ce qui l'entoure et qui la cache elle-même aux regards, et elle porte sur la tête des boutons d'oranger, symbole parfumé de cette virginité de l'âme dont l'autre n'est que l'image. Une jeune fille meurt-elle avant l'âge ? son cercueil est enveloppé de blanches draperies ; ses compagnes, couvertes de longs voiles blancs, la suivent, et la couronne d'oranger non épanouie pare ses froides dépouilles. Aimable et consolante figure de la pureté native de son cœur, où le germe des passions n'était pas encore développé par l'action plus vive des rayons de l'été !

Ainsi, les symboles de l'âme, dans cet âge de la vie, c'est le voile qui établit une séparation entre la nature extérieure et le regard ; c'est le blanc, cette couleur qui est l'absence de toutes les autres couleurs ; c'est le bouton d'oranger qui n'est pas arrivé à son état d'épanouissement, qui parfume l'air, mais qui dérobe aux yeux le calice de la fleur mystérieusement fermée. Quelle est la pensée qui répond à toutes ces images ? L'innocence : l'innocence qui ne craint pas parce qu'elle ne sait pas ; l'innocence qui nous charme dans le sourire de nos enfants, dans la fraîcheur de la fleur, dans le regard confiant et limpide de la jeune fille, dans les premiers gazouillements de l'oiseau ; l'innocence, le plus beau de tous les états aux yeux de Dieu, puisque ce fut celui où il créa nos premiers pères, lorsque, au matin des siècles, il les plaça, tout rayonnants de beauté, au sortir de ses mains, au milieu des délices de l'Eden ; l'innocence, *que* l'on a souvent représentée prenant un serpent dans ses mains et voulant le réchauffer contre son sein, tant elle ignore le péril, tant elle est étrangère à l'idée du mal !

C'est maintenant sur cet âge de la vie qu'il faut étudier l'influence du feuilleton-roman, car nous descendons au second degré de la famille. Il y a des gens du monde qui croient qu'ils se sont fait un tempérament moral semblable au tempérament physique de Mithridate, et qui, tout en avouant que le feuilleton-roman est un poison, prétendent que c'est un poison qui ne saurait leur nuire. Nous examinerons plus tard la valeur de cette prétention ; mais elle n'est plus soutenable, tout le monde l'avouera, quand il s'agit, non pas du père ou de la mère de famille, mais des enfants. L'expérience peut avoir ses priviléges : elle s'est habituée à regarder tout en face ; elle s'est bronzée, du moins c'est là sa prétention, au feu de la tentation ; elle s'est fortifiée par la lutte même. Rien de pareil, quand il s'agit de l'innocence. Sa puissance contre le mal, c'est de l'ignorer, c'est de ne le pas comprendre. Elle est protégée par les voiles qui la couvrent. Pour ceux qui admettent la justesse de cette définition, et qui placent la sécurité de l'innocence dans les conditions où nous la plaçons nous-mêmes, la discussion ne saurait être avec eux ni longue ni difficile. Ils ne reçoivent les feuilles qui propagent la lecture du feuilleton-roman qu'avec la ferme résolution de ne point les laisser tomber entre les mains de leurs enfants, surtout de leurs filles.

Il y a quelques semaines à peine, Philotas était allé faire visite à Télaïre, qui demeure dans la même maison avec sa fille Axiothée, qui, quoique jeune encore, a une fille de seize ans. Il trouva toute la maison troublée, et l'aïeule, surtout, paraissait en proie à une vive inquiétude, à laquelle il fut disposé à compatir tout d'abord, et quoiqu'il n'en connût pas l'objet ; car Télaïre est une femme d'un commerce très-agréable et d'un cœur excellent, un charmant demi-siècle, une aimable douairière en un mot, à qui l'on ne saurait reprocher qu'une imagination un peu trop exaltée et un goût trop vif pour tout ce qui peut repaître cette faim d'émotions qui est le défaut de notre siècle et de son caractère.

Philotas demanda discrètement le motif de cette anxiété qu'on ne lui cachait pas. Télaïre répondit, en continuant ses investigations sur une table où l'on voyait un assez grand nombre de journaux, de livres et de brochures, qu'il y avait plus de deux heures qu'elle cherchait, avec sa fille, et qu'elle faisait chercher par ses gens, le journal du matin, sans qu'il fût possible de le retrouver. Philotas se hâta de s'enquérir du nom du journal et du titre de l'article, pour courir le lire en sortant ; car un article qu'on se donnait tant de peine à chercher devait être, sans aucun doute, un chef-d'œuvre ; qui sait ? quelqu'un de ces morceaux de verve où la pensée du grand poëte qui règne dans nos assemblées par la parole rajeunit les situations en les résumant; peut-être même plus encore, une de ces belles pages du plus grand prosateur de ce siècle, noble soleil couchant, qui éclaire d'un rayon l'ensemble des faits auprès desquels nous, ses humbles disciples, nous détaillons, jour par jour, la lumière.

Télaïre parut contrariée de la manière dont on expliquait l'importance qu'elle mettait à retrouver le journal égaré, et elle répondit avec une certaine sécheresse : « qu'on ne cherchait pas ce journal pour le lire, mais pour empêcher qu'il ne fût lu. » Cette idée parut si comique à Philotas, qu'il ne put s'empêcher d'en rire. S'abonner à un journal pour l'empêcher d'être lu, le recevoir pour le cacher, cela ne semblait point tomber sous le sens; et il y avait là une énigme dont il demanda humblement le mot, en s'excusant de la nature de son esprit, malheureusement si peu inventif qu'il échoue contre la charade la moins compliquée et contre le rébus le plus élémentaire. La mauvaise humeur de Télaïre augmenta : « Faut-il donc tout vous dire, répliqua-t-elle, et ne voyez-vous pas bien qu'il s'agit d'un feuilleton-roman? » Puis, se tournant vers sa fille : « Ma fille, lui dit-elle, il faut à tout prix retrouver ce journal. Je frémis à la pensée qu'il peut être tombé sous la main de votre fille Éliante. Il faut absolument éclaircir le fait. Il y a dans ce feuilleton de quoi perdre une jeune fille. Si c'est la femme de chambre d'Éliante qui a le journal, il faut la renvoyer à l'instant, car je n'aurai plus aucune confiance en elle. »

Philotas comprit alors toute l'importance que l'on

mettait à retrouver le journal perdu, et comme la présence d'un étranger aurait été évidemment un obstacle et un sujet de gêne dans l'enquête qui allait avoir lieu, il abrégea sa visite, et s'esquiva le plus tôt qu'il put, non sans emporter dans son cœur un sentiment de tristesse.

« — Voilà donc où l'on en est dans la famille! se di-
« sait-il. Si la mère et l'aïeule perdent un moment de
« vue le journal qui leur sert de lecture, chaque matin,
« il faut trembler pour la fille. Quoi! vous frémissez à
« l'idée que votre fille lira peut-être ce journal, et vous
« le recevez? Vous dites que si elle le lit elle sera per-
« due, et trois cent soixante-cinq fois par an vous met-
« tez le repos, le bonheur, la vertu de votre fille au
« hasard de cette loterie? vous les exposez à ce péril?
« Mais peut-être ne le lira-t-elle pas, direz-vous? peut-
« être! quand il s'agit du bonheur, du repos, de la
« vertu même de votre enfant! Eh bien! moi, je vous
« réponds qu'elle le lira. Dans un mois, dans deux
« mois, dans six mois si vous voulez, le jour viendra;
« s'il arrive, qu'importe qu'il arrive tôt ou tard? Elle le
« lira, parce qu'il est impossible que, pendant trois
« cent soixante-cinq jours, la surveillance ne se relâche
« pas, qu'il n'y ait pas un jour où, par distraction, par
« négligence, par préoccupation, que sais-je! on ne
« laisse traîner le fruit défendu sur la table du salon
« sur laquelle Ève viendra le prendre à la dérobée.
« Elle le lira, parce qu'elle voit que sa mère et son
« aïeule se cachent d'elle pour le lire; parce qu'elle les
« en a entendues parler à voix basse, et qu'une oreille de

« seize ans entend tout, distingue tout, devine tout,
« quelque faible que soit la voix qui parle, quelque
« prudents que soient les termes dont on enveloppe la
« pensée. Vous n'avez pas oublié la fable de Psyché?
« Son bonheur ne la contente pas; elle est en présence
« d'un mystère, elle veut l'éclaircir. Sa félicité tient
« aux ténèbres bienfaisantes dont elle est entourée;
« n'importe, elle dissipera ces ténèbres, dût-elle voir
« sa félicité disparaître avec elles. Elle s'arme d'une
« lampe d'or, elle avance, elle se penche vers son di-
« vin époux; une goutte d'huile tombe sur la peau blan-
« che et rosée de l'Amour, qui s'éveille et qui s'envole :
« bonheur, palais magnifique, tout fuit avec lui, et
« Psyché est livrée à la vindicative Vénus. Fable d'une
« vérité éternelle! Psyché vit toujours, elle est toujours
« la même; c'est l'âme humaine, qui ne sait point igno-
« rer, qui achète à tout prix une fatale science, qui
« préfère la lumière qui consume ses joies, ses char-
« mantes espérances, ses douces illusions, à l'ignorance
« qui est sa sauvegarde. N'apprenez donc pas à Psy-
« ché qu'elle ne sait pas, car elle voudra savoir. Ne lui
« laissez pas soupçonner qu'il y a un secret qu'on lui
« cache, car elle essaiera de le pénétrer.

« Une seule question, de grâce : Si vous connaissiez
« un homme capable de troubler l'esprit et de gâter le
« cœur de votre fille, l'inviteriez-vous à venir tous les
« jours chez vous, sous prétexte qu'on prendra toutes
« les précautions imaginables pour l'empêcher d'arri-
« ver jusqu'à votre enfant, de converser avec elle, et
« par conséquent d'acquérir sur son âme une influence

« dangereuse? Trouveriez-vous une pareille conduite
« prudente, sage, vraiment maternelle? Non; vous
« écarteriez cet homme à tout prix ; pour rien au monde
« vous ne voudriez lui laisser respirer le même air
« qu'à votre fille. Et vous recevez tous les jours un
« journal qui peut avoir sur son esprit cette fâcheuse
« influence et qu'il est bien plus difficile de surveiller !
« Vous laissez le poison s'introduire sous la bande d'une
« feuille périodique, et s'introduire tous les jours ! Vous
« vous créez à plaisir des inquiétudes, et vous faites
« naître des dangers sous les pas de ceux que vous de-
« vez protéger! Prenez-y garde, en effet; ce n'est pas
« seulement l'innocence de votre fille qu'il faut préser-
« ver, mais l'innocence des personnes qui l'entourent,
« et surtout de celles qui lui sont plus particulièrement
« attachées. Ne disiez-vous pas que si vous soupçonniez
« que la femme de chambre d'Éliante a lu un seul des
« feuilletons-romans que vous lisez chaque matin, vous
« la renverriez à l'instant? Eh mon Dieu! elle les a
« tous lus, elle les lit chaque matin, avant vous. Croyez-
« vous par hasard que les maîtres puissent empêcher
« leurs domestiques de suivre leur exemple? Êtes-vous
« de ceux qui croient qu'il peut y avoir pour l'anti-
« chambre une religion qui n'existe pas pour le salon?
« Si, par impossible, l'idée ne venait pas à Éliante de
« jeter les yeux au bas du journal, ce serait sa suivante
« qui lui en ferait naître l'idée. »

Ainsi parla Philotas, avec un grand sens à mon gré.
Son seul tort fut de ne point adresser ces paroles à
Télaïre elle-même, et c'est pour réparer ce tort que j'ai

reproduit autant qu'il a été en moi ses réflexions, afin que, si elles viennent à tomber sous les yeux de quelque Télaïre, elles lui suggèrent de salutaires pensées.

Mais tous les lecteurs et toutes les lectrices des feuilletons-romans ne sont pas d'une composition aussi facile. Il en est qui, loin de ressentir les terreurs que je viens de peindre, sont pleins d'une heureuse confiance. — « Que voulez-vous ! disent-ils, il faut bien connaître « le monde. » Ou bien : « Il faut bien trouver le moyen « chaque matin de passer une heure ou deux. »

C'était ce que disait un juge en parlant de la torture. Vous n'auriez cependant pas conduit, j'imagine, vos filles à ce spectacle, et vous auriez eu quelque répugnance à les mener en place de Grève pendant qu'on écartelait Ravaillac ou Damiens, pour employer le temps de leurs loisirs. Laissons donc de côté cette réponse, qui n'en est pas une. Employer le temps ainsi, c'est plus que le perdre : à moins qu'on ne prétende que la lecture des feuilletons-romans est innocente, ce qui ne nous étonnerait guère, puisqu'il y a des gens qui assurent qu'elle est utile.

Il y a peu de jours, je rencontrai Clitias, avec qui je suis lié d'une amitié d'enfance, et qui serait un de nos marins les plus distingués, si, avec les gens qui nous gouvernent, toutes les issues qui conduisent à la gloire n'étaient pas fermées et verrouillées. Il me sembla plus gai et plus heureux qu'à l'ordinaire, et je lui demandai, avec l'intérêt d'une amitié déjà ancienne, la raison de cet air de bonheur qui rayonnait sur tout son visage. Avait-il un commandement nouveau? Tenait-il,

de quelque bonne autorité, que notre pavillon allait reprendre sa place sur les mers ? Il sourit avec amertume, puis, passant sa main sur son front, comme pour écarter d'importunes pensées : « Ami, dit-il, si vous ne vou-
« lez pas gâter mon bonheur, ne me parlez pas de cela.
« J'ai fait naguère de beaux rêves ; mais, moins que
« jamais, ils me semblent sur le point de se réaliser.
« Plus heureux que nous, nos pères sont nés dans une
« époque où l'on pouvait immortaliser son nom en ser-
« vant son pays. De notre temps, on n'arrive qu'en
« cherchant à complaire en tout et partout à l'Angleterre.
« Vous connaissez Nicostrate, ce brave marin qui, se
« trouvant sur un brick, non loin d'Alexandrie, en face
« d'un vaisseau anglais à trois ponts qui voulait visiter
« un navire de commerce français, se mit en travers,
« commanda le branle-bas et déclara qu'il se ferait cou-
« ler avant d'assister à l'humiliation de notre pavillon ?
« Le pacha d'Égypte le fit officiellement remercier, et
« lui envoya le premier des ordres égyptiens. Eh bien !
« les bureaux du ministère de la marine ne lui ont pas
« encore expédié l'autorisation de le porter, et quand
« il vint en personne la solliciter, on affecta d'avoir
« l'air de ne pas le comprendre. La carrière de Nicos-
« trate est fermée, soyez sûr qu'il n'avancera pas. Je
« suis un peu dans la même catégorie ; les Anglais
« m'ont mal noté. Aussi je songe à quitter la marine et
« à chercher le bonheur dans la vie privée, puisque je
« ne puis trouver la gloire au service de l'État. Mon
« cher ami, vous connaissez Euphrosine, ses grâces,
« sa beauté, son caractère charmant, son esprit : eh

AUX LECTEURS.

« bien ! j'ai réussi à me faire agréer par ses parents ; je « suis admis à lui faire ma cour tous les jours, et dans « trois mois je serai le plus heureux des hommes. »

Pendant que Clitias parlait ainsi, j'avisai un livre magnifiquement relié qu'il portait sous son bras, et mon attention, absorbée par cette superbe reliure, où l'art de Gruel éclatait dans toute sa splendeur, me donna la patience de l'écouter sans l'interrompre.

— « Vous avez là un magnifique volume, lui dis-je.

— « N'est-ce pas qu'il est galamment relié ? » répondit-il, en me mettant le livre entre les mains.

J'ouvris le volume, et je reconnus que c'était *les Mystères de Paris*, illustrés, comme on dit aujourd'hui, par nos premiers artistes ; car l'art a eu la modestie de consacrer ses veilles à crayonner la ressemblance de la *Goualeuse*, de la *Louve*, que sais-je ! de la *Chouette*, du *Maître d'École*, de *Tortillard* et de la mère *Ponisse*. Le burin est entré, à la suite de la plume, dans les lieux infâmes dont elle lui a enseigné le chemin ; il a déserté le culte du beau, et il s'est épris comme elle d'un étrange enthousiasme pour les attraits de l'horrible et la beauté de la laideur. Je me rappelai involontairement le trait d'Alexandre le Grand qui, ayant trouvé dans les dépouilles de Darius un coffret d'un travail inestimable, qui rehaussait encore le prix de la matière, crut que le seul objet digne d'y être enfermé, c'était l'Iliade d'Homère, et j'avoue que je ressentis quelque peine à voir la sale épopée de M. Sue traitée avec autant d'honneur que l'œuvre du père de la poésie épique.

L'impression que j'éprouvais parut sans doute sur

mon visage, car Clitias me dit : — « Qu'avez-vous donc
« à regarder ce livre ainsi? On dirait qu'il vous fait
« peine à voir. »

Cette interpellation changea le cours de mes pensées.

— « Et où donc allez-vous avec ce livre? » lui de-
« mandai-je à mon tour.

— « Ne vous l'ai-je pas dit? je vais chez ma fiancée.

— « Chez votre fiancée !

— « Oui, chez ma fiancée. Qu'y a-t-il donc là qui
« puisse vous surprendre ?

— « Alors, permettez-moi de vous donner un conseil.
« Rentrez d'abord chez vous et laissez-y ce volume.

— « Ah çà, mon cher critique, me dit en riant de
« bon cœur Clitias, je vois que votre esprit est, en ce
« moment, dans les espaces imaginaires, et qu'il ne
« daigne pas se mettre de moitié dans notre conversa-
« tion. Et pourquoi voulez-vous donc que je laisse les
« *Mystères de Paris* chez moi ?

— « Pour que ni Euphrosine ni sa mère ne les voient
« dans vos mains.

— « Par exemple ! voilà qui est un peu fort. Mais
« c'est pour Euphrosine que j'ai fait relier ce livre ainsi;
« c'est à Euphrosine que je vais l'offrir ce matin, de
« l'aveu de sa mère, et je serais déjà auprès d'elle si
« vous ne m'arrêtiez pas. »

Clitias fit un mouvement pour me prendre le volume
des mains, en disant ces derniers mots. Je le retins vivement par le bras. — « C'est à votre fiancée que vous
« allez offrir les *Mystères de Paris!*» lui dis-je avec étonnement, « et vous les lui offrez de l'aveu de sa mère! »

Il y avait une telle expression de surprise dans ma voix que Clitias s'arrêta tout court. — « De quel ton « vous dites cela, reprit-il en m'observant, et qu'y a-« t-il donc de si extraordinaire dans ma conduite?

— « Il me semblait que vous m'aviez dit que vous « deviez épouser Euphrosine?

— « Sans doute. C'est la plus douce de mes espé-« rances et le plus cher de mes vœux.

— « Et vous ne craignez pas de faire lire les *Mystères* « *de Paris* à une jeune fille que vous devez épouser? « Vous êtes encore plus brave que je ne le supposais.

— « Vous voilà bien, messieurs les critiques! inter-« rompit Clitias avec impatience; toujours exagérés, « cherchant toujours le mauvais côté en toutes choses, « dénigrant tout, sonnant le tocsin d'alarme contre le « succès, et attaquant le talent au nom de la morale. « Puisque nous vivons dans ce monde, ne faut-il pas le « connaître tel qu'il est? Il y a de laides choses dans la « société : qu'y faire? les cacher? cela ne les rend pas « plus belles. L'infamie sous le masque, c'est toujours « l'infamie. Vous en voulez à ce pauvre M. Sue parce « qu'il est plus franc, parce qu'il lève les masques et « qu'il déchire les voiles. Que faut-il donc écrire pour « vous plaire? Les pastorales de Racan, les romans « quintessenciés de mademoiselle de Scudéry, ou les « fades amours d'Estelle et de Nemorin avec les ber-« gers et bergères d'Opéra de M. de Florian? »

Clitias triomphait. Il avait fait feu de bâbord et de tribord, comme on dit, et, avec la pose qu'il aurait eue sur son banc de quart après un combat heureux, il attendait évidemment que j'amenasse mon pavillon devant lui. Je lui pris la main, et je la serrai avec une expression de reconnaissance.

— « Avant tout, permettez-moi de vous remercier,
« lui dis-je ; vous avez été bien généreux à mon égard.

—«Généreux! reprit-il d'un air dubitatif, et en quoi?

— « Plus généreux que je ne saurais dire, répétai-
« je. Vous auriez pu me jeter à la tête toutes les qualifi-
« cations que M. Sue donne à ses critiques, me traiter
« d'égoïste, de cœur froid, de vil sybarite, qui ne veut
« pas connaître les souffrances des autres, d'abord afin
« de ne pas les soulager, ensuite afin de ne pas être dé-
« rangé dans ses jouissances ; de voluptueux, qui sort
« la jambe avinée d'un petit souper, et qui va cuver sa
« bonne chère aux visions de l'Opéra. Loin de là, vous
« vous êtes contenté de m'appeler hypocrite. Je ne sais
« comment vous remercier de votre longanimité. Titus
« lui-même vous céderait le pas quand il s'agit de clé-
« mence, mon cher Clitias. »

Clitias sourit malgré lui et me demanda où j'en voulais venir.

— « Tenez, mon cher loup de mer, à chacun son
« métier, continuai-je ; s'il s'agissait de prendre un na-
« vire anglais à l'abordage, ou de crier à un équipage,
« comme Dupetit-Thouars expirant : *Équipage du Ton-*
« *nant, quand je serai mort, combattez jusqu'à ce que le*
« *navire sombre, et n'amenez jamais mon pavillon*, je m'en
« rapporterais parfaitement à vous. Mais j'avoue que
« votre autorité me paraît beaucoup moins compétente
« quand il s'agit de discerner ce qui peut contribuer à

« former le cœur et l'esprit d'une jeune fille. *Il faut
« bien connaître le monde où l'on vit*, dites-vous. Je vous
« arrête au premier mot.

« Qu'un grave moraliste soit obligé de sonder du re-
« gard tous les abîmes de la corruption humaine, je le
« conçois, de même que je comprends qu'un médecin
« éclairé doive poursuivre les secrets de la science jus-
« que dans la matière en putréfaction, et étudier les
« maladies sous leurs formes les plus horribles, pour
« apprendre à les guérir. Mais ce qui est vrai pour le
« moraliste et le médecin est-il vrai pour le reste des
« hommes, pour les jeunes femmes, et pour les jeunes
« filles surtout? N'y a-t-il pas des excès de perversité
« qu'il est bon qu'elles ignorent?

« Vous ne les envoyez pas dans les amphithéâtres
« pour assister à l'affreuse décomposition de notre
« corps; pourquoi les enverriez-vous, dans les romans
« de M. Sue, assister à un genre de décomposition
« plus effroyable encore, celui des âmes? Croyez-moi,
« mon cher Clitias, ne fût-ce que dans l'intérêt d'Eu-
« phrosine, laissez-lui le plus longtemps possible ses
« douces illusions et sa charmante ignorance. Au lieu
« de chercher à avancer l'époque où elle aura les tristes
« lumières de l'expérience, une fois que sa destinée sera
« liée à la vôtre, conservez tant que vous pourrez à la
« jeune femme la chaste innocence de la jeune fille sur
« une foule de choses qu'il n'est pas bon qu'une femme
« approfondisse; car ces organisations tendres et délicates
« ne descendent pas impunément dans les bas lieux où
« l'on respire des miasmes délétères et morbides, et

« il y a des *malaria* morales qui empoisonnent l'âme.

« Quant à l'exposer maintenant à ces funestes in-
« fluences, c'est ce que le plus cruel ennemi de son
« bonheur et du vôtre ne ferait pas sans remords. Ne
« devinez-vous donc pas, Clitias, que la Providence,
« qui fait bien tout ce qu'elle fait, n'a pas en vain placé
« l'innocence, qui est l'ignorance du mal, à l'entrée
« de la vie, et réservé la vertu, qui est la victoire de la
« volonté sur le mal qu'elle connaît et qu'elle repousse,
« à un âge où l'on a plus de force pour la lutte? Qu'ar-
« riverait-il si, en ce moment où la séve commence à
« circuler dans les plantes, où la nature va se réveiller
« au souffle tiède et parfumé du printemps, et où l'œil
« réjoui surprend, sur les bois encore sombres, cette
« pointe de verdure qui annonce que les bourgeons
« s'ouvrent, le soleil d'août venait tout à coup darder,
« sur ces promesses de l'année, ses rayons flam-
« boyants? Tout ne serait-il pas desséché, brûlé, con-
« sumé, anéanti, par ces ardeurs prématurées? Le
« printemps ne serait-il pas fané avant que de naître,
« et les fleurs de l'été et les fruits de l'automne ne
« seraient-ils pas détruits avec les bourgeons du prin-
« temps? Mon cher Clitias, il en est de même pour
« les âmes. Celle d'Euphrosine est dans cet état où les
« douces illusions, les songes dorés et les riantes es-
« pérances sont aussi nécessaires au cœur qui s'ouvre,
« à l'esprit qui commence à poindre, que les pluies et
« la fraîcheur du printemps peuvent l'être aux plantes
« qui bourgeonnent. Et c'est sur cette âme de jeune
« fille, qui n'est pas encore éclose à la vie, que vous

AUX LECTEURS.

« voulez verser les funestes secrets et les effroyables
« descriptions que contiennent les *Mystères de Paris?*
« C'est cette âme si fraîche et si pure que vous voulez
« commettre au milieu de cette atmosphère ardente,
« échauffée par les flammes impures des mauvaises
« passions, de tous les vices, de tous les crimes? C'est
« ce regard qui se voile sous votre regard que vous
« voulez attacher sur les scènes horribles du cabaret
« de la rue aux Fèves, sur les débauches de Lugarto,
« sur les ignobles amours de Flore la *Rabouilleuse*
« avec Max le bretteur, sur les cyniques révélations
« des *Drames inconnus*, sur les peintures hardies de *la*
« *Reine Margot*, ou sur les honteuses aventures de la
« *Goualeuse?* C'est ce doux agneau que vous voulez met-
« tre face à face avec la *Louve*, la rude et cynique pro-
« stituée, dont les fauves amours avec le fils de Martial
« le guillotiné sont un objet de dégoût et d'effroi?

« Alors, soyez conséquent jusqu'au bout. Quand
« vous conduirez Euphrosine à l'autel, arrachez de son
« front le voile blanc des épousées. Ce ne serait plus
« qu'un symbole menteur, car le regard qui s'est posé
« sur les effroyables scènes des *Mystères de Paris* est
« un regard hardi; il n'a plus besoin que de chastes
« draperies s'interposent entre lui et le monde : on
« peut regarder tout en face quand on a soutenu l'as-
« pect du *Chourineur*, du *Maître d'école*, de la *Chouette*,
« de la *Louve*, du notaire Ferrand, de l'abominable
« famille des Martial, de la mère *Ponisse*. Supprimez
« également ce bouquet de boutons de fleurs d'oran-
« ger, symbole d'une âme dans sa fleur, qui n'est

« point initiée à la science fatale de l'arrière-saison.
« Ce symbole n'a plus de sens. M. Sue ne vous dit-il
« pas lui-même que l'air du quartier fangeux où la
« mère *Ponisse* avait fondé son hideux établissement
« fit bientôt jaunir et mourir le petit rosier que la *Goua-*
« *leuse* soignait avec tant d'amour ?

« Croyez-vous donc que l'air moral qui règne dans
« les *Mystères de Paris* ne soit pas cent fois plus funeste
« aux intelligences ? Si l'état intérieur de votre fiancée,
« après cette horrible lecture, venait s'exprimer au
« dehors, soyez-en sûr, vous verriez la couronne des
« épousées noircir sur son front, comme sur celui de
« la Marguerite de Faust, à la chaleur des idées et des
« sentiments nouvellement éclos dans son âme. Et
« puis, préparez-vous, mon cher Clitias, à recevoir
« des mains de sa mère, au lieu d'un cœur confiant,
« un cœur sceptique ; au lieu d'un enfant souriant,
« dans sa fleur, à la vie qui lui paraît sans nuages,
« puisqu'elle doit s'écouler avec vous, une âme dés-
« abusée ; au lieu d'une riante espérance, un froid et
« amer désenchantement ; au lieu d'une intelligence
« fraîche et pure, pour qui tout est nouveau et dont le
« regard communique à tout ce qui l'entoure sa douce
« lumière et sa pureté, une intelligence fanée dans son
« germe, blasée avant d'avoir joui de la vie, et dont le
« regard chagrin cherche des taches au soleil. Voilà
« votre œuvre, je veux être le premier à vous en féliciter. »

Clitias ne riait plus. Il semblait sérieux et pensif ; et
à mesure que je parlais, je pouvais suivre sur son visage
les émotions qui agitaient son esprit. Il me serra silen-

cieusement la main en me quittant, et je crus remarquer qu'il changeait de route et ne se dirigeait point vers la demeure d'Euphrosine.

Que de choses pourtant ne me restait-il pas à lui dire! J'avais semblé admettre avec lui que le feuilleton-roman donnait une idée exacte de la société, tandis qu'au contraire il n'est propre qu'à donner aux jeunes filles des idées fausses et des sentiments exagérés en toutes choses, qu'à leur gâter l'esprit et le cœur. On ne redoute point assez les dangers qui résultent, dans la vie, de ces imaginations tournées au romanesque, qui ont soif d'imprévu et faim d'impossible.

Voyez les jeunes filles anglaises, qui trop souvent apprêtent, par leurs *élopements*, aux journaux de la semaine des matériaux pour ces chroniques scandaleuses que le *Satyrist* aiguise de ses grossières épigrammes, et dont on est si friand en Angleterre. Quels sont leurs livres de prédilection? les romans. C'est là la nourriture habituelle, continuelle de leur esprit. Elles en lisent dans les pensionnats, elles en lisent dans leurs familles, elles en lisent jusqu'à l'agonie; leurs yeux s'ouvrent et se ferment sur un roman; et cette fâcheuse habitude n'est pas sans influence, croyez-le bien, sur les écarts et sur les coups de tête aventureux d'un assez grand nombre de personnes de leur sexe.

Après avoir lu tant de romans, on finit par en faire. Cependant les romans anglais n'ont aucune analogie avec les feuilletons-romans que publient nos journaux : ils sont incomparablement plus honnêtes, plus moraux, plus retenus dans les sujets qu'ils traitent, dans les tableaux qu'ils mettent sous les yeux de leurs lectrices. L'influence du roman-feuilleton, à ce point de vue sur l'imagination des jeunes filles, doit donc être plus funeste encore.

Elle l'est en effet, et les exemples ne nous manqueraient pas, si nous voulions en citer. Celui de madame Lafarge est si éclatant que tous les esprits en ont été frappés. Là, cette influence mauvaise rencontra une nature perverse et arriva jusqu'au cœur. A côté d'elle, il y avait une jeune personne honnête et pure, son amie un moment, et dont elle voulut plus tard faire sa victime; l'influence, pour celle-ci, s'arrêta à l'imagination et l'entraîna à une démarche inconséquente, bien chèrement payée.

Tantôt c'est la vertu qui tombe, tantôt le bonheur qui s'en va, tantôt le repos qui est troublé, tantôt la raison qui s'éteint. Nous pourrions vous redire à ce sujet une douloureuse histoire dont nous connaissons la déplorable héroïne. Elles étaient deux jeunes filles, deux sœurs, la joie de leur vieux père, bonnes, pieuses, pures, douces aux pauvres gens, aimées et respectées de tous. La plus jeune, d'une imagination vive et d'un esprit un peu faible, visitait souvent une personne d'un sens borné qui, sans mauvaise volonté aucune, lui mit dans les mains le *Juif errant*. A cette lecture, l'imagination de la pauvre enfant s'exalte; elle est saisie d'insomnies étranges, d'épouvantes sans motifs; elle entend des bruits qui échappent à toutes les oreilles, son regard prend une expression égarée, un sourire convulsif crispe ses lèvres. Enfin le jour vient où la triste vérité éclate aux yeux de tous, elle est folle! Elle est folle, et, comme dans sa folie, elle s'aperçoit qu'on prend des précautions contre l'égarement de sa raison, elle s'imagine être mademoiselle de Cardoville prisonnière dans la maison de santé du docteur Baleinier. Son père, c'est l'intendant Tripeaud; le curé de la paroisse qui vient la visiter, c'est l'infernal Rodin.

Fermons cette étude sur ce triste exemple; et surtout ne me dites point que c'est là un fait exceptionnel, un accident rare. S'il s'est rencontré une fois, il peut se rencontrer encore, cela suffit. Ne dites pas qu'il y a cent à parier contre un que votre fille ne se laissera pas entraîner à une pareille extrémité, ne tombera pas dans cet affreux malheur.

Si l'on vous présentait une urne contenant mille billets, en vous disant que sur ces mille billets il y en a un seul, vous entendez, un seul, qui contient l'arrêt de mort de votre enfant, voudriez-vous tirer? Et puis ne voyez-vous pas que ces exemples particuliers sont la révélation d'un mal général, qui n'existe pas partout au même degré, mais qui existe partout où la même influence pénètre?

Loin de moi l'idée de vouloir vous tracer vos devoirs, surtout dans une époque de l'année (1) où l'on vous les enseigne de plus haut et avec une tout autre éloquence. Tout ce que je dis, c'est pour mon ami Clitias, bien entendu, et, si vous le rencontrez avant moi, je vous prie de le lui répéter.

---

(1) Cette lettre a été écrite pendant le carême de 1845.

CINQUIÈME LETTRE.

INFLUENCE DES FEUILLETONS-ROMANS SUR LA FAMILLE.—LES JEUNES GENS.

Il faut aller jusqu'au bout et faire comparaître tous les membres de la famille devant le tribunal de la morale publique, pour leur demander quelle est sur eux l'influence du feuilleton-roman. La femme a paru la première, sous ses deux principaux aspects, comme épouse d'abord, ensuite comme mère ; la jeune fille s'est présentée ensuite, et l'on a pu apprécier une partie des ravages que ces pernicieuses lectures ont exercés dans le foyer domestique, ce saint et paisible asile où les images de tous les scandales, les tableaux de tous les vices et de toutes les immoralités ont tout à coup pénétré sur les pas de ces muses licencieuses qui ont proclamé parmi nous l'avénement de saturnales littéraires qui ne semblent pas près de finir. Est-ce tout? N'y a-t-il rien à ajouter?

Rien, s'il fallait en croire bien des gens qui répètent autour de nous : « Oui, nous concevons, à tout pren-
« dre, que cette littérature corrompue ait pu avoir une

« action fâcheuse sur les femmes. Leur imagination est
« si vive ! leur organisation est si faible ! leurs nerfs
« sont si faciles à ébranler ! elles se laissent si aisément
« tromper par les séductions d'un sophisme passionné,
« d'une intrigue romanesque, d'un drame où la vrai-
« semblance est violée à chaque pas, mais où les péri-
« péties se succèdent, terribles et empressées ! Madame
« de Sévigné, malgré son esprit élevé, ne prenait-elle
« pas un plaisir extrême aux grands coups d'épée des
« Amadis? Mais des hommes, quel mal voulez-vous
« que des feuilletons-romans puissent leur faire? Ils ne
« sont pas destinés à vivre dans l'intérieur du gynécée
« antique, et il faut se garder de les faire vieillir dans
« une longue enfance. Tout ce que vous avez dit sur les
« chastes draperies qui doivent envelopper les jeunes
« filles, sur ces voiles tirés entre elles et le monde, peut
« avoir sa justesse, si vous restreignez la portée de vos
« remarques au plus faible des deux sexes, à celui qui
« doit vivre de la vie intérieure, et qui ne triomphe des
« périls qu'en les évitant, des occasions qu'en sachant
« les fuir. Mais rien de cela n'est applicable aux hom-
« mes. Il faut qu'ils voient, qu'ils écoutent, qu'ils sa-
« chent, qu'ils approfondissent, et pour cela qu'ils
« lisent. Ils sont destinés à vivre avec les périls et au
« milieu des ardeurs de la bataille. A quoi bon, dès
« lors, leur cacher le monde où ils seront demain?
« Pour moi, j'ai deux fils qui atteindront bientôt l'âge
« d'homme, et j'avoue que je ne crains pas plus pour
« eux l'effet des feuilletons-romans que pour moi-
« même. »

Et qui vous dit, Damis, que l'influence du feuilleton-roman ne soit pas à craindre pour vous-même ? Mais laissons là ce sujet que nous reprendrons plus tard, et parlons de vos fils.

D'abord je comprends assez peu ces lignes de démarcation que l'on établit en morale quand il s'agit des deux sexes. L'immoralité cesse-t-elle donc d'être immorale, et la corruption n'est-elle plus corruptrice, quand le feuilleton-roman tombe sous les yeux du fils, au lieu de tomber sous les yeux de la fille ? Les devoirs du père de famille sont-ils moins impérieux envers l'un qu'envers l'autre, et la pureté du cœur devient-elle moins précieuse quand il est question de préparer un homme pour la famille et la société que lorsqu'il est question de préparer une femme pour la famille ? J'avoue que cette distinction est si savante qu'elle échappe à ma raison. L'honnêteté est de tous les sexes, et ce n'est pas sans motif qu'un ancien a dit qu'on aimait à trouver les saintes livrées de la pudeur sur le front du frère comme sur le front de la sœur. Un cynique de vingt ans n'est pas moins odieux qu'une personne de l'autre sexe qui, à cet âge, a le cœur blasé, et dont l'esprit hardi a scruté les tristes et honteux mystères de la perversité humaine, et il y a un âge pour les hommes où la virginité des sentiments n'est pas moins nécessaire à la santé de l'esprit qu'à celle du cœur.

Ce que vous dites de la destinée des jeunes gens, qui sont naturellement appelés à être moins surveillés que les jeunes filles, à être confiés de meilleure heure à leur propre initiative, n'est qu'un argument que vous me donnez contre votre propre thèse. Oui, pour eux l'innocence finit plus tôt, pour laisser commencer plus tôt la vertu ; oui, les chastes et saintes obscurités qui voilent le regard dans les premiers temps de la vie sont plus promptes à se dissiper ; oui, l'ignorance du mal, cette douce et pure gardienne de leurs jeunes années, s'enfuit plus vite, et la science du bien et du mal, science dangereuse dans un âge de passion et d'entraînement, succède bientôt à ce premier guide.

Mais que conclure de tout cela? La seule conclusion raisonnable qu'on puisse en tirer, ce me semble, c'est qu'il faut tout faire pour affermir cette raison, qui sera bientôt l'unique conseiller du jeune homme, quand il sera entré dans le monde ; c'est qu'il importe de rendre son regard juste et sûr ; c'est que la religion, cette lampe qui éclaire les idées et qui anime la volonté, doit briller dans son intelligence, non comme une lueur vague et incertaine, qu'il respecte à titre de tradition de famille, mais comme un flambeau dont une étude profonde aura rendu les rayons plus puissants, les clartés plus vives, de sorte qu'il possédera dans son intelligence, armée de bonne heure contre les objections, la raison de ses croyances, qui deviendront la raison de sa conduite ; c'est enfin qu'il faut éviter tout ce qui pourrait donner la prééminence à l'imagination, cette folle du logis, et aux passions, ces maîtresses d'égarements, au préjudice de la connaissance du vrai et du sentiment du beau.

Toutes les études que vous lui faites faire ne sontelles pas dirigées vers ce but? Ne mettez-vous pas son esprit en commerce avec les plus grands esprits de l'antiquité? Ne cherchez-vous pas à verser dans son intelligence les vérités générales que les deux grandes littératures de la Grèce et de Rome, gardiennes des traditions intellectuelles de deux grandes civilisations, ont conservées dans ces chefs-d'œuvre qui honorent et instruisent l'humanité? Ne le faites-vous pas vivre avec les hommes illustres qui, dans notre langue, ont écrit le mieux, parce qu'ils ont le mieux pensé? Littérature, philosophie, histoire, science, n'appelez-vous pas toutes les connaissances humaines pour former son jugement, pour agrandir son intelligence, pour ennoblir son cœur, et aussi pour occuper son immense activité?

Et c'est au moment où son esprit a besoin d'être nourri de ces études solides, que vous souffririez que le feuilleton-roman lui apportât cette alimentation à la fois creuse et indigeste qui amène le dégoût sans satisfaire l'appétit! C'est lorsque vous n'omettez aucun soin et qu'il n'en faut omettre aucun, en effet, pour rendre sa raison droite et sûre, que vous l'exposeriez à une lecture qui doit nécessairement la fausser! C'est lorsqu'il est si important de lui donner des impressions vraies sur les hommes et sur les choses, que vous le livreriez à l'influence de ces compositions arbitraires et frénétiques qui ne sont propres qu'à donner aux jeunes gens des vues inexactes et des sentiments exagérés! Son âge, ses sens, son inexpérience, la fougue naturelle dans cette première époque de la vie, ne sont-ce pas d'assez nombreux et d'assez dangereux ennemis? D'ailleurs, ne vous y trompez pas, on ne saurait se plaire en même temps aux études sérieuses, aux connaissances solides, et à ces billevesées romanesques qui montrent la vie à un faux point de vue.

Demandez à ses instituteurs s'il étudie avec la même ardeur, le même goût et le même succès, depuis qu'il s'est jeté dans de pareilles lectures. Ils vous répondront que, depuis ce jour, les études sérieuses ont perdu pour lui tout leur attrait, que tout pâlit, tout s'efface devant l'intérêt du roman du jour, que Cicéron, Virgile, Homère, Platon, Tacite, Descartes, Bossuet, Corneille, Boileau, Racine, ont perdu tout crédit sur cette intelligence gagnée par les trompeuses amorces de madame Sand, de M. de Balzac, de M. Soulié, de M. Dumas, de M. Sue.

Au lieu de pleurer sur Nisus et Euryale, ces poétiques héros d'une noble et touchante amitié, couvrant chacun la poitrine de son ami de sa poitrine, et provoquant la mort pour la détourner de son sein, ils pleurent sur la Goualeuse, vierge et prostituée, immonde et pure, souriant à une belle matinée de printemps avec la candeur d'une jeune fille, et riant aux éclats, le soir, d'une plaisanterie du Chourineur, en buvant avec lui de l'*eau d'aff*, et en mangeant un *arlequin* dans le *tapis franc* de la rue aux Fèves. Au lieu de s'attendrir sur le sort de Priam allant chercher le corps de son fils Hector sous les tentes d'Achille, qui finit par pleurer avec lui, il s'attendrit sur le Chourineur, criminel par tempérament et meurtrier par hygiène, dont le suprême bonheur était d'égorger des chevaux. Au lieu de s'éprendre d'admiration pour Démosthène tonnant, du haut de la tribune, contre Philippe, et criant aux Athéniens que le nuage qui doit verser la servitude et la honte sur la Grèce s'approche de leur ville, il réservera son attention et son enthousiasme pour Vautrin, enseignant à la jeunesse la supériorité du vice et la niaiserie de la vertu. N'espérez plus le voir ému par le spectacle des pures et chastes amours de Chimène, si noblement combattue entre sa tendresse et son devoir; il est tout entier à son admiration pour une Chimène plus populaire, la Louve, cette vaillante prostituée qui porte gravé sur le bras un poignard avec cette inscription : *Mort aux lâches!*

La bataille de Rocroy, que nous ne pouvions, nous autres hommes de cette génération, lire dans la magnifique relation de Bossuet, pendant les dernières années de nos études, sans croire que nous entendions le son de la trompette, sans nous précipiter avec le jeune duc d'Enghien sur les carrés des Espagnols, dont la redoutable infanterie était semblable à des tours, mais à des tours qui sauraient réparer leurs brèches, sans ressentir combien il est doux et beau de mourir pour son pays, la bataille de Rocroy le laisserait froid; n'essayez pas de lui en parler, il est tout entier à l'anxiété et aux émotions que fait naître dans son âme le duel de Max le bretteur, l'amant de Flore la Rabouilleuse, contre Philippe le roué, l'infâme, le voleur, qui triomphe par la supériorité de sa scélératesse et l'ascendant de sa perversité.

Voilà désormais quels sont les sentiments, les idées qui ont le privilége de l'émouvoir. Thraséas, en qui la tyrannie des empereurs voulut frapper la vertu elle-même, Germanicus mourant, toutes les grandes victimes qui vivent encore dans les pages profondes de Tacite, lui paraissent des vieilleries classiques indignes de son attention. S'il ambitionne une destinée, c'est celle de Lugarto, à qui nul homme, nulle femme ne résistent, qui règne par la toute-puissance de l'or, qui, par la vertu de ses millions, est plus qu'un roi, est presque un dieu. Il ne songe plus qu'à se jeter dans la vie du monde, qu'on lui représente comme si dramatique et si pleine d'émotions. Les bruits de salons, leurs intrigues passionnées, leurs drames intérieurs grossis par les échos du feuilleton-roman, n'ont pas impunément retenti dans ce sanctuaire silencieux où des études fortes et approfondies formaient un homme pour la famille et pour la société. L'imprévu, le bizarre, l'étrange, l'horrible, l'invraisemblable, l'impossible, sont entrés, en se donnant la main, dans cette intelligence dont les issues étaient ouvertes, et en ont chassé l'amour du vrai et du beau. Jouir de la vie le plus tôt possible et le plus possible, avoir de l'or, tout sacrifier à son égoïsme, chercher partout et à tout prix des émotions et des plaisirs, voilà l'idéal avec lequel votre fils entrera dans la vie.

Croyez-vous, Damis, que ces dispositions n'exerceront pas d'influence sur son avenir? Pensez-vous que ce soit un médiocre inconvénient, lorsque les eaux torrentielles pénètrent dans les fondations d'un édifice au moment même où l'on pose les grandes assises qui doivent en supporter le faix? N'y exercent-elles pas alors des ravages irréparables en altérant les conditions d'équilibre et de solidité dans lesquelles l'architecte avait voulu le placer, pour qu'il résistât à l'influence des grands vents du ciel par lesquels il est destiné à être battu, et à l'action destructive du temps? Vraiment vous auriez ainsi préparé à l'avenir une génération bien forte, bien capable de supporter la chaleur de la journée, de pourvoir aux circonstances difficiles que la France aura à traverser! Avec un esprit faussé, un cœur perverti au moment même où il s'ouvre, un besoin immodéré de plaisirs, vous aurez préparé à la corruption, qui est un des fléaux de notre époque, de bien redoutables adversaires, et à la France d'illustres enfants et d'intrépides défenseurs! Dans ce siècle, il y a une grande question en litige, celle de l'enseignement; vous la tranchez d'une manière neuve, il faut l'avouer, et tout à fait imprévue, en donnant l'enseignement au feuilleton-roman!

Voulez-vous savoir, Damis, quels fruits portera un si beau système? Il en sortira une race de sceptiques, qui seront le déshonneur de leur famille et le fléau de la société. Les uns, étant nés sans grandes passions, se contenteront de traîner, dans la plus triste fainéantise, la fainéantise dorée et titrée, une vie sans but, sans pensée, inutile aux autres et à eux-mêmes. Que dis-je, ces hommes naîtront! Ne sont-ils pas déjà nés? Hélas! j'en connais et vous en connaissez aussi de ces jeunes gens dont le nom, quand on vient à le prononcer, fait lever la tête par les grands souvenirs qu'il rappelle et par l'étonnement qu'il cause, car depuis longtemps on croyait la race dont ils sont les représentants éteinte et couchée tout entière dans les ombres du passé. Le silence où dorment leurs aïeux n'est pas plus profond que celui où s'écoule leur vie, et ils semblent aussi étrangers à ce siècle que pourraient l'être leurs muets ancêtres dont les statues sont couchées dans les chapelles funéraires sur les marbres des tombeaux. Je me trompe : peut-être les entendrez-vous citer pour la manière dont ils maîtrisent un fringant attelage et dont ils savent lancer un cheval dans la carrière.

Ne reconnaissez-vous pas à ces traits Ctésiphore, Agathocle, Accithus? Si l'art des cochers se perdait, il ne faudrait pas désespérer encore, on serait à peu près sûr de le retrouver chez Accithus. Désirez-vous le voir? Gardez-vous de le chercher dans un salon : il a oublié la langue comme le chemin des salons; allez bravement frapper à la porte d'une écurie. C'est là qu'il règne, c'est là qu'il triomphe, c'est là qu'il brille dans toute sa gloire. Sa naissance l'avait fait grand seigneur; par choix, il s'est fait palefrenier. Ne lui parlez pas des affaires du pays, il les ignore; des arts, il ne les comprend pas; des sciences, les aveugles seraient plus en état de répondre sur la lumière; de ses propres affaires, il n'a pas même le génie de les conduire. Mais parlez-lui du poids du jockey qui montait le cheval vainqueur à la dernière course; entretenez-le de la chronique de l'hippodrome, du nombre et de l'importance des paris, de la solvabilité et du bonheur des parieurs, ou bien de quelque grand coup de partie qui a signalé le dernier lansquenet, alors vous serez écouté.

Accithus vous sourira d'un air amical, les yeux éteints

d'Agathocle se ranimeront, et Ctésiphore sortira un moment de son éternel ennui. Savez-vous bien que c'est là une faveur inespérée? car l'ennui, pour Ctésiphore, est un état presque aussi invincible que le sommeil pour Agathocle. Celui-ci passe une moitié de sa vie sur un lit, et l'autre moitié sur une causeuse; il a transporté la mollesse des Orientaux sous notre soleil, et il adresse un perpétuel démenti en action au poëte qui a dit que la nature avait donné une attitude verticale à l'homme seul, afin qu'il regardât les cieux. L'apercevez-vous, par hasard, aux Champs-Élysées ou au *bois*, comme ils disent; il est littéralement couché dans son carrosse. Vous vous souvenez de cet empereur romain qui pensait qu'il fallait mourir debout? Agathocle a pris le contre-pied du mot, il pense qu'il faut vivre couché. L'existence seule est pour lui un travail, et il se repose perpétuellement de la peine qu'il se donne de vivre.

Ajoutez à cela la lecture des feuilletons-romans, des plus immoraux surtout, qui, comme ces substances aphrodisiaques, réveillent un moment les sens de ces vieillards de vingt-cinq ans, blasés avant l'âge, et les séances prolongées dans leurs fumoirs, qui, du reste, les suivent partout, car, à cheval, à pied, en voiture, dans leurs magnifiques appartements, hors de chez eux, ils sont toujours, comme les dieux olympiens, entourés d'un nuage, et ce n'est qu'à tâtons qu'on peut arriver jusqu'à leur personne, au grand détriment de son odorat et de ses yeux. Voilà leur vie! Ils en jettent les plus belles journées à la paresse et à l'ennui, avec autant d'indifférence qu'ils peuvent en mettre à jeter vers le ciel la fumée du cigare, qui ne meurt jamais sur leurs lèvres sans être aussitôt remplacé. Imprudents, qui ne voient pas que les riches sont les rois du monde, et que le siècle des rois fainéants est passé! Enfants dégénérés, qui ne savent pas comprendre qu'un grand nom est un drapeau qui doit être toujours porté haut et d'une main ferme, et briller toujours sur le front de l'armée! Croient-ils donc que leurs ancêtres jouissaient gratuitement de ces avantages sociaux qu'ils leur ont légués de génération en génération? Et quelles étaient donc les poitrines qui s'élevaient comme un vivant rempart entre l'ennemi et le sol sacré de la France? Qui donnait et recevait les premiers coups dans la bataille? Qui réclamait, par droit de naissance, le poste du péril? Qui engageait ses domaines et ses fiefs ès-mains des juifs et des traitants pour aller à la croisade? Qui donc, illustrant notre histoire par d'héroïques funérailles, quand le souffle de la victoire manquait aux bannières et aux gonfanons, jonchait de cadavres les champs néfastes de Crécy, de Poitiers et d'Azincourt? Ah! le cœur de ces braves chevaliers, tout poudre qu'il est, ressentirait comme une mortelle injure cette conduite des fils, condamnée d'avance par l'exemple des pères! Pauvres intelligences, qui, ne sachant se rendre compte ni du pays, ni du siècle où elles vivent, s'imaginent que la fortune n'est qu'une jouissance, et n'aperçoivent pas que plus que jamais elle est une fonction, une charge : car tandis qu'ils donnent le spectacle de l'incapacité endormie au faîte des choses sociales, la terre se lève sous leurs pieds, et dans les sphères inférieures, les capacités indigentes se produisent, l'ambition s'éveille avec le talent, l'intelligence et l'activité se remuent, et menacent la société d'un danger nouveau, celui de se réveiller un beau matin, la tête en bas et les pieds en haut, comme le disait dernièrement un homme d'une haute intelligence, qui, dans ses moments perdus, consent à n'être qu'un homme d'esprit.

Dieu merci, ce n'est pas une classe entière que je peins. Ce seront, si vous le voulez, de rares exceptions, Damis ; mais, enfin, ces exceptions existent. Voulez-vous en grossir le nombre ? Tenez-vous à ce que votre fils aille disputer aux Ctésiphore, aux Agathocle, aux Accithus, le sceptre des écuries ? Seriez-vous heureux que, comme eux, il mît son orgueil à lutter d'opulence et de folie avec les beaux-fils de la banque, et à ajouter à la gloire dont ses ancêtres ont fait rayonner sur vingt champs de bataille le nom que vous lui avez transmis avec leur sang, une célébrité d'hippodrome et une renommée de lansquenet ? Alors, livrez son intelligence au feuilleton-roman, pour qu'il le rende sceptique en toute chose, pour qu'il produise en lui cette paresse d'intelligence et cette corruption de cœur qui énervent les hommes et les rendent impropres à l'action comme à la pensée.

Si son caractère est assez énergique pour échapper à cette molle influence; si ses passions sont assez vives et assez puissantes pour ne pas être étiolées par ces pernicieuses lectures, je ne sais si vous devrez vous en féliciter beaucoup, Damis. Des passions puissantes avec une raison faible, c'est un attelage fougueux dans les mains d'un cocher maladroit et inexpérimenté. Avec un jugement faussé et un caractère violent, il n'y a pas de folie à laquelle on ne puisse descendre.

De notre temps, Damis, les héroïnes de roman plaçaient au moins l'idéal de l'amour dans les régions élevées. La nouvelle Héloïse de Rousseau, la Charlotte de Goethe, la Marguerite de Faust, la Sophie de Fielding, la Clarisse de Richardson, l'Atala de Châteaubriand, nous obligeaient à lever les yeux. Mais le feuilleton-roman oblige, au contraire, la nouvelle génération à les baisser, car il a placé l'idéal de l'amour dans la boue.

N'avez-vous pas à redouter que votre fils, entrant dans la vie avec un cœur rempli de la généreuse confiance de la jeunesse, et avec une raison pleine des brouillards que le feuilleton-roman y fait régner, ne se laisse aller à l'influence du donquichottisme amoureux, et ne devienne la proie de quelque vice exercé, de quelque corruption experte en intrigues? Que diriez-vous s'il employait la candeur de ses jeunes années à essuyer les souillures de quelques-uns de ces anges tombés qui ne se souviennent guère des cieux, quoi qu'en dise M. Sue? Vous représentez-vous votre fils, sur la tête duquel reposent vos plus chères espérances, atteint de la manie de Rodolphe, et allant fouiller les fanges de la grande ville pour y découvrir quelque diamant égaré, comme ces philosophes nocturnes, c'était Potier qui les nommait ainsi, qui, la hotte sur le dos et la lanterne à la main, vont remuer les ordures auprès de chaque borne, afin de découvrir si, avec les débris de la journée, on n'y a pas jeté par mégarde quelque chose de précieux.

Quel heureux père ne seriez-vous pas surtout, Damis, si, prenant au sérieux son rôle, il s'enamourait tout de bon de quelque créature déchue, et si, la ramassant au bas de l'échelle sociale, dans l'abîme où elle serait tombée de chute en chute, il venait un beau jour vous proposer d'accepter pour fille une de ces malheureuses victimes de l'injustice sociale qui, comme M. Sue le démontre si bien, ne sont pour rien dans leurs vices, et qui, irréprochables dans leur honte, ont au contraire tout à reprocher à la société? Quelle gloire ne serait-ce pas pour vous de blasonner des armes de vos ancêtres ou les innocentes légèretés d'une reine Bacchanal, qui pourrait enseigner aux salons la noblesse des sentiments et la *Tulipe-Orageuse*, ou l'infamie virginale de quelque Goualeuse repentie, ou l'impudeur vertueuse de quelque Louve purifiée!

— Vous détournez la tête?...
— Oui.
— Vous cherchez à me quitter?
— Sans aucun doute.
— Vous trouvez que je vais trop loin?...
— Beaucoup trop loin.

Soit, je m'arrête, puisque je vous fâche, et surtout parce que je vous en ai assez dit. Je le sens comme un autre, il est doux de plaire à ses amis; mais il y a quelque chose qui vaut mieux encore : les servir. La vérité utile passe avant la flatterie agréable. Quittons-nous fâchés aujourd'hui, si le cœur vous en dit, Damis; demain, j'en suis sûr, nous n'en serons que plus amis. La nuit porte conseil, dit-on : j'en appelle donc à la nuit. Elle vous dira ce que vous a dit depuis longtemps certaine fable, savoir, que

Tout flatteur
Vit aux dépens de celui qui l'écoute ;

mais que l'ami véritable, au contraire, doit savoir blesser son ami pour lui rendre un bon office, et ne pas craindre, s'il le faut, de devenir fâcheux, quand il n'y a pas d'autre moyen d'être utile.

SIXIÈME LETTRE.

INFLUENCE DES FEUILLETONS-ROMANS SUR LE PÈRE DE FAMILLE.

— A nous deux, maintenant !
— A qui en avez-vous donc ?
— A vous.
— De qui vous reste-t-il donc encore à nous parler, après avoir parlé de nos femmes, de nos fils et de nos filles ?

De vous-mêmes. Oui, de vous, Ariste ; de vous, Damis ; de vous, Nicias ; de vous, Valère ; de vous tous, chefs de famille, maris maladroits, pères imprudents, maîtres sans excuses, qui introduisez ainsi l'ennemi dans vos foyers, qui, par une légèreté coupable, par une complaisance malfaisante, livrez ceux que vous avez mission de protéger aux mauvaises influences que vous auriez dû écarter de leur chemin.

Voyons, Ariste, vous avez été, je crois, un assez passable latiniste au collége. Eh bien ! vous souvient-il du sentiment que vous faisait éprouver, dans vos classes, la lecture du beau passage de l'Énéide où Énée raconte la manière dont fut introduit dans les murs de Troie ce funeste cheval fabriqué par Epéus, et qui contenait dans ses vastes flancs Thessandre, Sthénélus, le cruel Ulysse, Néoptolème, fils d'Achille, Machéoon et Ménélas? Comme vous auriez voulu arrêter les Troyens, ouvrant une brèche aux murailles de leur ville pour introduire la machine fatale! Comme le cri de l'infortuné Laocoon : « Je crains tout des Grecs, même leurs présents, » venait naturellement se placer sur vos lèvres ! Comme vous partagiez l'ineffable et douloureuse ironie du poëte, quand il montre les jeunes gens et les jeunes filles heureux de toucher la corde avec laquelle on traîne ce colosse, gros de funérailles ! O prodige ! il s'est arrêté sur le seuil, et, par quatre fois, ses flancs caverneux ont rendu un bruit d'armes. Sans doute les Troyens, avertis par ce présage funèbre, vont concevoir un soupçon. Mais non, les Troyens sont aveugles et sourds. Un esprit de vertige les entraîne, ils se réjouissent, les malheureux dont le dernier jour est venu, et ils tapissent de feuillage les temples des dieux, comme pour une fête !

Pensez-vous donc, Ariste, que ce soit pour les Troyens seulement que les présents d'un ennemi soient à craindre? Croyez-vous être beaucoup plus prudent et beaucoup plus habile qu'eux, lorsque vous, homme de la droite, vous acceptez les présents des journaux du Palais-Royal? Quoi ! ils viennent d'une source ennemie, et il faut vous avertir de vous en défier! Loin de les repousser, c'est vous qui leur ouvrez le sanctuaire de votre foyer domestique? Gardien naturel de la paix et du repos de la famille, c'est vous qui y introduisez ceux qui peuvent troubler cette paix et détruire ce repos !

Allons, Ariste, voilà qui est bien. Livrez votre femme, vos filles, vos fils, aux influences des feuilletons des *Débats*, de la *Presse*, du *Constitutionnel*, et prenez ensuite en pitié ces aveugles Troyens qui ont abattu un pan de muraille de leur ville pour en faciliter l'accès au colosse de bois construit par les Grecs ! Étonnez-vous que ni les prédictions de Cassandre, ni les avertissements de l'infortuné Laocoon, ni le bruit d'armes que rendit la fatale machine qui portait dans ses flancs tant d'hommes de guerre, n'aient mis en garde les habitants de la malheureuse ville contre le piége, et pleurez sur le sort de ces jeunes garçons et de ces jeunes filles qui lui souhaitaient si joyeusement la bienvenue ! Vous avez le droit de vous étonner, en effet ! Les avertissements qu'on vous donne vous trouvent si dociles ! Il est si bien avéré que Cassandre n'a jamais en vain prophétisé qu'à Troie ! Et puis, qu'ont de commun le feuilleton-roman et le cheval d'Épéus ? Rien au monde, sinon que celui-là porte la ruine morale des familles dans ses flancs, comme celui-ci y portait la ruine matérielle de la ville de Priam. Ce n'est point Ménélas, il est vrai, ce n'est point le cruel Ulysse, ce n'est point Néoptolème, qui vont en sortir, la torche d'une main et l'épée de l'autre ; c'est la corruption intellectuelle et la corruption morale, la licence des idées et le désordre des sentiments, et vos femmes, vos fils et vos filles, qui, semblables à la jeunesse troyenne, ont souhaité joyeusement la bienvenue au fatal présent des Grecs, en recueilleront des fruits de mort.

Ce n'est encore là qu'un des points de vue de l'acte d'accusation que je suis résolu de développer contre vous aujourd'hui, en vous acceptant pour juge dans un procès où vous êtes accusé. On est mari, on est père, et l'on oublie les devoirs qu'impose ce double titre ; c'est un tort, sans aucun doute. Ou bien, sans être ni époux ni père, on est au moins maître de maison, et l'on introduit chez soi le feuilleton-roman, sous prétexte que l'on vit à la campagne et qu'il faut bien trouver un genre de lecture qui délasse sans occuper, par un de ces jours de pluie où ni Storm, ni Malchus, ni Diane, ne peuvent mettre les pattes l'une devant l'autre, sur un terrain qui semble se changer en lac, et entre deux déluges dont l'un coule sur leurs pieds, tandis que l'autre tombe sur leur tête. Mais on a grand soin de prendre ses précautions ! Le feuilleton lu, on en fait des bourres qu'on envoie, par le premier rayon du soleil, aux lièvres, aux chevreuils, aux lapins et aux perdreaux du canton.

Voilà qui est parlé, et il n'y a rien à répondre à une excuse aussi admirable ! Il est bien convenu qu'il n'y a que les chevreuils, les lapins, les lièvres et les perdreaux, qui, avec le chasseur, prennent connaissance du feuilleton-roman. Personne dans sa maison ne le lit avant lui, personne après. Il a des gens faits exprès, qui ne sont ni curieux, ni indiscrets, ni désobéissants ; des domestiques plus sages que leurs maîtres, qui suivent ses ordres et ne suivent pas ses exemples. Cela ne s'est-il pas toujours vu ? N'est-ce pas ainsi que les choses se passent dans toutes les maisons ? Il est donc impossible que les gens de votre maison, Valère, soient allés chercher la corruption dans ces lectures, impossible par conséquent qu'ils l'aient répandue dans le pays, et que vous vous trouviez ainsi avoir introduit, sans vous en douter, une perversité et une corruption morale qui, sans vous, n'auraient jamais pénétré dans les lieux que vous habitez, et dont vous serez responsable devant Dieu.

Mais laissons là ces vraisemblances. Vous n'êtes pas seulement mari, père, maître, vous êtes Français. Vous avez une opinion, n'est-ce pas, sur les affaires publiques de votre pays; vous avez des idées arrêtées, des sentiments connus; en un mot, vous appartenez à la droite? C'est à vous que je parle, Valère, Nicias, Ariste; à vous aussi, Damis; et certes vous vous croiriez offensés si je paraissais douter un moment de la loyauté de vos sentiments et de l'énergie de vos convictions politiques. Vous êtes donc de ceux qui, profondément dévoués aux idées monarchiques, croiraient manquer à leur cause, à leur pays et se manquer à eux-mêmes, s'ils transigeaient jamais sur leurs opinions. A merveille ! Mais, dans ce cas, ne pourriez-vous pas me tirer d'un doute ?

— Et de quel doute encore ?

Lorsqu'au temps de la grande lutte de Henri IV contre Mayenne, Sully fit couper ses bois, ce fut, n'est-ce pas, pour envoyer le prix de cette coupe à Mayenne?

— Où voulez-vous en venir? Vous savez bien que Sully apporta cet argent à Henri IV, qui, sans ce secours, ma foi, eût eu quelque peine à faire la campagne, qui se termina par la bataille de Coutras.

— Vous m'étonnez vraiment, j'aurais cru le contraire. Mais permettez-moi de vous adresser une seconde question. Dans cette guerre d'écrits et de pamphlets aigus comme des épées, et qui, plus que les épées peut-être, préparèrent la solution, ce fut certainement aux pamphlets ligueurs et espagnols que les partisans de Henri IV donnèrent la préférence, mais ils se gardèrent bien de prêter la moindre attention à la Satyre Ménippée et de faire quelque chose pour la répandre.

— Que dites-vous là? C'est donc une gageure? Ils firent tout au contraire, vous le savez bien, pour donner une immense popularité à la Satyre Ménippée, qui valut une armée à Henri IV.

— Vous m'étonnez de plus en plus. Mais au moins ne me trompé-je pas en affirmant qu'après la mort de Henri III, Crillon, si connu par sa loyauté, chercha à grossir le camp des Ligueurs?

— A qui en avez-vous? quoi! Crillon à qui Henri IV écrivait : *Nous nous sommes battus à Arques, et tu n'y étais pas; pends-toi, brave Crillon!* Non, non, Crillon accepta cette belle parole de Givry, qui arrêta bien des défections prêtes à se déclarer : « Sire, vous êtes le roi des braves, et il n'y a que les poltrons qui vous quitteront. »

J'aime à vous voir cette fidélité de mémoire et cet enthousiasme, Ariste; mais ce n'est pas tout d'admirer, il faut imiter ceux qu'on admire; ce n'est pas tout de savoir l'histoire, il faut profiter de ses leçons. Dans notre situation, il n'y a pas de guerre civile possible. Les victoires d'Arques et d'Ivry se gagnent sur les champs de bataille des idées. La presse, la tribune qui, dans les temps où nous sommes et au milieu des circonstances où nous nous trouvons, n'est qu'une presse inviolable et irresponsable, voilà aujourd'hui l'épée de Sully et de Crillon. Est-il besoin de tirer la conséquence de ce fait? ne ressort-elle pas d'elle-même? La Satyre Ménippée, qui, dans les troubles de la Ligue, n'est que l'accessoire, est devenue le principal aujourd'hui; ce n'est plus seulement l'auxiliaire de l'armée, c'est l'armée même. Que faut-il donc penser, répondez, Ariste, que faut-il penser de ceux qui, au lieu de grossir et de fortifier l'armée qui défend leurs idées et leurs convictions, grossissent et fortifient l'armée contraire, sous prétexte que, dans le camp où flotte leur drapeau, on ne trouve point ces amusements et ces joies licencieuses qui prêtaient tant d'attrait au camp de Joyeuse, le vaincu de Coutras? Quel nom donner à la conduite de ceux qui, au lieu d'apporter la force dont ils disposent à leurs idées, l'apportent aux idées qu'ils réprouvent; qui, au lieu de contribuer à répandre partout la Satyre Ménippée, contribuent à la diffusion des pamphlets ligueurs et espagnols?

Quand vous m'aurez répondu, Ariste, Damis, Valère, Nicias, je vous dirai ce qu'il faut penser de vous-mêmes. Surtout ne tâchez point d'éluder la question, en alléguant un intérêt de journal et de journaliste, là où il ne s'agit que d'un intérêt d'opinion, d'un intérêt de principe. Ne m'obligez pas à répondre à des objections auxquelles vous-mêmes vous ne croyez pas. Ne me dites point de ces choses qui me feraient rougir, non pour nous, mais pour vous, qui ne craindriez pas d'accuser injustement, faute de pouvoir vous défendre. Par le temps qui court, c'est, en effet, une si belle propriété qu'un journal indépendant! un si bon revenu! Oui, pour le fisc, qui en dévore la substance par le timbre, la poste, les amendes et les frais de prison. C'est une si douce et si charmante profession que celle de journaliste honnête, une profession qui mène, par des chemins si courts et si aisés, à tout ce qui fait aujourd'hui l'objet de la convoitise des hommes, les honneurs et la fortune!

Dans cette lutte incessante où l'on doit combattre, sans trêve ni merci, des adversaires qui ont pour eux l'avantage du vent et du soleil, c'est-à-dire le succès, il faut espérer contre l'espérance; et l'on n'a souvent, pour se consoler des injustices de ses antagonistes, que l'injustice ou l'indifférence d'une partie de ses amis. N'importe, soldat, sois toujours prêt, combats tous les jours et à toute heure; qu'aucun événement ne te décourage, qu'aucune question ne te lasse; l'esprit toujours attaché sur la situation, comme l'œil du pilote sur la mer, surveille les nuages à l'horizon, tiens compte du moindre flot qui se soulève, du moindre vent qui commence à souffler; efforce-toi de conduire le navire au port, où il entrera en laissant peut-être derrière lui ton talent épuisé par la lutte et ta vie peut-être éteinte avant la victoire.

Voilà, Ariste, quelle est la destinée du journaliste. Dans les tranquilles loisirs de votre existence, vous ne sauriez vous faire une idée de tout ce qu'il y a d'absorbant dans cette existence dévouée à des luttes renaissantes d'elles-mêmes, de tout ce qu'il y a de pénible dans ce travail de Sisyphe qui consiste à soulever, chaque matin, le rocher qui retombe depuis quinze ans bientôt. Les plus fortes intelligences s'y brisent, les plus nobles ardeurs s'y éteignent. N'aggravez donc pas cette position déjà si difficile par elle-même, et ne cherchez pas, aux reproches que nous vous adressons, des motifs tirés d'un ordre de sentiments qui ne sauraient être attribués à des hommes qui font, chaque jour, leurs preuves d'abnégation et de dévouement.

Ce que je vous reproche, Ariste, et à vous aussi, Nicias, et à vous tous, lecteurs des feuilletons-romans, c'est d'ôter la publicité, ce grand moyen de progrès, à vos opinions, pour la donner aux opinions contraires; c'est de ne point faire la propagande de vos idées, et de contribuer à la propagande des idées que vous croyez funestes à votre pays. Prenez-y garde, en effet, vous faites nombre sous un drapeau qui n'est pas le vôtre. En vain expliquez-vous les motifs qui vous ont enrôlés; quels que soient ces motifs, vous y êtes. Vous avez beau dire que vous ne vous abonnez que pour le feuilleton : la politique arrive au-dessus du feuilleton; car, dans les journaux aussi, le pavillon couvre la marchandise. C'est là ce que nous appelons envoyer son argent aux Mayennes doctrinaires qui s'en servent pour faire la guerre aux principes politiques de ceux qui l'envoient; grossir les bataillons des ligueurs et des Espagnols, fournir contre soi des armes, et enlever, autant qu'il est en soi, les armes à ses défenseurs. Si vous l'aviez voulu, Nicias, l'organe de vos opinions serait arrivé tous les jours aux lieux où vous êtes, il aurait soutenu la foi chancelante, résolu les doutes, raffermi les courages.

Au lieu de cela c'est l'organe des principes opposés aux vôtres, dont la publicité augmente, dont l'influence s'accroît, et qui change le doute en scepticisme, le découragement en désespoir, et bientôt en défection et en apostasie. C'est la marche naturelle des esprits, et toutes les excuses que vous pourrez trouver ne changeront rien à ce résultat inévitable. Croyez-vous donc que vous serez innocent de ces changements, que vous n'aurez point à vous reprocher ces défections et ces apostasies? Pensez-vous que ce soit un acte sans conséquence que de fermer les issues à la vérité et de les ouvrir à l'erreur?

Ce n'est point tout encore. Qui vous assure que vous serez vous-même à l'abri de ces pernicieuses influences, que la contagion à laquelle vous ouvrez votre demeure, ne finira point par vous atteindre?

— Quoi! vous osez soupçonner?...

— Je ne soupçonne pas, je raisonne.

— Mais vous savez bien que je me suis fait une loi de ne jamais mettre les pieds chez les gens du régime actuel.

— Vous faites mieux que d'aller chez eux, vous les recevez chez vous, en recevant leurs journaux. Vous ouvrez votre esprit à leurs idées, votre cœur à leurs sentiments. Croyez-vous que le choix des aliments soit indifférent pour la santé? Pensez-vous que l'âme n'ait pas besoin d'être nourrie comme le corps, et que la vie morale subsiste sans que l'esprit s'assimile la nourriture qui est propre à le maintenir dans un état de vigueur? Il est impossible que vous le croyiez. Si vous ne le croyez pas, comment se fait-il que d'un côté vous livriez votre cœur à l'influence mauvaise du feuilleton immoral, et, de l'autre, votre intelligence à l'action du sophisme et du mensonge politique? Ne voyez-vous pas que la littérature corrompue est l'alliée de la politique corruptrice?

D'abord on commence par substituer un intérêt nouveau à l'intérêt qu'excitaient naguère dans votre âme les affaires de votre pays. On cherche à trouver une préoccupation nouvelle qui devienne pour vous une diversion. C'est le sort de Fleur-de-Marie, celui de Dagobert et de mademoiselle de Cardoville luttant contre l'ignoble Rodin; c'est la destinée de Mathilde, menacée à la fois par l'amour de Rochegune et la haine de Lugarto. Puis, quand vous vous êtes laissé prendre à cette amorce, quand on a déraciné dans votre âme ces idées absolues qui l'occupaient tout entière, cette généreuse indignation contre les hommes qui humilient votre pays, cette haine de l'arbitraire, de la bassesse, de l'apostasie ; quand on a obscurci le sens moral, émoussé, par des peintures cyniques, cette noble délicatesse que l'ombre même d'une défection révoltait, le travail de la corruption politique commence et trouve le terrain préparé par la corruption littéraire.

La main sur la conscience, oseriez-vous affirmer que c'est chose peu importante que de pouvoir présenter chaque matin les faits à quelqu'un sous un certain jour, que d'avoir chez lui la parole sur toutes les questions qui s'ouvrent, que d'être à portée de cultiver les germes de découragement qui peuvent exister dans son âme, de changer les obstacles en impossibilités, les fossés en abîmes, et de dissimuler, d'un autre côté, toutes les raisons qui peuvent justifier ses espérances, entretenir sa foi politique, exciter son amour pour les principes auxquels il avait voué sa vie ? D'où viendrait alors cette expression pleine de force et de vérité : Il a l'oreille du prince, du ministre, du maître ? Avoir l'oreille de quelqu'un, qu'est-ce donc, sinon lui parler de tout et tous les jours ? Puissance de l'habitude, grande et singulière puissance ! comment la nier, quand on voit les influences les moins faciles à justifier en sortir ? Faculté de teindre tous les objets de la couleur qu'on a intérêt à leur donner, de mettre tout homme et toute chose au point de vue qui doit produire l'effet qui peut servir à celui qui le produit !

N'est-ce point là le secret de l'ascendant exercé par tant d'obscurs valets sur leurs maîtres, et de l'influence de ces moitiés d'homme que l'Orient a mutilés, pour les consacrer à l'intendance des plaisirs des grands, de ces eunuques dont le crédit a débordé jusque dans l'histoire ?

Tant il est vrai que l'art de persuader n'est guère que celui de répéter souvent et sous toutes les formes la même chose, et que la cloche qui tinte toujours le même son finit par vous le mettre dans la voix à force de vous l'avoir mis dans l'oreille ! Grâce à cet art, on vous ôtera peu à peu la foi et l'espérance politiques ; et quand la foi et l'espérance auront disparu, la chute ne se fera pas attendre. Ce n'est pas sans raison que le catholicisme a fait de ces deux vertus les deux premières compagnes de la charité. Qui n'espère plus et ne croit plus, a cessé d'aimer ; car la flamme de l'amour a besoin d'aliment, et cet aliment, ce sont la foi et l'espérance qui le lui donnent. Quand le désespoir et le scepticisme sont entrés dans une âme, toute flamme s'y éteint, et bientôt l'indifférence au souffle glacé y refroidit tous les sentiments généreux et toutes ces pensées ardentes et élevées qui deviennent le foyer des belles actions.

Ne l'oubliez point, vous surtout dont la position dans ce pays n'est pas une position ordinaire. Toutes les apparences, toutes les forces matérielles sont contre vous. Vous avez en face de vous des adversaires qui disposent de toutes les ressources de la France, qui ont les emplois, les dignités, les faveurs, le budget et l'armée, l'or et le fer, deux leviers immenses, la terreur et la corruption. Tout leur appartient, le pouvoir, les chambres, les ministères, la diplomatie; ils ont dans les mains les affaires intérieures et extérieures de la France; ils n'ont pas moins de cent soixante-deux mille fonctions salariées à donner à leurs partisans, pas moins de deux cent cinquante-deux millions de francs à distribuer ainsi à leurs créatures, sans parler encore d'une somme de plus de vingt-deux millions dont les divers ministères disposent arbitrairement, à titre de fonds secrets, secours, encouragements, primes de toutes sortes, bourses de colléges, indemnités, frais d'établissement, frais de mission, frais de représentation et autres; en omettant encore les fournitures, les marchés, les entreprises, qui représentent un capital énorme qui vient augmenter les moyens d'action du ministère.

Voilà quels sont les hommes contre lesquels vous avez à lutter, et ces hommes ont encore à leur disposition les parquets, les prisons, les amendes, les visites domiciliaires, les persécutions, les dénis de justice et les avanies de toute espèce. N'y a-t-il pas, dans ce pouvoir immense, de quoi étonner les esprits les plus élevés et les cœurs les plus fermes? Quelle force morale ne faut-il pas avoir, quelle énergie de confiance dans ses idées, pour oser se commettre dans une lutte qui paraît si inégale? Quoi! des idées contre cet ensemble formidable de faits! Quoi! une force d'opinion contre cette force matérielle qui semble si prodigieuse! Quoi! ce qu'il y a en apparence de plus fugitif, quelques sons qui semblent à peine ébranler l'air, ce qu'il y a de plus léger parmi les choses matérielles, une plume, voilà ce qu'on a à mettre dans la balance! C'est avec ces moyens qu'il faudra affronter une puissance si formidable, surmonter des difficultés qui paraissent invincibles! N'y a-t-il pas dans ce parallèle des forces des deux armées, de quoi causer des éblouissements, de quoi donner des vertiges?

Il est donc bien nécessaire d'arrêter, chaque jour, ses regards sur les causes de ruine que porte en lui le colosse doctrinaire; de suivre dans leurs développements, et de surprendre dans tous leurs symptômes, les maladies intérieures du système; de mesurer les lézardes qui apparaissent sur les murailles, et surtout de descendre dans les profondeurs des fondations, pour voir de ses propres yeux les bases de l'édifice chanceler sous les masses de pierres qu'elles supportent, et d'entendre, en plaçant l'oreille contre le sol, les sourds craquements qui révèlent le peu de cohésion des diverses parties et le défaut de solidité de l'ensemble. C'est là l'office que remplit la presse politique auprès des lecteurs. En vain le monopole s'élève dans l'orgueil de sa force et de sa puissance, elle met chaque jour le doigt sur le vice intérieur qui le mine. En vain il s'enivre de ses grandeurs matérielles, elle révèle le mal moral qui le ronge. En vain la corruption et l'intimidation se promettent une durée éternelle ; à l'aide de la logique qui lit les conséquences dans les causes, elle marque à l'avance le terme de la fortune des hommes politiques qui ont voulu faire violence aux principes, ces lois éternelles établies par Dieu.

Elle montre qu'une idée juste est plus forte que ces faits qui semblent au-dessus de tous les obstacles et à l'abri de toutes les atteintes, parce que les idées sont la source et la vie même des événements, et que les faits auxquels les idées manquent ressemblent aux arbres qui noircissent et qui meurent quand la sève qui circulait dans leurs veines vient à se retirer. C'est ainsi que la presse soutient l'attente des gens de bien, et déconcerte l'orgueilleuse confiance des oppresseurs du pays ; qu'elle nourrit l'espérance des bons citoyens, qu'elle entretient leur espoir et qu'elle ranime leur foi politique dans les destinées de leur patrie; de sorte que, voyant sans cesse le but qu'ils atteindront, ils ne cessent jamais de marcher.

Pour finir nos causeries d'un ton un peu moins solennel, je veux vous redire, mon cher Ariste, un apologue fort instructif qui a été déjà raconté, je le sais, par un publiciste d'un grand sens, mais qu'on ne saurait trop redire, et qu'il me permet de lui emprunter.

Il y avait, à Ispahan, un homme qui avait un ennemi. Cet ennemi voyait la fortune lui sourire dans toutes ses entreprises, mais il portait en lui les germes d'une maladie incurable, un anévrysme.

Saladin, c'était l'homme heureux, et Malekadel, c'était son adversaire, avaient le même médecin. Chaque fois que Malekadel voyait le docteur musulman, il ne manquait pas de lui dire : « Que faites-vous de Saladin ? » — « Saladin, répondait un jour le docteur, sa fortune est doublée. » Alors Malekadel tout attristé reprenait : « Et l'anévrysme ? » Le docteur était obligé de convenir que l'anévrysme faisait chaque jour des progrès, et Malekadel se frottait les mains. Trois mois plus tard la fortune de Saladin avait pris un bien autre essor. Il était devenu pacha à trois queues. Vous jugez si Malekadel baissa la tête à cette nouvelle. Mais la maladie de son heureux ennemi lui revint en mémoire : « Et l'anévrysme ? » dit-il au docteur. Ce fut le tour du médecin de baisser la tête, et il fallut qu'il convînt que le mal avait marché encore plus vite que la fortune, et que l'anévrysme, s'il n'était pas encore arrivé au point où il est mortel, était arrivé au point où il est incurable. Cela consola un peu Malekadel et le rassura pour l'avenir.

Trois mois s'écoulèrent encore. Quand Malekadel

revit le médecin, la fortune de Saladin avait pris des proportions inouïes; il était grand visir et il avait épousé une des filles du sultan. Malekadel resta atterré du coup. Il s'arracha la barbe, se meurtrit le visage, songea un moment à aller baiser les babouches de son ennemi, à se jeter sous les pieds de son cheval ou à terminer sa vie en recourant au fatal lacet. Ce fut à peine s'il lui resta assez de voix pour crier au docteur : — « Et l'anévrysme ? » Le docteur branla la tête, cligna de l'œil, et s'approchant de son oreille : « L'anévrysme est arrivé au dernier degré. La semaine ne s'écoulera pas sans qu'on enterre Saladin. » Alors Malekadel remit ses vêtements en ordre, caressa sa barbe, et, au lieu du lacet qu'il allait demander à ses esclaves, il demanda des sorbets et invita le docteur pour la fin de la semaine à un grand festin.

Je ne vous ferai pas l'injure de vous expliquer cet apologue, mon cher Ariste. Un mot encore, et j'ai fini. Si vous voulez conserver votre courage, ne fermez point votre porte, croyez-moi, au médecin qui pourra vous donner des nouvelles exactes et véridiques de l'anévrysme des Saladins doctrinaires, et ne l'ouvrez pas à celui qui vous répétera, en vous apprenant ses succès, ou que l'anévrysme est guéri, ou qu'il n'a jamais existé; car vous pourriez finir par vous arracher la barbe, comme Malekadel, et, qui sait? par aller baiser les babouches de Saladin.

FIN.

TABLE

DES MATIÈRES CONTENUES DANS CE VOLUME.

Introduction. — Des remèdes à apporter au désordre littéraire.   1

LE JUIF ERRANT.

Première lettre. — Bulletin de la grande campagne de Rodin.	73
Deuxième lettre. — De l'habileté de Rodin et de celle de M. Sue.	95
Troisième lettre. — Tableau du choléra.	111
Quatrième lettre. — Tableau du choléra. — Suite.	129
Cinquième lettre. — Le choléra selon l'histoire.	147
Sixième lettre. — La Genèse et l'Evangile de M. Sue.	167
Septième lettre. — L'Evangile de M. Sue.	182
Huitième lettre. — La Genèse de M. Sue.	198
Neuvième lettre. — Une diversion.	213
Dixième lettre. — Conclusion.	233

DU PRÊTRE, DE LA FEMME ET DE LA FAMILLE.

Lettre critique. — A M. Michelet.   261

M. ALEXANDRE DUMAS DANS LE ROMAN-FEUILLETON.

Première lettre. — Cause de la grandeur de M. Alexandre Dumas et de la décadence de M. Odilon Barrot.	291
Deuxième lettre. — M. Alexandre Dumas. — Caractère de son talent. — Ses débuts littéraires.	305
Troisième lettre. — Tendances du talent de l'auteur depuis 1830. — Ses qualités. — Ses défauts.	323

Quatrième lettre. — Un roman de M. Alexandre Dumas et deux de ses feuilletons-romans. — *Amaury.* 350
Cinquième lettre. — *Le Comte de Monte-Cristo.* 356
Sixième lettre. — *Le Comte de Monte-Cristo.* — Suite de l'analyse. 375
Septième lettre. — *Le Comte de Monte-Cristo.* — Fin de l'analyse. 387
Huitième lettre. — *Le Comte de Monte-Cristo.* — Résumé et conclusion. 402

AUX LECTEURS DES FEUILLETONS-ROMANS.

Première lettre. — Devoirs de la presse. 415
Deuxième lettre. — Influence du feuilleton-roman sur la famille. 426
Troisième lettre. — La femme d'intérieur. 442
Quatrième lettre. — La jeune fille. 455
Cinquième lettre. — Les jeunes gens. 479
Sixième lettre. — Le père de famille. 492

FIN DE LA TABLE.

On trouve chez les mêmes Libraires :
OUVRAGES DE M. MARCEL DE SERRES,
Conseiller à la cour royale, professeur de minéralogie et de géologie à la faculté des sciences de Montpellier, chevalier de la Légion-d'Honneur.

DE LA
COSMOGONIE DE MOÏSE
COMPARÉE AUX FAITS GÉOLOGIQUES.
2ᵉ édition. 2 vol. in-8. — 15 fr.

DE LA CRÉATION
DE LA TERRE ET DES CORPS CÉLESTES,
OU EXAMEN DE CETTE QUESTION :

L'Œuvre de la création est-elle aussi complète pour l'univers qu'elle paraît l'être pour la terre ?

In-8. — 7 fr. 50 c.

DES CAUSES DES MIGRATIONS
DES DIVERS ANIMAUX,
et particulièrement des Oiseaux et des Poissons.

TRÈS-GROS VOLUME IN-8, ORNÉ D'UNE BELLE CARTE. 10 fr.

DÉVELOPPEMENT DE LA DOCTRINE CHRÉTIENNE,
PAR NEWMAN;
TRADUIT DE L'ANGLAIS PAR L. BOYELDIEU D'AUVIGNY;
vol. in-8°.

www.ingramcontent.com/pod-product-compliance
Lightning Source LLC
Chambersburg PA
CBHW051133230426
43670CB00007B/786